Ferdausi

Schāhnāme – Das Buch der Könige

Abū'l-Qāsem Ferdausi

Schāhnāme
Das Buch der Könige

Die Rostam-Legenden

Aus dem Persischen
übersetzt und herausgegeben
von Jürgen Ehlers

Reclam

Der Übersetzung liegt folgende kritische Ausgabe zugrunde:

Abu'l-Qasem Ferdowsi:
The Shahnameh (The Book of Kings). Bd 1–5.
Edited by Djalal Khaleghi-Motlagh.
With an introduction by Ehsan Yarshater.
New York: Bibliotheca Persica, 1988–97.

RECLAM TASCHENBUCH Nr. 20660
2002, 2016, 2021 Philipp Reclam jun. Verlag GmbH,
Siemensstraße 32, 71254 Ditzingen
info@reclam.de
Umschlaggestaltung: Anja Grimm Gestaltung
Umschlagabbildung: Rostam fängt Khagan.
Miniatur, 18. Jh. – © Roland und Sabrina Michaud / akg-images
Umschlagmaterial: PEYVIDA puro 270 g/m², peyer cover gmbh
Druck und Bindung: Druckerei C.H.Beck,
Bergerstraße 3–5, 86720 Nördlingen
Printed in Germany 2026
RECLAM ist eine eingetragene Marke
der Philipp Reclam jun. GmbH & Co. KG, Stuttgart
ISBN 978-3-15-020660-7
reclam.de

Meinem verehrten Lehrer
Djalal Khaleghi-Motlagh
in Dankbarkeit gewidmet

Inhalt

Anhang

Vorwort

Das *Schāhnāme*, das tausend Jahre alte *Königsbuch* des persischen Dichters Ferdausi, zählt zu den großen Werken der Weltliteratur und ist doch außerhalb des Iran einem breiteren Lesepublikum nur wenig bekannt und wird kaum gelesen, was zum Teil mit dem großen Umfang dieser Dichtung zusammenhängen mag.

Mit der vorliegenden Ausgabe werden nun zum ersten Mal die Rostam-Legenden des *Schāhnāme* vollständig in einer Prosa-Übersetzung auf Deutsch vorgestellt. Seit ihrer dichterischen Gestaltung durch Ferdausi gehören sie zum kostbarsten Besitz der persischen Literatur und sind noch heute für viele Iraner der Inbegriff der Heldendichtung überhaupt.

Die sprachliche Schönheit des *Schāhnāme* und die Fülle und Verschiedenartigkeit der teils mythologischen und legendenhaften, teils aber auch historisch fundierten Episoden dieser gewaltigen Dichtung mit ihren über fünfzigtausend Doppelversen hat schon verschiedentlich Anlass zu deutschen Übersetzungen von Teilen des Werkes in Versen und auch in Prosa gegeben. Da einer deutschen Nachdichtung in Versen sich aber aus metrischen Gründen größte Schwierigkeiten entgegenstellen und auch deutsche Reime nie die Wirkung der Verse des Originals erreichen können, wurde die folgende Übersetzung in Prosa ausgeführt. Der deutschsprachige Leser wird auch auf diese Weise einen Eindruck von der Schönheit der dichterischen Kraft Ferdausis und von der Fülle der Bilder aus einer versunkenen Welt erhalten.

Um dem Leser die Lektüre zu erleichtern, werden in Fußnoten besondere Schwierigkeiten der Sprache und des Inhalts erläutert. Im Anhang folgen eine Erläuterung zur

Aussprache einzelner Schriftzeichen, eine alphabetische Übersicht über die auftretenden Eigennamen und einige wichtige Stichwörter mit erklärenden Angaben sowie ein Nachwort über Leben und Werk des Dichters und die Zeit, in welcher er dieses schrieb.

Die Übersetzung der Rostam-Szenen erfolgte mit der Unterstützung durch Djalal Khaleghi-Motlagh, dem Herausgeber der preisgekrönten neuen kritischen *Schāhnāme*-Ausgabe. Er hat diese Arbeit mit seinem immensen Wissen gefördert. Ihm gebührt großer Dank.

Die Geschichte von Zāl

In fernen Zeiten herrscht König Manūčehr über das persische Reich. Sein Feldherr und Lehnsmann ist Sām, der König von Zāvolestān, im Südosten Irans.

Zāl und Sīmorg

Jetzt werde ich eine wundersame Erzählung aus alten Legenden in Verse bringen. O Sohn,* öffne dein Ohr, und schau, was für ein Spiel das Schicksal mit Sām trieb! Er hatte keine Kinder, und sein Herz sehnte sich nach Erfüllung seines Wunsches nach Kindern. In seinen Frauengemächern war eine Schöne: von der Rose hatte sie die Wangen und vom Moschus das Haar. Und von dieser sonnengesichtigen Schönheit hoffte er auf ein Kind, denn sie war schwanger.

Als ihre Zeit gekommen war, wurde die Mutter von einem Sohn entbunden, der so schön war wie die welterleuchtende Sonne. Strahlend wie der Himmel war sein Antlitz, doch sein Haar war ganz weiß. Als der Junge von der Mutter so geboren wurde, mochte man Sām eine Woche lang nicht davon berichten, und in den Frauengemächern des berühmten Recken weinten alle vor diesem kleinen Kind. Niemand wagte es, dem Helden Sām zu sagen, dass von seiner schönen Geliebten ein Kind geboren war, das so alt aussah wie ein Greis.

Der Junge hatte eine Amme, die mutig wie eine Löwin war. Sie ging tapfer zum Fürsten und sprach zu ihm: »Mögen alle Tage dem Helden Sām Glück bescheren! Möge das Herz seiner Feinde ausgerissen werden! Im Frauengemach,

* Anrede an den Leser.

o du ruhmsuchender Recke, hat eine Schöne einen makellosen Sohn geboren. Sein Körper ist wie reines Silber und sein Gesicht wie das Paradies. Nichts Hässliches siehst du an ihm. Sein einziger Mangel ist, dass sein Haar weiß ist. Das ist dein Los, o du Ruhmsuchender!«

Sām, der Ritter, stieg herab vom Thron. Er ging zum Frauengemach, zu seiner frühlingsgleichen Schönen. Als er seinen Sohn mit den weißen Haaren sah, verzweifelte er gänzlich an der Welt. Er richtete seinen Kopf zum Himmel und begann sich gegen seinen Schöpfer aufzulehnen: »O du, der du über jeden Fehler und Mangel erhaben bist! Das Gute vermehrt sich, weil du es willst. Falls ich eine schwere Sünde auf mich geladen habe und etwa zum Glauben des Ahreman übergetreten sein sollte, so möge zu meiner Entschuldigung der Schöpfer der Welt mir im Verborgenen verzeihen. Es quält sich meine Seele vor Schande, und in meinem Herzen kocht alles warme Blut wegen dieses Kindes, das einem Kind des Ahreman gleicht, mit seinem schwarzen Körper* und seinem Haar, das so weiß ist wie Jasmin. Wenn die edlen Recken kommen und fragen: Was sage ich dann über dieses so gezeichnete Kind? Was soll ich sagen, was für ein Kind eines bösen Geistes es ist? Ein zweifarbiger Panther ist es, ein Leopard aus dem Berberland. Wegen dieser Schande muss ich das Land Iran verlassen. Nie wieder werde ich über dieses Land meinen Segen aussprechen.«

Dann befahl er seinen Leuten, dass sie das Kind nehmen und weit fortbringen sollten. An einem Ort, wo der Sīmorg seine Behausung hatte – in einer Gegend, wo der Kleine ganz fremd war! –, legten sie ihn am Berge ab und kehrten

* Der scheinbare Widerspruch zur Aussage der Amme, sein Körper sei wie reines Silber, erklärt sich dadurch, dass hier das Kind mit den Augen des entsetzten Vaters gesehen wird: Weil es ein Teufelskind ist, ist es nun einmal schwarz.

zurück. Ein so schuldloser Heldensohn, der nicht zwischen Weiß und Schwarz unterscheiden konnte! Der Vater warf Liebe und Verwandtschaft leichtfertig fort und quälte den kleinen Säugling. Hierzu gab eine alte Löwin ein Beispiel, als sie ihr Kind mit Milch gesättigt hatte. Sie sagte: »Obwohl ich dir mein Herzensblut gegeben habe, würde ich keinen Dank von dir verlangen. Du bist unvermischtes Blut meines Herzens, und mein Herz würde zerreißen, wenn man dich von mir trennen sollte.«

Als nun seine Jungen hungrig wurden, flog der Sīmorg schnell aus seiner Behausung hoch. Er fand einen schreienden Säugling und sah, dass die Erde um ihn heiß war wie das kochende Meer. Felssteine waren die Wiege des Kleinen, und der Staub war seine Amme. Sein Leib war völlig nackt und seine Lippen ohne Milch. Um ihn herum war nichts als dunkler Staub zu sehen, und die Sonne war ganz hoch am Himmel aufgestiegen. Wenn doch nur ein Leopard Vater und Mutter gewesen wäre, damit er einen Schatten vor der Sonne bekommen hätte! Der Sīmorg kam aus den Wolken herunter und streckte die Krallen aus. Er ergriff ihn und nahm ihn hoch von jenem heißen Felsgestein. Schnell und kraftvoll trug er ihn zum Berge Alborz, denn dort oben war sein Nest. Er brachte ihn zu seinen Jungen, damit sie ihn zerreißen sollten. Sein jammervolles Klagen sollten sie nicht beachten. Aber der gnadenspendende Gott erbarmte sich seiner, denn alles, was geschehen sollte, hatte er vorausbestimmt. Der Sīmorg sah mit seinen Jungen, wie diesem Kleinen die blutigen Tränen aus beiden Augen liefen. Es ist ein Wunder, aber sie schenkten ihm Liebe. Sie waren voller Staunen über dieses Schöngesicht. Der Sīmorg wählte eine Jagdbeute aus, so zart wie nur möglich, und gab sie ihm, damit er mit den Lippen daran sauge.

Auf diese Weise verging eine lange Zeit, bis Gott das Geheimnis löste. Es zogen viele Karawanen an diesem Berge vorüber, während das kleine Kind so heranwuchs. Es wurde ein Mann wie eine edle Zypresse, seine Brust wie ein Berg von Silber und seine Taille wie ein Schilfrohr. Die Nachricht von seiner Erscheinung wurde in der Welt verbreitet, denn sei es nun Schlechtes oder Gutes: nichts bleibt jemals verborgen.

Sām träumt von seinem Sohn

Zu Sām kam die Kunde von seinem berühmten, herrlichen Sohn. Eines Nachts war der im Herzen Verwundete durch den Lauf der Dinge in dieser Welt erschöpft. Ihm träumte, dass vom Land der Inder ein Mann auf einem arabischen Pferd angeritten käme und ihm eine frohe Botschaft über seinen Sohn brächte, eine Nachricht über diesen seinen fruchttragenden Baum. Als er aufwachte, rief er die Mobads zu sich und sprach mit ihnen so manches Wort über diese Angelegenheit. Er erzählte ihnen, was er geträumt hatte, und außerdem alles, was er von Sachkundigen gehört hatte. »Was sagt ihr nun«, sprach er, »über diese Geschichte? Seid ihr in eurer Beurteilung darüber einig?« Alle, die da waren, Alt und Jung, fingen an, auf den Helden einzureden: »Ob auf dem Berg oder auf der Erde, ob es nun der Löwe ist oder der Leopard, sowohl der Fisch im Wasser als auch das Krokodil – alle haben ihre Jungen aufgezogen und sich bei Gott dafür bedankt. Du aber hast deine Verpflichtung gegenüber dem gnadenspendenden Gott gebrochen, weil du dieses unschuldige Kind fortgeworfen hast. Gehe nun und bitte Gott um Verzeihung, denn er weist den Weg zum Guten und zum Bösen.«

Als die dunkle Nacht hereinbrach, legte sich der Fürst zum Schlafen nieder, denn des Herzens Kummer war er überdrüssig. Im Schlaf sah er, dass aus den indischen Bergen eine Fahne hoch emporgehoben wurde. Es erschienen ein schöner junger Mann und ein großes Heer hinter ihm. Zu seiner Linken war ein Mobad, zu seiner Rechten ein berühmter Weiser. Einer der beiden Männer kam zu Sām und begann zu reden: »O du furchtloser Mann mit unreinen Gedanken, dessen Herz und Auge leer sind von der Ehrfurcht vor Gott. Wenn für dich ein Vogel als Amme deines Sohnes gut genug ist, was ziemt dir dann dieses Fürstenamt? Wenn weiße Haare für einen Mann einen Makel bedeuten, schau dir deine eigenen Haare an: Sie sind so weiß wie die Blüten der Weide. Du müsstest dich vom Schöpfer abwenden, da an deinem Körper immer neue Farben erscheinen. Jetzt ist der Sohn, der vom Vater verworfen wurde, durch Gott aufgezogen worden, denn keine Amme ist liebevoller zu ihm als er. Du aber bist nicht fähig zu lieben.«

Da schrie Sām im Schlaf auf wie ein wütender Löwe in der Falle. Er wachte auf, rief seine Ratgeber zu sich und ließ die Heerführer aufsitzen. Eilends kam er in jenes Gebirge geritten, um seinen Sohn zu finden, den er so lieblos fortgeworfen hatte. Er sah einen Berg, dessen Gipfel hoch bis zu den Plejaden reichte, als ob er nach den Sternen greifen wollte. Und auf ihm war ein Nest ausgebreitet, das vor den Einflüssen Saturns geschützt war. Es stand auf senkrechten Pfeilern aus Ebenholz und Sandelholz, die mit Aloeholz miteinander verpflochten waren. Sam betrachtete den hohen Felsen aus Granit und schaute hinauf zum Furcht erregenden Vogel und seinem eindrucksvollen Nest. Ein großer Palast war das, dessen Dach den Arkturus berührte, nicht von Menschenhand gemacht und nicht von Wasser und Erde.

Sām und Zāl

Dem Schöpfer sprach Sām ein Lobgebet. Er fiel auf den Boden vor dem, der in dieser Weise Berg und Tal und Vogel geschaffen hat und auch einen Felsen, dessen Gipfel zu den Plejaden aufragte. Da wusste er, dass Gott ein gerechter Richter ist und mächtig, mächtiger noch als die Mächtigsten. Er suchte den Weg zum Aufsteigen, und es war nicht einmal ein Weg für Tiere an einem solchen Ort. Er sagte: »O du Herr über Raum und Zeit, über das erleuchtete Denken und über Sonne und Mond. Wenn dieses Kind aus meinem reinen Geschlecht ist und nicht aus dem Geschlecht des üblen Ahreman, dann leiste mir Beistand bei diesem Unterfangen und erbarme dich dieses Schuldlosen.«

Zur gleichen Zeit sprach der Sīmorg folgendermaßen zu Sāms Sohn: »O du, der du die Mühen von Nest und Lager erfahren hast, dein Vater, der edle Sām, der Weltpahlavan, der Hervorragendste unter den Großen, ist in dieses Gebirge gekommen, um seinen Sohn zu suchen. Du bist jetzt bei ihm zu Ehren gekommen. Es ziemt sich nun, dass ich dich mitnehme und unversehrt zu ihm bringe.« Nun vernimm, was Dastān Zāl zum Sīmorg sagte: »Du bist offenbar unseres Zusammenseins überdrüssig. Dein Nest ist für mich der glücklich machende Thron, und deine zwei Flügel sind der Glanz meiner Krone.« Da antwortete ihm der Sīmorg: »Wenn du Thron und Krone siehst und das Wesen der königlichen Macht erfasst, dann wird dir wohl dieses Nest nicht mehr ausreichen. Mach einen Versuch auf Zeit. Nimm eine meiner Federn mit dir und sei dadurch immer in meinem Schutz, denn ich habe dich unter meinen Flügeln aufgezogen und mit meinen Jungen groß werden lassen. Wenn man dir jemals Schwierigkeiten bereitet oder dich irgendwie zur Rechenschaft ziehen will, wirf eine meiner Federn ins Feuer, und du bekommst sofort meine Hilfe.

Dann komme ich schnell wie eine schwarze Wolke und bringe dich unversehrt hierher an diesen Ort.«

Da wendete sich Zāls Herz der Freude zu, und der Sīmorg hob ihn empor. Großartig schwebte er mit ihm zu den Wolken hinauf und brachte ihn im Fluge zu seinem Vater. Das Haar seines Kopfes reichte ihm bis zur Taille, sein Leib war der eines Elefanten, und die beiden Wangen glichen dem Frühling. Als der Vater ihn sah, schluchzte er heftig. Schnell beugte er seinen Kopf vor dem Sīmorg und fügte dem Segen Lobpreisung hinzu. Von Kopf bis Fuß betrachtete er sein Kind: Es war würdig einer königlichen Krone und des Throns. Zāl hatte Brust und Arme eines Löwen und dazu ein Sonnengesicht, das Herz eines Pahlavans und eine Hand, die das Schwert suchte. Seine Wimpern waren schwarz und auch die Augen pechschwarz, die Lippen wie Korallen und die Wangen rot wie Blut. Sāms Herz erstrahlte wie das erhabene Paradies, und er gab diesem makellosen Sohn sein Lob und seinen Segen. Nachdem er ihm den Leib mit einem königlichen Gewand umhüllt hatte, wandte er seinen Fuß weg vom Gebirge.

Der Empfang

Sām kam vom Berg herunter und ließ für seinen Sohn ein Pferd bringen, außerdem Kleidung, die eines Königs würdig ist. Das ganze Heer erschien vor Sām. Sie kamen glücklich und mit frohem Herzen. Elefanten wurden herangeführt, auf denen die Trommeln geschlagen wurden, und der Staub stieg empor wie ein dunkler Berg. Es erhob sich ein Getöse von Pauken und Tuben und Trompeten und auch von goldenen Schellen und indischen Glocken. Alle Reiter fingen an, laut Hurra! zu rufen, und mit all dieser Fröhlichkeit machten sie sich auf den Weg. Voller Freude zogen sie in die Stadt ein: mit einem Helden mehr kamen sie zurück. Die Nachricht, dass Sām mit großer Pracht aus dem Gebirge zurückgekommen sei, kam zum König, und Manūčehr wurde darüber froh. Er pries den Schöpfer und befahl, der edle Nūzar, sein Sohn, solle eilends dem Ritter Sām entgegenreiten, um ihm den königlichen Segen zu bringen wegen dieser großen Freude, die sich offenbart hatte. Er ließ ihm sagen, er solle sich zum Herrscher begeben, da dieser alles über die Ereignisse wissen wolle. Er wollte auch einmal das Antlitz Zāls sehen, Sāms Sohn, der im Nest aufgezogen worden war. Anschließend sollten sie sich dann beide nach Zāvolestān begeben, um dort der Sitte entsprechend dem König treu zu dienen.

Als Nūzar zu Sām kam, sah er den Sohn des Weltpahlavan. Da stieg Sām, der Ritter, von seinem Pferd, und sie umarmten einander. Sām fragte nach dem König und den edlen Helden, und Nūzar gab ihm Kunde über sie. Nachdem er die Botschaft des mächtigen Königs gehört hatte, küsste der große Sām den Boden. Dann ritt er umgehend zum Hofe, so wie es ihm der Kronanwärter aufgetragen hatte. Er kam in die Nähe der Stadt, wo ihn sein König mit dem Heer empfing. Und als Sām die Fahne Manūčehrs erblickte, stieg er vom Pferd und ging zu Fuß weiter. Der König aber ordnete an, dass er, dieser reinherzige Mann und königstreue Vasall, sich wieder aufs Pferd setzen solle. Daraufhin begaben sich beide zum Throne Irans, sowohl der König als auch der Thronanwärter.

Manūčehr bestieg froh den Thron und setzte sich die Krone der Macht aufs Haupt. Zur einen Seite saß Qāren neben ihm, zur anderen Sām, froh und heiter. Und dann führte der Hofmeister den festlich gekleideten Zāl feierlich vor den König, wobei der Jüngling eine goldene Keule und auch eine goldene Kopfbedeckung trug. Der Monarch war voller Verwunderung über seine Erscheinung, mit seiner hoch gewachsenen Gestalt und seinem schönen Gesicht. Man könnte sagen: Seine Seele strahlte Sanftmut und Liebe aus. Und dann sprach der König zu Sām: »Beschütze ihn mir gut. Lass ihm kein Leid geschehen, und suche deine Freude nur in ihm. Denn er hat königliche Würde und die Krallen und die Angriffslust eines Löwen und dabei das Herz der Weisen.«

Und dann erzählte Sām ihm alles nacheinander: von der Sache mit dem Sīmorg und den hohen Bergen, und warum der so Ehrenhafte zu so geringer Würde gelangt war. Er berichtete über die Speise und den Ort und das Schlafen und das Versteck. Und auch über das Aussetzen des Zāl löste er das Geheimnis, und wie das Himmelsrad von oben über das Schicksal verfügt hatte. Und schließlich auch darüber, dass die Welt über viele Jahre von Erzählungen über den Sīmorg und Zāl erfüllt war.

Es befahl dann der König den Mobads, den Sterndeutern und auch den Weisen, sie sollten Zāls Horoskop erstellen, um seine Zukunft zu kennen und um zu wissen, welches Schicksal den jungen Prinzen erwartet. »Wenn er mächtig wird, was wird dann sein? Und wie werden seine Ansichten sein?« Die Sterndeuter haben sofort ein vollkommenes Horoskop erstellt. Sie sagten dem gekrönten König: »Lebe froh, solange die Welt besteht, denn er wird ein berühmter Pahlavan, hervorragend und klug und tapfer und ritterlich.«

Der König hörte diese Nachricht und wurde froh, und das Herz des Pahlavans befreite sich von allem Kummer. Der Schah ließ Geschenke bereitstellen, die alle seinem Heerführer Ehre bringen sollten: arabische Pferde mit goldenem Zaumzeug, indische Schwerter mit goldenen Scheiden, Goldbrokat und Zobel, Juwelen und Gold, Teppiche in großer Zahl, griechische Sklaven und Brokat aus Byzanz, Bilder voller Edelsteine auf goldenem Grund, mit Smaragden besetzte Schalen und mit Türkisen verzierte Becher, sowohl aus rotem Gold als auch aus reinem Silber und alle gefüllt mit Moschus und Kampfer und Safran – dieses alles brachten die Bediensteten herbei. Ebenso Rüstungen und Helme, Panzer für die Pferde sowie Lanzen und Pfeile und Keulen und Bögen. Und dann einen Thron, besetzt mit Türkisen, und eine Krone aus Gold. Dazu einen Siegelring aus Rubin und den goldenen Gürtel des Königsdienstes. Ein Lehnsbrief wurde geschrieben und mit dem Siegel Manūčehrs bestätigt: ganz voller Lob und schön wie das Paradies. Und das Lehen umfasste ganz Kāvolestān und Danbar und Māy und Indien, vom chinesischen Meer bis zum Indus, von Zāvolestān bis über Bost hinaus.

Als dieser Lehnsbrief und die Geschenke übergeben waren, holte man das Pferd des Weltpahlavans. Und dann erhob sich Sām und sprach: »O gütiger Fürst, der du gerecht bist und für die Wahrheit kämpfst! Das ganze Universum, vom Fisch bis zum Mond,* hat nie zuvor einem König wie dir eine Krone aufgesetzt. Durch deine Güte und Gerechtigkeit, durch deinen Charakter und deinen Verstand erfreust du ohne Unterlass die Welt. Alle Schätze der Welt sind in deinen Augen unbedeutend. Gebe Gott, dass dein Name in der Erinnerung bleibt.« Dann beugte er sich und küsste den Thron, man band auf den Sattel der Elefanten die Pauken, und gen Zāvolestān richteten sie ihren Blick. Alle Städte und Länder auf ihrem Wege schauten ihnen zu.

Als er in die Gegend des Nīmrūz kam, erhielten die Bewohner Nachricht vom Kommen des welterleuchtenden Herrschers. Sie schmückten Sīstān wie das Paradies, so dass die Erde des Landes reiner Moschus wurde und die Steine zu Gold. Über ihre Köpfe wurde Moschus ausgeschüttet und goldene Münzen; viel Safran und Silberstücke mischte

* Von der tiefsten Tiefe bis zur höchsten Höhe; im Persischen ein Wortspiel zwischen *māhī* ›der Fisch‹ und *māh* ›der Mond‹.

man zum Ausstreuen zusammen. Eine große Freude war in der Welt, überall im Volk und unter den Fürsten. Wo auch immer ein berühmter Fürst war, er wandte sich von weltlichen Dingen ab und wendete sein Gesicht Sām zu und sprach: »Mögen die Schritte jenes Jünglings ein Segen sein für den edlen Weltpahlavan mit dem reinen Herzen.« Als sie über den Pahlavan Lobreden gehalten hatten, streuten sie Goldstücke über Zāl. Dann setzte sich Sām zu Musik und Wein. Jedem gab er etwas, und er selber vergnügte sich auch. Wer eines Ehrenkleids würdig war, wer klug und wer mächtig war, dem brachte man ein entsprechendes Geschenk herbei. Und auf diese Weise erhöhte Sām ihren Rang.

Sām bricht mit dem Heere auf

Er rief aus dem ganzen Lande alle Welterfahrenen zu sich und sprach manches geziemende Wort. Folgendes sagte er den berühmten Weisen: »O ihr Mobads mit den reinen und klugen Herzen! Der Befehl unseres weisen Königs lautet, dass das ganze Heer sich auf den Weg machen muss. Nach Gorgsārān und Māzandarān werde ich ein gewaltiges Heer führen, doch mein Herz und meine Seele bleiben ganz hier, und meine Augen lassen all mein Herzblut fließen. Als ich jung und ehrgeizig war, habe ich ein unsinniges Urteil gesprochen. Gott schenkte mir einen Sohn, aber ich habe ihn von mir gewiesen, denn aus Unwissenheit erkannte ich nicht den Wert dieser Gabe. Der berühmte Sīmorg aber nahm ihn auf, denn dazu hatte ihn Gott der Schöpfer berufen. Er zog ihn groß, bis er eine hohe Zypresse wurde: Mir war er von geringem Wert, dem Sīmorg aber war er teuer. Als die Zeit gekommen war, mir zu verzeihen, hat Gott, der Herr der Welt, ihn mir zurückgegeben. Ihr müsst nun wissen, dass er mir anvertraut ist, und er ist jetzt bei euch eine Erinnerung an mich. Ehrt ihn und gebt ihm Rat, zeigt ihm alle erhabene Weisheit und den rechten Weg.«

Dann richtete Sām seinen Blick auf Zāl und sprach zu ihm: »Zeige Großzügigkeit und Gerechtigkeit und suche den Erfolg. Und dieses musst du wissen: Zāvolestān ist dein Haus und die Welt ganz unter deinem Befehl.«

Zāl erfährt von Rūdābe

Einige Zeit vergeht, und dann bricht Zāl auf, um die verschiedenen Provinzen des Reiches zu besuchen.

So geschah es, dass er eines Tages den Entschluss fasste, sich in seinem Königreiche umzuschauen. Er wollte mit all den Helden ausziehen, die ihm am nächsten standen und die mit ihm in ihren Ansichten und ihrem Glauben einig waren. Er beabsichtigte, ins indische Land zu gehen, um in Kāvol und Danbar und Marv und Māy Paläste einzurichten. Darum ließ er Wein und Musik und Musikanten kommen. Die Tür zur Schatzkammer wurde geöffnet und der Kummer verscheucht, so wie es die Sitte der vergänglichen Welt erforderte.

Lachend ritten sie einher und mit frohem Herzen, und so kamen sie von Zāvol nach Kāvol. Dort gab es einen König mit Namen Mehrāb, mächtig und vermögend und sehr erfolgreich. Von Gestalt war er wie eine edle Zypresse, und sein Antlitz war wie der Frühling. Wenn er einherschritt, glich er einem Fasan. Ein kluges Herz hatte er und den Verstand eines Herrschers, zwei Schultern wie ein Recke und die Weisheit der Mobads. Als er davon unterrichtet wurde, dass Zāl Dastān, Sāms Sohn, käme, ritt er zur Zeit der Morgendämmerung aus Kāvol hinaus, mit Schätzen und geschmückten Pferden, mit Sklaven und jeder Art von Geschenken, mit Silbermünzen und Rubinen, mit Moschus und Aloe, mit goldgewirktem Seidenbrokat und Biberpelzen und Seidenstoffen sowie mit einer ganz mit Juwelen besetzten Krone, die eines Königs würdig war, und einer goldenen, mit Smaragden verzierten Halskette.

Als nun zu Zāl die Kunde kam, dass ein würdiger Fürst mit freundlichen Absichten zu ihm käme, ging er ihm entgegen und begrüßte ihn freundlich. Wie es Sitte war, wies er ihm einen Ehrenplatz an, und so schritten sie frohen Herzens und festlich gestimmt zu einem türkisbesetzten Thron. Man ließ ein fürstliches Mahl herrichten, und sie setzten sich an die Tafel als zwei glückliche Fürsten. Die Weinschenken brachten Wein und Becher. Sāms Sohn betrachtete Mehrāb: und wahrhaftig, sein Anblick erfreute ihn, und sein Herz erwärmte sich für ihn und seine Taten. Als dieser sich von der Tafel erhob, betrachtete Zāl seine hoch gewachsene Gestalt. Und er sprach zu den Fürsten: »Wer gürtet sich würdiger als dieser, um einem König zu dienen?« Einer der Edlen seiner Umgebung sagte darauf zum Weltpahlavan:

»In seinen Frauengemächern hat er eine Tochter, deren Antlitz schöner ist als die Sonne. Von Kopf bis Fuß ist sie wie Elfenbein. Sie hat Wangen, so schön wie das Paradies, und ihre Gestalt ist an Wuchs und Ebenmaß wie ein großer, schlanker Baum. Von den silberhellen Schultern ringeln sich die beiden moschusfarbenen Bögen ihrer Locken, deren Enden wie Fußreifen gedreht sind. Ihre Wangen sind purpurrot wie Granatapfelblüten und ihre Lippen wie dunkelrote Granatäpfel. Und dann musst du wissen: Aus ihrer silberhellen Brust sind zwei Granatäpfel gewachsen. Ihre Augen sind wie zwei Narzissen* im Garten und die Wimpern schwarz wie Rabenfedern. Die Augenbrauen aber sind wie Bögen aus Tarāz, in Moschus und Anmut gehüllt. Von

* Die Narzisse ist eine in persischer Dichtung vielfach benutzte Metapher für Augen. Wegen der im Orient vorherrschenden dunklen Augenfarbe: *schwarze* Narzissen. Sie sollen verschlafen aussehen.

Kopf bis Fuß ist sie wie das Paradies, voller Schönheit und Klugheit und Kostbarkeit.«

Seine Worte brachten Zāls Herz in Wallung, und so kam es, dass ihn Ruhe und Verstand verließen. Als es Nacht wurde, saß Zāl in kummervolle Gedanken versunken wegen des Mädchens, das er noch nie gesehen hatte, und so blieb er ohne Appetit und Ruhe.

Mehrāb lädt seinen iranischen Gast zu sich in den Palast ein, aber weil dieser Mann ein Götzenanbeter ist und von Zahhāk abstammt, darf Zāl diese Einladung nicht annehmen: sein Vater und sein König wären entsetzt. So muss er ablehnen und verletzt Mehrāb damit sehr. Zāl aber bemerkt davon nichts, sondern lobt ihn vor seinen Begleitern, denn er denkt nur an die schöne Tochter des Königs.

Zāls Herz war müde geworden vor lauter Gedanken, denn immer beschäftigte er sein Herz mit dieser Angelegenheit, und die Liebe wurde seine ganze Weisheit. Vor lauter Gedanken wurde ihm das Herz wund. Es konnte sich von der Liebe nicht mehr lösen. So drehte sich über ihm eine Zeit lang der Himmel, und Zāls Herz war bis an den Rand von Liebe erfüllt.

Sīndoxt und Rūdābe

Nun geschah es eines Tages früh am Morgen, dass Mehrāb Zāls Audienzräume verließ und in seine Frauengemächer ging: Er blickte sich um in seinem Blumengarten.* Zwei Sonnen sah er in seinem Palast, nämlich seine Frau Sīndoxt und Rūdābe, seine Tochter, deren Antlitz vor Schönheit strahlte wie der Mond. Schön war sie wie ein Garten im Frühling, ganz voller Duft und Farbe** und Anmut. Er-

* In den Frauengemächern des Palastes.

** »Duft und Farbe« ist ein vielfach von Ferdausi verwendeter Ausdruck, oft in der Bedeutung »Schönheit, Glanz, Ruhm« u. ä.

staunt blieb er vor Rūdābe stehen: Bei ihrem Anblick wünschte er Gottes Segen auf sie herab. Er sah eine Zypresse, über welcher der volle Mond stand, und auf dem Mond war aus Ambra ein Diadem* gesetzt. Sie war schön wie das Paradies und kostbar mit Seidenbrokat und Edelsteinen geschmückt. Sīndoxt öffnete ihre roten Lippen und zeigte die wasserklaren Perlen ihrer Zähne. Sie fragte Mehrāb: »Wie geht es dir heute? Möge die Hand des Bösen dich nie erreichen! Was für ein Mann ist eigentlich dieser Sohn Sāms mit dem Kopf eines alten Mannes? Will er einen Thron oder ein Nest? Hat er denn irgendetwas von menschlicher Natur? Ist er überhaupt nach den alten Helden geraten?«

Mehrāb antwortete ihr: »O du Zypresse mit dem Silberbusen und dem schönen Antlitz! Von all den tapferen Helden in der Welt setzt keiner seinen Fuß in Zāls Spur. Auf den Bildern in den Schlössern hast du nie einen solchen Reiter gesehen wie ihn: die Hand am Zügel und fest im Sattel. Er hat das Herz eines männlichen Löwen und die Kraft eines Elefanten, und seine Hände sind freigebig wie die Wasser des Nil. Wenn er auf dem Thron sitzt, streut er Perlen aus, aber im Kampfe verstreut er Köpfe. Seine Wangen lassen die roten Blüten des Judasbaums** erblassen. Er ist jung an Jahren und umsichtig und vom Glück begünstigt. Im Kampf ist er wie ein unheilbringendes Krokodil und im Sattel ein Drache mit scharfen Krallen. In der Schlacht malt er mit Blut im Staub und schwingt das blanke Schwert. Sein einziger Fehler ist, dass er weiße Haare hat, und die ihm Böses wollen, sagen nicht die Wahrheit über ihn.«

* Gemeint ist ihr schwarzes Haar.

** Ein Baum mit dunkelroten Blüten. Der Legende nach soll Judas sich in einem solchen Baum nach seinem Verrat an Christus erhängt haben. Die Farbe der Blüten wird von persischen Dichtern gerne zu Vergleichen verwendet.

Die Zofen

Als Rūdābe diese Worte vernahm, strahlte sie, und ihre Wangen wurden rot wie Granatäpfel. Ihr Herz entbrannte vor Liebe für Zāl, und Freuden und Ruhe und Appetit blieben ihr fern. Und da die Leidenschaft den Platz des Verstandes einnahm, veränderten sich all ihre Wünsche, ihre ganze Art und ihre Gewohnheiten. Sie hatte fünf türkische Zofen, die für sie so etwas wie Hofdamen und Vertraute waren. Zu diesen klugen Mädchen sprach sie: »Ich werde euch ein Geheimnis aus dem Verborgenen enthüllen. Ihr seid eine wie die andere meine Vertrauten. Ihr seid meine Zofen, aber auch Freunde, die mich trösten können. Nun müsst ihr wissen, ihr fünf, und zur Kenntnis nehmen – mögen all eure Jahre von Glück begleitet sein! –, dass ich verliebt bin wie das tosende Meer, aus dem die Wogen hoch bis in den Himmel geworfen werden. Mein Herz brennt vor Liebe und ist ganz erfüllt von Sāms Sohn, und selbst im Schlaf verlässt mich der Gedanke an ihn nicht. Mein ganzer Körper, ein Haus der Scham, ist voller Liebe zu ihm. Tag und Nacht muss ich an sein Antlitz denken. Welches Heilmittel habt ihr nun für mein Leiden? Was denkt ihr nun? Und welchen Rat gebt ihr mir? Jetzt heißt es, ein Mittel zu finden, um mir Herz und Seele vom Kummer zu befreien.«

Die Mädchen machten sich Sorgen darüber, ob die Tochter ihres Herrn nicht schlechtes Benehmen an den Tag legte. Alle kamen sie mit ihren Fragen und gebärdeten sich wie von Ahreman besessen. »O du Diadem der Fürstinnen dieser Welt, Erhabenste unter den Töchtern der Edlen, gepriesen von Indien bis China, du bist wie ein strahlendes Schmuckstück in den Frauengemächern. In den Gärten gibt es keine Zypresse von deinem Wuchs, und das Licht der Plejaden strahlt nicht so hell wie deine Wangen. Ein Bild von dir schickte sogar der indische König von Qannūǧ zu

Xāvar-Xodāy, dem König des Ostens. Hast du denn vor dir selber keine Scham und gegenüber deinem Vater kein Ehrgefühl, dass du den umarmen willst, den sein Vater weggeworfen hatte? Der von Vögeln auf einem Berg aufgezogen wurde, wovon Kunde zu den Völkern gelangt ist? Niemals sonst ist je von Müttern ein alter Mensch geboren worden, und von diesem Menschen kann kein edelgeborenes Kind abstammen. Alle Welt würde sich wundern, wenn du – mit deinen roten Korallenlippen und die du noch nach Milch riechst – dir einen alten Mann aussuchen würdest. Die Welt ist ganz von Liebe für dich erfüllt. In den Schlössern sind deine Porträts zu sehen. Bei so einem Antlitz, einer solchen Statur und diesem Haar steht dir ein Gemahl selbst aus dem vierten Himmel* zu.«

Rūdābe hörte ihr Gerede, und ihr Herz entflammte wie Feuer durch den Wind. Sie schrie die Mädchen voller Zorn an, ihr Gesicht wurde vor Ärger rot, und ihre Augen schlossen sich. Und sie sagte voller Wut und mit zornigem Blick, wobei sie ihre Augenbrauen vor Erregung zusammenzog: »Euer sinnloses Gerede anzuhören hat keinen Wert. Ich will weder den Faqfūr, den König von China, noch den Kaiser, noch das chinesische Land und auch keines der gekrönten Häupter Irans. Zu mir passt Zāl, Sāms Sohn, mit diesen Löwenpranken, mit Statur und Kraft. Ob ihr ihn nun alt nennt oder jung: für mich ist er Leib und Seele.«

Als sie die Stimme ihres verwundeten Herzens vernahmen, erfuhren die Mädchen von ihrem Geheimnis. Laut riefen sie: »Wir sind deine Zofen und lieben dich, und wir sind deine Freundinnen. Nun gib Acht auf das, was du uns auf-

* Wie im Abendland stellte man sich im alten Iran die Erde flach vor. Über die Erde war der Himmel wie eine Kuppel gestülpt, die aus verschiedenen Schichten bestand. Der »vierte Himmel« meint hier der »höchste Himmel«, obwohl die Iraner sieben Schichten des Himmels annahmen.

trägst, damit aus deinem Befehl nur Gutes entsteht. Mögest du hunderttausendmal eine solche Ergebenheit finden, wie wir sie dir erweisen. Möge die ganze Vernunft, die sich in der Schöpfung findet, dein Kleid sein. Mögen deine schwarzen Narzissenaugen voller Zurückhaltung sein, deine Wangen aber voller Schamröte und Ehrerbietung. Wenn es darum ginge, die Zauberkunst zu erlernen und durch List und Beschwörung der Welt die Augen zu verschließen, dann würden wir mit den Vögeln fliegen und wie Gazellen eilen, und wir würden Zauberei betreiben, damit wir den Fürsten zu unserem Mond bringen und ihm einen Ehrenplatz geben.« Da lächelte Rūdābe glücklich mit roten Lippen und wendete ihr safranrotes Antlitz den Mädchen zu und sprach: »Wenn ihr so handelt, wie ihr redet, werdet ihr einen großen Baum pflanzen, der jeden Tag Rubine als Früchte tragen wird. Seine Früchte fallen euch bald in den Schoß.«

Die Zofen entfernten sich von ihr und machten sich an ihre schwierige Aufgabe. Sie kleideten sich in byzantinischen Seidenbrokat und schmückten ihre Locken mit Blumen. Dann gingen alle fünf – voller Duft und Farbe wie der liebliche Frühling – ans Ufer des Flusses. Es war im Monat Farvardīn, zu Beginn des Jahres, und am Fluss war Zāls Feldlager. Sie pflückten Blumen am Ufer, mit Wangen wie Rosengärten und mit Blumen in den Armen. Zāl erblickte sie von seinem erhöhten Thron aus und wollte wissen, wer diese Blumenverehrerinnen seien. Und jemand erklärte dem Fürsten, die wandelnde Zypresse – der Mond Kāvolestāns* – habe aus dem Palast Mehrābs die Dienerinnen in den Blumengarten geschickt. Zāl begab sich zu den Feengesichtigen. Er ließ sich von seinem Pagen einen Bogen bringen und hob den Arm zum Zeichen des Aufbruchs. Um zu jagen, ging er zu Fuß. Ein Raubvogel war am Ufer. Der

* Rūdābe.

rosenwangige Page spannte den Bogen und gab ihn dem Weltpahlavan in die Hand. Zāl beobachtete, wie der Vogel aufflog, und schoss schnell einen Pfeil auf ihn ab. Er traf ihn im Flug, und taumelnd kam dieser herunter, wobei sein Blut tropfte und das Wasser des Flusses rot färbte.

Eines der Mädchen löste ihre süße Zunge zum Gespräch und fragte den jungen Pagen des Fürsten: »Dieser Held mit dem Elefantenleib und mit Armen so stark wie ein Löwe, was ist das für ein Mann und über welches Volk ist er König? Was zählt schon ein Feind vor jemandem, der so vom Bogen den Pfeil schießen kann! Wir haben noch nie einen schöneren Ritter gesehen als ihn, der so sicher mit Pfeil und Bogen umgeht.« Der schöne Page mit dem Feengesicht biss sich auf die Lippen und sagte: »Sprich nicht so vom König. Er ist der König des Nīmrūz und Sāms Sohn, und die Könige nennen ihn Zāl Dastān. Über einem solchen Ritter möge der Himmel sich nicht weiterdrehen, damit er nie alt werde, denn die Welt wird nie wieder einen so edlen Helden wie ihn erleben.« Die Zofe lächelte den Jungen an, der so schön war wie der Mond, und sagte zu ihm: »Sag das nicht. Denn Mehrāb hat in seinen Frauengemächern eine Mondschöne, die noch einen Kopf größer ist als dein König. Sie ist vom Wuchs einer Platane und von der Farbe des Elfenbeins; ein göttliches Diadem aus Moschus trägt sie auf ihrem Haupt. Die Augen sind zwei schwarze Narzissen und ihre Brauen wie Bögen gerundet. Ihre Nase ist wie ein silbernes Schreibrohr. Ihr Mund ist klein und eng wie ein betrübtes Herz und die Enden ihrer Locken aufgeringelt wie Fußreifen. Einen Mond so schön wie sie gibt es in der Welt nicht ein zweites Mal. Ihre rubinroten Lippen werden durch unsere List Bekanntschaft machen mit den Lippen von Sāms Sohn.«

Als der Page lächelnd von ihnen zurückkam, fragte ihn der edle Sohn Sāms: »Was haben sie dir gesagt, dass du so lächelst, dass deine Wangen so aufgeblüht sind und du deine silberweißen Zähne zeigst?« Und da erzählte er dem Pahlavan alles, was er gehört hatte, und das Herz des Edlen verjüngte sich vor Freude. Er sprach zu seinem jungen Pagen, der so schön war wie der Mond: »Geh und sag den Mädchen, dass sie noch einen Augenblick verweilen sollen, damit sie zusammen mit ihren Blumen auch Juwelen aus dem Garten mitnehmen können.« Er ließ Gold- und Silbermünzen und Geschmeide aus seiner Schatztruhe holen und auch fünf kostbare goldgewirkte Brokatstoffe und befahl: »Bringt ihnen dieses. Aber sagt niemandem etwas davon, und bringt es im Verborgenen. Sie dürfen nicht zum Schloss zurückkehren, bevor ich ihnen nicht im Geheimen eine Nachricht mitgegeben habe.« Die Pagen gingen zu den fünf Mondwangigen mit einem Gruß voller herzlicher Worte und mit Goldstücken und Schätzen. Sie übergaben ihnen den Juwelenschatz mit einer Botschaft des Weltpahlavan Zāl.

Eine der Zofen sagte zum Mondschönen: »Eine Sache bleibt niemals im Verborgenen, außer wenn sie unter zwei Menschen bleibt. Drei Personen bedeuten schon: kein Geheimnis mehr; und vier sind eine Versammlung. Du kluger und edelgesinnter Mensch, sage deinem Herrn, er solle mit uns sprechen, wenn eine Angelegenheit vertraulich ist.« Die Mädchen sprachen untereinander: »Der starke Löwe ist in die Falle gegangen. Rūdābes Wunsch und Zāls Wunsch erfüllen sich jetzt. Ein guter Stern hat uns gelenkt.«

Der schwarzäugige Page ging zum Feldherrn, seinem König, und berichtete ihm im Geheimen alles, was er von den herzbetörenden Schönen gehört hatte. Der Feldherr begab sich daraufhin zum Blumengarten, voller Hoffnung auf die Sonne Kāvolestāns. Die feengesichtigen Schönen mit den Rosenwangen, so anmutig wie die Mädchen aus

Tarāz, gingen ihm entgegen und begrüßten ihn mit Ehrerbietung. Der Feldherr wollte alles von ihnen wissen: über die Figur und die äußere Erscheinung der Zypresse, wie sie sprach und wie sie aussah, über ihre Klugheit und ihren Verstand – alles, was zu ihrer Natur passte. »Sagt es mir genau, eins nach dem andern, und hütet euch davor, mir etwas vorzulügen. Wenn ihr mir in allem die Wahrheit sagt, werde ich es euch reich vergelten. Aber wenn ich denken müsste, dass ihr nicht ehrlich seid, würde ich euch von den Füßen der Elefanten zertreten lassen.«

Das Antlitz der Tulpenwangigen wurde bleich wie das Harz des Sandarak.* Sie küssten vor dem Feldherrn den Boden und sprachen: »Nie wurde unter den Fürsten dieser Welt von Müttern ein Sohn geboren, der so aussieht wie Sām und auch so groß ist wie er, mit dieser Herzensreinheit und seinem Wesen und seiner Klugheit. Wer ist wie du, o du mutiger Pahlavan, mit deiner Größe und deiner Löwenkraft? Man könnte sagen, dein Antlitz duftet wie Wein, und dein Haar sogar wie Aloe. Und dazu kommt nun die mondgesichtige Rūdābe. Sie ist eine silberne Zypresse mit Farbe und Duft, von Kopf bis Fuß wie Rosen und Jasmin. Sie ist der Canopusstern des Jemen** über einer schlanken Zypresse. Über jene silberglänzende Kuppel hinten*** bis hinunter zum Boden fallen ihre Locken. Mit Moschus und Ambra ist ihr Haupt strahlend geschmückt. Ihre krausen Locken, die wie Ring auf Ring herunterfallen, sind wie ein Kettenpanzer aus Moschus. Ihre zehn Finger sind fein wie silberne Schreibrohre, und hundertfach entströmen Wohlgerüche ihren Augenbrauen. Eine Schöne wie sie, die so

* Ein gelber Farbstoff, der aus dem Harz der Sandarak-Zypresse gewonnen wird.

** Ein besonders schön leuchtender Stern, der gerne zu Vergleichen mit menschlicher Schönheit und in entsprechenden Metaphern verwendet wird.

*** Gemeint ist ihr Hinterteil.

den Geliebten erfreuen kann, findet man selbst in China nicht, so dass Mond und Plejaden sie verehren.«

Der Feldherr sprach mit Wärme zu den Zofen. Er sagte süße Worte mit weicher Stimme: »Nun sagt mir: Welche Mittel gibt es, um einen Weg zu ihr zu finden? Denn Herz und Seele sind mir voller Liebe zu ihr, und mein ganzer Wunsch ist, ihr Angesicht zu schauen.« Die Mädchen erklärten ihm: »Welchen Auftrag du uns auch gibst, wir überbringen ihn in den Palast der schlanken Zypresse. Über die gesegnete Absicht des Weltpahlavans und darüber, wie er aussieht und was er sagt, und über seine glückversprechenden Pläne täuschen wir sie nicht und werden über all dieses nichts Falsches sagen. Wir bringen ihr moschusduftendes Haupt in die Schlinge, und ihre Lippen führen wir den Lippen von Sāms Sohn zu. Möge der Pahlavan sich dann mit einem Fangseil zum Palast mit den hohen Mauern begeben und sein Seil an den Zinnen verknoten, dann wird der Löwe froh werden bei der Jagd auf das Lamm.«

Die Schönen gingen. Zāl aber kehrte zurück zum Zeltlager, und die Nacht erschien ihm lang wie ein Jahr. Die Mädchen kamen zum Tor des Palastes. Jede trug in der Hand zwei Blütenzweige. Als der Torwächter sie kommen sah, bereitete er sich darauf vor, mit ihnen zu schelten. Er machte seine Zunge dreist und sein Herz unbarmherzig: »Zur Unzeit habt ihr den Palast verlassen! Mir kommt es sehr eigenartig vor, dass ihr ausgegangen seid.« Die reizenden Schönen schmückten ihre Antwort für ihn. Mit Beklemmung im Herzen empörten sie sich: »Heut ist kein Tag wie jeder andere, denn bei den Blumen wartet kein unseliger Dīv.* Der Frühling ist gekommen, und wir haben Rosen gepflückt und Hyazinthen.« Der Torwächter antwortete ihnen: »Man darf die Sache heute nicht so ansehen wie

* Der Dīv lebt in der Kälte, darum ist er im Frühling keine Gefahr mehr.

sonst, als der Feldherr Zāl noch nicht in Kāvol war und als es das Zeltlager des Königs von Zāvolestān hier noch nicht gab. Wisst ihr nicht, dass der König von Kāvol am frühen Morgen in den Sattel steigt und aus dem Palast reitet? Wenn der euch sieht, so mit den Blumen in der Hand, würde er euch zu Boden schlagen.«

Die reizenden Schönen aus Tarāz gelangten in den Palast und setzten sich zur Mondschönen und erzählten ihr das Geheimnis. Sie breiteten Brokat und Edelsteine vor ihr aus, und Rūdābe fragte nach allem, nach kleinen und nach großen Dingen: »Wie war eure Begegnung mit Sāms Sohn? Sieht er besser aus, als man sagt, oder ist sein Ruf besser als er?« Als die fünf Feengesichtigen den richtigen Moment gefunden hatten, der Mondschönen alles zu erzählen, beeilten sie sich zu berichten: »Er ist ein Mann wie eine schlanke Zypresse, mit der Würde und der Majestät des Königs der Könige. Er hat auch Farbe und Duft und Statur und eine hohe Stirn. Ein Ritter mit schlanker Taille und weiter Brust ist er, und er hat Augen wie zwei pechschwarze Narzissen. Seine Lippen sind wie Korallen, so rot, und seine Wangen wie Blut. Seine Hände und Arme stark wie die Pranken eines männlichen Löwen und seine Schenkel kräftig wie die eines Dromedars. Er hat den Verstand eines Mobads und die Würde eines Königs. Sein Haar aber ist vollkommen weiß, was zwar ein Mangel ist, doch eine Schande ist es nicht. Der Lockenkopf des Weltpahlavans ist wie ein silberner Kettenpanzer auf der roten Blüte des Judasbaums. Man kann also sagen: Alles ist, wie es sein muss, und wenn es anders wäre, könnte die Liebe auch nicht größer werden. Wir haben ihm versprochen, dass er dich sehen kann, und er ist von uns zurück in sein Zeltlager gegangen mit einem Herzen voller Hoffnung. Jetzt bereite du alles vor, um deinen Gast zu empfangen, und sag uns, welche Antwort wir zurückbringen sollen.«

Da sprach die Zypressengleiche zu ihren Zofen: »Vorher waren eure Meinung und eure Reden von anderer Art. Dieser Zāl nämlich, der von Vögeln aufgezogen war und den Kopf eines alten Mannes und ein welkes Gesicht hatte, der sieht nun aus wie die rote Blüte des Judasbaums, mit schlanker Figur und einem Antlitz wie Brokat, und er ist ein edler Ritter. Ihr habt vor ihm mein Antlitz gepriesen und euch dafür von ihm bezahlen lassen!« So sprach sie, und um ihre Lippen spielte ein Lächeln. Sie war rot geworden wie ein Granatapfel. Eine der Zofen sagte zu ihrer Herrin, deren Antlitz wie der Mond strahlte: »Nun such den Weg zum Gelingen des Plans, denn Gott hat dir alles gegeben, was du dir gewünscht hast. Möge diese Angelegenheit glücklich enden!«

Rūdābe hatte ein Zimmer, schön wie der liebliche Frühling, ganz geschmückt mit den Bildern der großen Helden. Sie ließ es mit chinesischem Brokat verzieren und mit goldenen Tabletts ausstatten. Achate und Smaragde ließ sie aufeinander häufen und Wein und Moschus und Ambra mischen. Alles wurde mit Veilchen und Narzissen und den Blüten des Judasbaums geschmückt, und auch mit Zweigen vom Jasmin und mit Hyazinthen. Ihre Pokale waren aus Gold und mit Türkisen besetzt, und ihre Ruhepolster waren vom Duft des klaren Rosenwassers erfüllt. Und aus dem Zimmer dieser sonnengesichtigen Schönen stieg ein Wohlgeruch auf bis zur Sonne.

Zāl kommt zu Rūdābe

Als die strahlende Sonne untergegangen war und die Türen der Frauengemächer geschlossen und alle Schlüssel abgezogen, da erschien die Zofe bei Zāl Dastān, Sāms Sohn, und sagte zu ihm: »Alles ist bereit. Wende deine Schritte zu ihr!« Der Fürst wandte sich dem Palast zu, wie es ein Mann tut, der sich eine Geliebte ersehnt. Und zur gleichen Zeit stieg die schwarzäugige Schöne mit den Rosenwangen auf die Dachterrasse, wie eine schlanke Zypresse, über welcher der volle Mond steht. Als sie von ferne den Ritter Dastān sah, Sāms Sohn, zeigte sich dieses edle Mädchen. Sie öffnete ihre roten Lippen und rief: »Du bist mir sehr willkommen, du edler Jüngling. Gottes Segen sei über dir! Die Wölbung des sich drehenden Himmels möge dir gehören! Meine Zofen können glücklich sein und frohen Herzens, denn du bist gerade so, wie sie dich beschrieben haben. Du bist hierher zu Fuß gekommen aus dem fürstlichen Zelt, und deine königlichen Füße müssen dir ermüdet sein.«

Als der Fürst hörte, wie er so angesprochen wurde, schaute er auf und sah die Schöne mit dem Sonnenantlitz. Die Terrasse wurde durch sie zu einem strahlenden Juwel und der Erdboden statt aus Lehm zu rotem Rubin. Und er antwortete ihr: »O du Mondgesichtige, sei du von mir gegrüßt und vom Himmel gesegnet! Wie oft schaute ich nachts zum Sternenhimmel empor und klagte dabei zum erhabenen Gott. Und ich bat dabei den Gott der Welt, dass er mir im Geheimen dein Antlitz zeigen möge. Jetzt bin ich froh geworden durch deine Stimme mit diesen sanften Worten, mit deiner Zärtlichkeit. Suche eine Möglichkeit, dass wir uns treffen können, denn was fragst du von der Mauer, während ich hier auf dem Weg bin.« Die Feengesichtige hörte die Worte des Fürsten. Vom Kopf löste sie schnell den granatfarbenen Schleier. Eine Fangschnur löste sie von der großen Zypresse, wie es aus Moschus noch nie eine Fangschnur gegeben hatte: ihr langes Haar, Schlinge in Schlinge und Schlange an Schlange. An ihrem Unterkinn war ein Granatapfel auf dem andern.* Sie sprach zu ihm:

* Sie hatte ein Doppelkinn.

»Strecke die Hand aus und mache dich fertig. Mache deine Löwenbrust weit und öffne deine königlichen Hände. Ergreife diese schwarzen Locken von unten, denn für dich soll all mein Haar sein.«

Zāl schaute zur Mondschönen empor, und sein Blick verharrte voller Staunen auf diesem Antlitz mit dem schönen Haar. Und er antwortete ihr: »Das wäre nicht recht an einem solchen Tag. Dein Haar ist mein Leben, und die Sonne möge nie wieder scheinen, wenn ich töricht die Hand an mein Leben anlegte und in mein wundes Herz einen spitzen Pfeil stieße.« Er nahm seinem Pagen das Fangseil ab. Dann legte er es in Windungen und warf es, ohne zu zögern, mit Leichtigkeit hoch. Die Spitze einer Zinne geriet in den Griff der Schlinge, und im Nu kletterte er von unten bis nach oben. Als er auf dieser sechzig Ellen hohen Mauer angekommen war, begrüßte ihn die Feengesichtige mit Ehrerbietung. Und dann nahm sie seine Hand in ihre Hand, und sie gingen, als wären sie trunken. Rūdābe kam herunter von der hohen Dachterrasse des Schlosses und hielt in ihrer Hand die Hand des großen Helden. Sie begaben sich in den goldverzierten Palast und gingen in den königlichen Festsaal, der wie ein Paradies ausgeschmückt und voller Licht war. Zofen standen bereit und vor ihm die Jungfrau des Paradieses. Zāl war voller Staunen, als er Rūdābes schönes Antlitz, ihr Haar, ihre Statur und ihre Anmut betrachtete, mit Armreifen und Halsketten und Ohrringen geschmückt, mit Brokat und Edelsteinen, wie ein Garten im Frühling. Ihre Wangen waren wie Tulpen zwischen Jasminblüten, und die Spitzen ihrer gekräuselten Locken lagen eng und dicht übereinander.

Und Zāl, mit seiner königlichen Majestät, setzte sich würdig neben die Mondschöne. Er trug einen Dolch am Gürtel, und sein Gesicht und sein Diadem glänzten wie Rubin. Sie küssten sich und umarmten sich und tranken

Wein dabei, aber der Löwe hat die Gazelle nicht erlegt.* Der Feldherr sagte zur mondgesichtigen Schönen: »O du silberne Zypressengleiche, die du voller Farbe bist und Duft, wenn Manūčehr von dieser Geschichte erfährt, wird er damit nicht einverstanden sein. Und Sām wird aufschreien. Er wird schäumen vor Wut und auf mich zornig werden. Aber meine Seele und mein Leben sind das wichtigste, was ich habe. Alles andere halte ich für gering und unbedeutend, und wenn ich mein Totenkleid anziehen müsste. Ich gelobe Gott, dem gerechten Richter, dass ich mich niemals vom Versprechen, das ich dir gegeben habe, lösen werde. Ich werde vor Gott erscheinen und ihn lobpreisen und ihn anbeten, wie es Gottesverehrer tun, und werde ihn bitten, dass er die Herzen von Sām und dem Weltenbeherrscher reinwaschen möge von Zorn und Streit und Hass. Der Schöpfer der Welt möge meine Worte hören, damit du in aller Öffentlichkeit meine Gattin wirst.« Und Rūdābe antwortete ihm: »Und ich erkläre auch vor dem Gott der Gerechtigkeit und der guten Sitte, dass niemand über mich Herr sein soll – und Gott möge Zeuge meiner Worte sein – als der Weltpahlavan Zāl, der Krone und Thron besitzt und Würde und Majestät.«

Ihre Liebe wuchs immer mehr, die Vernunft entfernte sich, und die Leidenschaft war nah, bis schließlich die Morgenröte erschien und der Klang der Pauken sich erhob vom königlichen Zeltlager. Da nahm der Fürst Abschied von der Mondschönen. Wie Kette und Schuß** umarmten sie einander.

Von oben warf Zāl das Seil herab und stieg herunter vom Palast der herrlichen Geliebten.

* Sie haben also nicht miteinander geschlafen.

** Das Bild aus der Webersprache von Kette bzw. Kettfaden und Schuss, die sich im Gewebe zum Stoff vereinen, ist ein häufig benutzter Vergleich in der persischen Literatur, um eine besonders enge Verbindung zu beschreiben.

Zāl sucht Rat

Der liebeskranke Zāl ruft die Adeligen seiner Umgebung, die Gelehrten des Hofes und die Mobads zusammen, um sie um Rat zu fragen. Nachdem er Gott ausführlich gepriesen hat, beginnt er damit, ihnen zu erklären, dass Gott alle Lebewesen paarweise geschaffen hat:

»Gott erschuf die Welt so, dass alle sich paarweise vermehren, denn durch eines allein ist keine Vermehrung möglich. Nur Gott, der Richter und Schöpfer, ist ganz allein, denn er hat weder Gefährten noch Partner noch Freund. Alles, was er geschaffen hat, ist in Paaren gekommen, auf den Weg geschickt aus dem verborgenen Nichts. Vom höchsten Himmelsbogen herab bekommst du dieses Zeichen: Die ganze Welt ist so aufgebaut. Die Welt ist durch die Menschheit geschmückt worden, und erst durch sie erhält alles Kostbare seinen Wert. Wenn es keine Paare gäbe in der Welt, würden die Fähigkeiten der Menschen im Verborgenen bleiben. Vor allem betrifft es die Menschen aus großem Geschlecht, denn wenn sie ohne Partner sind, bleiben sie nicht mächtig. Was gibt es Schöneres für einen jungen Pahlavan, als dass sich seine Seele erfreut an seinen Kindern. Wenn für ihn die Stunde des Todes naht, kommt ihm durch seine Kinder ein neuer Morgen. Durch die Kinder bleibt der Name in der Welt, denn man sagt: Dieses ist Sāms Sohn, und der ist Zāls Sohn. Für ihn bleiben Krone und Thron geschmückt. Für ihn sind Rang und Name dahin, aber für den Sohn bleibt sein Glück.

Nun ist dieses alles meine eigene Geschichte, und sie ist für mich wie Rosen und Narzissen und der Blumengarten. Mein Herz ist sorgenvoll, und der Verstand ist mir genommen. Ihr müsst jetzt Heilung finden für mich. Ich habe mich erst jetzt an euch gewandt, da ich meinen Kummer nicht länger bezwingen kann und mein Herz und mein

Verstand dadurch gelitten haben. Der Palast Mehrābs ist der Ort meiner Liebe, und sein Land ist für mich wie der sich drehende Himmel. Mein Herz gehört der Tochter Sīndoxts. Was sagt ihr dazu? Wird Sām dem zustimmen? Wird König Manūčehr wohl zornig sein? Wird er hierin eine jugendliche Laune sehen oder gar einen großen Fehler? Sowohl die Fürsten als auch die Untertanen richten sich danach, was der Glaube und die guten Sitten von ihnen erwarten, wenn sie sich einen Partner suchen. Für den klugen Menschen ist es selbstverständlich, dass er nur den Weg der guten Sitten geht, und Unehre darf es nicht geben. Was sagen nun die vorausschauenden Mobads? Was denken die Gelehrten hierüber?«

Die Großen des Hofes und die Gelehrten aber wollen sich zu diesem sehr heiklen Thema nicht äußern, denn der verhasste König Zahhāk, arabischen Ursprungs, ist unter Mehrābs Vorfahren. Schließlich aber kann Zāl sie so weit beeinflussen, dass sie auch gute Seiten an Mehrāb sehen können. Sie raten Zāl deshalb, seinem Vater zu schreiben, damit der wiederum sich für ihn bei Manūčehr einsetzt.

Zāl schreibt an seinen Vater

Der Fürst rief einen Schreiber herbei, denn das Herz war ihm voll, und er wollte es ganz ausschütten. Er ließ einen Brief an Sām schreiben, ganz voller guter Nachrichten und Grüße und Botschaften. In dem Schreiben ließ er zuerst Lobpreisungen ausstreuen über den gerechten Gott, der alles erschaffen hat:

»Durch ihn findet sich die Freude, und aus ihm entspringt auch die Kraft. Er ist Herr über Venus, Saturn und Sonne. Er ist der Herr über Sein und über Nichtsein. Wir alle sind seine Sklaven, und er ist der eine Gott. Von ihm möge Segen kommen über Sām, den Träger der Keule und des Schwertes und des Helms. Der seinen Rappen während des Staubes der Schlacht antreibt und die Geier füttert im Kampf. Der dem Wind der Schlacht Antrieb gibt und Schwerter aus den schwarzen Wolken regnen lässt. Der nach Kronen und goldenen Gürteln strebt und Könige auf ihre goldenen Throne setzt. Der durch Tapferkeit unendlichen Ruhm erringt und aus den Tugenden Weisheit gewinnt. Ich bin vor ihm wie ein Sklave. Mit Liebe für ihn sind mir Herz und Seele angefüllt. Ich bin von meiner Mutter so geboren, wie er es gesehen hat. Vom Schicksal sind viele Grausamkeiten über mich gekommen. Der Vater war im Genuss von Biberfellen und Seidenstoffen, mich aber trug der Sīmorg in die Berge Indiens. Mein einziger Wunsch war, dass er mir Nahrung bringen und mich zu seinen Jungen zählen möge. Meine Haut verbrannte mir durch den Wind, und immer wieder schloss mir der Staub die Augen. Man nannte mich Sāms Sohn, aber Sām war auf dem Thron und ich in einem Nest. Da Gott es in seinem Ratschluss so gewollt hat, bin ich auf diese Weise meinen Weg gegangen. Niemand entflieht den Geboten Gottes, selbst wenn er fortflöge und bis zu den Wolken käme. Und wenn er als Held die Lanzen mit den Zähnen zerbeißen würde und das Fell des Löwen durch seine Stimme zerrisse: er bliebe immer ein Gefangener der Befehle Gottes, selbst wenn seine Zähne wie Ambosse wären.

Mit mir ist etwas geschehen, was mir das Herz zerreißt und was ich nicht vor aller Welt preisen kann. Aber wenn mein Vater, der ein Held ist und ein tapferer Drache, das Geheimnis seines Sklaven hört, so ist es passend. Ich bin in die Tochter Mehrābs vor Liebe entbrannt: wie durch ein heftiges Feuer verbrenne ich. Die Sterne der dunklen Nacht sind meine Freunde. Mir geht es so, als ob das Meer meine Brust wäre. Vor Kummer bin ich völlig außer mir, und alle weinen über mich. Wenn auch mein Herz so viel Unrecht erfuhr, so will ich doch nicht einmal atmen ohne deine Erlaubnis. Was befiehlt nun der Weltpahlavan? Erlöse mich von diesem Schmerz und dem Kummer meiner Seele. Der Fürst hat gehört, was der Mobad gesagt hat: Öffnet das Verborgene in eurem Inneren! Von seinem Versprechen kann sich der Fürst, mein Vater, nicht lösen. So möge er denn in dieser Angelegenheit erlauben, dass ich nach dem Gesetz die Tochter Mehrābs zu meiner Gattin mache, so wie es Sitte ist und Brauch. Als er mich vom Berg Alborz zurückholte, hat er öffentlich Folgendes versprochen: Er würde mir in seinem Herzen keinen Wunsch verwehren. In dieser Angelegenheit ist nun mein Herz gebunden.«

Ein Reiter machte sich schnell wie Āzargošasp mit drei Pferden von Kāvol zu Sām auf den Weg. Zāl hatte ihm Befehle gegeben und gesagt: »Wenn ein Pferd zurückbleibt, darfst du keinen Moment anhalten, um Atem zu holen. Setz dich auf das nächste Pferd und reite schnell wie ein Panther weiter. So eilst du, bis du vor dem Helden stehst.« Der Bote verließ ihn schnell wie der Wind, und der Schimmel unter ihm wurde zu Stahl.

Sām befindet sich zu der Zeit gerade im Heerlager auf einem Kriegszug, als ihm die Ankunft des Boten gemeldet wird:

Augenblicklich erschien der Reiter vor ihm, in der Hand den Brief des Edlen. Er stieg ab und küsste den Boden und pries mehrfach Gott, den Weltenschöpfer. Sām befragte ihn und nahm den Brief Zāls entgegen. Der Bote sagte, was seine Botschaft war. Der Feldherr öffnete das Band um den Brief und stieg herab vom Gipfel des hohen Berges,

denn seine erste Reaktion auf das Schreiben seines Sohnes ist Entsetzen. Er sucht daraufhin Rat bei Astrologen, die ihm für Zāl eine gute Zukunft verkünden.

Als er die Worte der Sterndeuter hörte, lächelte er und dankte ihnen. Er beschenkte sie mit Gold und Silber ohne

Maß, denn aus dem Zustand der Furcht fand er seine Ruhe wieder. Er ließ den Boten Zāls vor sich rufen und sprach mit ihm über alles. Er sagte zu ihm: »Sage Zāl in geschickter Form: Diese deine Leidenschaft ist in keiner Weise gutzuheißen. Aber weil einst mein Versprechen so war, darf es keinen Vorwand geben, um Unrecht zu suchen. Ich werde bei Tagesanbruch das Heer aus diesem Kampfgebiet ins Land Iran führen.« Er gab dem Boten ein paar Silberstücke und sagte zu ihm: »Mach dich auf den Weg und verweile nicht, um Atem zu schöpfen.«

Nachdem Sām seinem Sohn die Zustimmung zu dessen Ehe mit Rūdābe gegeben hat, beendet er den Kriegszug sofort und führt die Armee in den Iran zurück, denn er muss nun mit König Manūčehr die politischen Folgen dieser Heirat besprechen.

Sīndoxt entdeckt das Geheimnis

Zwischen dem Fürsten und der schlanken Zypresse ging eine Frau hin und her, die sehr beredt war und süße Worte zu sagen wusste. Sie brachte von Rūdābe Botschaften zum Pahlavan und auch die Antworten Zāls an die zypressengleiche Schöne. Der Fürst Zāl Dastān ließ sie rufen und besprach mit ihr alles, was er erfahren hatte. Er sagte zu ihr: »Geh zu Rūdābe und sage ihr: ›O du Schöne mit dem reinen Herzen, die du so strahlst wie der Mond! Wenn es in einer Angelegenheit eng und schwierig wird, dann sieht man bald einen Schlüssel, um das Problem zu lösen. Der Bote, den ich zu Sām geschickt hatte, ist in freudiger Stimmung und mit glücklicher Botschaft zurückgekommen. Sām hat viel geredet und war sehr erregt und hat mir Vorhaltungen gemacht, aber schließlich hat er seine Zustimmung gegeben.‹«

Auch Sāms Antwortbrief übergab er schnell der Frau, die von ihm zu Rūdābe zurückkehrte und den Brief mitnahm. Schnell wie der Wind eilte sie zu ihr und brachte ihr die Nachricht von dieser frohen Kunde. Die Feengesichtige streute vor Freude Silberstücke über die Frau und ließ sie auf einem goldgeschmückten Sessel Platz nehmen. Dann übergab sie ihr eine Tiara: ein Kopfband, das so fein gearbeitet war, dass man Kette und Schuss nicht sah. Es war mit roten Rubinen und Gold verziert, und so viele Edelsteine waren daran, dass man das Gold schon nicht mehr sehen konnte. Und sie gab ihr auch ein Paar kostbare Ringe, die wie Jupiter am Himmel strahlten. Das alles schickte sie Zāl, Sāms Sohn, und dazu ließ sie viele Grüße und Botschaften überbringen.

Als die Frau aus Rūdābes Gemächern durch die Halle des Palastes hinausgehen wollte, war Sīndoxt gerade in der Nähe und sah sie. Vor lauter Schreck wurde die Frau blass wie Sandarak. Sie hatte große Angst und küsste vor Sīndoxt den Boden. Dadurch wurde nun Sīndoxts Herz misstrauisch, und mit erhobener Stimme fragte sie: »Sprich, woher kommst du? Von Zeit zu Zeit gehst du hier an mir vorbei zu den Frauengemächern und schaust mich nicht an. Deinetwegen wurde mein sonst so freundliches Herz argwöhnisch. Willst du mir nicht sagen, ob du die Sehne bist oder der Bogen?«*

Die Frau sagte zu ihr: »Ich bin eine Händlerin, die auf die eine oder andere Weise ihr Brot verdienen muss. Rūdābe hier wünschte sich Schmuck, sie wollte gerne kostbare Edelsteine. Ich habe ihr eine goldverzierte Tiara gebracht und einen Ring, mit Edelsteinen besetzt wie für Könige.« Sīndoxt sprach zu der Frau: »Zeig sie mir und befreie mein Herz von dem Verdacht, der es bedrückt.« Und diese ant-

* Ob du geradeheraus und ehrlich bist oder krumme Gedanken hegst.

wortete: »Ich habe Rūdābe die beiden Sachen übergeben. Sie möchte gerne mehr, und nun will ich ihr wieder etwas besorgen.« – »Das Geld, das du dafür bekamst«, sprach Sīndoxt, »das bringe mir vor die Augen. Dadurch kannst du Wasser auf meinen Unmut gießen.« Die Frau aber sagte: »Die Mondgesichtige will mir das Geld morgen geben. Fordere es nicht von mir, bevor ich es nicht habe.« Sīndoxt wusste, dass ihre Reden Lügen waren und machte ihr Herz bereit zu einem Streit mit ihr. Sie ging auf die Frau zu und durchsuchte ihren Körper und die Ärmel, und ihre Lügen und ihr Betrug wurden offensichtlich. Als Sīndoxt die Kostbarkeiten sah und auch den von Rūdābe gearbeiteten Schmuck, schloss sie die Tür des Palastes hinter sich. Vor lauter finsteren Gedanken war sie wie trunken und völlig außer sich.

Sie ließ ihre Tochter vor sich erscheinen und schlug sich dabei ins Gesicht. Sie wusch ihre Rosenwangen aus ihren schläfrigen Narzissen, so dass ihr Antlitz von den Tränen ganz genässt wurde. Zu Rūdābe aber sprach sie: »Du stolzes und edles Mädchen, so schön wie der Mond. Weil du verwöhnt bist, hast du statt eines Thrones den Abgrund gewählt. Was gäbe es noch an Wohltaten auf dieser Welt, die ich dir nicht ganz und jederzeit erwiesen hätte? Warum bist du so grausam geworden? Sag nun deiner Mutter all deine Geheimnisse. Von wem kommt diese Frau? Weshalb kommt sie zu dir? Was ist das für eine Angelegenheit? Und wer ist der Mann, der würdig ist dieser schönen Tiara und dieses Ringes? Aus dem großen Schatz der arabischen Krone ist für uns viel Gewinn und auch viel Verlust geblieben. Willst du deinen Namen in so übler Weise in den Wind geben? Welche Mutter hat je wie ich eine solche Tochter geboren!«

Rūdābe schaute zu Boden, zu ihren Füßen, denn aus Scham vor der Mutter konnte sie sich nicht rühren. Sie vergoß aus ihren Augen das Wasser der Liebe und schmückte mit den Tränen ihrer Narzissen die Wangen. Zur Mutter sprach sie: »O du, die du so verständig bist! Die Liebe hat meine Seele ganz gepackt. Hätte mich doch nur meine gesegnete Mutter nie geboren! Dann wäre über mich weder Gutes noch Böses gesprochen worden. Der Fürst Zāl ist seit einiger Zeit in Kāvol, und seine Liebe hat mich gleichsam ins Feuer gesetzt. Die Welt ist meinem Herzen so eng geworden, dass ich öffentlich und insgeheim mich ganz verzehre. Ich will nicht leben, ohne sein Antlitz zu schauen, denn ohne ihn ist meine Welt nicht eines seiner Haare wert. Du musst wissen: Er hat mich besucht und sich zu mir gesetzt, und zum Verlöbnis haben wir uns die Hände gereicht. Ein Bote ist zum großen Sām geritten und hat anschließend dem edlen Zāl dessen Antwort überbracht. Sām hat sich eine Zeit lang gewunden und dann zugestimmt. Er hat gesagt, was zu sagen war, hat dem Boten aber auch zugehört. Er gab ihm viele Geschenke, und ich kenne die Antwort und auch den Brief durch diese Frau, die du an den Haaren gerissen und niedergeworfen und über den Boden geschleift hast. Sie war die Botin, die mir den Brief gebracht hat, und diese Tiara war die Antwort auf den Brief.«

Es verschlug Sīndoxt durch ihre Worte die Sprache, aber der Gedanke gefiel ihr, dass Zāl der Gatte ihrer Tochter werden könnte. Und so antwortete sie ihr: »Das ist keine geringe Sache. Unter den Edlen gibt es keinen zweiten Helden wie Zāl. Er ist groß und der Sohn des Weltpahlavans. Er hat einen berühmten Namen und auch Verstand und einen klugen Geist. Er besitzt alle Vorzüge; aber einen Fehler hat er, und dieser Fehler lässt alle seine Vorzüge gering erscheinen: Der König der Welt wird zornig sein über diese Angelegenheit, und er wird von Kāvol den Rauch und den Staub bis zur Sonne aufsteigen lassen. Er will nicht, dass jemals wieder jemand aus unserem Geschlecht den Fuß leicht in den Sattel schwingt.« Sie ließ die Frau los und sprach freundlich zu ihr und tat damit so, als ob zwischen ihnen nichts gewesen wäre.* Und dann verwahrte sie ihre Tochter so im Verborgenen, dass sie von niemandem auf der Welt Ratschläge hören konnte. Danach aber ging sie sorgenvoll davon und legte sich alleine zur Ruhe, und ihr war vor Kummer, als ob ihr die Haut auf dem Leibe zerriss.

Mehrāb erfährt Rūdābes Liebesgeschichte

Mehrāb kam in froher Stimmung vom Hofe zurück, denn Zāl hatte sich ihm wiederholt zugewandt. Der König fand die edle Sīndoxt auf ihrem Lager und sah ihre blassen Wangen und ihre Erregung. Er sprach sie an und fragte: »Sag, was ist dir geschehen? Warum ist dein Antlitz so blass wie welke Rosenblätter?« Und sie gab Mehrāb zur Antwort: »Ich habe lange nachgedacht über unseren so schönen Palast und die Schätze darin, über die edel aufgezäumten Pferde, über all die Pagen, die dem König treu ergeben sind, über diesen Garten und unsere königlichen Räume, über unser schönes eigenes Antlitz und unsere zypressenähnliche Gestalt, und über unseren edlen Namen und unser Wissen und unsere Klugheit. All dieses wird allmählich verschwinden, und ob wir es nun wollen oder nicht: Wir werden alles dem Feind überlassen müssen, und all unsere Mühen können wir in den Wind schreiben. Die Folge wird sein, dass ein enger Sarg unser Los ist. Wir haben einen Baum gepflanzt und mit großer Mühe gewässert, dessen Früchte uns nun zu Gift werden. Wir haben an seinen Stamm Krone und Schatz gehängt. Als er hoch bis zur Sonne gewachsen war und begonnen hatte, Schatten zu spen-

* Denn mit jemandem, den man nicht kennt, kann man keine Geheimnisse teilen.

den, da fiel sein mächtiges Haupt in den Staub. Durch ihn kommt nun unser Ende und Verderben, und ich weiß nicht, wo unsere Ruhestätte sein wird.«

Mehrāb sprach zu Sīndoxt: »Du bringst diese Geschichte, als sei sie neu, aber das Alte wird nicht neu. So ist nun einmal diese vergängliche Welt: Der menschliche Verstand kann dadurch schon erschrecken. Der eine kommt in die Welt, und der andere verlässt sie wieder. Keiner geht vorüber, den nicht am Ende sein Schicksal zertritt. Die Angst des Herzens und die Sorgen ändern nichts daran, denn um das Schicksal kann man nicht mit dem gerechten Gott kämpfen.«

Sīndoxt antwortete ihm: »Meine Geschichte aber wird edle Menschen auf ein anderes Ziel lenken. Der weise Mobad vergleicht das Kind mit einem Baum. Ich habe meine Geschichte erzählt, damit der Fürst mit seinem Verstand meine Worte genau betrachtet.« Sie neigte ihr Haupt, und die schlanke Zypresse krümmte sich. Aus ihren Narzissenaugen ließ sie Tränen fließen über die roten Rosen ihrer Wangen. »Aber, du kluger Mann, der Himmel dreht sich nicht so über uns, wie es sein sollte! Du musst wissen, dass Sāms Sohn Rūdābe heimlich eingefangen hat durch allerlei Schlingen. Ihr reines Herz hat er vom Wege abgebracht, und wir müssen uns nun überlegen, was zu tun ist. Ich habe ihr viele Ratschläge gegeben, aber sie hat sie nicht beachtet. Ich sehe, dass ihr Herz verwirrt ist und ihr Antlitz bleich.«

Als Mehrāb das hörte, sprang er auf und legte die Hand an den Knauf seines Schwertes. Sein Leib begann zu zittern, und die Wangen verfärbten sich dunkel. Sein Herz schwoll an mit Blut, und Seufzer kamen ihm über die Lippen. Er sprach: »Jetzt werde ich Rūdābe in einem Strom von Blut zu Boden schlagen.« Sīndoxt hörte seine Worte, sprang auf, umschloss seine Hüften mit beiden Händen wie mit einem Gürtel und sagte zu ihm: »Nun hör dir ein Wort an von jemandem, der kleiner ist als du, und öffne ein wenig dein Ohr! Und dann magst du tun, was du glaubst, tun zu müssen. Möge dabei der Verstand der Führer deiner Seele sein!«

Mehrāb drehte sich um und stieß sie mit der Hand zurück. Er brüllte wie ein brünstiger Elefant und sprach: »Als mir die Tochter geboren wurde, da hätte man ihr sofort den Kopf abschlagen sollen. Aber ich habe sie nicht getötet, bin nicht den Weg meiner Vorfahren gegangen, und nun gebraucht sie gegen mich eine solche List. Der Sohn, der vom Weg seines Vaters abweicht, den hält man für einen Bastard. Ein Panther hat hierüber ein Gleichnis erzählt, als er mit scharfen Krallen in den Kampf ging. Er sagte: ›Für mich ist Kampf eine Leidenschaft, und mein Vater hatte schon von seinen Vorfahren diese Natur. Die Eigenart des Vaters muss sich im Sohne wiederfinden. Es wäre schlimm, wenn er weniger Tugend besäße. Zwar fürchte ich um mein Leben, doch auch um den Verlust meiner Ehre.‹ Warum hältst du mich zurück vor dem Streit mit Rūdābe? Wenn es dem Fürsten Sām und König Manūčehr gelingen sollte, uns zu überwinden, dann wird von Kāvol der Rauch bis zur Sonne aufsteigen. Kein Haus wird stehen bleiben, und es wird weder Saat noch Ernte geben.«

Da antwortete Sīndoxt dem König: »Lass deine Zunge nichts Sinnloses reden über diese Angelegenheit, denn der edle Sām ist schon längst von allem unterrichtet. Habe nicht solche Angst und Sorge in deinem Herzen! Sām ist deshalb eigens aus dem Land der Gorgsārān zurückgekommen: Die Sache ist also längst bekannt und kein Geheimnis mehr.« Mehrāb aber sagte zu ihr: »Erzähle mir keine krummen Sachen. Welcher Mensch mit Verstand wird schon glauben können, dass der Wind der Erde gehorcht?* Mir

* Die vier Elemente – in der Reihenfolge Feuer, Wind, Wasser, Erde – sind nach zarathustrischer Lehre unvereinbar und mischen sich nicht. Die Anhänger Zarathustras verehren das Feuer als höchstes der Elemente.

wäre mein Herz hierbei nicht so bekümmert, wenn ich nur darauf vertrauen könnte, dass kein Unglück über uns kommt. Denn wen gäbe es schon zwischen Ahvāz und Qandahār, der nicht ein Bündnis wünschte mit dem edlen Sām?«

Und Sīndoxt antwortete ihm: »Du stolzer Mann, ich habe es nicht nötig, krumme Worte zu reden. Es ist doch offenkundig, dass dein Schaden auch mein Schaden ist, denn ich bin an dein kummervolles Herz gebunden. So ist es nämlich, und ich bin von meiner Meinung überzeugt, obwohl ich zunächst auch die gleichen Bedenken hatte. Aber wenn es mit der Angelegenheit so steht, wie ich es dir erzählt habe, dann ist es nicht derart ungewöhnlich, dass man sich darüber Sorgen machen müsste, denn auch Ferīdūn wurde König mit Hilfe des Königs Sarv vom Jemen, und Zāl, der die Welt begehrt, sucht den gleichen Weg. Ohne Feuer wird das dunkle Antlitz der Erde aus Wasser, Wind und Staub nicht zum Leuchten gebracht. Immer wenn ein Fremder in deine Familie kommt, verlieren die Pläne deiner Feinde etwas von ihrem Licht.«

Mehrāb hörte gut zu, als Sīndoxt sprach. Sein Herz aber war voller Wut, und in seinem Kopf brodelte es. Er befahl Sīndoxt: »Geh und hol Rūdābe vor mein Angesicht!« Sīndoxt aber fürchtete, dass dieser hitzige Mann wegen seines Schmerzes ihr etwas antun könnte, und sagte deshalb: »Vorher aber will ich dein Versprechen, dass du sie mir unversehrt wieder übergibst und dass Kāvolestān diesen Blumengarten nicht verliert, dieses Mädchen, das so schön ist wie das erhabene Paradies.« Erst einmal also nahm sie ihm mit List ein festes Versprechen ab und reinigte mit Geschick sein Herz vom Zorn. Und der edle Held versprach seiner Frau, dass er Rūdābe nichts Böses antun würde. Doch sagte er zu ihr: »Bedenke aber, dass der König der Erde wegen uns und dieser Sache voller Zorn sein wird. Er wird im ganzen Land nichts verschonen, keine Mutter und keinen Vater, und Rūdābe wird er töten und ihr Blut fließen lassen.«

Als Sīndoxt dieses hörte, beugte sie ihr Haupt und küsste die Erde vor ihm. Und dann ging sie mit einem Lächeln auf den Lippen zu ihrer Tochter, und ihre taghellen Wangen strahlten unter dem nachtschwarzen Haar. Sie brachte ihr die ganze gute Kunde: Der streitbare Panther hat seine Krallen vom Wildesel zurückgezogen. »Nun lege schnell Schmuck und Schleier ab! Geh zu deinem Vater und weine sehr!« Rūdābe aber sagte zu ihr: »Was heißt schon: ›Schmuck ablegen‹? Was soll die Rede von wertlosen Dingen, wo es sich um so Wertvolles handelt? Sāms Sohn ist der Freund meiner Seele. Warum soll ich verbergen, was offen daliegt?«

Sie begab sich zu ihrem Vater, schön wie die aufgehende Sonne, ganz in Rubine und Gold eingetaucht. Sie war das Paradies, voll Schönheit geschmückt, wie die strahlende Sonne im lieblichen Frühling. Ihr Vater war bei ihrem Anblick voller Staunen und rief im Stillen Gott an, den Weltenschöpfer. Dann aber sprach er zu ihr: »Du, deren Hirn von Verstand leergewaschen ist! Welcher unter den Edlen würde es wohl passend finden, wenn eine Parī sich mit Ahreman paart? Möge dir weder Krone noch Siegel beschieden sein! Wenn der Hund eines Schlangenfängers aus der Qahtān-Wüste Magier würde,* müsste man ihn mit Pfeilen töten.«

Rūdābe senkte ihre schwarzen Wimpern über die dunklen Augen und sagte nichts. Des Vaters Herz aber war voller Zorn und sein Kopf voller Empörung. Er stieß ein Gebrüll aus wie ein Panther. Völlig verwirrt ging das Mädchen in ihre Gemächer zurück, ihre safranroten Wangen vor

* Mit dem »Hund« ist ein geringgeschätzter Araber gemeint; mit »Magier« hingegen werden die Iraner bezeichnet.

Kummer goldgefärbt. Bei Gott suchten beide ihre Zuflucht: die Mondschöne mit dem Herzeleid und auch der König, ihr Vater.

König Manūčehr

Manūčehr aber will von dieser Ehe nichts wissen, da er durch eine Verbindung der Familie seines Feldherrn mit den Nachkommen Zahhāks Schlimmes für den Iran befürchtet. Zwar veranstaltet er ihm zu Ehren ein großes Fest und hört dessen Bericht über seine Siege mit großer Freude an, aber bevor Sām sein eigenes Anliegen zur Sprache bringen kann, befiehlt er ihm:

»Mach dich umgehend auf den Weg. Entzünde das Feuer des Krieges in Hindūstān und verbrenne Mehrābs Palast und ganz Kāvol. Es darf nicht geschehen, dass er dir entkommt, denn er stammt aus einem Drachengeschlecht. Immer wieder kommt von ihm Kriegsgeschrei, und die Ruhe der Welt wird von Kampf und Aufruhr erschüttert. Allen, die mit ihm verbunden sind, und auch den Großen, die ihm dienen müssen, allen diesen schlage den Kopf ab und reinige die Erde vom Nachkommen Zahhāks und seiner ganzen Sippe.« Und Sām antwortete ihm: »Ich werde so handeln, dass ich den Zorn aus dem Herzen des Königs entferne.« Dann wandte er sich mit dem Heer seinem Palast zu, mit den windschnellen Pferden, die schon ungeduldig mit den Hufen scharrten.

Mittlerweile kommt die Nachricht vom drohenden Angriff Sāms auf Kāvolestān zum Hofe Mehrābs. Die königliche Familie dort ist verzweifelt, aber Zāl macht sich voller Zorn auf den Weg zu seinem Vater, um ihn noch einmal persönlich und mit großem Nachdruck an dessen Schuld und das ihm gegebene Versprechen zu erinnern. Sām empfängt seinen Sohn sehr freundlich und hört sich dessen drin-

gende Vorstellungen an. Zāl schließt seinen Appell an den Vater mit den Worten:

»Ich habe mich auf deinen Befehl hin in Kāvol niedergelassen und mich genau an deine Pläne gehalten, so dass ich, wenn du Krieg führst, dir Beistand leiste. Auf diese Weise bringt dir der Baum, den du durch meinen Einsatz gepflanzt hast, nun Früchte. Aber von Māzandarān kommend hast du mir dieses ›Geschenk‹ gemacht und bist aus dem Land der Gorgsārān hierher geeilt. Willst du nun meinen Palast zerstören? Willst du mir so Gerechtigkeit widerfahren lassen? So wie ich jetzt hier vor dir stehe, übergebe ich mein Leben deinem Zorn. Du kannst mich mit einer Säge in zwei Hälften teilen lassen, aber sprich mir nicht mehr über Kāvol!«

Sām muss nachgeben und die Verpflichtung seinem Sohne gegenüber anerkennen. Um aus diesem Dilemma herauszukommen, denn er steht ja ebenso auch bei Manūčehr in der Pflicht, schreibt er einen langen Brief an seinen König. Nach einer ausführlichen Einleitung, in welcher er erst Gott und dann den König preist, fährt er fort:

»Ich bin ein Diener, der alt geworden ist, denn ich habe in Tapferkeit das Alter von sechzig Jahren erreicht. Kampferstaub* ergreift mein Haupt: So haben mir Sonne und Mond eine Krone gegeben. Ich band den Gürtel des Dienstes wie ein Diener. Mit Zauberern habe ich gekämpft und für dich Zügel geführt, Pferde geritten und Keulen getragen. So einen Ritter wie mich hat noch nie jemand auf der Welt gesehen. Die Ehre der Helden von Māzandarān verschwand, als ich die schwere Keule ergriff.«

Daraufhin schildert er ausführlich seinen Kampf gegen den Drachen vom Kašaf und weitere Verdienste, die er sich für den König und für den Iran erworben hat. Er kommt

* Kampfer dient durch seine weiße Farbe in der persischen Dichtung zur Beschreibung des vom Alter weißen Haares.

dann wieder auf sein Alter zurück und geht damit über zu Zāls Problem:

»Jetzt sind dieser Nacken, den ich so hoch emporrecken konnte, und die Schläge meiner streitbaren Keule nicht mehr das, was sie früher waren. Meine Brust und mein Körper sind nun gebeugt. Das Alter von sechzig Jahren hat sein Lasso geworfen und mich jetzt schmählich gebunden. Unsere Rolle haben wir nun Zāl übertragen, der des Gürtels und der Keule würdig ist.

Er hegt insgeheim einen Wunsch und kommt, um beim König der Welt seine Erfüllung zu erbitten. Es ist ein Wunsch, der vor Gott gut ist, unter dessen Befehl sich das Gute befindet. Wir haben nichts ohne den Willen des großen Königs getan, denn dem Diener geziemt es nicht, eigenwillig zu handeln. Zweifellos hat mein König, der Herr der Welt, von meinem Versprechen Zāl gegenüber gehört. Er ist jetzt zu mir gekommen, die Wangen voller Tränen und die Knochen wie gerädert. Er sprach zu mir: ›Es wäre passender, wenn du mich an den Galgen hängst, als dir Kāvol zum Ziel zu nehmen.‹ Wenn jemand wie er vom Vogel auf einem Berg aufgezogen wurde, weit fortgeworfen aus der Mitte der Menschen, und wenn er dann in Kāvolestān eine Schönheit sieht wie eine schlanke Zypresse, mit einem Haupt wie ein Rosengarten, und dabei den Verstand verliert, so ist das kein Wunder. Seinetwegen darf nicht der Zorn den König erfassen, denn es ist jetzt mit seinem Liebeskummer so weit gekommen, dass jeder, der ihn sieht, Mitleid mit ihm hat. Aus dem großen Kummer, den er ohne Schuld erlitt, erwuchs mein Versprechen, von dem der König gehört hat. Ich habe ihn mit einem betrübten Herzen zu dir geschickt. Wenn er vor deinem mächtigen Thron steht, handle so, wie es einem Fürsten zukommt. Man braucht dir doch keinen Verstand beizubringen.«

Sobald der Brief geschrieben ist, nimmt Zāl ihn an sich und reitet damit, so schnell er nur kann, an den Hof Manūčehrs.

Sīndoxt geht zu Sām

Während all dieser Zeit hat man in Kāvol keinerlei Nachricht von Zāl, und Mehrābs Verzweiflung wird so groß, dass er in seinem Zorn Frau und Tochter vor den Augen Manūčehrs erschlagen will, da sie ihn und das ganze Land in eine so verzweifelte Lage gebracht haben. Da bietet Sīndoxt an, sich mit Geschenken aus dem königlichen Schatz zu Sām zu begeben, um ihn zu ihren Gunsten zu beeinflussen. Mehrāb übergibt ihr den Schlüssel zu seiner Schatzkammer, aber bevor sie geht, lässt sie ihren Gatten heilige Eide schwören, in ihrer Abwesenheit Rūdābe kein Leid anzutun. Und dann trifft sie die Vorbereitungen für die Reise zu Sām:

Sie schmückte sich mit goldenem Seidenbrokat und ihr Haupt mit kostbaren Perlen und Rubinen. Dann nahm sie aus dem Xazrā-Schatz als Geschenk unter anderem dreißigtausend Goldstücke. Zehn wertvolle Pferde mit goldenem Geschirr und fünfzig Sklaven, goldgegürtet, wurden als Geschenke ausgesucht. Man brachte auch dreißig arabische und persische Pferde herbei, mit silbernem Zaumzeug; dann sechzig Sklaven mit goldenen Halsketten, von denen jeder einen Pokal in der Hand trug. Diese waren mit Moschus und Kampfer und Rubinen und Gold bis an den Rand gefüllt, und einer war voller Perlen und einer voller Zucker. Dazu kamen vierzig schwere Sessel, mit golddurchwirktem Seidenbrokat bezogen, deren Ränder ganz mit Juwelen besetzt waren, und zweihundert indische Schwerter, mit Gold und Silber verziert, und darunter waren dreißig in Giftwasser gehärtete blitzende Klingen. Dann folgten einhundert Kamelstuten mit rötlichem Fell und einhundert Maulesel, schnell und sicher und mit Geschenken beladen. Und dann: eine königliche Krone voller Perlen und Edelsteine und Armreifen und Halsketten und Ohrringe. Und ein goldener Thron, schön wie der Himmel, über und über mit Juwelen verziert. Seine Breite war zwanzig Hand nach königlichem Maß; über dreihundert Hand war er hoch. Den Abschluss machten vierzig große Kriegselefanten, und alle waren mit Teppichen und Stoffen beladen.

So zieht Sīndoxt zu Sām: Die Geschenke und Sklaven und Pferde und Elefanten bildeten eine zwei Meilen lange Karawane, als man vor dem Tor des Palastes ankam.

Sām ist vom Anblick dieser Geschenke von unermesslichem Wert wie betrunken und fragt sich, warum man aus einer Stadt, die so viele Reichtümer verschenken kann, eine Frau als Boten schickt. Er ordnet an, diese Kostbarkeiten durch den Schatzmeister seines Sohnes für Rūdābe verwalten zu lassen, da er sie selbst nicht annehmen kann: Wenn er es täte, wäre Manūčehr erzürnt, wenn er sie aber ablehnte, wäre Zāl beleidigt. Jetzt kann Sīndoxt hoffen.

Drei Dienerinnen waren bei ihr, anbetungswürdige Schönheiten mit vornehm-blassem Antlitz wie Jasmin, und wie Zypressen waren sie von schöner Gestalt. Und jede von ihnen trug einen Pokal in den Händen, voller roter Rubine und Perlen und Edelsteine. Diese schütteten sie vor dem Fürsten aus und mischten sie so vor ihm.

Mit dieser Prachtentfaltung und kraft ihrer Persönlichkeit gelingt es Sīndoxt, Sām zu beeindrucken und durch kluge Argumente für sich zu gewinnen. Sie erreicht, dass er ihr verspricht, Zāl und Rūdābe zu helfen und die Stadt Kāvol und ihre königliche Familie zu verschonen. Er unterrichtet sie auch von seinem Schreiben, das Zāl gerade zu Manūčehr bringt. Sie wird von Sām reich beschenkt und kehrt glücklich nach Kāvol zurück.

Zāl bei Manūčehr

Manūčehr empfängt Zāl voller Wohlwollen. Er liest Sāms Brief und gibt daraufhin seine Einwilligung zur Hochzeit Zāls mit Rūdābe. Er möchte aber insgeheim – und in Abwesenheit von Zāl – erfahren, was die Sterne zu dieser Entwicklung sagen.

Er befahl, dass alle Mobads und die Edlen des Hofes, die Astrologen und Gelehrten, sich vor dem hohen Thron versammeln sollten, und wies sie an, den Willen des Himmels zu ergründen. Sie verließen den König und gaben sich große Mühe, die Geheimnisse der Sterne zu erforschen. Drei Tage Zeit brauchten sie für diese Arbeit. Sie zogen sich zurück und nahmen ihre astronomischen Tafeln aus Byzanz zur Hand. Am vierten Tage traten sie vor den König und sprachen: »Wir haben Berechnungen über die himmlischen Sphären angestellt, und so viel wurde über die Pläne der Sterne sichtbar: Dieses Wasser wird strahlend seinen Lauf nehmen. Der Tochter Mehrābs und Sāms Sohn wird ein Held geboren werden, voller Stärke und Mut, dessen Name berühmt wird. Er wird ein sehr langes Leben haben, Tapferkeit wird ihm zu Eigen sein, Kraft wird er haben und Ausstrahlung. Größe, Mut und Stärke werden seine Eigenschaften sein. Und er wird nicht seinesgleichen finden, beim Kampf nicht und auch nicht beim Feiern. Wenn sein Pferd vom Schweiße nass wird, dann trocknet seinen Gegnern das Herz aus. Der Adler wird es nicht wagen, über seinen Helm zu fliegen. Die Edlen dieser Welt werden ihm als unbedeutend erscheinen. Von großer Statur wird er sein und glanzvoll, und Löwen wird er mit den Schlingen seines Wurfseils fangen. Einen ganzen Wildesel wird er sich über dem Feuer braten und die Luft mit seinem Schwert zum Weinen bringen. Er wird der Diener von Königen und Schutz und Zuflucht für die Ritter Irans sein.« Da sprach der König zu ihnen: »Alles, was ihr gesagt habt, müsst ihr geheim halten!«

Auf Anordnung des Königs stellen nun die Mobads Zāl eine Reihe von Fragen, um seine Intelligenz zu prüfen, und er kann sie alle zur Freude des Königs bestens beantworten. Am folgenden Tag muss Zāl, den es zu Rūdābe zieht, noch an einem Ritterturnier teilnehmen, um auch dabei seine Fähigkeiten unter Beweis zu stellen. Dann aber darf der Held, reich beschenkt und mit einem Brief an Sām, den königlichen Hof verlassen. Er lässt seinem Vater durch einen schnellen Boten von seinem Erfolg bei Manūčehr berichten, und Sām wiederum gibt die gute Nachricht weiter an Mehrāb in Kāvol. In großer Freude wird dort nun alles für den Empfang Zāls vorbereitet.

Die Hochzeit

Sīndoxt schmückte die königlichen Gemächer wie das Paradies und ließ Rosenwasser, Wein, Moschus und Ambra mischen und in den Räumen versprühen. Sie ließ einen Teppich auslegen, der mit goldenen Figuren geschmückt und ganz mit Smaragden durchwirkt war. Einen anderen Teppich zierte ein Muster aus klaren Perlen, von denen jede durchscheinend und glänzend wie ein Wassertropfen war. In einem Raum ließ sie einen goldenen Thron aufstellen, der ganz in chinesischer Art gearbeitet und mit vielen Juwelen verziert war. Und zwischen den Edelsteinen waren Figuren eingeschnitzt. Die Stufen des Thrones waren aus Rubin, denn es war ein königlicher Thron und sehr kostbar. Auch Rūdābe schmückte sie wie das Paradies und machte aus dem Schmücken ihres Sonnengesichtes ein Zauberwerk. Die Tochter musste sich in ihren goldverzierten Palast zurückziehen, und niemand durfte zu ihr gehen. Ganz Kāvolestān wurde geschmückt, voller Farben und Düfte und Kostbarkeiten. Auf den Rücken der Elefanten wurden seidene Brokatdecken aus Byzanz gelegt, und man ließ Wein kommen. Und auf den Elefanten saßen Musikanten. Alle Edlen setzten sich goldene Diademe aufs Haupt. Diejenigen, die Zāl entgegengehen sollten, wurden besonders festlich gekleidet, und man bestimmte Sklavinnen aus Kāvol, die Moschus und Aloe ausstreuen mussten. Überall waren Seidenstoffe und Teppiche ausgelegt. Auf die Köpfe wurde Moschus und Goldstaub gestreut und die Erde mit Rosenwasser und Wein benetzt.

Währenddessen ist Zāl bei seinem Vater eingetroffen, der ihn überglücklich in die Arme schließt. Zuerst berichtet Zāl ihm von allem, was sich bei Manūčehr zugetragen hat, und dann erzählt Sām seinem Sohn vom Besuch Sīndoxts, die inzwischen freudestrahlend nach Kāvol zurückgekehrt ist:

»Ein Bote von ihr ist zu mir gekommen, um zu melden, dass alle Vorbereitungen für ihre Tochter getroffen seien. Welche Antwort soll ich nun dem Boten geben? Was sagen wir jetzt dem edlen Mehrāb?« Vor Freude blühte Zāl, Sāms Sohn, so auf, dass er von Kopf bis Fuß wie ein Rubin errötete. Er antwortete: »O Pahlavan, wenn du von Herzen dem zustimmst, dann lasst uns gehen, und der Hofstaat soll uns folgen, und dabei können wir uns ausführlich unterhalten.« Der edle Sām betrachtete Zāl, seinen Sohn: Er wusste, was jetzt dessen Wunsch war, denn all sein Reden war nur noch über die Tochter Mehrābs. Des Abends würde ihm in der dunklen Nacht kein Schlaf kommen.

Da befahl Sām, die indischen Schellen und Zimbeln zu schlagen und die königlichen Zelte auf den Weg zu bringen. Er schickte ein schnelles Dromedar mit einem edlen Ritter, um zu Mehrāb, dem Löwen, zu reiten und ihm anzukündigen, dass der Feldherr auf dem Weg zu ihm sei, mit Zāl und Elefanten und einem großen Gefolge.

Mehrāb ließ die Trompeten blasen und die Trommeln auf die Elefanten binden. Er ließ sein Heer schmücken, so festlich wie das Auge des Hahns, und dem Heere voraus schritten die Kriegselefanten und die Musikanten. Von Grenze zu Grenze wurde das ganze Land zu einem einzigen Paradies, so viele bunte seidene Fahnen gab es, rote und weiße und gelbe und blaue. Und durch den Lärm der Trompeten und den Klang der Harfen und das Gedröhne der Hörner und das Geklirr der Schellen schien es gerade so, als sei der Tag des jüngsten Gerichts gekommen, der Tag der Auferstehung und Freude.

So kam Mehrāb Sām entgegen. Er stieg vom Pferd und ging zu Fuß, und der Weltpahlavan umarmte ihn und fragte ihn, wie es ihm ergangen sei. Der König von Kāvolestān grüßte Sām und auch Zāl feierlich und stieg dann wieder auf sein schnelles Pferd. Er strahlte wie der junge Mond, der über dem Gebirge aufgeht. Eine goldene Krone, mit Juwelen geschmückt, setzte er Zāl auf das Haupt. Sie kamen lachend und glücklich nach Kāvol und erzählten einander von vergangenen Abenteuern. Die ganze Stadt hallte wider vom Tönen der indischen Glockenspiele und Schellen, vom Klang der Lauten und Harfen und Flöten. Es war gerade so, als ob alle Tiere Musikanten geworden wären und die ganze Welt sich verändert hätte. Nacken und Mähnen der Pferde im ganzen Lande waren mit Moschus und Safran parfümiert. Auf den Rücken der Elefanten saßen Musikanten mit Trompeten und Pauken, und die Elefanten selbst waren mit duftendem Moschus und Ambra eingerieben.

Sīndoxt kam mit ihrem Gefolge aus dem Palast und mit ihr dreihundert dienstbereite Sklavinnen und Zofen. Und jede von ihnen trug in ihren Händen einen goldenen Pokal, angefüllt mit Moschus und Juwelen. Sie begrüßten Sām und erbaten Gottes Segen für ihn. Dann streuten sie aus den Pokalen Juwelen über ihm aus. Alle, die zu diesem Fest kamen, wurden reichlich beschenkt.

Sām lächelte und fragte Sīndoxt: »Wie lange willst du mir Rūdābe noch verbergen?« Aber Sīndoxt entgegnete: »Was gibst du mir, wenn es dein Wunsch ist, das Sonnengesicht zu sehen?« Und Sām antwortete ihr: »Verlange von mir, was auch immer du dir wünschst.« Sie gingen in den goldgeschmückten Palast, dessen Gemächer schön wie das liebliche Paradies waren. Sām sah die Mondschöne, und Staunen spiegelte sich in seinem Antlitz wider. Er konnte ihre Schönheit nicht genug preisen und wusste nicht, wie er sie anschauen sollte. Er ließ Mehrāb zu sich rufen, und sie schlossen einen Vertrag nach Regel und Brauch. Dann ließ man Zāl und Rūdābe, das glückliche Paar, sich auf einen Thron setzen, und es wurden Achate und Smaragde über sie gestreut. Das Haupt der Mondschönen wurde mit einem edlen Diadem gekrönt, und das Haupt des Fürsten mit einer Krone, die ganz mit Juwelen besetzt war. Nun ließ Mehrāb das Verzeichnis der Hochzeitsgeschenke bringen, die ganze lange Liste der bereitgestellten Schätze. Diese wurde vorgelesen, und es stand so viel darauf, dass das Ohr nicht mehr alles Gesagte aufnehmen konnte.

Und schließlich gingen alle und ließen sich im Festsaal nieder, und dort blieben sie eine ganze Woche, den Pokal mit Wein in der Hand. Danach kehrten Zāl und Rūdābe in den Palast zurück und gaben sich drei Wochen lang ganz der Freude hin, während die Edlen des Landes mit Armbändern geschmückt vor den hohen Palast zogen.

Rostam wird geboren

Viel Zeit war nicht verstrichen, als Furcht über die edle Zypresse kam. Ihr Bauch war gerundet und ihr Körper schwer geworden. Ihre Wangen, vormals so rot wie die Blüten des Judasbaums, waren nun safranfarben. Die Mutter sprach zu ihr: »O du, die du die Seele deiner Mutter bist, was ist mit dir, dass du so blass geworden bist?« Und da antwortete sie: »Ich öffne jeden Tag meine Lippen, um Gott um Hilfe anzuflehen. Wahrscheinlich ist meine Zeit nun herangekommen, und ich fürchte, ich werde diese schwere Last nicht los. Es ist, als ob der Leib mir voller Steine wäre oder das, was in ihm ist, sogar aus Eisen.«

So fand sie weder Schlaf noch Ruhe, bis die Zeit der Niederkunft herangekommen war. Und dann geschah es, dass sie eines Tages die Besinnung verlor. Aus Zāls Palast erscholl lautes Klagen, und als Sīndoxt die Nachricht erhielt, zerkratzte sie ihr Gesicht und riss sich ihre schwarzen, nach Moschus duftenden Locken aus. Auch Zāl erfuhr, dass das Laub der schlanken Zypresse zu welken begann. Er begab sich zum Bett Rūdābes, die Wangen voller Tränen und das Herz wund. Als er sich aber an die Feder erinnerte, die der Sīmorg ihm gegeben hatte, da lächelte er und gab Sīndoxt die frohe Kunde. Man brachte einen Opferherd und machte darin ein Feuer. Dort verbrannte er dann ein Stück von der Feder des Sīmorg. Sofort verdunkelte sich der Himmel, und es erschien der mächtige Vogel wie eine Wolke, die Juwelen regnete. Aber was spreche ich von Juwelen? Er brachte Ruhe für die Seele. Zāl pries ihn sehr und brachte ihm seine Verehrung und Lob und Dank dar.

Der Sīmorg sprach zu Zāl: »Warum dieser Kummer? Warum sind Tränen in den Augen des Löwen? Denn von dieser silberbusigen Zypresse mit dem mondschönen Antlitz wird dir ein tapferer, löwenstarker Held geboren werden. Die Löwen werden den Staub seiner Füße küssen, und die Wolken werden es nicht wagen, über seinen Kopf zu ziehen. Durch seine Stimme wird dem wilden Panther das Fell zerrissen, und er wird sich vor Angst in die Pfoten beißen. Jeder Ritter, der die Schläge seiner Keule hört und seine Brust, seine Arme und seine Beine sieht, wird schon durch seine Stimme zu Boden gebracht, und die Herzen der Krieger werden schwach. An Klugheit wird er gleich dem besonnenen Sām sein und im Zorn ein kampfeshungriger Löwe. Von Gestalt wird er der Zypresse gleichen und an Kraft dem Elefanten. Seinen Speer wird er zwei Meilen weit schleudern können.

Auf Befehl Gottes, des Gnadenspenders, kann er jedoch nicht auf normalem Wege auf die Welt kommen. So lass nun ein scharfes Messer holen und einen klugen und geschickten Mann. Er soll zuerst die Mondschöne mit Wein trunken machen. Du aber mach dir keine Sorgen, denn der kluge Mann macht seine Zauberarbeit, um den Löwen aus dem Kasten zu holen. Er wird den Leib der schlanken Zypresse aufschneiden. Sie wird dabei keinen Schmerz verspüren. Und dann näht er die Öffnung, die er gemacht hat, wieder zu. Entferne aus deinem Herzen Furcht und Sorge und Angst. Eine Pflanze, die ich dir nennen werde, musst du in Milch und Moschus zerstampfen und dann alles zusammen im Schatten trocknen. Diese Mischung verstreichst du gleichmäßig auf ihre Wunde, und noch am gleichen Tage wirst du ihre Heilung sehen. Mit einer meiner Federn streichst du dann darüber, denn Glück bringend ist der schattengewährende Schutz meiner Macht. Du musst über diese Angelegenheit sehr froh sein, und es geziemt dir, dich mit Dank an Gott zu wenden, denn er hat dir diesen königlichen Baum gegeben, der dir jeden neuen Tag dein Glück erblühen lässt. Habe hierbei kein sorgenvolles Herz, denn dein fruchtbarer Zweig trägt nun Früchte.« Das sagte er und riss sich eine Feder aus dem Flügel, warf sie hin und erhob sich im Fluge.

Zāl ging und ergriff diese Feder und tat, was der Sīmorg gesagt hatte. O Wunder! Bei dieser Arbeit schaute eine ganze Welt zu: Die Augen aller waren voller Tränen und ihre Seelen betrübt. Von Sīndoxts Wimpern strömten die Tränen herab: »Wie soll nur das Kind aus der Seite herauskommen?«

Es kam ein Mobad mit geschickter Hand. Er machte die Mondgesichtige mit Wein betrunken und schnitt die Seite der Schönen auf, ohne ihr Schmerzen zu bereiten. Er drehte den Kopf des Jungen in die richtige Lage und holte ihn so, ohne ihn zu schädigen, heraus. Niemand auf der Welt hatte je ein solches Wunder gesehen. Der Junge war wie ein löwenstarker Recke, von großem Wuchs und schönem Antlitz. Alle Männer und Frauen waren voller Verwunderung, denn niemand hatte je von einem Kind gehört, das schon so groß war wie ein Elefant. Eine Nacht und einen Tag lang schlief die Mutter, denn durch den Wein war sie eingeschlafen und hatte das Bewusstsein verloren. Den ganzen Schnitt aber hat man wieder zusammengenäht und die Wunde mit Heilmitteln geschlossen.

Als die Zypressengleiche aus dem Schlaf erwachte, öffnete sie die Lippen, um zu Sīndoxt zu sprechen. Da streute man Gold und Edelsteine über sie, und alle lobten den allmächtigen Schöpfer. Man brachte ihr den Jungen, den man wie den Himmel pries. Die schlanke Zypresse lächelte, als sie den Knaben bei sich hatte, und sie sah in ihm die königliche Majestät.

Nun wurde die Figur eines Jungen aus Seide genäht, eine Puppe von der Größe dieses Löwen, der noch nie Milch getrunken hatte.* Das Innere wurde mit Zobelfell ausgestopft. Auf seine Wangen wurden Venus und Sonne gemalt, auf seine Arme kampfesmutige Drachen und an seine Hände die Krallen des Löwen. Unter seinen Arm steckte man eine Lanze. In eine Hand gab man ihm eine Keule und in die andere die Zügel. Und dann setzte man ihn auf ein Pferd, einen Rotfuchs, und um ihn herum stellte man einige

* Also eine Nachbildung des gerade neugeborenen Kindes.

Diener auf. Ein schnelles Dromedar wurde bereitgestellt. Man warf Silberstücke über die Boten, die diese Figur des keulentragenden Rostam zum edlen Sām bringen sollten. Ein großes Fest wurde gefeiert in allen Rosengärten, von Zāvolestān bis nach Kāvolestān. Im ganzen Land wurde mit Wein und dem Klang der Flöten gefeiert. In jedem Winkel des Landes kamen Hunderte zusammen. Von einer Grenze zur anderen, überall in Zāvolestān, hatten sich Musikanten eingefunden. Die einfachen Leute wurden von den Großen des Landes nicht zurückgesetzt, so als gehörten sie zusammen wie Kette und Schuss.

Daraufhin brachte man die Figur Rostams, der ja noch ein Säugling war, zum edlen Sām. Dem standen die Haare zu Berge vor Staunen. »Diese Seidenfigur«, so sprach er, »ähnelt mir sehr. Wenn er auch nur halb so groß wird wie diese Gestalt, wird sein Kopf die Wolken berühren und sein Rocksaum die Erde.« Er verlangte nach dem Boten und ließ ihn mit Silberstücken überschütten, so dass sie bis zu seinem Kopf reichten. Voller Freude ertönten aus dem Palast die Pauken, und der große Platz wurde geschmückt wie das Auge des Hahns. Sām ließ Wein herbeibringen und Musikanten holen, und über denen, die darum baten, wurden Silberstücke ausgestreut. Es wurde ein Fest veranstaltet, bei dem sogar Sonne und Mond zuschauten.

Sām ließ nun eine Antwort auf Zāls Brief schreiben und legte seine Seele in die Antwort hinein. Zuerst pries er Gott, den Schöpfer, wegen der großen Freude, die der Lauf der Welt gebracht hatte. Als Nächstes begann er, Zāl zu preisen, den Herrn über Schwert und Keule. Und dann kam er zu dieser Seidenfigur, welche Arme hatte wie ein tapferer Recke und die Majestät eines Königs. Er ermahnte ihn, den Sohn so zu beschützen, dass ihm auch nicht ein Windhauch Schaden bringen könnte. »Ich habe insgeheim Gott gepriesen und den Schöpfer der Welt gebeten, dass mein Auge noch zu meinen Lebzeiten aus deinem Samen einen Helden sehen möge, der mir ähnlich ist. Jetzt sind mein und dein Rücken wieder gerade, und es bleibt uns nur, für sein Leben zu beten.« Der Bote ritt schnell wie der Sturmwind zu Zāl, glücklich und mit leuchtendem Herzen. Als Zāl die Worte des Vaters vernahm, so schön, dass in seinen Verstand das Glück des Herzens zog, da wurde seine Freude noch größer, und er erhob sein Haupt bis zum blauen Himmelszelt.

In dieser Weise drehte sich das Himmelsgewölbe, und das Geheimnis wurde der Welt enthüllt. Zehn Ammen gaben Rostam Milch, denn Milch gibt dem Manne Kraft. Als man statt Milch ihm feste Nahrung gab, bestand diese aus Kastanien und Fleisch. Er aß so viel wie fünf Männer, und die Leute waren erstaunt darüber, wie schnell er wuchs. Als Rostam die Größe von acht Ellen erreicht hatte, war er wie eine edle Zypresse gewachsen. Er war ein leuchtender Stern, und die Welt betrachtete diesen Stern voller Verwunderung. Bei seiner Statur und seinem Aussehen, seinem Wissen und seiner Klugheit hätte man sagen können, er wäre der edle Sām.

Raxš

Rostam ist inzwischen zu einem jungen Mann herangewachsen, groß und stark wie ein Elefant. Dem Iran aber geht es nicht gut: Nach dem Tode des Königs Garšāsp ist das Land ohne König und im Inneren zerrissen, während von außen Afrāsiyāb, der König von Turan, ins Land drängt, um den persischen Thron zu besteigen. Die Iraner wenden sich Hilfe suchend an den alternden Zāl, dessen Sohn Rostam bereit ist, den Kampf gegen Afrāsiyāb aufzunehmen. Er benötigt dazu aber ein besonderes Pferd:

»Ich brauche ein Pferd, das so groß ist wie ein Elefant, so dass nur ich es mit den Schlingen des Wurfseils einfangen kann. Es muss die Kraft haben, meinen starken Körper im Kampf zu tragen, und es darf auch nicht losrennen, wenn es abwarten soll. Und dann brauche ich auch eine Keule, so schwer wie ein Felsbrocken, denn das turanische Heer wird auf mich zukommen. Ich werde mit dieser Keule die Rücken der Elefanten zerbrechen, und die Flüsse werde ich mit Blut anfüllen, so dass sie mächtig werden wie der Nilstrom, denn ich will das Antlitz der Erde vom Heer der Feinde befreien, dass die Wolken Blut auf das Schlachtfeld regnen.«

Zāl, der Pahlavan, war von diesen Worten seines Sohnes so beeindruckt, dass er am liebsten seine Seele über ihm ausgeschüttet hätte. Alle Herden von Pferden, die ihm gehörten, ließ er aus Zāvolestān herantreiben, einige sogar aus Kāvolestān. Man führte Rostam alle Tiere vor und erklärte ihm auch die königlichen Brandzeichen. Er drückte jedem Pferd, das er zu sich heranholte, mit den Händen auf den Rücken und bog diesen mit seiner Kraft so durch, dass er das Tier mit dem Bauch auf den Erdboden legte.

Und so blieb es, bis eine Herde aus Kāvol kam: eine Herde von Tieren in verschiedenen Farben. Da lief auch eine Stute schnell an ihm vorbei, ein Schimmel mit einer Brust wie ein Löwe, mit kurzen Schenkeln und mit Ohren wie glänzende Dolche. Brust und Nacken waren mächtig, aber die Taille schlank. Ihr folgte ein Fohlen, so groß wie die Stute selbst. Seine Schenkel und seine Brust hatten schon dieselben Maße. Die Augen waren schwarz, der Schwanz hochgestellt, die Hoden schwarz und fest und die Hufe wie aus Stahl. Sein ganzer Leib war gesprenkelt: wie Rosenflecken auf Safran. »Leuchtend« würden wir ihn nennen.* Er war wie ein feuerfarbener Apfelschimmel, und feurig war auch seine Natur.

Als Rostam diese Stute betrachtete und auch das Fohlen mit dem Elefantenleib sah, da legte er das fürstliche Wurfseil in Schlingen, um das Fohlen aus der Herde herauszuholen. Der alte Hirte aber sprach zu Rostam: »O edler Herr, nehmt nicht das Pferd eines anderen.« Da fragte ihn Rostam: »Wem gehört denn dieses Pferd, das keine Brandzeichen an den Schenkeln hat?« Und der Hirte antwortete ihm: »Sucht nicht seine Zeichen, denn über dieses Tier wird viel geredet. Wir wissen nicht, wer sein Besitzer ist. Wir nennen ihn ›Rostams Raxš‹, und damit hat es sich. Schon seit drei Jahren kann er einen Sattel tragen und ist in den Augen der edlen Ritter zum Liebling geworden. Wenn seine Mutter das Fangseil eines Reiters sieht, kommt sie wie eine Löwin heran, um zu kämpfen.«

Rostam warf sein fürstliches Fangseil und brachte schnell den Kopf des Apfelschimmels in die Schlinge. Seine Mutter kam herangelaufen wie ein wütender Elefant: Sie wollte dem Helden mit ihren Zähnen den Kopf abreißen. Rostam aber brüllte wie ein zorniger Löwe, und durch sein Gebrüll wurde die Stute erschreckt. Sie stürzte und erhob sich wieder und wendete sich von ihm ab. Dann lief sie eilends zurück zu ihrer Herde.

* Im Original ein Wortspiel mit *Raxš* und *roxšān* ›leuchtend, glänzend‹.

Rostam stemmte sich kräftig gegen den Boden und zog die Schlinge des Fangseils fest um Raxš. Mit einem kräftigen Schwung streckte er seine Hand aus und drückte die Finger auf den Rücken des Pferdes. Dieses aber beugte keineswegs seinen Rücken unter dem Druck, sondern es schien, als hätte es überhaupt nichts bemerkt. Da sprach Rostam zu sich: »Dieses ist mein Reitsitz. Jetzt kann ich handeln. Dieses Pferd wird meine Rüstung, meinen Helm und meine Keule tragen und dazu meinen Elefantenleib, meine starke Brust und die Arme.«

Er fragte den Hirten: »Was kostet denn dieser Drache in Pferdegestalt? Wer kann mir seinen Preis nennen?« Und dieser antwortete ihm: »Wenn du Rostam bist, dann besteige ihn und schaffe wieder Ordnung im Lande Iran. Der Preis für ihn ist das Land Iran, und auf Raxš wirst du die Welt wieder in Ordnung bringen.« Rostam lächelte so freudig, dass seine Lippen zu Korallen wurden, und er sprach: »Gottes Sache ist es, Gutes zu tun.«

Mit dem Kopf voller Gedanken an Rache und Kampf legte er einen Sattel auf das rosenfarbene Pferd. Er erzog Raxš zu einem stolzen Ross und sah, dass es schnell laufen konnte und Mut und Kraft und Rasse hatte. Nun wurde der Apfelschimmel so behütet, dass man sogar nachts Raute verbrannte, um ihn vor Unheil zu bewahren.* Wie man es auch betrachtete, es war, als ob er Zauberkraft bekommen hätte: Im Kampf würde er eine schnellfüßige Gazelle mit schäumendem Maul sein, ein folgsames Tier, von angenehmer Gangart, mit rundem Kinn und klug.

Zāls Herz blühte auf wie der liebliche Frühling aus Freude über den herrlichen Raxš und den glücklichen Reiter. Er öffnete die Tür zu seinem Goldschatz und machte Geschenke, wobei er nicht an heute und nicht an morgen

* Das Verbrennen der aromatischen Raute war ein beliebtes Mittel, um Mensch und Tier vor Unheil und vor dem »bösen Auge« zu schützen.

dachte. Dann aber warf er die Kugeln in den Becher* auf dem Elefantenrücken, und seine freudigen Rufe konnte man meilenweit hören.

Rostam holt Kay Qobād und kämpft gegen Afrāsiyāb

Und nun zieht Zāl mit seinem Heer in den Krieg gegen Afrāsiyāb, wobei Rostam die Truppen an der Spitze der alten Krieger anführt. Als sich die beiden Heere immer mehr nähern, erklärt Zāl seinen Edlen, dass sie noch vor Beginn des Kampfes einen König brauchten, und zwar einen aus dem alten Geschlecht der Kayaniden, nämlich Kay Qobād. Ein Mobad hatte ihm gesagt, wo dieser zu finden sei.

Der glückhafte Zāl sprach nun folgendermaßen zu Rostam: »Nimm deine Keule und mach dich auf! Begib dich eilends zum Berg Alborz und wähle dir dafür zur Begleitung eine Reiterschar. Erweise Kay Qobād deine Ehrerbietung, aber verweile keinen Augenblick bei ihm, denn in zwei Wochen musst du wieder hier sein. Ruhe dich auf keinen Fall beim Reiten aus. Sage ihm: ›Das Heer verlangt nach dir, und der königliche Thron ist auch schon geschmückt.‹« Rostam machte sich in Windeseile bereit, und so kam er in gebührender Weise zu Kay Qobād. Im Schutze der Nacht brachte er ihn zu Zāl, wobei er unterwegs keinen Augenblick verweilte. Eine Woche lang saß man zusammen, um zu beraten, und viele gelehrte Mobads waren auch dabei.

Kay Qobād besteigt den persischen Thron, und bald danach setzt sich sein großes Heer gegen die Turaner unter Afrāsiyāb in Bewegung. Der Kampf beginnt, sowie die Heere aufeinander treffen, und unter den Iranern zeigt besonders Qāren, ein edler Ritter, große Tapferkeit.

* Metallkugeln wurden als Signal zum Aufbruch in Metallbecher geworfen, die oft auf dem Rücken von Elefanten befestigt waren.

Als Rostam sah, was Qāren leistete und wie der Kampf sich entwickelte, ritt er zu seinem Vater und fragte ihn: »Sage mir, o Weltpahlavan, wo hält sich denn heute am Kampftag Afrāsiyāb auf, der üble Mensch? Welche Rüstung trägt er? Wo steht seine Fahne? Denn die leuchtende blaue Fahne wird ja sichtbar sein. Heute will ich ihn an seinem Gürtel packen und auf den Boden werfen.« Zāl aber sagte zu ihm: »Höre, mein Sohn, sei klug und vernünftig, denn dieser Türke ist im Kampf ein wilder Drache, der heißen Atem ausstößt. Wenn er kämpft, ist er eine unheilbringende Wolke. Seine Fahne ist schwarz, wie auch seine Rüstung. Seine Armschienen sind aus Eisen, und aus Eisen ist auch sein Helm. Und alles Eisen ist vergoldet. An seinem Helm ist ein schwarzes Fähnchen befestigt. Vor ihm musst du sehr auf der Hut sein, denn er ist ein tapferer Mann und zu siegen gewohnt.« Rostam antwortete seinem Vater: »O Pahlavan, du brauchst meinetwegen keinen Kummer in deiner Seele zu tragen, denn Gott der Schöpfer steht mir bei, und mein Herz, mein Schwert und meine Arme sind meine Burg.« Dann spornte er Raxš an, sein Pferd mit den ehernen Hufen, und es ertönte der Schall der Trompeten.

Als Afrāsiyāb ihn auf dem Schlachtfeld sah, staunte er über diesen unreifen Jüngling. Er fragte seine Edlen: »Wer ist denn dieser Drache, der sich so aus den Fesseln befreit hat? Ich weiß nicht, wer das ist.« Einer seiner Edlen erklärte ihm daraufhin: »Das ist Zāls Sohn, Sāms Enkel. Siehst du nicht, dass er mit Sāms Keule gekommen ist? Er ist noch jung und kam hierher, um sich einen Namen zu machen.«

Afrāsiyāb ritt vor seiner Armee heran wie ein Schiff, das die Wellen aus dem Wasser heben. Rostam sah ihn und gab seinem Pferd Schenkeldruck. Er legte sich die schwere Keule auf die Schulter, und als er nahe an den Gegner herangekommen war, hängte er sie an den Sattel. Er ergriff mit seiner Hand den Gürtel des Königs und hob ihn hoch aus seinem mit Pantherfell bezogenen Sattel. Er wollte ihn zu Qobād tragen und ihn dem König als Geschenk von seinem ersten Kampftag bringen. Aber da der königliche Reiter so schwer war, hielt das Leder des Gürtels nicht stand. Es riss, und er fiel kopfüber zu Boden. Seine Ritter bildeten sofort einen Kreis um ihn. Als der König aus seinen Händen entkommen war, biss Rostam sich vor Wut in den Handrücken. »Warum«, so sprach er zu sich, »habe ich ihn bloß nicht unter den Achseln gepackt und mit seinem eigenen Strick gefesselt?«

Unter dem Lärm der Kriegsglocken auf dem Rücken der Elefanten und dem Dröhnen der Pauken, die man meilenweit hören konnte, brachte jemand die frohe Kunde zu Kay Qobād, dass Rostam mitten in das feindliche Heer gelangt sei. Die Fahne des Königs der Turaner war nicht mehr zu sehen, seit Rostam zu ihm durchgedrungen war. Auch erfuhr man, dass Rostam ihn am Gürtel ergriffen und ganz elendig zu Boden geschleudert hatte. Währenddessen begann ein großes Klagegeschrei auf türkischer Seite.

Qobād erhob sich blitzschnell, und die Truppen wogten heran wie das Meer im Sturm. Nun begann der Lärm des Schlachtgetümmels. Die Schwerter funkelten, und man hörte die Schläge der Keulen. Unter den vergoldeten Helmen und durch die vergoldeten Schilde hindurch wurden die Köpfe von den herabprasselnden Schlägen der Beile in Bedrängnis gebracht. Es war, als ob aus irgendeiner Ecke heraus plötzlich eine Wolke erschienen wäre, um durch Zauberei Zinnober über eine Zitrone zu pudern.* Eintausendeinhundertundsechzig mutige Helden wurden durch Sāms Keule wie wilde Löwen erschlagen. Die Turaner wichen vor den Persern und zogen das Heer zurück nach Dāmgān. Von dort wandten sie sich zum Ǧayhūn, mit

* So rot wurde die Erde vom Blut.

gebrochenem Herzen und voller Kummer, und dabei schimpften sie in ihrem Elend vor sich hin. Ihre Waffen waren zerbrochen und die Gürtel zerrissen, und verloren waren Hörner und Pauken und Kraft.

Nach dieser furchtbaren Niederlage der Turaner wird Frieden geschlossen zwischen Afrāsiyāb und Kay Qobād, und es folgt eine lange glückliche Zeit des Wohlstandes für den Iran unter einem guten König.

Die sieben Abenteuer Rostams

Kay Kā'ūs, der Sohn des Königs Qobād, beschließt entgegen dem Rat seiner Edlen, nach Māzandarān zu ziehen, um dieses Land der Dīve zu erobern. Auch Zāl versucht vergebens, den eigensinnigen König von seinem Vorhaben abzubringen. Die Iraner aber werden in Māzandarān von den Dīven besiegt und viele von ihnen gefangen genommen, darunter auch der König. Die meisten der Iraner sind durch einen Zauber der Dīve, nämlich mittels einer großen Giftwolke, erblindet. Zāl erhält durch einen Boten vom König Nachricht über dessen Notlage:

Nachdem der Bote bei Zāl angekommen war, berichtete er ihm über alles, was er wusste, was er gesehen und gehört hatte. Als Zāl das erfuhr, zerriss ihm vor Entsetzen die Haut auf dem Leib, aber er hielt die Nachricht vor Feinden und Freunden geheim. Mit seinem klaren Verstand sah er schon aus der Ferne all das Unglück, das vom Schicksal über ihn kommen würde. Deshalb sprach er zu Rostam:

»Das Schwert ist in der Scheide stumpf geworden.* Von nun an dürfen wir nicht mehr vergnügt sein und Feste feiern und schon gar nicht uns feierlich die Krone aufsetzen, denn der König der Welt ist im Rachen des Drachen, und Unheil ist über die Iraner gekommen. Du musst nun Raxš satteln und Rache suchen mit deinem mächtigen Schwert. Zweifellos hat Gott dich für diesen Tag aufwachsen lassen. Du darfst dir für den Kampf gegen Ahreman keine Ruhe gönnen oder auch nur einen Augenblick abwarten. Schütze deinen Leib mit dem Babr-e Bayān, deinem Pantherfell, und halte dir den Kopf frei von Schlaf und allem Bedenken. Wie sollte der noch Ruhe in seiner Seele finden, der deine

* Es ist Krieg, und das Schwert muss nun geschärft werden.

Lanze erblickt? Wenn du mit dem Meer kämpfen würdest, würde es zu Blut, und durch deine Stimme würden Gebirge eingeebnet. Aržang und der Weiße Dīv dürfen niemals hoffen, dir zu entkommen. Brust und Nacken des Königs von Māzandarān musst du mit Schwert und Keule zerschmettern.«

Und Rostam fragte: »Der Weg ist weit. Wie soll ich ihn ohne Heer bewältigen?« Worauf Zāl ihm antwortete: »Von diesem Königreich hier zu jenem dort gibt es zwei Wege, und beide sind voller Mühe und Beschwernis. Den einen dieser beiden Wege hat Kā'ūs genommen. Der andere geht über Berg und Tal, und man braucht dafür zwei Wochen. Löwen und Dīve und Dunkelheit werden sich dir entgegenstellen, und deine Augen bleiben in der Finsternis. Nimm du diesen zweiten, kürzeren Weg. Du wirst Erstaunliches erleben, aber Gott der Schöpfer wird dir helfen. Du wirst es schaffen, auch wenn der Weg voller Mühen ist. Setze die Hufe des glückhaften Raxš auf diesen Weg. Ich werde in der dunklen Nacht so lange zum reinen Gott beten, bis die helle Sonne erscheint, damit ich dich mit gesundem Leib wiedersehe und auch deine starke Hand, die so gut mit Schwert und Keule schlägt. Wenn aber durch die Dīve sich deine Tage verdunkeln sollten, dann geschieht selbst das auf Geheiß Gottes, des Herrn der Welt. Kann jemand das Schicksal von dir fern halten? So wie es kommt, so muss es geschehen. Niemand wird hier ewig bleiben, denn Gott ruft jeden eines Tages, selbst den, der lange lebt. Niemand, der mit einem großen Namen die Welt durchschritten hat, darf beim Gedanken an den Tod Trauer empfinden.«

Rostam antwortete seinem edlen Vater: »Ich werde dem Befehl gehorchen. Aber selbst die großen Helden der Vergangenheit sahen keinen Sinn darin, zur Hölle zu gehen. Kein Mensch, der seines Leibes noch nicht überdrüssig ist, tritt vor einen reißenden Löwen. Jetzt aber bin ich gerüstet und zum Aufbruch bereit, und niemand außer Gott soll mich führen. Leib und Seele widme ich dem König. Den Zauber und die Herzen der Zauberer werde ich zerbrechen. Jeden von den Iranern, der noch am Leben ist, werde ich zurückholen. Dazu habe ich meinen Gürtel für den Dienst des Königs umgebunden. Ich werde weder Aržang verschonen noch den Weißen Dīv, nicht Sanğe, nicht Kūlād-e Qandī und auch nicht Bīd. Im Namen des einzigen Gottes und Weltenschöpfers schwöre ich: Rostam wird nicht vom Pferd steigen, bevor er nicht Aržangs Hände fest wie Stein gebunden und ihm einen Strick um den Hals gelegt hat. Kopf und Hirn von Kūlād werde ich unter den Hufen von Raxš zertreten lassen.«

Zāl umarmte ihn fest und erflehte Gottes ganzen Segen für ihn. Dann ging Rostam zu Raxš und stieg mit festem Herzen und geröteten Wangen in den Sattel. Rūdābe kam, das Antlitz voller Tränen, und auch Zāl weinte aus Sorge um ihn. Sie gingen zu ihm, um Abschied zu nehmen. Wer wusste schon, ob sie einander wiedersehen würden?

So vergeht die Zeit, und der kluge Mensch zählt ihre Schritte. Jeder Tag, der an dir vorübergeht, wird deinen Leib näher dahinbringen, von der Schlechtigkeit dieser Welt befreit zu werden.

Das erste Abenteuer
Raxš kämpft gegen einen Löwen

Der Held verließ das Nīmrūz und ritt davon mit frohem Antlitz und glücklichem Herzen. Zwei Tagesritte legte er an einem Tag zurück, denn er sah die dunkle Nacht einfach als Tag an. So rollte Raxš gewissermaßen den Weg auf, am helllichten Tag und auch in schwarzer Nacht. Als sein Leib nach Nahrung verlangte, wurde er unruhig. Eine Ebene voller Wildesel breitete sich vor ihm aus. Sofort trieb er Raxš so scharf an, dass der Lauf der Wildesel schwerfällig wirkte, verglichen mit seinem Tempo. Das Fangseil, Raxš' Schnelligkeit und Rostam als Reiter: da fand das Wild vor ihm keine Zuflucht mehr. Der löwenstarke Rostam warf das fürstliche Fangseil und brachte einen starken Wildesel in die Schlingen.

Mit seiner Pfeilspitze entfachte er ein Feuer, für das er allerlei Dornengestrüpp verbrannte. Und über diesem kräftigen Feuer briet er den Wildesel, nachdem er ihn geschlachtet und gehäutet hatte. Er aß ihn und warf die Knochen fort. Von solcher Art waren ihm Kessel und Tafel! Dann nahm er schnell Raxš das Zaumzeug ab. Der sah das Gras und lief sogleich zum Weiden. Anschließend bereitete Rostam sich in einem Rohrdickicht ein Ruhelager, denn er hielt diesen furchteinflößenden Ort für sicher. In jenem Dickicht aber war das Revier eines Löwen, und kein Elefant hätte sich unterfangen, dieses Schilf zu betreten.

Als nun der erste Teil der Nacht vorüber war, näherte sich dieser kraftvolle, wilde Löwe seinem Lager. Im Schilf sah er einen Elefantenleibigen schlafen, der einem gewaltigen Löwen glich: den großen Rostam. »Zuerst«, so sprach er zu sich, »muss ich das Pferd erledigen, und dann kommt mir – wenn ich will – der Reiter selbst in die Krallen.« Mit einem Satz wandte er sich also dem strahlenden Raxš zu, aber so schnell, wie Feuer auflodert, sprang dieser hoch. Mit erhobenen Vorderfüßen schlug er dem Löwen auf den Schädel und biss ihm gleichzeitig mit scharfen Zähnen in den Rücken. Er warf ihn so lange zu Boden, bis er ihn zerrissen hatte. So machte er das wilde Tier unschädlich.

Als Rostam, der Held mit der schnellen Hand, erwachte, sah er, dass dem Löwen die Welt dunkel und eng geworden war. Da sprach er zu Raxš: »O du kluges Tier, wer hat dir befohlen, mit einem Löwen zu kämpfen? Wenn du nun beim Kampf mit ihm getötet worden wärest, wie hätte ich dann diesen Panzer und diesen Helm, die doch den Kampf suchen, nach Māzandarān tragen können, und auch das Fangseil und den Bogen, die Pfeile und die schwere Keule? Wenn ich aus meinem Schlummer wach geworden wäre, dann wäre dein Kampf mit dem Löwen kurz geworden!«

Das zweite Abenteuer
Rostam kämpft gegen Hitze und Durst

Als die Sonne ihr Haupt über dem dunklen Gebirge erhob, wurde Rostam seines Schlummers überdrüssig. Er striegelte Raxš, legte ihm den Sattel auf und betete zu Gott, der alles Gute gibt. Er hatte einen sehr schwierigen Weg vor sich, den er gehen musste, ob er wollte oder nicht. Die Füße von Raxš und die Zunge des Reiters wurden müde vor Hitze und Durst. Er stieg ab von seinem Pferd und ging zu Fuß weiter, mit dem Speer in der Hand, taumelnd, als ob er betrunken wäre. Da er einen Ausweg aus seiner Lage suchte, wandte er sein Gesicht zum Himmel und sprach: »O du gerechter Gott, du bist derjenige, der aller Qual und Not ein Ende setzt. Wenn du nun zufrieden bist mit meiner Mühe, dann mögest du mich in der anderen Welt, im Jenseits, reichlich dafür belohnen. Ich schleppe mich dahin in der Hoffnung, dass Gott dem König Kā'ūs Hilfe gewährt und dass ich auch die Iraner im Auftrage Gottes, des Beherrschers der Welt, aus den Klauen der Dīve befreien kann. Sie sind Sünder und von dir verworfen, aber sie verehren dich und sind deine Sklaven.«

Der Körper Rostams war so ausgedörrt und so geschwächt, dass sich ihm die Sinne verwirrten, und er fiel auf den heißen Boden, seine Zunge vor Durst wie gespalten.

Da lief ein Widder mit mächtigen Hinterschenkeln am Feldherrn Rostam vorbei. Als er diesen vorbeilaufen sah, begann er nachzudenken und fragte sich: »Wo ist die Wasserstelle für dieses Tier? Bestimmt ist die Gnade des Schöpfers jetzt zu mir gekommen.« Er packte sein Schwert mit der rechten Hand, und in Gottes Namen erhob er sich wieder und folgte den Spuren des Widders, in einer Hand das Schwert und in der anderen die Zügel. Am Wege sah er eine Wasserquelle, wohin der schöne Widder gelaufen war.

Rostam wandte sein Antlitz dem Himmel zu und sprach: »O du wahrhaftiger Gott! Wer sich vom gerechten Richter, dem alleinigen Gott, abwendet, hat seinen Verstand nicht ganz beisammen. Diese Quelle ist keine Wasserstelle für Schafe, und dieser Widder der Steppe ist auch nicht mein Gefährte! Wenn es einmal eng wird für dich, dann suche deine Zuflucht nur beim reinen Gott!« Zum wiederholten Mal pries er dieses Bergschaf: »Möge dir vom Schicksal nichts Böses widerfahren! Möge dir deine Weide auf den Wiesen und in der Steppe immer grün bleiben! Möge nie der Panther seine Sinne auf dich lenken! Der Bogen soll dem zerbrechen, der jemals mit Pfeilen auf dich zielt, und seine Seele möge sich verfinstern! Denn nachdem er mit den Gedanken schon bei seinem Leichentuch war, hat der große Rostam durch dich wieder zum Leben gefunden. Sonst nämlich wäre sein Platz jetzt im Leib des großen Drachen, und er wäre zerrissen von den Krallen des Wolfs: Und so wäre die Kunde über ihn zum Feind gekommen.«

Als seine Zunge Lobpreis und Dank beendet hatte, nahm er schnell Raxš den Sattel ab und wusch ihm den ganzen Leib mit dem reinen Wasser der Quelle, so dass er wie die Sonne erstrahlte. Vom Wasser erfrischt, bereitete er sich auf die Jagd vor. Er fand seinen Bogen und füllte den Köcher mit Pfeilen. Und dann erledigte er einen Wildesel, groß und wild, und zog ihm das Fell ab, wobei er den Körper in zwei

Hälften teilte. Daraufhin entfachte er ein Feuer, lodernd hell wie die Sonne, und nachdem er das Fleisch im Wasser gewaschen hatte, briet er es auf dem Feuer. Als nun alles bereit war, begann er zu essen. Selbst die Knochen noch nahm er in die Hand, um sie abzunagen. Dann ging er zur Quelle mit dem klaren Wasser, und als er erfrischt war, wollte er sich zum Schlafen legen. Zu Raxš, der seine Worte verstehen konnte, sprach er: »Kämpfe mit niemandem und freunde dich auch mit niemandem an. Wenn ein Feind kommen sollte, lauf eilends zu mir, aber such keinerlei Kampf mit Dīven und Löwen!« Dann legte er sich ruhig zum Schlafen, während Raxš noch bis Mitternacht herumlief und weidete.

Das dritte Abenteuer
Rostam kämpft gegen einen Drachen

Ein Drache, der sein Lager an dieser Stelle hatte, kam aus der Wüste heran, so gewaltig, dass ihm nicht einmal ein Elefant hätte entkommen können. Selbst die Dīve trauten sich vor lauter Angst nicht in seine Nähe. Als er näher kam, sah er den schlafenden Helden und auch Raxš, kampfbereit wie ein Löwe. Erstaunt über das, was er sah, fragte er sich, wer es wohl wagte, an diesem Ort zu ruhen, den Dīve und Elefanten und selbst mutige Löwen ängstlich mieden. Denn wer auch immer kam: Er konnte den Zähnen und Krallen des mächtigen Drachen nicht entkommen. Er wandte seinen Blick dem strahlenden Raxš zu, der eilends zum Fürsten* lief.

Als Rostam aus dem Schlaf erwachte, erfüllte Kampfeslust seinen klugen Kopf. Er schaute in der Steppe um sich,

* Wörtlich heißt es: »einer, der die Krone erstrebt« (einer der vielen Beinamen Rostams).

sah den wütenden Drachen aber nicht. Ärgerlich schalt er Raxš aus, weil er ihn aus dem Schlafe geweckt hatte. Kaum war er erneut eingeschlafen, kam der Drache wieder aus der Dunkelheit hervor, und Raxš lief wieder zu Rostams Lager. Er schlug mit den Hufen die Erde auf und wieherte laut.

Und wieder wurde der Schläfer geweckt. Er war verärgert, und seine Wangen wurden blass vor Zorn. Er schaute erneut in der Steppe um sich, aber außer der Dunkelheit der Nacht erblickten seine Augen nichts. Zu seinem treuen und klugen Raxš sprach er: »Willst du die Dunkelheit der Nacht vertreiben? Immer holst du mich aus dem Schlafe hoch. Es drängt dich wohl danach, mich zu wecken. Aber wenn du noch einmal einen solchen Lärm machst, schlage ich dir die Füße ab mit meinem scharfen Schwert. Dann gehe ich zu Fuß nach Māzandarān und schleppe meinen Speer und die Wurfkeule und auch die schwere Keule selbst.«

Ein drittes Mal legte er sich zum Schlafen, nachdem er sich mit seinem Pantherfell ganz zugedeckt hatte. Da brüllte wieder der wilde Drache, als ob er Feuer aus seinem Rachen speien wollte. Raxš verließ schnell seinen Weideplatz. Er wagte nicht recht, wieder vor dem Pahlavan zu erscheinen. Sein Herz war durch diese merkwürdige Sache zweigeteilt, denn er hatte sowohl vor Rostam als auch vor dem Drachen Angst. Trotzdem wandte sich sein Herz nicht von Rostam, sondern er kam zu ihm gelaufen wie der Sturmwind. Er brüllte laut, wieherte und stampfte mit den Füßen auf den Boden. Von seinen Hufen wurde die Erde zerfetzt. Als Rostam aus seinem tiefen Schlaf geweckt wurde, war er zornig über sein Pferd, das sonst so folgsam war.

Aber der Schöpfer der herrlichen Welt richtete es so ein, dass die Erde den Drachen nicht länger verbergen konnte. Trotz der großen Dunkelheit sah ihn Rostam und zog schnell sein scharfes Schwert aus der Scheide. Er brüllte wie

Donner aus einer Frühlingswolke und erfüllte die Erde mit dem Feuer des Kampfes. Zum Drachen sprach er: »Sag deinen Namen! Denn von nun an wirst du die Welt nicht mehr nach deinem Wunsch erleben. Und es darf nicht sein, dass durch meine Hand deine Seele den dunklen Leib verlässt, ohne dass ich deinen Namen kenne.« Und der elende, gewaltige Drache antwortete: »Aus meinen Krallen entkommt niemand. Mehr als hundert mal hundert Meilen weit ist diese Wüste mein Revier, und auch der hohe Himmel darüber ist mein Reich. Kein Adler wagt es, über mich hinwegzufliegen. Die Sterne können von meinem Revier nicht einmal träumen.« So sprach er. Und dann fragte er: »Wie heißt du? Denn deine Mutter muss dich beweinen.« Der Held aber antwortete: »Ich bin Rostam und stamme ab von Zāl und Sām und Nairam.«

Da stürzte sich der Drache im Kampf auf ihn, doch am Ende konnte er sich nicht von Rostam befreien. Als Raxš die Kraft und den Leib des Drachen sah, der in dieser Weise seinen Herrn angriff, da legte er die Ohren an und kam heran – o Wunder! Mit seinen Zähnen zerbiss er dem Drachen beide Schultern und wie ein Löwe zerriss er ihm die Haut. Der mutige Pahlavan war voller Staunen über ihn. Mit einem Schwertstreich schlug er dem Drachen das Haupt vom Rumpf, und wie ein Giftstrahl floss das Blut aus dessen Leib. Der Boden darunter wurde unsichtbar, denn eine Quelle von Blut sprudelte aus ihm heraus.

Als Rostam den gewaltigen Drachen betrachtete, seufzte er tief. Er sah, wie durch das Blut und das Gift, das über die dunkle Erde floss, die ganze Steppe unter diesem Körper verschwand. Schrecken ergriff ihn, und verwundert blieb er stehen bei diesem Anblick. Immer wieder rief er Gottes Namen an. Dann ging er zum Wasser und wusch sich Kopf und Leib. Er wollte die Welt nur mit Hilfe Gottes des Herrn gewinnen. Zu Gott sprach er deshalb: »O du gerechter Herr! Du hast mir Kraft und Verstand und Tüchtigkeit gegeben. Was sind vor mir Dīve, ja sogar Löwen und Elefanten, eine Wüste ohne Wasser oder die gewaltigen Fluten des Nils! Wenn mich der Zorn überkommt, sind sie vor mir gleich. Die Feinde sind zahlreich, und ich bin noch jung!« Als er sein Gebet beendet hatte, holte er den rosenfarbenen Raxš. Er setzte sich in den Sattel und machte sich auf den Weg. Er schlug den Weg ein, der zur Zauberin führte.

Das vierte Abenteuer
Rostam tötet eine Zauberin

So ritt er eilig weiter auf dem langen Weg. Als nun die strahlende Sonne hoch über ihm stand, sah er Bäume und Pflanzen und Wasser: ein Ort, wie er einem jungen Manne gefallen musste! Er sah eine Quelle, klar und schön wie das Auge des Fasans, und einen goldenen Becher, mit Wein gefüllt, ein gebratenes Huhn und dazu Brot, einen Salznapf und eine Schale Konfitüre daneben: Es war das Mahl für die Zauberer, das Rostam vorfand. Sie waren durch den Lärm, den er gemacht hatte, schnell verschwunden. Rasch stieg er vom Pferd und nahm ihm den Sattel ab. Dann ging er zum Huhn und zum Brot. Der Glückliche ließ sich neben der Quelle nieder, in der Hand den goldenen Becher, mit Rubinen geschmückt und mit Wein gefüllt. Beim Wein fand er auch eine schöne Laute. Die Wüste wurde so zu einem großen Festsaal. Rostam nahm das Instrument an seine Brust. Er schlug die Saiten an, und dann begann er, eine Melodie zu spielen und zu singen:

»Unglücklich und ruhelos ist Rostam.
Für ihn sind die Tage der Freude rar.
Jedes Schlachtfeld ist sein Turnierplatz,

Wüsten und Gebirge sind sein Garten.
Immer ist er im Kampf mit Löwen und Drachen.
Von Dīven und Wüsten kommt er niemals los.
Wein und Becher und duftende Rosen und
Weinschenken:
Daran hat ihm der Schöpfer keinen Anteil gegeben.
Immer ist er im Kampf mit Krokodilen,
Oder er kämpft gegen Panther.«

Seine Musik gelangte ans Ohr einer Zauberin, sowohl Rostams Lied als auch sein Lautenspiel. Sie machte sich schön wie der Frühling, wenngleich sie selber auch an der Schönheit keinen Anteil hatte. Voller Farbe und Duft ging sie auf Rostam zu, begrüßte ihn und setzte sich neben ihn. Rostam betete zu Gott. Er pries ihn sehr und lobte ihn und dankte ihm dafür, dass er in der Wüste von Māzandarān einen gedeckten Tisch gefunden hatte, nebst Wein und Becher und dazu noch einen jungen Mundschenk. Er wusste nicht, dass sie eine böse Zauberin war und dass sich unter ihren frischen Farben Ahreman verbarg. Einen Becher Wein gab sie ihm in die Hand, und er erinnerte an den gnadenspendenden Gott. Als er aber den Schöpfer der Sonne anrief, veränderte sich das Gesicht der Zauberin völlig. Ihre Seele wusste nichts vom Beten, und ihre Zunge konnte Gott nicht preisen. Da sie nun den Namen Gottes hörte, wurde sie schwarz, und als Rostam sah, wie sie sich verändert hatte, warf er schnell wie der Wind die Schlingen seines Fangseils und fing ihren Kopf ein.

Er redete sie an und fragte: »Sag, was bist du für ein Wesen? Zeig dein wirkliches Gesicht!« Da wurde sie in seiner Schlinge eine stinkende Alte, schillernd voller Betrug und List und Bosheit. Mittendurch schlug er ihren Leib mit seinem Schwert, und die Herzen der Zauberer wurden durch ihn in Angst versetzt.

Das fünfte Abenteuer
Aulād fällt in die Hände Rostams

Und von diesem Ort zog er weiter auf seinem Weg, so wie es eben ein Mensch tun muss, der unterwegs ist. Er ritt mit Eile, bis er in eine Gegend kam, wo die Welt keine Helligkeit kannte. Es war dort immer Nacht, so dunkel wie ein Mohrengesicht. Die Sterne waren nicht zu sehen und auch nicht Sonne und Mond, als ob die Sonne gefesselt wäre und die Sterne in den Schlingen einer Fangschnur. Da überließ er Raxš die Zügel und blickte umher, doch wegen der Dunkelheit sah er weder Berge noch Bäche.

Dann aber kam er ins Licht zurück. Auf einmal sah er ein Land, das war so schön wie bunt bemalte Seide, voller Grün: eine Welt, die sich vom Greis zum Jüngling verwandelt hatte. Alles war grün, und viele Bäche flossen. Die Kleidung auf Rostams Leib war vom Schweiß wie durch Wasser gezogen, und er wünschte sich nur noch Ruhe und Schlaf. Das Pantherfell zog er sich vom Leib. Selbst sein Helm war wie in Schweiß getaucht. Er legte beides zum Trocknen in die Sonne und machte sich zum Schlaf und zur Ruhe bereit. Schnell nahm er Raxš das Zaumzeug ab und ließ ihn frei in die grünen Felder und die Saat laufen. Nachdem sein Helm und sein Panzerkleid aus Pantherfell getrocknet waren, legte er sie wieder an und machte sich aus Gras ein Lager, wie ein Löwe.

Als der Feldhüter das Pferd auf dem bestellten Acker sah, kam er schnell herbei und schalt dabei laut. Er lief zu Rostam und Raxš und schlug dem Edlen kräftig mit einem Stock auf die Beine. Als Rostam aus dem Schlaf erwachte, sagte der Feldhüter zu ihm: »Du Ahreman, warum hast du das Pferd ins Feld gelassen? Warum hast du etwas genommen, für das du keine Mühen aufgebracht hast?« Durch dieses Gerede wurde der kluge Mann verärgert. Er sprang hoch und ergriff sofort beide Ohren des Feldhüters. Er zerrte an ihnen und riss sie beide ab, wobei er kein einziges Wort zu ihm sprach. Laut schreiend und ganz außer sich vor Entsetzen nahm der Feldhüter schnell seine Ohren.

In jenem Lande aber war Aulād der Herr, ein junger und tapferer Edler. Der Feldhüter lief schreiend zu ihm, die beiden blutigen Ohren in den Händen. Er sagte zu ihm: »Da ist ein Mann, schwarz wie ein Dīv, mit einem Panzer aus Pantherfell und einem Helm aus Eisen. Er ist ein ganz und gar abscheulicher Ahreman, ein Drache, der in seiner Rüstung schläft. Ich ging hin, um sein Pferd aus der Saat zu vertreiben, aber er ließ nicht zu, dass ich mich um unser Wasser und den Weizen kümmerte. Er sah mich und sprang auf mich los, und ohne ein Wort zu verlieren, riss er mir beide Ohren ab. Dann legte er sich alsbald wieder schlafen.«

Aulād war gerade mit den Edlen des Landes auf seinen Ländereien bei der Jagd. Als er nun durch seinen Feldhüter von diesem erstaunlichen Vorfall erfuhr, sah er an der Grenze zu seinem Jagdrevier die Spur des Löwen Rostam. Zusammen mit seinen Edlen wendete er die Zügel dorthin, wo Rostam zu sehen war. Als er sich dem Mann näherte, der den Kampf suchte, lief Rostam zu Raxš, setzte sich auf dessen Rücken und zog sein blankes Schwert. Wie eine donnernde Wolke kam er herangeritten. Aulād rief ihm zu: »Wie heißt du? Wessen Untertan bist du? Wer ist dein König, und woher kommst du? Niemand darf hier entlangreiten auf diesem Weg, bei kampfbereiten, starken Löwen.«

Da antwortete Rostam: »Mein Name ist ›Wolke‹. Und wenn die Wolke mit dem Löwen kämpft, dann lässt sie Speere und Schwerter regnen, und den Edlen schlägt sie die Köpfe herunter. Wenn mein Name an dein Ohr gelangt, erstarrt dir der Atem deiner Seele und das Blut im Herzen. Hast du denn unter Männern noch nie vom Fangseil und dem Bogen des Helden mit dem Elefantenleib reden hören? Jede Mutter, die einen Sohn wie dich zur Welt bringt, würde ich eine Leichentuch-Näherin nennen oder eine Klagende. Du bist mit diesem Gefolge hier vor mir aufmarschiert: damit hast du Nüsse über einer Kuppel ausgeschüttet.«* Er zog Nahang, sein unheilbringendes Schwert, aus der Scheide und hängte die Schlingen des Fangseils an den Knauf des Sattels. Mit einem Hieb schlug er zweien dieser Elenden den Kopf herunter, mit einem Streich des Schwertes, das alle Panzer durchdringt. Er griff an wie ein Löwe, der in eine Schafherde einbricht, so dass der ganze Kampfplatz vom Blut der Erschlagenen zu Schlamm wurde. Täler und Ebenen füllten sich mit dem Staub der Ritter, die über Berge und Schluchten zerstreut wurden.

Rostam ritt herum wie ein wütender Löwe und hielt dabei das Fangseil mit seinen sechzig Schlingen im Arm. Als Raxš nun in die Nähe von Aulād kam, wurde diesem der Tag so dunkel wie die Nacht. Rostam warf sein langes Fangseil, und der Kopf des stolzen Mannes geriet in die Schlinge. Er holte Aulād vom Pferd herunter und fesselte ihm die Hände. Dann warf er ihn vor sich zu Boden und setzte sich.

Er sprach zu ihm: »Wenn du mir die Wahrheit sagst und ich an deinen Worten keine Lügen entdecke, wenn du mir den Weg zum Weißen Dīv zeigst und auch zu Kūlād-e Qandī und Bīd und wenn du mir den Weg dorthin zeigst, wo Kay Kā'ūs gefangen ist, und zu denen, die diesem Übel den Weg bereitet haben: wenn du mir das alles zeigst und die Wahrheit sprichst und mich nicht betrügst, dann werde ich mit meiner schweren Keule dieses Reich dem König von Māzandarān entreißen, und du sollst dann König sein über dieses Land, vorausgesetzt, dass du keinen Betrug mit mir treibst.«

* Nüsse über einer Kuppel ausschütten, so dass sie herunterrollen, heißt »etwas Sinnloses tun«.

Aulād antwortete ihm: »Mach dein Herz frei von Zorn und öffne einmal deine Augen! Reiß mir die Seele nicht sinnlos aus dem Leib, denn du wirst durch mich alles bekommen, was du an Hilfe benötigst. Ich werde dir die Behausung und den Wohnort des Weißen Dīvs zeigen und alles, was du sonst noch wünschst. Zu dem Ort, wo König Kā'ūs gefangen ist, zeige ich dir Schritt für Schritt das Land und den Weg. Von hier bis zu König Kā'ūs hat Gott einen Weg von einhundert Farsangen gelegt. Und von dort zum Dīv führt ein beschwerlicher und schlechter Weg von nochmals hundert Farsangen. Zwischen zweihundert Höhlen liegt seine Höhle, deren Größe man nicht ermessen kann. Der Ort des Schreckens, über den nicht einmal der Adler zu fliegen wagt, ist zwischen zwei Bergen gelegen. Zwölftausend kampfbereite Dīve wachen nachts bei den Höhlen, darunter Kūlād-e Qandī, der ihr Heerführer ist, und auch Bīd und Sanǧ, ihre Wächter. Du wirst in ihm jemanden finden, der einen Leib hat so groß wie ein Berg. Seine Brust, sein Nacken und seine Schultern sind zehn Ellen breit. Für dich aber, trotz deines Nackens, deiner Arme und deiner Reitkunst und deiner Fähigkeit, Keule und Schwert und Lanze zu benutzen, trotz dieser Kampfbereitschaft und Tatkraft – für dich ist es trotzdem nicht gut, mit dem Dīv zu kämpfen. Wenn du aber von ihm aus weiterkommst, gelangst du in eine öde Steinwüste, durch die kein Wild je ziehen würde. Der Dīv Kanārang ist ihr Wächter, dem alle Krieger-Dīve unterstellt sind. Wenn du von ihm aus weitergehst, erreichst du einen Fluss, dessen Breite zwei Farsangen übertrifft. Und von dort kommst du in das Land der hundsköpfigen Sagsāren* und zu den Narmpāy.** Dort

* Mit den »Hundsköpfen« sind Schamanen gemeint, die sich im Ritual einen Hundekopf aufsetzen.

** Menschen, deren Beine mit weichem Leder umwickelt sind; wahrscheinlich Reitervölker in Zentralasien.

gibt es eine Mauer von über dreihundert Farsangen Ausdehnung.* Von den Bargūš mit den Riesenohren zum König von Māzandarān ist es ein schlimmer Weg, und beschwerliche Farsangen sind zurückzulegen. Über das ganze Land sind Ritter verteilt, sechshunderttausend an der Zahl. In jenem so großen Heer, mit Waffen und Geld wohl ausgestattet, da findest du nicht einen einzigen Mann, der traurig herumsitzt. An Kriegselefanten gibt es dort eintausendzweihundert, so dass durch sie in der Stadt kein Platz mehr bleibt. Allein hältst du nicht stand! Selbst wenn du aus Eisen wärest, würde die Feile Ahremans dich zerreiben.«

Rostam aber lachte nur über diese Worte und sprach zu ihm: »Wenn du mit mir gehst als Wegführer, dann wirst du sehen, was durch einen einzelnen Elefantenleibigen über all diese berühmten Leute kommt – mit Hilfe der Kraft Gottes, der den Sieg verleiht, mit Glück und einem scharfen Schwert und Tüchtigkeit. Wenn sie meine Kraft erblicken und die Schläge meiner Keule im Kampf sehen, dann zerreißen ihnen die Nerven und ihre Haut vor Angst, und sie können die Zügel nicht mehr von den Steigbügeln unterscheiden. Jetzt zeig mir den Weg zu dem Ort, wo sich Kay Kā'ūs befindet, und bewege deine Beine!«

Das sechste Abenteuer Rostam kämpft mit dem Dīv Aržang und findet Kay Kā'ūs

Er ruhte weder in der dunklen Nacht noch am helllichten Tag. Immer weiter trieb er sein Pferd bis zum Berge Asprūz, dort, wohin Kā'ūs sein Heer geführt hatte und wo ihm durch die Zauberdīve Böses widerfahren war.

* Gemeint ist wohl die Chinesische Mauer.

Als eine Hälfte der dunklen Nacht vergangen war, hörte man aus der Wüste Lärmen und Tumult. In Māzandarān wurden Feuer entfacht und allerorten Fackeln angezündet. Rostam sprach zu Aulād: »Wo sind wir hier, dass zur Linken und zur Rechten Feuer aufleuchten?« – »Es ist das Eingangstor nach Māzandarān«, antwortete Aulād, »und zwei Drittel der Nacht bleiben die Leute wach. Ihre Heerführer, wie Kūlād und Aržang und Bīd, sind alle Pahlavane des Weißen Dīvs. Hier, an diesem Ort, wo ständig Geschrei und Gebrüll ertönt, haust der Dīv Aržang.« Da legte sich Rostam, der Kampfbereite, zur Ruhe nieder. Und als die Sonne wieder ihr strahlendes Antlitz zeigte, band er Aulād mit den Schlingen seines Fangseils ganz fest an einen Baum. Dann legte er mit Schwung die Keule seines Ahnherrn auf den Sattel und ritt los, das Herz voller List.

Einen fürstlichen Helm auf dem Haupt und den schweißgetränkten Babr-e Bayān auf dem Leib: so wandte er sich dem Kampf mit dem Feldherrn Aržang zu. Als er zum kampfbereiten Heer der Dīve gelangt war, stieß er inmitten der Menge einen Schrei aus, so laut, dass man hätte meinen können, Meere und Berge würden sich spalten. Das Geschrei und Gebrüll drang auch zum Dīv Aržang, und er kam aus seinem Zelt heraus. Rostam sah ihn und trieb sein Pferd an. Wie Āzargošasp ritt er auf ihn los. Mutig ergriff er den Feind bei Kopf und Ohren und Armen, und wie ein Löwe riss er ihm das Haupt vom Leib. Den blutverschmierten Kopf des Dīvs, vom Körper abgetrennt, warf er den Truppen vor die Füße. Die Dīve sahen seine Keule, und die Angst vor seinen Krallen zerriss ihnen das Herz. Sie dachten nicht mehr an Land und Boden und Erde. Selbst über den eigenen Sohn hinweg suchte sich der Vater den Weg zur Flucht. Rostam zog das Schwert der Rache, und jeden Dritten unter den Feinden erledigte er.

Sobald die welterleuchtende Sonne wieder erschienen war, eilte er zurück zum Berg Asprūz und befreite Aulād aus den Schlingen des Fangseils. Bei einem großen Baum setzten sie sich auf die Erde. Rostam ließ sich von Aulād den Weg erklären: den Weg in die Stadt, wo sich König Kā'ūs befand. Nachdem er alles erfahren hatte, machte er sich in Eile auf den Weg, und sein Führer lief schnell vor ihm her. Wie nun der Held in die Stadt kam, stieß Raxš ein Gebrüll wie Donner aus. Da sagte der König zu den Iranern: »Für uns kommt jetzt das Ende aller Not der Welt, denn mir ist das laute Wiehern von Raxš zu Ohren gekommen, und Seele und Herz sind mir durch diesen Klang erfrischt.«

Da erschien bereits vor ihm der Held, der den Kampf suchte und vor Klugheit erstrahlte. Als der Elefantenleibige zu Kā'ūs gekommen war, trafen alle Edlen dort zusammen. Rostam beklagte das Schicksal des Königs sehr und erwies ihm seine Ehrerbietung. Er fragte ihn nach all den erlittenen Kümmernissen. König Kā'ūs umarmte ihn und erkundigte sich nach Zāls Wohlergehen und den Mühen des Weges.

Er sprach zu ihm: »Ohne dass die Zauberer es merken, musst du jetzt deinem Raxš die Sporen geben, denn wenn zum Weißen Dīv die Nachricht kommt, dass die Welt nun leer ist von Aržang, dann werden alle deine Mühen ohne Nutzen sein, und die Welt wird sich mit den Truppen der Dīve anfüllen. Nimm du jetzt den Weg zur Behausung des Dīvs und gönne deinem Leib und dem Schwert und den Pfeilen keine Ruhe! Wenn dir der erhabene Gott zu Hilfe kommt, wirst du die Köpfe der Zauberer in den Staub werfen. Du musst sieben Gebirge überqueren, und überall wirst du Unmengen von Dīven sehen. Eine Schrecken erregende, sehr tiefe Höhle wirst du dort vorfinden. Der Weg zur Höhle führt vorbei an kampferprobten Dīven, alle kampfbereit wie Panther. In der Höhle selbst ist der Thron des Weißen Dīvs. Durch ihn wird sein Heer mit Angst und Hoffnung erfüllt. Mögest du ihn vernichten können! Denn er ist der Anführer der kriegerischen Truppen. Meinen Gefährten wurden in großer Kümmernis die Augen dunkel, und mir wurden die Augen in Dunkelheit blind. Die Ärzte haben mir Hoffnung auf Heilung gemacht, und zwar durch das Herzblut und das Hirn des Weißen Dīvs. Ein kluger Arzt hat mir gesagt, wenn du mir von dessen Blut drei Tropfen in meine Augen träufelst, wird dadurch die Dunkelheit herausgewaschen.«

Der elefantenleibige Held bereitete sich auf den Kampf vor und machte sich auf den Weg. Bevor er aufbrach, ermahnte er die Iraner: »Seid wachsam! Ich ziehe jetzt los zum Weißen Dīv. Er ist kriegerisch und listenreich, und um ihn ist ein großes Heer. Sollte ich in die Schlingen seines Fangseils geraten, werdet ihr hier noch lange elend und traurig bleiben. So aber der Gott der Sonne hilft und mir mein guter Stern Kraft gibt, werdet ihr die Heimat wiedersehen, das ganze Land und den Thron, und der königliche Baum wird Früchte tragen.«

Das siebte Abenteuer
Rostam tötet den Weißen Dīv

Den Gürtel fest geschnallt und den Kopf voller Rachegedanken und Kampfesmut: so machte sich Rostam sogleich auf den Weg. Als er zu den sieben Bergen kam, versammelten sich die kriegerischen Dīve in Scharen. Rostam erreichte die bodenlos tiefe Höhle und sah um sich herum das Heer der Dīve. Zu Aulād sprach er: »Bei allem, was ich dich gefragt habe, konnte ich feststellen, dass du immer auf dem Wege der Wahrheit geblieben bist. Und nun, da der

Augenblick des Kampfes herankommt, zeig mir den Weg und enthülle mir das Geheimnis.« Und Aulād antwortete ihm: »Wenn die Sonne ganz hoch steht, gehen die Dīve schlafen, und du wirst sie im Kampf besiegen. Einen Augenblick musst du noch warten. Nicht einen wirst du dann mehr herumsitzen sehen, außer einigen Zauberern, die als Wächter bleiben. Dann kannst du sie besiegen, wenn Gott dir hilft, der alle Siege vergibt.«

Rostam hatte also keine Eile aufzubrechen, bevor die Sonne nicht hoch aufgestiegen war. Dann aber band er mit den Schlingen des Fangseils Kopf und Füße Aulāds mit dem Körper zusammen und setzte ihn zu Boden. Er zog sein kriegerisches Schwert aus der Scheide, und mit Donnergebrüll rief er seinen Namen. So schnell, wie der Staub herankommt, warf er sich mitten unter die Feinde und schlug ihnen mit dem Schwert die Köpfe vom Leib. Keiner behauptete sich im Kampf mit ihm, denn niemand wagte es, sich bei ihm einen Namen zu machen und Ehre zu suchen.

Von dort wandte er sich zum Weißen Dīv, das Herz voller Furcht und Hoffnung. Er sah eine Höhle vor sich, finster wie die Hölle, und vor lauter Finsternis war der Dīv nicht zu erblicken. Eine Zeit lang blieb er so stehen, das Schwert in der Hand. Es war kein Ort zum Anschauen und auch kein Ort, dem man entfliehen konnte. Er rieb sich die Augen und wischte sich die Wimpern, um von dieser dunklen Höhle ein wenig mehr erspähen zu können. Da sah er in der Dunkelheit, dass sich etwas wie ein Berg bewegte, etwas, das die ganze Höhle unsichtbar machte. Pechschwarz war sein Gesicht und das Haar wie Schnee. So breit und so hoch war er, dass die ganze Welt von ihm angefüllt wurde. Wie ein schwarzer Berg ging er auf Rostam los: Seine Armschienen waren aus Eisen, und aus Eisen war auch sein Helm. Das Herz Rostams wurde durch seinen Anblick mit

Schrecken erfüllt. Da er fürchtete, sein Ende sei gekommen, wurde er zornig wie ein wütender Elefant und schlug mit seinem scharfen Schwert gegen den Leib des Feindes. Mit ganzer Kraft schlug Rostam ihm einen Schenkel und einen Fuß vom Leib. Der verstümmelte Dīv stürzte sich auf ihn wie ein stolzer Elefant, wie ein wilder Löwe. Sie zerfetzten sich gegenseitig die Haut, und der Boden wurde durch das Blut zu Schlamm.

Rostam sprach zu sich selbst: »Wenn mir heute meine Seele bleibt, dann werde ich ewig leben.« Und der Weiße Dīv sprach ebenso zu sich: »Ich fürchte um mein süßes Leben. Und selbst wenn ich mich nun mit abgeschlagenem Fuß und zerfetzter Haut aus den Krallen dieses Drachen befreien könnte, würden mich doch weder das Volk noch die hochgesinnten Großen in Māzandarān jemals wiedersehen.« Der wilde Löwe Rostam ergriff ihn, hob ihn hoch, packte ihn am Nacken und warf ihn zu Boden. Dann stieß er mit dem Schwert zu und riss ihm das Herz und auch die Leber aus seinem dunklen Leib. Der tote Körper füllte die ganze Höhle aus, und um ihn her bildete sich ein Meer aus Blut.

Nun ging Rostam zu Aulād zurück und löste ihm die Fesseln. Das fürstliche Fangseil band er an seinen Sattelriemen und gab Aulād die ausgerissene Leber zum Tragen. Danach machte er sich auf den Weg zu König Kā'ūs. Da sprach Aulād zu ihm: »O du mutiger Löwe, der du die Welt mit deinem Schwerte unterworfen hast! Mein Leib trägt noch die Spuren deiner Fesseln, und mein Nacken ist unter deinem Fangseil. Obwohl du mir schon Zuversicht gegeben hast, erhoffe ich nun doch die Erneuerung deines Versprechens. Das Wort zu brechen ist deiner nicht würdig, denn du bist ein mutiger Löwe und vom Glück gesegnet.« Rostam antwortete ihm: »Ich werde dir Māzandarān geben, von einer Grenze zur anderen. Aber eine Sache liegt noch vor mir und schwere Mühsal, wobei ich untergehen oder aufsteigen kann. Denn jetzt gilt es, den König von Māzandarān vom Thron zu reißen und in die Grube zu werfen. Ich muss die Köpfe von tausend mal tausend Dīven und Zauberern mit meinem Schwert herunterschlagen. Und wenn ich dabei nicht umkomme, weiche ich nicht von meinem Worte ab, das ich dir gegeben habe.«

Bald darauf gelangte der glückhafte Held, der die Welt erleuchtete, zu Kay Kā'ūs. Und er sprach zu ihm: »O König, der du die Weisheit suchst, freu dich über den Tod deines Feindes! Ich habe dem Weißen Dīv die Eingeweide zerfetzt. Der König von Māzandarān kann von ihm nichts mehr erhoffen. Aus seinem Leib habe ich die Leber herausgerissen. Was befiehlt nun der siegreiche König?«

Der glückliche König rief Gottes Segen über ihn: »Mögen niemals Siegel und Krone ohne dich sein! Man darf nur mit Segenswünschen an eine Mutter denken, die ein Kind wie dich geboren hat. Mein Glück aber ist noch größer als das deiner Eltern, denn ein Elefant, der Löwen bezwingen kann, ist mein Lehnsmann.« Als man ihm das Blut in die Augen träufelte, verschwand daraus die Dunkelheit. Man schob den elfenbeinernen Thron unter ihn, und über dem Elfenbeinthron wurde die Krone aufgehängt. Er setzte sich auf den Thron von Māzandarān, umgeben von Pahlavanen wie Rostam und seinen Edlen, wie Tūs und Farīborz und Gūdarz und Gīv und wie Rohhām und Gorgīn und Bahrām. Eine Woche lang feierte Kay Kā'ūs mit ihnen voller Freude mit Musik und Wein.

Der Krieg gegen den König von Māzandarān

Am achten Tage setzten sich alle in den Sattel: der König, die stolzen Recken und das Heer. Sie ergriffen ihre schweren Keulen und durchzogen das ganze Land Māzandarān.

Auf Geheiß des Königs brachen sie auf, wie Feuer, das im trocknen Schilf auflodert. Mit ihren scharfen Schwertern schlugen sie Feuer und verbrannten überall das Land. Dann aber sprach König Kā'ūs zu seinem Heer: »Jetzt haben wir ihre Sünden bestraft. Das, was ihnen zukam, haben sie bekommen, und nun muss mit dem Töten ein Ende sein. Wir brauchen jetzt einen klugen und würdigen Mann, der genau weiß, wann man sich beeilen muss und wann man besser zaudert. Ein solcher Mann muss sich zum König von Māzandarān begeben, um dessen Herz zu wecken und sein Hirn zu bewegen.« Mit diesem Plan war der Sohn Zāls einverstanden und auch die anderen Edlen, die ihm ebenbürtig waren. Kā'ūs schickte dem König einen Brief, um seinen dunklen Geist zu erleuchten.

Der edle Farhād überbringt dieses Schreiben dem König von Māzandarān. Der aber schickt den persischen Boten mit einer Kriegserklärung zu Kay Kā'ūs zurück.

Da sprach Rostam, der Elefantenleibige, zu Kā'ūs: »Von dieser Schande werde ich uns alle erlösen. Ich muss ihm eine Botschaft bringen, und ich werde dabei so scharf mit ihm reden, als zöge ich mein Schwert aus der Scheide. Es muss ein Brief sein so scharf wie ein Schwert, eine Botschaft wie eine donnernde Wolke. Ich werde als Bote zu ihm reiten, und mit meinen Worten werde ich Blut in die Flüsse leiten.«

Rostam begibt sich nun mit einem Antwortbrief zum König von Māzandarān. Bei seiner Ankunft dort kommt ihm eine Abordnung des Königs entgegen:

Als Rostams Augen sie erblickten, sah er am Weg einen Baum mit vielen Ästen. Den riss er aus und nahm ihn in die Hand wie eine Lanze, und die Abgesandten blieben voller Staunen stehen. Als er in ihre Nähe kam, warf er den Baum fort, und es kam zwischen ihnen zum Wortwechsel. Einer von ihnen ergriff seine Hand und drückte sie: Er ließ ihn

Schmerz spüren, nur um ihn zu prüfen. Der elefantenleibige Rostam lachte über ihn, und die Augen aller waren voller Staunen darüber. Lachend drückte er nun dem anderen die Hand, so fest, dass aus dessen Hand und auch aus dessen Gesicht alles Blut und alle Farbe wich. Der Mann, der Rostams Kraft erproben wollte, verlor das Bewusstsein. Er fiel vom Pferd herunter auf den Boden.

Als der König von diesem Geschehen erfährt, schickt er den tapferen Kalāhūr Rostam entgegen, um vor diesem seine Fähigkeiten unter Beweis zu stellen. Zum Streit bereit, stürmt er auf Rostam zu:

Scharf wie ein Panther fragte er ihn nach seinem Befinden, mit wütendem Blick, und dann gab er ihm die Hand. Er drückte dem stolzen Rostam die Hand so stark, dass sie vor Schmerz dunkelblau wurde. Rostam aber verzog dabei keine Miene und ließ sich nichts anmerken, denn die Sonne selbst hatte ihm für seine Tapferkeit eine Urkunde ausgestellt. Er drückte seinerseits Kalāhūrs Hand ganz fest, so dass ihm die Fingernägel abfielen wie die Blätter vom Baum. Mit herunterhängender Hand und ohne Nägel, die Haut zerfetzt und die Sehnen bloßgelegt: so kam Kalāhūr zum König, zeigte ihm seine Hand und sprach zu ihm: »Ich kann dir meinen Schmerz nicht verbergen. Es wäre besser für dich, Frieden zu machen, statt Krieg zu führen. Gefährde nicht dein Glück dadurch, dass du nach deinem Gefühl handelst. Du kannst diesen Männern nicht widerstehen. Wenn sie einverstanden sind, dann gibt es nichts besseres, als Tribut zu zahlen. Wir nehmen es auf uns, um dem Lande Māzandarān zu helfen, und retten damit auch unsere Untergebenen und die Fürsten vor dem Untergang. So machen wir den schweren Kummer leichter. Es ist besser, so zu handeln, als unsere Herzen mit Angst zu erfüllen.«

Nachdem Rostam sich so in Māzandarān eingeführt hat, übergibt er dem König den Brief seines Herrn, bekommt aber genau wie Farhād eine abweisende Antwort. Nun beschließen die Iraner den Krieg gegen den König von Māzandarān, und auch dieser bereitet sich auf den Kampf vor. Im Krieg vollbringt Rostam große Heldentaten.

Als er dabei den König von Māzandarān mit seiner Lanze durchbohrt, verwandelt sich dieser kraft seiner Zauberkunst in einen Felsbrocken. Rostam droht, den Stein und damit den König mit einer Axt zu zerschlagen.

Als der König das hörte, erschien er, schnell wie ein Wolkenfetzen, mit einem Helm aus Stahl auf dem Kopf und den Leib in einem eisernen Panzer. Da ergriff Rostam sofort dessen Hand, lachte und wandte sich seinem König zu. Er sprach: »Hier bringe ich dir den Felsbrocken, der sich aus Angst vor der Axt zitternd meiner Hand ausgeliefert hat.« König Kā'ūs schaute seinem Gegner ins Gesicht und sah in ihm niemanden, der des Thrones und der Krone würdig wäre. Und er erinnerte sich an alte Kränkungen, so dass sein Herz wieder die Verletzungen spürte und sein Kopf sich mit bösen Gedanken anfüllte. Er befahl dem Scharfrichter, ein scharfes Schwert zu nehmen und den Leib des Dīvs zu zerstückeln. Dann schickte er jemanden in das feindliche Heerlager und ließ alle wertvollen Dinge, die sich dort befanden – wie den Schatz, den Thron, die Krone und Gürtel sowie Pferde, Waffen, Diademe und Gold –, zusammentragen und aufhäufen.

Aus diesen Schätzen werden die Ritter entsprechend ihrer Leistungen im Kampf belohnt; die Bösen unter den Dīven aber werden geköpft. Der König verharrt eine Woche lang im Gebet. Dann verbringt er eine weitere Woche damit, an die Edlen seines Reiches Geschenke aus dem Staatsschatz zu verteilen. Und in der dritten Woche wird der Sieg über die Dīve ausgiebig gefeiert. Danach kehrt Kā'ūs mit seinem Heer in den Iran zurück, und Rostam wird mit großen Ehren verabschiedet.

Der Kriegszug nach Hāmāvarān

Nach dem glücklichen Ende des Krieges in Māzandarān beginnen Unruhen im Südwesten des Reiches. Zuerst erhebt sich der König von Barbarestān gegen Kā'ūs, so dass die Iraner ihn erneut unterwerfen müssen. Sodann versucht der König von Hāmāvarān nach der Macht zu greifen. Kā'ūs zieht mit einem großen Heer dorthin und besiegt ihn nach schwerem Kampf. Hāmāvarān muss Tribut an die Iraner zahlen.

Der persische König heiratet nun Sūdābe, die Tochter des Königs von Hāmāvarān. Dieser jedoch hasst den persischen König wegen der erlittenen Niederlage und sinnt auf Rache. Er lädt Kā'ūs zu einem Fest in sein Schloss ein, und gegen den Rat seiner jungen Frau, die um den Hass ihres Vaters weiß, folgt dieser der Einladung. Nach einem großen Fest wird der persische König zusammen mit all seinen edlen Rittern im Schloss überwältigt und in einem Kerker in Ketten gelegt. Sūdābe lässt sich aus Liebe zu ihrem Gemahl ebenfalls im Kerker einschließen.

Das führerlose persische Heer zieht zurück in die Heimat, und nachdem er das persische Heer überwältigt hat, nutzt Afrāsiyāb die Gelegenheit und besetzt den Iran. In ihrer Not rufen die Iraner Zāl um Rettung an, und Rostam, Zāls Sohn, will ihnen helfen, sobald er weiß, wie es um den gefangenen König steht. Der König von Hāmāvarān weigert sich, die Iraner freizulassen, und Rostam zieht daraufhin mit seinem Heer nach Hāmāvarān, wo er den König und dessen Bundesgenossen in einer furchtbaren Schlacht besiegt und Kā'ūs und die iranischen Edlen befreit. Rostams Ruhm verbreitet sich über alle Länder der Erde.

Das persische Heer greift jetzt Afrāsiyāb an, der den Iran nicht freiwillig räumen will. In einer grauenvollen Schlacht, in welcher die Hälfte aller Turaner getötet wird, siegen die

Iraner, und Afrāsiyāb muss mit seinem geschlagenen Heer nach Turan fliehen.

Nun folgt eine lange Zeit des Friedens. Iran wird wieder reich und schöner denn je. Kā'ūs ernennt Rostam zum Weltpahlavan, der damit einer der ranghöchsten Edlen des Landes wird.

Rostam holt Kā'ūs zurück

Nach einiger Zeit aber wird Kā'ūs – auf Anstiftung des Teufels, Iblīs – durch die von den Iranern unter Führung von Rostam besiegten und unterdrückten Dīve in Versuchung geführt: Er will in die Luft aufsteigen und gottgleich den Himmel beherrschen. Dazu läßt sich Kā'ūs eine Flugmaschine bauen, bestehend aus einem kostbar geschmückten Thron und vier starken Adlern, die an diesem Thron angebunden werden. Sie tragen den König auf seinem Thron lange durch die Lüfte, bis ihre Kräfte erlahmen und sie wieder auf der Erde landen, und zwar in einem Wald, wo ihn nach längerem Suchen Rostam und einige iranische Edle finden. Nach seiner Rettung schämt sich Kā'ūs sehr wegen seines Hochmuts, doch nach einiger Zeit verzeiht ihm Gott, und er besteigt wieder seinen Thron in großem Glanz.

Rostam und die sieben Helden in Afrāsiyābs Jagdrevier

Ein Dichter, ein mutiger Mann, der unvermutet mit einem wilden Löwen kämpfen musste, hat einmal gesagt: »Wenn du den Ruhm der Tapferkeit suchst, musst du die Seiten deines indischen Schwertes waschen.* Du darfst vor dem Bösen nicht zurückweichen, wenn für dich der Tag des Kampfes gekommen ist. Denn wenn das Schicksal in bedrohliche Nähe rückt, wendet sich das Böse nicht dadurch von dir ab, dass du dich zurückhältst. Wenn du dich im Kampf von Vernunftgründen leiten lässt, werden die edlen Recken dich nicht zu den Kriegern zählen. Vernunft und Wohlverhalten gehen andere Wege als der Kampf. Suche die klugen Worte in den Ratschlägen!«

Jetzt werde ich aus dem Leben des kampfesfreudigen Rostam eine Geschichte voller Farbe und Duft erzählen. Ich habe berichten hören, dass eines Tages der elefantenstarke Held ein Festmahl abhielt mit den Großen des Hofes. Und das geschah an einem palastreichen Ort mit dem Namen Navand, wo heute das hohe heilige Feuer Barzīns als Flamme Gottes auflodert. Die Großen Irans bei diesem Festmahl waren allesamt edle Recken: Tūs und Gūdarz, der Sohn Kešvāds, Bahrām und Gīv, der aus einer alten Adelsfamilie stammte. Auch Gorgīn war dabei und Zange, der Sohn Šāvarāns, sowie die tapferen Krieger Gostaham und Xarrād. Außerdem der stolze Barzīn, der mit dem Schwert zu kämpfen wusste, und Gorāze, der einer der Anführer all dieser Helden war. Jeder von ihnen hatte noch einige edle Männer bei sich. Insgesamt war es eine Schar edler Ritter. Eine ganze Zeit lang dachte keiner von

* Nämlich mit Blut.

ihnen an etwas anderes als an Polospiel und Pfeilschießen, Wein und Jagd.

Doch eines Tages sagte Gīv in seiner Trunkenheit zu Rostam: »O du berühmter Krieger, wenn dir der Sinn danach steht, auf die Jagd zu gehen, und du Lust hast, Panther zu jagen, dann lasst uns doch im Jagdrevier des Herrn Afrāsiyāb das strahlende Antlitz der Sonne mit dem Staub der Reiter bedecken. Wir erheben die Jagdspeere gegen Panther und Falken und werfen unsere Fangseile über die schnellen Wildesel. Und dann bezwingen wir mit unseren Schwertern sogar die Löwen. Wir jagen die Wildschweine mit unseren Speeren und die Fasane mit den Jagdfalken. Und fröhlich jagen wir so den lieben langen Tag in der turanischen Steppe, so dass sich die Welt an uns erinnern wird.« Da antwortete ihm Rostam: »Mögen sich deine Wünsche bis zum Ende deines Lebens erfüllen! Morgen zu früher Stunde brechen wir auf in die turanische Steppe, und dort werden wir jagen und reiten ohne Ende.« Alle waren mit diesen Worten einverstanden, und niemand schlug etwas anderes vor.

Als sie sich am frühen Morgen erhoben, machten sie sich wie geplant bereit zum Aufbruch. Mit ihren Jagdluchsen und den Falken und dem ganzen Gepäck begaben sie sich auf den Weg und kamen wohlgemut zum Šahd-Fluss. Im Jagdrevier von König Afrāsiyāb hatten sie auf der einen Seite Rūdābād und den Fluss. Auf der anderen Seite und vor ihnen war die Steppe, in der sich Herden von Gazellen und Schafen tummelten. Die Ebene füllte sich nun mit Zelten aller Art. Die Jäger waren äußerst erstaunt über die Fülle von Antilopen; die Löwen aber verließen die Gegend, und die Vögel erfuhren schnell von der Jagd. Bald lagen überall Vögel und Wild auf dem Boden, getötet oder von Pfeilen verwundet. Die Lippen der Jäger hörten nicht auf zu lächeln, denn die Helden waren glücklich und froh. So blieben sie eine Woche lang, mit dem Weinpokal in der Hand. Mal ritten sie aus, mal feierten sie und saßen zusammen.

Aber am achten Tag kam Rostam früh am Morgen und gab seinen Freunden einen guten Rat: »Zweifellos ist inzwischen zu Afrāsiyāb die Nachricht von unserem Aufenthalt hier gelangt. Wir müssen einen Wachtposten am Weg aufstellen, denn sowie Afrāsiyāb auch nur den kleinsten Hinweis erhält, wird er angestürmt kommen und Krieg beginnen und uns die Steppe für die Jagd auf Panther verleiden.« Gorāze aus der berühmten Familie des Gīv machte sich sofort für diese Aufgabe bereit. Da sie nun einen Wächter wie ihn hatten, schien den Helden jede Sorge um die Feinde unbedeutend. Sie kümmerten sich nur um die Jagd und um das Trinken, und niemand dachte an Kampf.

Dann aber kam in dunkler Nacht Kunde von ihnen zu Afrāsiyāb, als er im Schlafe lag. Er ließ die erfahrenen Führer seines Heeres rufen und berichtete ihnen ausführlich über Rostam und die sieben tapferen Ritter, von denen jeder wie ein Löwe kämpfen konnte. »Wir müssen uns jetzt bereitmachen und sie unvermutet angreifen. Wenn wir Hand anlegen können an diese sieben Helden, bringen wir Kā'ūs in eine böse Lage. Wir müssen so tun, als ob wir zur Jagd ritten, und unser Heer muss ganz unerwartet über sie herfallen.« Er wählte dreißigtausend Mann aus, die mit dem Schwert umzugehen wussten und alle den Kampf auf dem Schlachtfeld suchten. Und er sprach zu seinen edlen Kriegern: »Wir dürfen jetzt nicht zögern.« Sie machten sich eilends auf den Weg in die Steppe und hoben stolz den Kopf beim Gedanken an den Kampf. Afrāsiyāb schickte aus allen Richtungen Truppen ohne Zahl, um diesen stolzen Rittern den Weg abzuschneiden. Sobald sie in die Nähe des Jagdreviers kamen, ritten sie schneller, voller Rachedurst.

Als Gorāze den Staub des Heeres sah, ritt er näher heran, um die Truppen zu betrachten. Er sah, dass vom Staub das Angesicht der Erde schwarz geworden war, und durch den Staub hindurch sah er die Fahne des turanischen Heerführers. Sofort ritt er schnell wie der Sturmwind zurück, wie ein Eber, der angreifen wollte.* Als er zum Jagdrevier herangestürmt kam, war Rostam gerade dabei, mit seinen Edlen Wein zu trinken. Da sprach er zum löwenstarken Helden: »Erhebe dich und lass den Ort der Fröhlichkeit hinter dir! Denn ein Heer ist im Anmarsch, so unermesslich groß, dass dadurch Berge und Ebenen eins werden. Die Fahne des Tyrannen Afrāsiyāb leuchtet durch den Staub hindurch wie die Sonne.«

Rostam hörte seine Worte, lachte laut und sagte dann zu ihm: »Das Glück des Siegers ist mit uns. Was fürchtest du so den König der Türken und den Staub der Reiter aus dem Lande Turan? Sein Heer ist nicht größer als hunderttausend Mann, gute Reiter auf gepanzerten Pferden. Wenn von uns nur ein Zehntel auf diesem Schlachtfeld ist, dann ist sein ganzes Heer vor uns unbedeutend. Sieben Helden, so wie wir, übertreffen sie alle, denn wir alle sind edle Ritter, die mit dem Schwert zu kämpfen wissen. Einer von uns steht für tausend von ihnen. Was sollen wir sein Heer schon groß in Betracht ziehen? Wenn ich auf diesem Schlachtfeld ganz alleine bin, mit meinem Panzer auf Raxš' Rücken, und wenn Afrāsiyāb dann kampfgierig auf mich zukommt, brauche ich niemanden aus dem iranischen Heer. Du, Weinschenk, fülle mir einen Pokal bis zum Rand mit dem Wein aus Babylon.«

Er nahm den glänzenden Becher in die Hand und sprach den Namen von Kay Kā'ūs aus und sagte: »Ich trinke auf das Wohl des Königs der Welt!« So sprach er, trank und

* Ein Wortspiel, denn der Eigenname Gorāz bzw. Gorāze bedeutet auf Deutsch ›Eber‹.

küsste den Boden. Die Führer des Heeres erhoben sich allesamt und baten den Pahlavan: »Für uns ist es nicht klug, noch mehr Wein aus dem Becher zu trinken. Beim Wein könnte selbst Iblīs, der Teufel, nicht mit dir mithalten. Beim Trinken und beim Kampf mit Sāms Keule auf dem Schlachtfeld kann niemand außer dir den Preis erringen.« Rostam trank den roten Wein aus Babylon aus dem goldenen Becher auf das Wohl seines Bruders Zavāre. Als dieser dann den Becher in die Hand nahm, trank er ebenfalls auf das Wohl des edlen Königs, und auch er küsste den Boden. Rostam spendete ihm Beifall und Lob: »Nur mein Bruder trinkt aus des Bruders Becher. Wohl dem, der mehr trinken kann als ich!«

Dann legte er sich den Panzer aus Pantherfell an und setzte sich auf sein Pferd, den großen, wilden Elefanten. Als Afrāsiyāb ihn in seiner Rüstung sah, da war ihm so, als ob ihm die Seele aus dem Leib flöge aus lauter Angst vor der gesamten Kraft Rostams und der Keule, die er auf den Schultern trug. Rostam, Tūs und der lanzenkundige Gūdarz und auch die beiden tapferen Ritter Gorgīn und Gīv, alle sieben stolzen Krieger erhoben sich gleichzeitig. Sie nahmen ihre Lanzen und ihre indischen Schwerter in die Hände, legten die Rüstungen an und machten die Speere bereit. So ritt auch Gīv in die Schlacht: wie ein Löwe, dem die Jagdbeute entgehen könnte.

Afrāsiyāb hatte Angst vor Rostam, und darum drängte es ihn nicht, sich in die Schlacht zu stürzen. Vorsichtig führte er sein Heer heran und spornte die stolzen Recken seines Heeres feurig an. Viele der turanischen Ritter wurden getötet, und das Glück der stolzen Recken wendete sich. Als die Gesichter der turanischen Reiter ihre Verwirrung zeigten, hob Rostam seinen Helm vor Freude hoch bis in den Himmel. Afrāsiyāb aber sprach zu Pīrān: »Ist dieses Schlachtfeld etwa ein Ort zum Schlafen? Als wir Pläne machten, waren wir mutige Helden. Wir hatten uns alles überlegt und waren Löwen dabei. Nun aber müssen wir uns in das Land der Füchse* begeben, denn im Kampf haben wir den Kürzeren gezogen. Du bist berühmt unter den turanischen Edlen. Du bist sehr erfahren und im Kampfe erprobt. Treibe noch einmal dein Pferd mit Ungestüm an, reite schnell und befreie das Land von den Feinden. Wenn du sie besiegen kannst, soll Iran dir gehören. Du hast ja den Leib eines Elefanten und die Krallen des Löwen.«

Als Pīrān dieses von Afrāsiyāb hörte, entflammte sein Herz wie Feuer durch Wind. Mit zehntausend turanischen Helden, die alle gut mit dem Schwert zu kämpfen wussten, brach er auf. Wie Feuer kam er auf Rostam zugestürmt, denn von diesem hing die Kampfeskraft und die Stärke aber auch die Niederlage der Iraner ab. Rostam hatte Schaum vor dem Mund, und man konnte sagen, er strahlte im Kampf, als ob er der Sonne ihren Glanz entwendet hätte. Er trieb Raxš an und stieß lautes Gebrüll aus, gerade wie das Meer, wenn es zu toben beginnt. Während er seinen Schild hoch über sich hielt, tötete er zwei Drittel der turanischen Edlen mit seinem indischen Schwert. Afrāsiyāb beobachtete das aus der Ferne und sagte daraufhin zu seinen edlen Fürsten: »Wenn der Kampf noch bis zum Abend in dieser Weise zwischen den stolzen Helden weitergeht, dann bleibt keiner unserer Reiter am Leben. Wir hätten diesen Kampf nie beginnen dürfen!«

Und er fragte: »Wo ist denn nun der tapfere Alkūs, der so sehr den Kampf der löwenstarken Helden suchte? Der in seiner Trunkenheit Gīv vor sich sehen wollte und sich auf den Kampf mit Rostam so vorbereitet hatte und jeden Tag vom Iran redete – wo ist nun sein Feuereifer und sein Hochmut?« Alkūs erfuhr von diesen Worten und von dem,

* Füchse gelten als feige.

was der König von Turan von ihm erwartete. Er trieb seinen Rappen an, und man durfte nicht daran zweifeln, dass nun seine Hände von Blut gewaschen würden. Über tausend Ritter, alles kampferprobte Recken, ritten mit ihm aus dem Lager. An den Lanzen flatterten ihre Fahnen, und jeder von ihnen war mit einem Schwert und einer gewaltigen Keule bewaffnet.

Der tapfere Zavāre befand sich mitten im Staube des Kampfes, und schnell ritt Alkūs auf ihn los, denn er glaubte, dieser sei Rostam, weil er sah, dass er aus dem Geschlecht Nayrams war. Zavāre traf mit ihm zusammen, und sie waren wie ein stolzer Elefant und ein wütender Löwe. Ihre Lanzen zerbrachen, und die Herzen der beiden Krieger füllten sich mit Furcht. Da zog Zavāre das Schwert aus der Scheide, und vom Staub der Reiter wurde der Himmel unsichtbar. Die Helden zerschlugen im Kampf ihre Schwerter. Nun ergriffen sie die Keulen, und ihre Hände waren dabei schnell wie der Wind. Alkūs warf seine Keule, die schwer wie ein Berg war, und Zavāre verlor von diesem Schlag die Besinnung. Durch die Wucht der Keule wurde er im Sattel kraftlos, so dass er vom Pferd fiel und ohne Bewusstsein war. Alkūs stieg vom Pferd und beugte sich über ihn, denn er wollte ihm den Kopf vom Leibe schlagen.

Als Rostam sah, wie es seinem Bruder erging, stürmte er schnell wie Feuer zu ihm. Er brüllte Alkūs so furchtbar an, dass dem vor Schreck die Hand schwach wurde und das Schwert stumpf. Als Alkūs Rostams Gebrüll hörte, verabschiedete sich seine Seele gewissermaßen von seinem Leib. Er sprang mit Windeseile in den Sattel und wollte in seinem Herzen von Tapferkeit nichts mehr wissen. Aber Rostam rief ihm zu: »Du bist nur so mutig gewesen, weil du dich noch nicht an den Krallen des Löwen gemessen hast!« Zavāre setzte sich unter Mühen wieder in den Sattel, mit zerschlagenem Leib und dem Schwert in der Hand. Alkūs griff nun Rostam an: doch er hatte sich auf den türkischen Sattel schon sein Totenkleid gelegt. Mit seiner Lanze traf er Rostam an der Gürtellinie, aber der Stoß blieb ohne Wirkung. Rostam stach ihm nun die Lanze gegen die Brust, so dass sein Helm in das Blut seines Herzens getaucht wurde. Dann hob er ihn mit der Lanze aus dem Sattel, und beide Heere staunten über den großen Helden. Wie einen Felsbrocken warf er Alkūs zu Boden, und Schrecken erfüllte die Herzen der Turaner.

Auf dieses Zeichen hin ergriffen die sieben tapferen Helden ihre Schwerter. Und hinter ihnen legten sich die mutigen Heerführer ihre schweren Keulen auf die Schultern. Sie verjagten das turanische Heer so, dass man nicht mehr die Köpfe von den Füßen unterscheiden konnte. Sie töteten viele von denen, die den Kampf gesucht hatten. Die Erde wurde rubinrot, so weit man sehen konnte. Überall lagen die Hingemetzelten herum wie Elefanten. Bei einigen war der Kopf noch am Körper, bei anderen vom ihm abgetrennt. Auf dem Schlachtfeld war kein Platz mehr, um sich umzudrehen, und für das Heer war kein Hindurchkommen mehr möglich.

Rostam trieb Raxš zur Eile an, denn er war hinter Afrāsiyāb her. Und so sprach er deshalb zu Raxš: »O du mein guter Freund, lass jetzt nicht nach in deiner Geschwindigkeit hier auf dem Schlachtfeld, denn ich will mit deiner Hilfe dem König das Leben nehmen. Mit seinem Blut will ich die Steine rot färben wie Korallen.« So schnell wurde Raxš mit seiner feurigen Natur, als wären ihm aus seinen Seiten Flügel gewachsen. Rostam löste das Fangseil vom Sattelriemen, denn er wollte Afrāsiyāb in seine Schlingen bekommen. Aber die lederne Schlaufe erfasste nur den Helm, und der König der Türken zog seinen Hals aus der Schlinge. Dabei hatte er ein Pferd unter sich, das laufen konnte wie der Wind und das ihn so schnell davontrug, wie Feuer sich ausdehnt. Er entkam dem Fangseil des starken Recken: Sein Leib war schweißgebadet und der Mund ihm trocken.

Von all denen aus dem Heere, die am Kampf beteiligt waren, kamen zwei Drittel nicht wieder zum Zelt des Königs zurück. Entweder waren sie tot oder verwundet oder gefangen in den Händen ihrer Feinde. Ein reicher Schatz an kostbaren Pferden mit goldverziertem Sattelzeug sowie an Helmen und an Schwertern in goldenen Scheiden fiel in die Hände der Iraner, und dazu eine Fülle von wertvollsten Dingen aller Art. Aber keiner plünderte die Toten aus, und man durchsuchte auch nicht die Gefallenen.

Die Iraner kehrten in das Jagdrevier zurück, und zwar ohne dass es ihnen an irgendetwas mangelte. Sie schrieben einen Brief an König Kā'ūs und berichteten ihm über den Kampf und über das Jagdrevier und dass von den Edlen keiner getötet worden sei. Nur Zavāre sei vom Pferd gefallen, und mehr sei ihnen nicht passiert. Rostam, der große Held, verbrachte noch zwei Wochen mit großer Freude in diesem herrlichen Revier. Und dann ritten sie an den Königshof, um die Krone zu verehren.

So geht es zu in dieser Welt: Dem einen geht es gut, der andere ist vom Kummer bedrückt. Am Ende geht das Schicksal über diesen und über jenen hinweg. Warum sollte ein kluger Mensch sich Sorgen machen?

Die Geschichte von Rostam und Sohrāb

Wenn plötzlich ein scharfer Windstoß kommt und die noch unreife Orange in den Staub wirft, würden wir ihn dann wohl tyrannisch nennen oder etwa gerecht? Würden wir etwa sagen, er sei tüchtig und tugendhaft, oder hätte er für uns keinen Anstand? Wenn der Tod recht und billig ist, was ist dann Ungerechtigkeit? Was ist dann der ganze Lärm und all das Geschrei um Gerechtigkeit? Dein Verstand kann dieses Geheimnis nicht erfassen, und kein Weg führt dich hinter diesen Schleier. Jeder kommt an das Tor der Gier nach dem Wissen über den Tod, doch dieses Tor öffnet sich niemandem. Vielleicht bringt dich der Tod zu einem besseren Ort, indem du im Jenseits Ruhe findest.

Tahmīne

Nun will ich eine Geschichte erzählen, so wie sie mir ein Dehqān überliefert hat aus den Berichten unserer Vorfahren:

Eines Tages, schon am frühen Morgen, wurde Rostam unruhig, und es trieb ihn zur Jagd. Also machte er sich bereit und füllte seinen Köcher mit Pfeilen. Als er nun in die Nähe der turanischen Grenze gelangt war, sah er, dass die große, weite Steppe voller Wildesel war, und da blühte das Antlitz Rostams, des Kronenverteilers,* auf wie eine Rose. Freudig trieb er Raxš an und erlegte mit Pfeil und Bogen und Keule und Lasso so manches Wild in der Steppe. Dann aber machte er sich aus Gras und Dornbüschen und den Zweigen von Bäumen ein großes Feuer. Nachdem dieses

* Einer der Beinamen Rostams. Er hatte geholfen, Kay Qobād auf den persischen Thron zu bringen und damit Afrāsiyābs Thronbesteigung abzuwenden.

kräftig brannte, suchte er sich einen Baum, den er als Bratspieß benutzen konnte, und steckte dann einen großen Wildesel auf den Stamm, der in seinen Händen nicht so viel wog wie eine Vogelfeder. Als der Wildesel durchgebraten war, riss Rostam ihn in Stücke und aß ihn auf. Selbst aus den Knochen holte er noch das Mark heraus. Dann legte er sich zum Schlafen und ruhte sich aus von den Mühen des Tages, während Raxš in der Steppe weidete.

Da erschienen plötzlich sieben oder acht türkische Reiter in diesem Jagdrevier. Sie bemerkten die Spuren des Pferdes in der Steppe und wendeten sich zum Flussufer hin, wo sie es zu finden hofften. Dann sahen sie Raxš in der Steppe und ritten mit großer Eile hinter ihm her, um ihn einzuholen. Schließlich konnten sie ihn fangen und brachten ihn schnell in die Stadt, wo jeder von ihnen seinen Anspruch an Raxš geltend machte.

Aus süßem Schlaf erwacht, wollte Rostam sein treues Pferd wieder besteigen. Er wurde wütend, als er es nicht fand, und verzweifelt machte er sich eilig auf den Weg nach Samangān und sprach bei sich: »Wie kann ich hier jetzt nur so zu Fuß laufen, voller Kummer über diese Schande? Köcher und Keule um den Leib gebunden, mit Helm und Schwert und Babr-e Bayān!* Was werden nur die Ritter sagen? Sie werden fragen: ›Wer hat ihm sein Pferd weggenommen? Ist Rostam irgendwo eingeschlafen? Oder ist er gestorben?‹ Jetzt soll ich hier hilflos zu Fuß laufen und mein Herz ganz dem Kummer überlassen! Ich muss nun meine Waffen anlegen und mich rüsten. Vielleicht komme ich zu einem Ort, wo ich eine Spur von Raxš finde.«

Als er sich der Stadt Samangān näherte, gelangte zum König und seinen Edlen die Kunde, dass der Kronenvertei-

* Name des berühmten Pantherfells, das sich Rostam zum Schutz umhängt.

ler, der Held Rostam, zu Fuß angekommen und Raxš ihm im Jagdrevier fortgelaufen sei. Der König und alle Edlen gingen ihm zur Begrüßung entgegen. Und jeder von ihnen fragte sich: »Ist dies Rostam? Oder ist das etwa die aufgehende Sonne?« Der König von Samangān sprach zu ihm: »Was ist geschehen? Wer hat es gewagt, mit dir einen Kampf zu versuchen? In dieser Stadt hier sind wir deine Freunde, und dein Wunsch und Wille ist uns Befehl. Wir stehen dir mit Leib und Seele zur Verfügung, denn Kopf und Herz der Edlen gehören dir.« Als Rostam seine Worte vernahm, dachte er nichts Böses mehr und sprach zu ihm: »Raxš ist mir in der Steppe ohne Zaumzeug und Halfter entlaufen. Von der Stelle am Ufer beim Schilf führt seine Spur jetzt nach Samangān. Wenn du ihn wiederfindest, gebührt dir meine Dankbarkeit. Lohn und Vergeltung findet der, welcher das Gute kennt und tut. Wenn ich aber mein Pferd nicht wiedersehen sollte, dann wird man vielen Edlen den Kopf abschlagen.« Darauf sagte der König zu ihm: »O du stolzer Mann. Niemand wird so gegen dich handeln. Sei du mein Gast und reg dich nicht auf. Die ganze Angelegenheit wird sich nach deinem Wunsche klären. Lasst uns heute Nacht mit Wein froh sein und das Herz frei von Sorgen halten. Das Pferd ist so berühmt in der Welt, dass Raxš' Spur niemals verborgen bleibt.«

Rostam wurde froh durch die Worte des Königs und seine Seele frei von allen Sorgen. So hielt er es für angebracht, des Königs Einladung zu folgen und sich in dessen Palast zu begeben. Der König versorgte seinen Gast aufs Beste und ließ ihm im Palast schöne Räume anweisen. Ja, er blieb vor ihm stehen, um seine Wünsche zu erfahren und zu erfüllen. Er ließ die berühmtesten Persönlichkeiten der Stadt und die Führer seines Heeres herbeirufen und setzte seinen Gast in würdiger Form neben sich. Es kamen Weinschenken und Musikanten, schwarzäugige schöne Mädchen aus

Tarāz. Sie saßen mit den Musikanten zusammen, und alle Sorgen vergingen. Als Rostam vom Wein berauscht war und es Zeit wurde, schlafen zu gehen, begann er ungeduldig zu werden und wollte nicht länger beim Festmahl sitzen. Da ließ der König die Räume für Ruhe und Schlaf würdig herrichten und dort Moschus und Rosenwasser zerstäuben.

Ein Teil der dunklen Nacht war schon vergangen, und der Morgenstern wandelte über das Himmelsgewölbe: da wurde leise und heimlich gesprochen, und die Tür zu Rostams Schlafgemach ging vorsichtig auf. Eine Dienerin erschien auf Zehenspitzen und ging zum Bett des noch trunkenen Helden. Dabei hatte sie ein Licht in der Hand, das mit Ambra parfümiert war. Hinter der Dienerin aber kam eine mondgesichtige Schöne, die wie die Sonne erstrahlte und wie eine Rose voller Farbe und Duft war. Ihre Augenbrauen waren wie Bögen, ihre Lockenpracht wie ein Fangseil und ihre Gestalt schön wie eine große Zypresse. Sie hatte einen klugen Verstand, und ihr Körper war schön wie eine reine Seele, so als hätte sie keinen Anteil am Irdischen. Rostam mit dem Löwenherzen erstaunte sehr, als er sie sah, und rief, entzückt über sie, den Namen Gottes aus. Er sprach sie an und fragte sie: »Wie heißt du? Was suchst du hier in dunkler Nacht? Was willst du?«

Und sie antwortete ihm: »Ich bin Tahmīne. Mir geht es so, als sei ich vor Kummer zerrissen. Ich bin die einzige Tochter des Königs von Samangān. In der Welt ist keiner der Edlen mir ebenbürtig, und es gibt unter dem weiten Himmel nur wenige Frauen wie mich. Kein Mann hat mich je außerhalb meiner Gemächer gesehen, und niemals hat je ein Mann meine Stimme vernommen. Ich habe viele Geschichten über dich gehört, die wie märchenhafte Erzählungen klangen. Und daher weiß ich: Du fürchtest dich nicht vor Dīven und Löwen und Panthern und Krokodilen und hast eine starke Hand mit scharfen Krallen. In dunkler Nacht bist du allein nach Turan gekommen, an diese Grenze hier, mutig und ohne zu ermüden. Ganz allein röstest du dir einen Wildesel, und mit deinem scharfen Schwert bringst du die Luft zum Weinen. Wenn sie die Keule in deiner Hand sehen, zerreißt den Löwen das Herz und den Panthern das Fell. Wenn der Adler dein blankes Schwert erblickt, wagt er nicht mehr, das Wild zu jagen. Der Löwe trägt die Spuren deines Lassos, und die Wolke regnet Blut aus Angst vor deiner Lanze. Als ich solche Berichte über dich hörte, erstaunte ich über dich und war voller Bewunderung. Ich sehnte mich nach deinem Körper, deinen Armen und Schultern, und nun hat Gott dich Aufenthalt nehmen lassen in dieser Stadt. Wenn du mich willst, gehöre ich jetzt dir. Sonst aber wird niemand mich je wiedersehen, auch die Vögel nicht und nicht die Fische. Ich bin wegen dir ganz außer mir, und aus Liebe zu dir habe ich meinen Verstand abgetötet. Vielleicht legt mir dann auch Gott einen Sohn von dir in den Schoß, so mutig und kräftig, wie du es bist, und so, dass der Himmel ihn an den Eigenschaften der Sonne und des Saturns teilhaben lässt. Und außerdem bringe ich dir dein Pferd wieder, selbst wenn ich dafür ganz Samangān unterwerfen müsste.«

Rostam schaute die Schöne mit dem Feengesicht an und vernahm ihre Worte, und er begriff, dass sie reich war an Wissen und Klugheit. Und da sie ihm auch noch von Raxš Kunde gebracht hatte, sah er, dass das Ende dessen, was mit ihm geschah, nur glanzvoll und ruhmreich sein konnte. Darum war er sehr einverstanden mit allem, was sie sagte, und gab gern seine Zustimmung, und mit Freude schloss er das Bündnis mit ihr. So wurde sie seine Geliebte, und er blieb diese dunkle und lange Nacht bei ihr. Als dann die strahlende Sonne vom hohen Himmelsbogen ihre leuchtenden Fangschnüre werfen wollte, gab Rostam ihr sein kostbares

Geschmeide, das auf der ganzen Welt bekannt war. Dieses schenkte er ihr und sprach: »Behalte es. Wenn dir das Schicksal eine Tochter bringt, dann nimm es, um es in ihre Locken zu flechten. Es soll für sie ein guter Stern und ein glückliches Omen sein. Wenn dir aber von Gott ein Sohn gegeben wird, binde ihm das Geschmeide um den Arm, so wie es sein Vater getragen hat. Unser Sohn wird Sāms Gestalt haben und die Eigenschaften der Hochherzigen besitzen. Er wird den stolzen Adler aus den Wolken herunterholen, und die Sonne wird nicht unfreundlich auf ihn scheinen.« So verbrachte er die Nacht mit der Schönen mit dem mondgleichen Antlitz und sprach mit ihr über dieses und jenes.

Als nun die strahlende Sonne am Himmel erschien und das Antlitz der Erde mit Liebe schmückte, kam der edle König zu Rostam und erkundigte sich, ob er gut geschlafen und geruht habe. Als dieses besprochen war, gab er ihm gute Kunde über Raxš, und das Herz des Kronenverteilers wurde dadurch froh. Er ging zu seinem Pferd und streichelte und sattelte es. Und dabei strahlte er vor Glück über Raxš und war froh über den König. Schnell ritt er zurück in das Land Iran, wobei er immer an seine Erlebnisse denken musste.

Sohrāb

Nachdem neun Monate vergangen waren, gebar die Tochter des Königs einen Sohn, schön wie der strahlende Mond. Man hätte denken können, es sei Rostam, der Held mit dem Elefantenleib, oder Sām, der wie ein Löwe war, oder auch Narīmān. Er bekam ein blühendes Gesicht und lächelte, und so gab Tahmīne ihm den Namen Sohrāb. Schon nach einem Monat war er so groß wie ein Einjähriger, und seine Brust ähnelte der Brust Rostams, Zāls Sohn. Mit drei

Jahren war er ausgewachsen, und in seinem fünften Jahr verlangte es ihn danach, zu schießen und Schlagball zu spielen. Als er zehn Jahre alt war, gab es niemanden auf der Erde, der es wagen konnte, mit ihm zu kämpfen.

Eines Tages kam er zu seiner Mutter und stellte sie zur Rede und fragte sie: »Sage mir frei heraus: Warum bin ich größer als meine Gleichaltrigen? Und warum reicht mein Kopf bis an den Himmel? Und von wem stamme ich ab? Aus wessen Geschlecht bin ich? Was soll ich sagen, wenn man mich nach dem Namen meines Vaters fragt? Wenn mir die Antwort auf diese Fragen verborgen bleibt, lasse ich dich auf der Welt nicht am Leben.«

Da sprach seine Mutter zu ihm: »Höre, was ich dir sage. Sei wegen dieser Sache froh und rege dich nicht auf. Du bist der Sohn Rostams, des Helden mit dem Elefantenleib, und stammst ab von Dastān, Sāms Sohn, und von Narīmān. Und deswegen ist dein Haupt höher als der Himmel, denn von diesen Helden nimmst du deine Herkunft. Seit Gott die Welt erschuf, hat es noch nie einen solchen Ritter wie Rostam gegeben. Und wer wäre in dieser Welt schon wie Sām Narīmān? Der Himmel konnte nicht sein Haupt berühren!« Sie holte einen Brief herbei von Rostam, dem Kampferprobten, und zeigte ihn insgeheim ihrem Sohn. Und sie brachte auch drei strahlende Rubine und drei goldene Schmuckstücke, die ihm der Vater aus dem Iran geschickt hatte. Dann sagte sie zu ihm: »Afrāsiyāb darf auf keinen Fall auch nur irgendetwas hiervon erfahren. Und außerdem: Wenn der Vater wüsste, wie du dich entwickelt hast, so stolz und groß: wenn er das wüsste, würde er dich zu sich rufen, und das Herz deiner Mutter würde vor Kummer wund.«

Sohrāb aber antwortete ihr: »In dieser Welt kann niemand eine solche Sache verborgen halten. Unter den Alten erzählen die kampferprobten Edlen von den Taten Rostams. Da ich nun einmal von tapferen Recken abstamme, warum hast du das vor mir dann so verborgen? Jetzt werde ich ein riesiges Heer von türkischen Kriegern zusammenstellen. Ich werde Kā'ūs vom Thron entfernen, und Tūs werde ich aus dem Iran vertreiben. Ich lasse weder Gorgīn noch Gūdarz noch Gīv am Leben und auch nicht Gostaham, Nūzar und den edlen Bahrām. Krone, Thron und Diadem gebe ich Rostam und setze ihn auf den Thron von König Kā'ūs. Vom Iran aus werde ich dann den Krieg nach Turan bringen, wo ich mich dem König von Angesicht zu Angesicht stellen werde. Ich werde den Thron Afrāsiyābs erobern und die Spitze meiner Lanze über die Sonne erheben. Da Rostam mein Vater ist und ich der Sohn bin, braucht man in der Welt keinen König. Warum sollen Sterne eine Krone aufsetzen, wenn das Antlitz von Sonne und Mond erstrahlen?«

Afrāsiyābs Boten bei Sohrāb

Von allen Seiten versammelte sich nun ein Heer um Sohrāb, lauter Ritter aus edlen Geschlechtern, die alle gut ihr Schwert zu führen wussten, und Afrāsiyāb erfuhr davon: »Sohrāb hat sein Schiff zu Wasser gelassen.* Zwar strömt aus seinem Munde noch der Duft der Milch, doch seine Gedanken richten sich schon auf den Kampf mit Schwert und Pfeilen. Er wird die Welt mit seinem Schwert durcheinander bringen. Nun sucht er den Kampf mit Kā'ūs, wozu sich eine große Armee um ihn versammelt hat. Vor niemandem hat er Angst, aber hierüber braucht man nicht lange zu reden, denn seine vornehme Abstammung wird nun deutlich sichtbar.«

* Er hat eine große Unternehmung begonnen.

Als Afrāsiyāb dieses erfuhr, war er sehr glücklich und lachte und zeigte seine Freude. Er wählte mutige Recken aus dem Heere aus, Männer, die mit schweren Keulen zuschlagen konnten. Es waren Heerführer wie Hūmān und Bārmān, die im Kampf der löwenstarken Ritter nicht lange zögerten. Er stellte ein Heer von zwölftausend mutigen Kriegern unter ihren Befehl und sprach zu ihnen: »Bringt diese Angelegenheit ins Reine und haltet sie geheim: Der Sohn darf nichts vom Vater wissen, denn sie sind durch ihr Herz und ihre Natur miteinander in Liebe verbunden. Wenn die beiden sich gegenüberstehen, wird Rostam zweifellos den Kampf suchen. Vielleicht wird dann der alte tapfere Recke durch die Hand seines löwenstarken Sohnes getötet. Wenn wir dann den Iran, ein Land ohne Rostam, in die Hände bekommen, bringen wir Kā'ūs gewaltig in Bedrängnis. Und dann greifen wir uns Sohrāb und schicken ihn eines Nachts in den ewigen Schlaf.«

Die beiden wackeren Pahlavane brachen auf zu Sohrāb, dem edlen Helden. Sie führten wahrhaft königliche Geschenke mit sich: zehn Pferde und zehn Maulesel, gesattelt und kostbar beladen. Dazu einen mit Türkisen verzierten Thron und eine Krone, die mit Korallen geschmückt war. Das Oberteil der Krone war aus Gold und die Füße des Throns aus Elfenbein. Sie hatten auch einen Brief an diesen edlen jungen Mann bei sich, mit Schmeicheleien, die Sohrābs Herz erfreuen sollten. Es hieß darin: »Wenn es dir gelingt, den Thron Irans zu erringen, wird die Welt Ruhe haben von allem Zwist und Streit. Der Weg von unserem Land in den Iran ist nicht weit, und Samangān, Iran und Turan wären dann vereint. Ich schicke dir so viele Truppen, wie du nur willst. Nimm Platz auf dem Thron und setze dir die Krone aufs Haupt! In Turan gab es noch nie so edle Krieger und Feldherren wie Hūmān und Bārmān. Ich schicke sie dir, auf dass sie deine Gäste sind, aber beide sollen unter deinem Befehl stehen. Wenn du Krieg willst, führen sie diesen Krieg und machen die Welt für deine Feinde eng.«

Die Weiße Burg

Diesen Brief und die königlichen Geschenke überbrachten die Reiter ordnungsgemäß. Als nun Sohrāb, der tapfere Recke, den Brief des Königs gelesen hatte, setzte er schnell das Heer in Marsch. Es gab niemanden, der ihm im Kampfe widerstehen konnte, ob nun Löwen ihm entgegenkamen oder Panther.

Eine Festung gab es, genannt die »Weiße Burg«. In diese Festung hatten die Iraner alle Hoffnungen gesetzt. Der Befehlshaber in dieser Burg war der kampferprobte Hoǧīr, ein mutiger Mann, der seine Erfahrungen in so manchem Schlachtgetümmel gemacht hatte. Als Sohrāb in die Nähe der Festung kam, erblickte ihn der wackere Hoǧīr. Wie ein Recke setzte er sich auf sein schnelles Pferd und kam aus der Festung eilig auf den Kampfplatz geritten. Als der kriegerische Sohrāb ihn sah, wurde er vom Zorn ergriffen und zog sein Racheschwert. Wie ein Löwe ritt er vor das Heer und erschien voller Kampfesmut vor Hoǧīr. Und dann redete er ihn an, den Kampferfahrenen: »Du musst von Sinnen sein, wenn du so alleine in den Kampf ziehst. Wer bist du? Wie heißt du? Woher kommst du? Deine Mutter wird über deinen Tod weinen müssen!« Und darauf gab ihm Hoǧīr zur Antwort: »Gegen einen Türken brauche ich nicht viele Helfer. Ich bin Hoǧīr, der tapfere Heerführer, und jetzt schlage ich dir den Kopf ab. Den schicke ich dem König der Welt. Deinen Leib aber werden die Geier verschwinden lassen.« Sohrāb lachte über diese Worte und ritt eilig auf ihn los.

So heftig war der Kampf, Lanze gegen Lanze, dass man die Waffen nicht mehr auseinander halten konnte. Hoğīr stach mit seiner Lanze gegen Sohrābs Leib, aber sie drang nicht durch die Rüstung. Sohrāb, der wie ein Löwe kämpfte, stach nun seinerseits mit der Lanze, und deren Spitze traf mitten auf den Leib des Gegners. Schnell wie der Wind holte er ihn aus dem Sattel. Er machte nicht viel Federlesens mit ihm, sondern sprang vom Pferd herunter und hockte sich neben ihn, um ihm den Kopf vom Leib zu schlagen. Hoğīr wand sich und drehte sich nach rechts und bat voller Angst und Kummer Sohrāb um Gnade. Der ließ ihn am Leben und versprach ihm Gnade und Schutz, und da er mit sich sehr zufrieden war, gab er ihm auch noch viele gute Ratschläge. Der wackere Recke band ihm beide Hände und schickte ihn zu Hūmān. Als man in der Festung erfuhr, dass Hoğīr gefangen genommen und fortgebracht worden war, erhob sich ein großes Jammergeschrei bei allen Männern und Frauen: »Wir haben Hoğīr verloren!«

Sohrābs Kampf mit Gordāfrīd

Gaždahams Tochter erfuhr, dass die Festung ihren Heerführer verloren hatte. Sie war eine Frau, die einem Ritter glich, denn immer war sie ruhmreich im Kampf. Ihr Name war Gordāfrīd, und noch nie zuvor hatte eine Mutter je ein solches Kind geboren. Sie war so in ihrer Ehre getroffen von dem, was mit Hoğīr geschehen war, dass ihre tulpenweißen Wangen schwarz wie Pech wurden. Sie legte sich ihren Ritterpanzer an und zögerte dabei nicht einen Augenblick. Die Locken verbarg sie unter ihrem Panzer und schloss die Bindungen des byzantinischen Helms auf ihrem Haupt. Löwengleich kam sie mit wurfbereitem Fangseil auf ihrem schnellen Ross aus der Burg gesprengt. Wie der

Sturmwind ritt sie vor das feindliche Heer und brüllte dabei wie Donnergetöse: »Wo sind die Recken und Krieger, die tapferen und kampferprobten Edlen?«

Sohrāb, der Löwen bezwingen konnte, sah sie und musste sich vor Lachen auf die Lippen beißen. Er sprach zu sich: »Da kommt noch so ein Wildesel in die Netze des Meisters von Schwert und Kraft.« Er legte seine Rüstung an und setzte sich in Windeseile seinen byzantinischen Helm auf. Dann ritt er in großer Eile auf Gordāfrīd los. Als die junge Frau, die so gut das Fangseil werfen konnte, ihn sah, spannte sie ihren Bogen und holte tief Luft, um zu schießen: Kein Vogel konnte ihr entkommen. Über Sohrāb ging nun ein Pfeilregen nieder, und von allen Seiten griff sie ihn an, wie es die Ritter im Kampf tun.

Als Sohrāb sah, wie ihm geschah, schämte er sich, wurde zornig und griff sie schnell an. Er ritt nahe an diesen streitbaren Ritter heran. Dann hob er den Schild hoch und ging auf seinen Gegner los. Gordāfrīd sah Sohrāb schnell wie Feuer auf sich zukommen. Sie hängte sich den Bogen an der Sehne um den Arm und ließ ihr Pferd bis zu den Wolken springen. Die Spitze ihrer Lanze richtete sie gegen Sohrāb, und dann wendete sie Zügel und Lanze gegen ihren Feind. Da wurde Sohrāb wütend wie ein Panther, der im Kampf angriff. Er riss an den Zügeln, wendete sein Pferd und kam wie Āzargošasp herangestürmt. Er traf Gordāfrīd an ihrem Gürtel, und der Kettenpanzer auf ihrem Körper wurde aufgerissen. Wie einen Spielball traf er sie im Sattel, als ob er ihr mit einem Schläger einen Schlag versetzt hätte. Doch noch während Gordāfrīd sich im Sattel drehte, zog sie ihr scharfes Schwert aus der Scheide und schlug damit seine Lanze in zwei Teile. Dann setzte sie sich wieder auf ihr Pferd, das in der Hitze des Kampfes Staub aufwirbelte. Sie war Sohrāb im Kampf nicht ebenbürtig. Darum ließ sie von ihm ab und ritt schnell zurück zur Burg.

Der Fürst ließ seinem Pferde freien Lauf: Vor Zorn nahm er dem Himmel das Licht. Als er sie unter lauten Rufen erreicht hatte, drehte er sich zu ihr herum und riss ihr den Helm vom Kopf. Frei von der Rüstung war nun ihr Haar, und ihr Antlitz strahlte wie die Sonne. Da wusste Sohrāb, dass sie eine junge Frau war und ihr Haupt und ihr Haar einer Krone würdig. Er erstaunte sehr und sprach zu sich: »Wenn aus dem iranischen Heer eine Maid so auf den Kampfplatz kommt, werden die Ritter am Tage der Schlacht den Staub bis zu den Wolken aufwirbeln.«

Er löste die Schlingen seines Fangseils vom Sattelriemen und warf dann das Seil um ihren Leib, so dass sie gefangen war. Er sagte zu ihr: »Versuche nicht, mir zu entkommen. Warum suchst du den Kampf, du Mondschöne? Noch nie ist mir ein Wildesel wie du ins Netz gegangen. Aber gib dir keine Mühe, aus meiner Hand befreist du dich nicht.« Gordāfrīd wusste, dass sie in seiner Macht war. So sah sie keine Möglichkeit zu entkommen, außer durch List. Sie wandte Sohrāb ihr Antlitz zu und sprach: »O du Edler, der du unter Edlen wie ein Löwe bist. Zwei Heere haben unserem Kampfe mit Keule und Schwert zugeschaut und gesehen, was wir getan haben. Jetzt, da mein Gesicht und auch meine Haare so enthüllt sind, werden alle Ritter über dich reden und spotten: ›Er hat auf dem Schlachtfeld mit einer Maid so gekämpft, dass der Staub bis zu den Wolken aufgewirbelt wurde.‹ Besser wäre es nun, die Angelegenheit zu verbergen, denn es ist gerade den Großen anheim gegeben, Verstand zu haben. Mach jetzt nicht meinetwegen einen Fehler, so zwischen zwei Heeren, die in Schlachtreihen aufgestellt sind. Unser Heer und die Festung sind nun unter deinem Befehl, und in einem Augenblick des Friedens soll man nicht den Krieg suchen. Die Festung und der Schatz und der Burghauptmann stehen alle zu deiner Verfügung. Wenn du jetzt richtig handelst, bekommt dein Herz, was es will.«

Sie wandte ihr Antlitz Sohrāb zu und öffnete die roten Lippen um die wasserklaren Perlen ihrer Zähne. Wie ein Blumengarten im Paradies war sie, und kein Bauer hatte je eine Zypresse gepflanzt, die wie sie gewachsen war. Sie hatte zwei Rehaugen, und ihre Augenbrauen waren herrliche Bögen. Man hätte sagen können, sie würde jeden Augenblick erblühen!

Durch ihre Rede wurde sein Herz betrübt. Er regte sich über ihre Worte auf, und seine Gedanken verdunkelten sich. Und so sprach er zu ihr: »Wende dich jetzt nicht vom Wort ab, das du mir gegeben hast. Du hast mich am Tag des Kampfes erlebt. Setze nun deine Hoffnungen nicht auf die Mauern der Festung, denn die sind nicht höher als das hohe Himmelsgewölbe. Die Schläge meiner Keule würden sie zerstören, und niemand kann seine Lanze gegen meine Brust richten.«

Gordāfrīd ergriff die Zügel und lenkte ihr stolzes Pferd zur Festung. So ritt sie, und Sohrāb begleitete sie. Gaždaham ging zum Tor der Burg und ließ es für Gordāfrīd öffnen. Sie brachte mühsam ihren erschöpften und verletzten Körper in die Festung. Man schloss hinter ihr das Tor, und alle waren von Sorgen erfüllt. Ihre Herzen waren voller Kummer und ihre Augen voller Tränen. Alt und Jung waren vom Schmerz über Gordāfrīd und Hoǧīr ganz niedergeschlagen. Da sprach Gaždaham zu ihr: »O du Löwin, die Herzen aller waren voller Sorgen deinetwegen, die du den Kampf und auch List und Täuschung gesucht hast. Aber deine Familie braucht sich wegen deiner Leistung nicht zu schämen.« Gordāfrīd lachte laut. Sie stieg auf die Festungsmauer und sah sich das Heer der Turaner an.

Als sie Sohrāb auf seinem Sattel sah, rief sie ihm zu: »O du König über Türken und Chinesen. Warum machst du dir so viele Mühen? Kehre um! Geh dahin zurück, woher du gekommen bist, und verlass das Schlachtfeld!« Dann lächelte sie und sagte spöttisch zu ihm: »Die Türken werden im Iran keine Ehefrauen finden. So ist es nun einmal, und du hast bei mir kein Glück. Nimm diesen Kummer nicht allzu tragisch. Du scheinst mir auch keiner der Türken zu sein, denn du gehörst zu niemand anderem als zu den berühmten Helden. Mit deiner Kraft, diesen Armen, den Schultern und diesem Wuchs hast du unter den Großen keinen Ebenbürtigen. Aber wenn nun zum König die Nachricht kommt, dass ein tapferer Held ein Heer von Türken herangeführt hat, dann setzen sich der König der Könige und Rostam in Marsch, und ihr werdet euch gegen Rostam nicht behaupten können. Von deinem Heer wird niemand am Leben bleiben. Ich weiß nicht, was für ein Unheil dann über dein Haupt kommen wird. Es jammert mich, dass solche Arme und solche Schultern durch Panther ihr Ende finden sollen. Vertraue nicht zu sehr der Kraft deiner Arme, denn das dumme Rind frisst nur und denkt nicht an den Schlachter.* Es wäre besser für dich, deinem Heer den Befehl zu geben, nach Turan zurückzumarschieren.«

Als Sohrāb das hörte, schämte er sich, denn er hatte gedacht, die Festung mühelos in Besitz nehmen zu können. Unterhalb der Burg war eine Ebene, aus der die Festungswälle emporragten. Stadt und Land dort übergab er der Plünderung und setzte damit die Hand des Bösen frei. Dann sprach er: »Heute ist es schon spät, und zum Kämpfen bleibt uns nun keine Zeit. Aber im Morgengrauen werde ich diese Mauern einstürzen lassen, dass es nur so staubt, und die Feinde werden Kummer erleiden am Tage der Schlacht.«

* Wörtlich: »Das dumme Rind frisst alles aus seiner eigenen Seite«. Der Dichter spielt hier mit dem Wort *pahlū*: Das dumme Rind frisst sich fett und wird dabei durch eigene Schuld schlachtreif. *pahlū* kann ›Seite‹ heißen und hier auch ›Leiche‹. Zudem heißt *pahlav* (auch *pahlū* geschrieben) ›Held‹; daher das Wort *Pahlavan*.

Gaždaham schreibt an Kā'ūs

Als Sohrāb fortgeritten war, ließ der alte Gaždaham einen Schreiber holen. Der musste sich setzen und einen Brief an den König schreiben, den er durch einen schnellen und mutigen Boten auf den Weg bringen ließ. Zu Beginn des Briefes pries er den König, und dann führte er aus, was das Schicksal gebracht hatte:

»Ein mächtiges Heer aus kampfbereiten stolzen Rittern ist vor der Festung erschienen. Das Heer wird durch einen Feldherrn angeführt, der nicht älter als zweimal sieben Jahre sein kann. Er ist größer als eine schlanke Zypresse und strahlt wie die Sonne, wenn sie im Sternbild der Zwillinge steht. Der Glanz von Würde und Majestät geht von ihm aus. Seine Brust ist wie die eines Elefanten, und noch niemals haben wir solche Hände und eine solche Keule gesehen. Wenn er sein indisches Schwert in die Hand nimmt, unterwerfen sich ihm alle Meere und Berge. Der grollende Donner ist nicht so kräftig wie seine Stimme, und kein Schwert kann so zuschlagen wie seine Faust.

Der tapfere Hoǧīr rüstete sich und setzte sich auf sein schnelles Ross. Er ist kampfbereit auf Sohrāb* losgeritten, aber wir haben ihn nicht länger auf seinem Pferd sitzen sehen, als ein Krieger braucht, um mit den Wimpern zu zucken, oder gerade so lange, wie der Duft benötigt, um von der Nase ins Hirn zu gelangen. Denn Sohrāb holte ihn aus seinem Sattel herunter. Sein Körper aber wurde verschont – ein Wunder bei der Kraft des Gegners. Er lebt und ist jetzt im Schutze Sohrābs, doch wir machen uns große Sorgen um ihn. Ich habe schon viele türkische Ritter gesehen,

* Hier und an verschiedenen folgenden Textstellen lässt Ferdausi die Sprecher (bzw. Schreiber) den ihnen noch unbekannten Held Sohrāb nennen. Zu lesen wäre aber hier: »der unbekannte Ritter«, denn erst nach seinem Tode wird den Iranern dessen Identität bekannt.

aber noch nie hörte ich von einem, der so reiten kann. Wehe dem Krieger, der ihm zwischen den Frontlinien in die Finger gerät. Die ganze Welt hätte mit dem Berg Mitleid, gegen den er im Kampf mit seinem Pferd anrennen würde. Wenn der König jetzt noch lange Atem holt und nicht sofort das Heer heranführt und einen Hinterhalt legt, wird dieser Feind uns alles nehmen, denn er vertraut auf seine Kraft, und niemand kann seine Hand festhalten. Dann kannst du den ganzen Ruhm Irans als verloren betrachten und musst hinnehmen, dass die Welt vor seinem Schwert zittert. Einen Reiter so wie ihn hat man noch nie gesehen. Man könnte meinen, es sei Sām, der Ritter, und das sagt alles.

Wir werden heute Nacht das Gepäck aufladen und horchen, wie sich das Heer der Feinde verhält. Auch wenn wir hier noch eine Zeit lang warten würden, könnten wir nicht mit ihm kämpfen oder mit Worten streiten. Denn diese Festungsmauern werden ihm nicht widerstehen. Verglichen mit seiner Schnelligkeit scheint ein Löwe zu zögern.«

Als der Brief in der Nacht versiegelt war, ließ er einen Boten kommen und besprach alles mit ihm. Unter der Festung war ein Weg, von dem die Feinde keine Kenntnis hatten. Und noch in derselben Nacht verließ Gaždaham auf diesem Weg die Festung, und alle, die in der Burg waren, zogen mit ihm.

Sohrāb besetzt die Weiße Burg

Als die Sonne ihren Kopf über das dunkle Gebirge hob, machten sich die Truppen der Turaner bereit. Ihr Feldherr Sohrāb nahm die Lanze in die Hand und bestieg ein kräftiges Pferd. Er kam zum Tor der Festung geritten, und da sah man, dass es offen war, und in der Festung waren keine

Krieger mehr zu sehen. Sie waren in der Nacht mit Gaždaham abgezogen, Ritter und Recken, alle miteinander.

Der Brief aber gelangte zum König, und sein Herz füllte sich mit Kummer wegen der schlechten Nachrichten. Er rief die Edlen seines Heeres zu sich, um sie über alles, was geschehen war, zu unterrichten. Sie setzten sich mit dem König des Iran zusammen. Alle Heerführer waren da versammelt, wie zum Beispiel Tūs und Gūdarz, der Sohn Kešvāds, und Gīv und auch Gorgīn und Farhād und der edle Bahrām. Der König las ihnen den Brief vor und fragte sie nach ihrer Meinung. Er war unentschlossen und sagte im Geheimen zu seinen Pahlavanen: »So wie Gaždaham es schildert, wird sich diese Sache für uns lange hinziehen, und von den Gedanken daran wird unser Herz nicht frei werden. Was machen wir nun? Wie können wir das Problem lösen? Wer aus Iran ist diesem Manne ebenbürtig?«

Kā'ūs schreibt an Rostam

Da beschlossen alle einstimmig, dass Gīv sich zum tapferen Feldherrn Rostam begeben solle. Der König setzte sich mit einem Dabir zusammen, denn es handelte sich um eine bedrückende Angelegenheit, um die man nicht herumkam. Kā'ūs ließ einen Brief an den edlen Rostam schreiben, worin er zu Beginn Gottes Segen über den Pahlavan erflehte. Und dann schrieb er: »Möge dein Herz wachsam bleiben und deine Seele strahlen! Es ist eine Tatsache, dass in dieser Welt bei allen nur möglichen Angelegenheiten niemand außer dir wirklich helfen kann. Als ich Gaždahams Brief gelesen hatte, haben wir – die Führer unseres Heeres – uns zusammengesetzt, und die tapferen Helden beschlossen, den edlen Gīv zu dir zu schicken. Wenn du den Brief gelesen hast, sei es nun am Tag oder in der Nacht, warte keinen

Augenblick, sondern komm schnell mit deinen so tüchtigen Rittern aus Zāvol herbeigeeilt und erhebe dein Kriegsgeschrei. Nach allem, was Gaždaham uns über seinen Gegner berichtet, ist niemand außer dir ihm ebenbürtig.«

Dann sprach der König zu Gīv: »Schnell wie der Rauch aufsteigt, musst du jetzt dein Pferd antreiben. Wenn du zu Rostam gekommen bist, darft du nicht in Zāvol bleiben und dich dort ausruhen. Selbst wenn du nachts ankommst, musst du am nächsten Morgen zurückreiten. Sage ihm, dass uns der Krieg sehr bedrängt.« Er nahm vom König den Brief in Empfang, und schnell wie ein reißender Bach machte er sich auf den Weg, wobei er weder Ruhe noch Schlaf suchte.

Als er nach Zāvolestān kam, erhielt Rostam, Zāls Sohn, die Nachricht von seinem Kommen. Er ritt ihm mit großem Gefolge entgegen, und die Edlen setzten sich Kronen aufs Haupt. Gīv und seine Recken, Groß und Klein, alle, die im Sattel waren, stiegen vor Rostam vom Pferd. Auch der berühmte Held stieg ab und fragte nach Iran und nach dem König. Dann bogen sie vom Weg ab zu Rostams Palast, und dort blieben sie, um sich zu erholen. Gīv berichtete über alles, was er gehört hatte, und übergab ihm den Brief. Sohrāb erwähnte er auch mehrfach. Rostam hörte sich alles an und las den Brief. Er lächelte über die ganze Angelegenheit und war zutiefst erstaunt: »Unter den Edlen soll ein Held wie der edle Ritter Sām aufgetaucht sein? Wenn das unter den Freien, den Iranern, geschehen wäre, so wäre das kein Wunder, aber von den Türken kann man sich so etwas nicht vorstellen. Ich habe von der Tochter des Königs von Samangān einen Sohn, doch er ist noch klein. Noch weiß dieses mir so teure Kind nichts vom Kämpfen. Ich habe Gold und viele Edelsteine durch Boten zu seiner Mutter geschickt und bekam die Antwort, dass nicht mehr viel fehlte, bis dieses liebe Kind zu einem Manne herangewachsen wäre. Es hieß, er tränke schon Wein mit Lippen, die noch nach Milch röchen, und zweifellos würde er bald ein Krieger sein.

Lasst uns einen Tag verweilen und uns ausruhen und noch einmal unsere trocknen Lippen mit Wein anfeuchten. Und danach reiten wir zum König und zeigen den iranischen Edlen den Weg zum Kampf. Vielleicht schläft ja unser strahlendes Glück. Sonst aber wäre dieses keine schwere Aufgabe. Wenn das Meer mit seinen Wellen in Bewegung gerät, kann ihm selbst der scharfe Atem des Feuers nicht widerstehen. Und wenn der Feind unsere Fahne auch nur aus der Ferne sieht, wird Trauer sein Herz erfassen, selbst wenn er gerade dabei ist zu feiern. Und auch wenn er ein Krieger wie Sām wäre, mutig und klug und besonnen, würde er doch nicht mit solchem Feuereifer in den Kampf ziehen. So sollte man die Sache also nicht so ängstlich betrachten.«

Sie ergriffen die Becher mit Wein und wurden trunken. Zuerst tranken sie auf das Wohl des Königs und dann auf Zāl. Am Morgen des nächsten Tages spürte Rostam den Katzenjammer, doch er richtete sogleich ein neues Fest aus. Und auch dieser Tag war angefüllt mit ihrer Trunkenheit, so dass ihm auch an diesem zweiten Tag der Aufbruch nicht in den Sinn kam. Am Morgen des dritten Tages ließ er Wein bringen, und vor lauter Wein dachte er nicht an den königlichen Befehl.

Doch am vierten Tag bereitete sich Gīv zum Aufbruch vor und sprach folgendermaßen zum Helden Rostam, dem tapferen Feldherrn: »Kā'ūs ist schnell wütend und nicht sehr klug, und der Bericht Gaždahams liegt ihm schwer im Magen. Er ist voller Kummer darüber, und sein Herz ist voll Ungeduld. Appetit, Ruhe und Schlaf haben ihn verlassen. Wenn wir zu lange in Zāvolestān verweilen, bringen wir dem Land von neuem Kampf und Krieg.« Rostam aber antwortete ihm: »Mach dir darüber keine Sorgen, denn gegen uns wird niemand in der Welt zornig werden.« Er ließ Raxš satteln, und die bronzenen Hörner wurden zum Aufbruch geblasen. Die Ritter aus Zāvol vernahmen den Hörnerklang und brachen auf, wohlversehen mit Helm und Rüstung.

Kā'ūs wird zornig

So ritten sie zum Hofe des Königs. Mit frohen Herzen kamen sie und mit den besten Absichten. Als sie vor ihn traten und ihm Ehrerbietung erwiesen, wurde er böse und gab ihnen keinerlei Antwort. Zuerst brüllte er Gīv an und dann ließ er allen Anstand fallen und schrie: »Wer ist Rostam, dass er meinen Befehl nicht ernst nimmt und meine Anordnungen nicht befolgt? Ergreift ihn, bringt ihn weg und hängt ihn lebend an den Galgen. Und dann redet mit mir kein Wort mehr über ihn.« Gīv war tief betroffen durch diese Worte, denn wer könnte schon die Hand anlegen an Rostam? Da wurde der König so wütend auf Gīv und Rostam, dass alle seinetwegen wie vom Blitz getroffen erstarrten, denn er befahl Tūs: »Geh und lass alle beide lebend an den Galgen hängen!« König Kā'ūs kam hoch von seinem Thron und brauste auf wie Feuer im Schilf.

Tūs trat an Rostam heran und ergriff dessen Hand. Seine Krieger standen wie gelähmt um ihn herum. Er wollte den Recken aus der Nähe des Königs entfernen, um vielleicht auf diese Weise den König zu beruhigen. Rostam jedoch wurde zornig über den König und rief: »Schüre nicht so das Feuer in deiner Brust! Alles, was du jetzt tust, ist schlimmer als das, was du je getan hast. Du bist des Thrones nicht würdig. Warum lässt du nicht auch gleich Sohrāb lebend an den Galgen hängen? Mach dich doch auf und kämpfe selber gegen deine Feinde!« Dann schlug er voller Wut dem Tūs auf die Hand, und dem war so, als ob er einen Schlag von einem wütenden Elefanten bekommen hätte. Er stürzte kopfüber zu Boden, und über ihn hinweg verließ Rostam wütend den Saal. Voller Zorn ging er durch das Tor des Schlosses. Er stieg auf Raxš und rief: »Ich bin es, der Löwen bezwingt und Kronen vergibt. Was bringt der Zorn? Wer ist schon König Kā'ūs? Wer ist schon Tūs? Warum erhebt er die Hand gegen mich? Die Erde ist mir Untertan, und Raxš ist mein Thron. Mein Siegel ist die Keule, und der Helm ist meine Krone. Lanzenspitze und Schwert sind meine Freunde. Die beiden Arme und mein Herz: die sind mein König. Mit meinem Schwert kann ich die dunkle Nacht erhellen. Auf dem Schlachtfeld schlage ich alle Köpfe herunter! Ich bin kein Sklave, denn ich bin frei geboren. Nur Gottes Diener bin ich.«

Zu den Iranern sprach er: »Möge Sohrāb doch kommen! Dann werden weder die Großen noch die Kleinen am Leben bleiben. Jeder von euch muss sehen, wie er sein Leben rettet, und das müsst ihr nun ganz allein bedenken. Ihr werdet mich hinfort nie wieder sehen im Iran. Ihr könnt euch selbst um euer Land kümmern, ich aber fliege dahin, wo der Geier fliegt.«

Die Herzen aller Edlen waren voller Kummer, denn Rostam war ihr Hirte, und sie waren nur seine Herde. Da wandten sie sich an Gūdarz: »Du musst diese Aufgabe übernehmen und den Schaden wieder gutmachen. Außer dir hört der König niemandem zu, und es verlässt uns durch diese dumme Sache das Glück. Der König ist verrückt geworden. Geh zu ihm und erkläre ihm alles gründlich, Punkt für Punkt. Versuche, ihn mit den richtigen Worten zu überzeugen. Vielleicht kannst du uns dann das Glück wiederbringen, das wir verloren haben.«

Der edle Gūdarz, Kešvāds Sohn, machte sich auf und begab sich schnell zum König. Zu Kay Kā'ūs sprach er: »Was hat Rostam schon getan, dass du heute Iran so ins Unglück gestürzt hast? Wenn jetzt, nachdem er fortgeritten ist, ein großes Heer erscheint, mit einem Pahlavan, so mutig wie ein Wolf – wen hast du dann, der sich am Tag der Schlacht gegen ihn wenden kann und den dunklen Staub über ihn legt? Gaždaham hat von jedem deiner edlen Krieger gehört und sie alle gesehen, die großen und die kleinen. Er sagt sich: ›Möge nie der Tag kommen, an dem es einem Ritter einfallen könnte, mit Sohrāb zu kämpfen. Wenn jemand versuchen würde, ihn zu vertreiben, dann fehlte es ihm an Verstand, selbst wenn er ein Krieger wie Rostam wäre.‹«

Der König hörte Gūdarz' Worte und wusste, dass dieser Recht hatte. Er schämte sich über das, was er gesagt hatte, und ärgerte sich über sein unsinniges Verhalten. Da sprach er zu Gūdarz: »Was du sagst, ist völlig richtig. Wenn es um Ratschläge geht, sprechen die Lippen eines Alten das Richtige aus. Das Herz des Königs sollte klug sein, denn heftig und überstürzt zu handeln hat keinen Wert. Ihr müsst jetzt zu ihm reiten und in Güte auf ihn einreden. Mach, dass er nicht mehr an meinen Zorn denkt, und zeig ihm eine glückliche Zukunft auf.«

Gūdarz erhob sich vom Gespräch mit dem König und brach in großer Eile zum Pahlavan auf. Die Führer des Heeres begleiteten ihn: alle machten sich auf den Weg zu Rostam. Als die edlen Helden Rostam sahen, ritten sie zu ihm und priesen ihn sehr: »Mögest du ewig leben! Möge deine Seele strahlen! Mögest du die ganze Welt beherrschen! Möge immer dein Platz auf dem Thron sein! Du weißt, dass Kā'ūs keinen Verstand hat. Wenn er zornig ist, redet er dummes Zeug. Er braust schnell auf, und sofort tut es ihm leid, und in Güte will er dann die alten Bindungen wiederherstellen. Wenn Rostam vom König beleidigt worden ist, darf den Iranern nicht die Schuld gegeben werden. Und Kā'ūs bereut nun seine Worte sehr und würde sich am liebsten wegen seines Zorns in die Hand beißen.«

Aber Rostam antwortete ihnen: »Ich brauche Kay Kā'ūs nicht. Als Thron habe ich den Sattel und als Krone meinen Helm. Mein Kleid ist die Rüstung, und meine Seele ist auf den Tod gerichtet. Was ist Kā'ūs schon für mich? Was ist schon eine Handvoll Staub? Warum sollte ich vor seinem Zorn Angst und Furcht empfinden? Mein Kopf und mein Herz sind seiner überdrüssig. Außer dem heiligen Gott fürchte ich niemanden.«

Als die Ritter seine Worte hörten, lief es allen kalt über den Rücken. Und dann sprach Gūdarz zu Rostam: »Das Land und die Edlen des Heeres werden jetzt die Ereignisse in einem anderen Licht betrachten. Sie werden glauben, dass der stolze Rostam vor diesem Türken Angst hat, und jeder wird insgeheim sagen: ›Nach dem zu urteilen, was Gaždaham an Nachrichten geschickt hat, muss das ganze Land Iran geräumt werden. Da Rostam sich vor dem Kampf mit Sohrāb fürchtet, gibt es auch für keinen von uns hier mehr einen Ort zum Verweilen.‹ Über den Zornesausbruch des Königs und seinen Streit wird am Hof nicht viel geredet. Dagegen höre ich immer, dass man über den Türken Sohrāb spricht. Darum wende dich nicht vom König des Iran ab und verliere nicht den guten Ruf, den du in der Welt hast, indem du dich zurückziehst und hier verbirgst. Und außerdem: Bring nicht durch törichtes Handeln Krone und Thron in Not, nun, da die Armee der Feinde heranrückt.«

So sprach er zu Rostam, und dieser war durch seine Schilderung verunsichert. Er antwortete Gūdarz: »Wenn Angst in meinem Herzen Platz fände, würde ich es nicht mehr haben wollen, sondern es herausreißen.« Von dieser Schande wendete er sich ab und sah nun seinen Weg vor sich: Er begab sich in Würde zu König Kā'ūs.

Schon als Rostam ihn noch nicht ganz erreicht hatte, erhob sich der König und bat vielmals um Entschuldigung für alles, was geschehen war: »Meine Hitzigkeit liegt in meiner Natur und Veranlagung. Man muss so wachsen, wie Gott einen gepflanzt hat. Aber der neue Feind war so überraschend schnell aufgetaucht, dass mein Herz sich verdunkelt hatte wie der Neumond. Ich hatte nach dir verlangt, weil ich deine Hilfe brauchte, und da du so spät gekommen warst, hatte mich der Zorn gepackt.«

Rostam antwortete ihm: »Dir gehört die Welt. Wir sind alle deine Untertanen, und du kannst uns befehlen. Jetzt bin ich gekommen, um zu tun, was du willst. Möge deine Seele nie ohne Weisheit sein!« Da sprach Kā'ūs zu ihm: »Heute wollen wir feiern, und morgen ziehen wir in den Kampf.« Nun wurde ein Festsaal fürstlich ausgestattet, und der Palast wurde geschmückt wie der liebliche Frühling. Sie tranken Wein bis Mitternacht und sprachen alle in großer Freude miteinander.

Kā'ūs und Rostam ziehen mit dem Heer in den Kampf

Am nächsten Tag befahl der König, Gīv und Tūs sollten im Morgengrauen die Pauken auf die Elefanten binden lassen. Dann öffnete er die Tür zum Staatsschatz und zahlte die notwendigen Gelder aus. Das Heer ließ er aufsitzen, und das Gepäck wurde aufgeladen. Der König und hunderttausend gerüstete Recken, allesamt tapfere Ritter, zogen daraufhin ins Feldlager. Ein so großes Heer bewegte sich von der Hauptstadt in die Wüste, dass sich durch den Staub der Reiter der Himmel verdunkelte. Pavillons und Zelte zogen sich über zwei Meilen hin, und die Erde erbebte unter den Hufen der Pferde und den Füßen der Elefanten. Der Himmel wurde dunkel und die Erde schwarz wie Ebenholz. Die Pauken dröhnten so laut, dass die Ohren taub wurden.

Dann ging es vorwärts, von einer Etappe zur andern:

Die Welt war dunkel geworden und das Tageslicht unsichtbar. Durch den Staub hindurch sah man Speere und Lanzen blitzen wie Feuer hinter einem dunklen Vorhang. Es war eine so bunte Menge von Lanzen und Fahnen, von vergoldeten Schilden und goldbesetzten Schuhen, als ob eine schwarze Wolke herangekommen wäre, um rot und gelb auf die Erde zu regnen. Für die Menschen war die Nacht nicht mehr vom Tag zu unterscheiden. Es war gerade so, als gäbe es den Himmel und die Sterne der Plejaden nicht mehr. In dieser Weise kam man schließlich vor das Tor der Festung, und das Heer war so groß, dass die Erde und die Steine in der Welt unsichtbar wurden.

Vom Wachtturm der Burg kam ein lauter Ruf. Er kündigte Sohrāb an, dass das iranische Heer im Anrücken sei. Als nun Sohrāb den Ruf des Wächters hörte, begab er sich zur Festungsmauer und besah sich die Truppen. Er zeigte Hūmān dieses Heer, ein Heer so groß, dass es kein Ende zu haben schien. Hūmān erblickte in der Ferne dieses Heer, und sein Herz füllte sich mit Angst, so dass sich ihm ein Seufzer entrang. Da aber sprach der tapfere Sohrāb zu ihm: »Verbanne die trüben Gedanken aus deinem Herzen. Du wirst in diesem endlos großen Heer keine schwere Keule und auch keinen Krieger sehen, die es mit mir auf dem Schlachtfeld aufnehmen könnten, selbst wenn sie Sonne und Mond zu Freunden hätten. Viele Waffen und sehr viele tapfere Recken sind dort versammelt, doch berühmte Helden wirst du nicht erblicken. Jetzt werde ich mit dem Kriegsglück des Königs Afrāsiyāb auf dem Schlachtfeld einen Strom von Blut fließen lassen.«

Sohrāb überließ sich nicht der Furcht. Er stieg mit frohem Herzen vom Festungswall herab und ließ sich vom Weinschenk einen Becher füllen. Seine Seele war durch den Kampf, der ihm bevorstand, nicht beunruhigt. Bei den Gegnern wurden in der Ebene vor der Burg die Zelte des Königs errichtet. So viele waren es, dass unter all den Pavillons und Zelten und durch all die Menschen Ebenen und Berge verschwanden.

Rostam tötet Zand Razm

Als nun die Sonne für die Welt unsichtbar wurde und die dunkle Nacht ihre Truppen ins Feld führte, ging Rostam zum König, bereit, für ihn zu kämpfen. Er fragte ihn: »Erlaubt mir der Träger der Krone, dass ich ohne Helm und Gürtel das Lager verlasse? Ich möchte sehen, wer dieser junge Eroberer ist und wer die Fürsten sind und wer der Feldherr.« Und Kā'ūs antwortete ihm: »Das ist eine würdige Aufgabe für dich. Sei vorsichtig dabei und bleibe unversehrt.«

Rostam kleidete sich so, dass er wie ein Türke aussah, und kam mit schnellen Schritten vor die Festung. Als er zu Fuß in die Nähe der Burg gelangt war, hörte er bei den Türken den Lärm eines Trinkgelages. Der mutige Rostam drang in die Burg ein, so wie der Löwe bei der Jagd den Gazellen nachstellt. Und dann sah er Sohrāb, der über der Festtafel thronte. Ihm zur einen Seite saß Zand und zur anderen Seite ein so tapferer Ritter wie Hūmān und auch Bārmān, der ruhmreiche Löwe. Man hätte sagen können, Sohrāb füllte den Thron ganz aus: Er war wie eine kraftvoll wachsende Zypresse. Seine Arme waren stark wie die Schenkel des Kamels und seine Brust weit wie die von Elefanten. Sein Gesicht aber strahlte so rot wie Blut. An die hundert edle Türken waren um ihn herum versammelt: jung und stolz und wie angriffslustige Löwen. Fünfzig Pagen, mit Armreifen geschmückt, standen vor dem erhabenen hohen Thron bereit. Jeder von ihnen bat um Gottes Segen für die große Gestalt des Königs und für Krone und Siegel. Rostam hielt sich von ihnen fern und beobachtete die Männer, die da vor ihm beim Festmahl saßen.

Zand verließ aus ganz bestimmtem Grund den Saal und sah einen Recken, der so groß wie eine Zypresse war. Er wusste: im Heer der Türken gab es keinen so wie diesen. Deshalb fasste er ihn fest an und fragte schnell: »Wer bist du?«, so sprach er. »Sag es mir! Komm mit ins Helle und zeig dein Gesicht!« Rostam gab Zand einen solchen Schlag mit der Faust ins Genick, dass seine Seele den Leib verließ. Nun lag Zand tot am Boden. Für ihn gab es keinen Kampf mehr und auch keine Feste.

Nach einiger Zeit bemerkte Sohrāb, dass Zand, der mutige Löwe, noch nicht zurückgekommen war. Er hielt Ausschau nach ihm und fragte, wie es käme, dass sein Platz beim Festmahl leer bliebe. Daraufhin gingen einige Männer hinaus und sahen den so elend Erschlagenen, der sich nun ausruhte vom Fest und all seinen Kämpfen. Laut klagend kamen sie von dort zurück, vom Schicksal Zands ganz verwirrt und niedergedrückt. Sie berichteten Sohrāb: »Zand ist tot. Die Tage des Kämpfens und des Feierns sind nun für ihn zu Ende.« Sohrāb hörte das und sprang sofort auf. Schnell wie der Rauch aufsteigt, kam er zu Zand gelaufen. Großes Entsetzen ergriff ihn, und voller Staunen blieb er stehen. Dann ließ er die Edlen und Helden rufen und erklärte ihnen: »Wir dürfen heute Nacht nicht schlafen. Die ganze Nacht hindurch müssen wir die Schwerter in der Hand behalten. Denn ein Wolf ist in die Herde eingebrochen. Als der Schneesturm tobte, hat er Hunde und Menschen beobachtet.* Wenn Gott der Schöpfer mir hilft, werde ich, sowie die Hufe meines Pferdes den Boden zerstampfen, das Fangseil vom Sattelriemen lösen und mir von

* Der Wolf hat den Schäfer und die Schäferhunde beobachtet, als diese – hier wegen eines Schneesturms, dort wegen einer Feier – nicht aufgepasst haben.

den Iranern Rache holen für Zand.« Und dann ging er und setzte sich wieder an seinen Platz. Er rief alle Edlen zu sich und sprach: »Wenn auch Zand von uns gegangen ist, so habe ich doch noch nicht genug vom Feiern.«

Als Rostam zum König zurückkehren wollte, war bei den Iranern Gīv auf Wache. Auf dem Wege sah er Rostam, den Recken. Er griff nach dem Schwert und zog es aus der Scheide. Dann stieß er einen Schrei aus wie ein brünstiger Elefant, wobei er seinen Schild über den Kopf hielt. So zeigte er sich kampfbereit. Rostam wusste, dass beim iranischen Heer in dieser Nacht Gīv als Posten auf Wache war. Er lachte und rief ihm etwas zu. Der Wächter hörte Rostams Ruf und ging zu ihm hin und sagte: »Du kampfesfreudiger Fürst! Wo warst du zu Fuß in dunkler Nacht?« Rostam erzählte Gīv alles, was er getan und was er einem löwenmutigen Manne zugefügt hatte.

Von dort ging er zum König und berichtete ihm über die Türken und ihr Festmahl. Auch über Sohrāb sprach er und über dessen große Gestalt: Er beschrieb seine Arme und Schultern, die Brust und die Füße. »Nie zuvor ist bei den Türken jemals so ein Mensch erschienen. Hochgewachsen ist er wie eine Zypresse. Im Iran und in Turan findet sich nicht seinesgleichen. Man könnte sagen: Er ist Sām, der Ritter. Das sagt alles.« Und er erzählte auch von dem Faustschlag, den er Zand auf den Nacken gegeben hatte, so dass dieser fortan weder am Kampf noch an den Feiern teilnehmen konnte. So besprachen sie alles, und dann verlangten sie nach Musik und Wein. Während der ganzen Nacht wurde das Heer zum Kampf bereitgemacht.

Sohrāb befragt Hoǧīr nach den Kennzeichen an den Zelten

Als die Sonne ihre goldenen Fangschnüre warf und die züngelnden Flammen der Morgenröte auf das große Himmelsgewölbe fielen, legte Sohrāb seine Rüstung an und setzte sich auf seinen schönfarbenen Schimmel. Er trug ein blitzendes Schwert bei sich und hatte einen königlichen Helm auf dem Haupt. An seinem Sattelriemen hing ein wurfbereites Fangseil mit sechzig Schlingen. Mit finsterer Miene ritt er los und suchte sich auf einem steil abfallenden Hügel eine Stelle, von wo aus er das iranische Heer gut überblicken konnte. Dann ließ er Hoǧīr zu sich kommen und sagte ihm: »Möge der Pfeil nicht krumm sein!* Denn wenn er krumm ist, ist er nicht tödlich und kann nicht sicher treffen. Bei allem, was du tust, mach dein Handwerk gut, wenn du nicht selber Schaden erleiden willst. Gib mir eine ehrliche Antwort auf alles, was ich frage. Plane keine Falschheit und suche auch keine List. Wenn du willst, dass ich dir die Freiheit gebe und du über allen anderen stolz dein Haupt erheben willst, musst du mir alles sagen, was ich von dir über den Iran wissen will. Wende dabei nicht deinen Blick vom Weg der Wahrheit ab! Ich werde dir dann große Reichtümer schenken: Ehrenkleider und Kostbarkeiten wirst du von mir erhalten. Wenn du aber Betrug und Falschheit planst, werden Fesseln und Kerker dein Los sein.«

Und das antwortete ihm Hoǧīr: »Was auch immer der Fürst mich fragt über dieses Heer, ich werde ihm alles berichten, was ich darüber weiß. Warum sollte ich mit falscher Zunge reden? Nichts als Aufrichtigkeit wirst du bei mir finden. Meinen Gedanken sind List und Trug fern.«

* D. h.: Betrüge mich nicht.

Sohrāb sprach zu ihm: »Ich werde dich alles fragen über die stolzen Helden und ihren König, über alle Edlen jenes Landes, wie Tūs und Gīv und Gūdarz, über Bahrām und den berühmten Rostam. Über jeden, nach dem ich dich frage, sollst du mir Bericht erstatten.

Eine Zeltstadt aus Seidenbrokat in vielen Farben sehe ich dort, und darin stehen einzelne Zelte aus Pantherfell. Davor sind hundert gewaltige Elefanten angebunden. Man sieht auch einen mit dunklen Türkisen besetzten Thron. Darüber weht eine Fahne, auf der eine Sonne abgebildet ist. Und oben auf der dunkelblau bezogenen Fahnenstange steht ein goldener Mond. Wessen Platz ist das, so inmitten des Heeres? Von all den Helden Irans – wer ist das?« Hoǧīr antwortete ihm: »Das ist der iranische König. Er hat Elefanten und Löwen an seinem Hof.«

Und dann sagte Sohrāb: »Auf der rechten Seite sind viele Reiter und Elefanten und Gepäck. Ein schwarzer Pavillon ist dort errichtet. Um ihn herum sind auf allen Seiten Truppen angetreten, und zahllose Zelte umgeben ihn. Dahinter stehen Elefanten, und davor sind seine Handpferde. Vor ihnen ist die Fahne aufgestellt. Sie trägt das Bild eines Elefanten. Am Eingang sieht man Reiter mit goldgeschmückten Schuhen.« Hoǧīr erklärte ihm: »Das ist Tūs, der Sohn Nūzars, denn seine Fahne trägt ein Elefantenbild.«

Darauf fragte Sohrāb: »Wem gehört das rote Zelt, um welches so viele Ritter herumstehen? Dort ist eine Fahne mit dem Bild eines Löwen auf goldenem Grund, und mitten darin befindet sich ein strahlender Edelstein. Dahinter hält sich eine ziemlich große Truppe auf: Alle tragen ihre Rüstungen und sind mit Lanzen bewaffnet.« Hoǧīr sagte ihm: »Das ist das Schmuckstück der Iraner: der Feldherr Gūdarz, Kešvāds Sohn.«

Sohrāb fragte nun: »Und wem gehört der grüne Pavillon, vor dem ein zahlreiches Heer bereitsteht? Ein kostbarer

Thron steht darin, und davor ist Kāves Banner aufgestellt. Obwohl der Recke sitzt, überragt sein Kopf alle, die vor ihm stehen, um eine Elle. Vor ihm ist ein Pferd von seiner Größe, an dem ein Fangseil bis zu den Füßen herunterhängt. Dann und wann wiehert es seinem Herrn zu. Man könnte sagen, unter seinem Sattel wogt alles. Davor stehen viele Elefanten, alle durch Panzer geschützt. Der Mann scheint vor Kraft auf seinem Sitz zu kochen. Es gibt in ganz Iran niemanden von seiner Größe, und ich habe auch noch nie ein Pferd gesehen, das diesem hier ebenbürtig wäre. Man sieht auch seine Fahne: Das Bild eines Drachen ist darauf, und auf der Spitze der Fahnenstange steht ein Löwe mit goldenem Kopf.«

Hoǧīr erklärte ihm: »Das ist ein Verbündeter aus China, der erst kürzlich beim König eingetroffen ist.« Sohrāb wollte vom edlen Hoǧīr dessen Namen wissen, aber der sagte nur: »So aus dem Gedächtnis weiß ich seinen Namen nicht. Ich war zu der Zeit, als er zum König kam, hier in der Festung.« Durch diese Antwort füllte sich Sohrābs Herz ganz mit Kummer, denn er konnte nirgendwo ein Zeichen von Rostam entdecken. Seine Mutter hatte ihm gesagt, woran er den Vater erkennen könne. Er sah all diese Zeichen, und doch glaubte er seinen Augen nicht. Er wollte aus dem Munde Hoǧīrs den Namen des Pahlavans erfahren und hoffte, dass dessen Worte sein Herz erfreuen würden. Aber ihm war ein anderes Los auf die Stirn geschrieben. Von dieser Vorbestimmung kann man nichts entfernen, und man kann auch niemals etwas hinzufügen.

Und daraufhin fragte ihn Sohrāb: »Wer sind die anderen Edlen, die ihre Zelte an der Seite aufgestellt haben? Eine Fahne mit dem Abbild eines Wolfes mit einer vergoldeten Spitze ragt aus einem der Zelte heraus. Viele Ritter stehen davor, und Trompetenschall klingt von dort herüber.« Hoǧīr sagte ihm: »Das ist Gīv, der Sohn des Gūdarz, den man den tapferen Gīv nennt. Er ist der älteste und beste von Gūdarz' Söhnen. Im Heer der Iraner trägt er zweifach eine Krone.«*

Sohrāb fragte ihn dann: »Auf der Seite, wo die strahlende Sonne aufgeht, sehe ich einen weißen Pavillon aus byzantinischem Seidenbrokat, und vor ihm sind mehr als tausend Reiter in Reihen aufgestellt, auch Fußtruppen mit Schilden und Lanzen. Sie bilden insgesamt ein sehr großes Heer. Ihr Anführer sitzt auf einem Thronsessel aus Ebenholz, der auf einem Unterbau aus Elfenbein steht. Um diesen Sitz sind Vorhänge aus Seidenbrokat gehängt, und Scharen von Dienern stehen aufgereiht drumherum. Bei den Zelten vor diesem Pavillon ist eine Fahne aufgestellt mit einem Mond als Zeichen.« Hoǧīr gab ihm zur Antwort: »Du musst wissen: Das ist Farīborz, ein Sohn des Königs und die Krone der Ritterschaft.«

Als Nächstes fragte ihn Sohrāb: »Wem gehört denn dieser gelbe Pavillon, in dessen Vorraum einige Wächter stehen? Um das Zelt herum sind Fahnen aller Art aufgezogen, in Rot und Gelb und Violett. Und da ist auch eine weiße Fahne mit dem Bilde eines Ebers an einem hohen Fahnenmast, auf dem oben ein goldener Mond glänzt.« Hoǧīr sagte zu ihm: »Der Name dieses Recken ist Gorāz, der niemals ausweicht, wenn es in den Kampf gegen Löwen geht. Er ist klug und stammt aus der Familie des Gīv. Noch nie hat er sich über Schmerzen und Schwierigkeiten beklagt.«

Sohrāb suchte die Spur seines Vaters, doch Hoǧīr verriet ihm nichts. In dieser Sache hielt er die Wahrheit verborgen. Was willst du in einer Welt verändern, die Gott selbst geschaffen hat? Der Herr der Welt hat alles schon bereitet. Das Schicksal hatte es für Sohrāb anders aufgeschrieben: So wie es führt, muss man auch gehen.

* Nämlich einmal als Sohn des Gūdarz und dann als Schwiegersohn Rostams.

Noch einmal fragte Sohrāb den stolzen Recken nach dem, den er so sehr zu sehen wünschte, nach dem grünen Pavillon und dem großen Mann, nach dem Pferd und dem in Schlingen gelegten Wurfseil. Doch der hartnäckige Hoǧīr gab ihm zur Antwort: »Warum sollte ich dir irgendetwas verbergen? Wenn ich dir den Namen des Chinesen schuldig bleiben muss, liegt es daran, dass ich ihn nicht weiß.« Sohrāb sprach zu ihm: »Das ist nicht die Wahrheit, denn du hast überhaupt noch nichts über Rostam gesagt. Ein Weltpahlavan, wie er es ist, kann nicht mitten im Heer verborgen bleiben. Du hast mir gesagt, er sei der Führer des Heeres und der Beschützer aller Grenzen und Provinzen.«

Daraufhin antwortete ihm Hoǧīr: »Vielleicht ist dieser löwenbezwingende Held jetzt nach Zāvolestān geritten, denn dort ist gerade die Zeit der Feste in den Rosengärten.« Sohrāb aber sagte zu ihm: »Rede nicht dummes Zeug! Der König hat sich dem Krieg zugewandt. Kann dann der Weltpahlavan bei Musik und Wein sitzen? Alt und Jung würden darüber lachen. Ich habe heute mit dir einen Vertrag geschlossen. Lass uns miteinander reden und nicht viele Worte machen. Wenn du mir den Pahlavan zeigst, werde ich deinen Namen über alle anderen erheben. Ich werde dir jeden Wunsch in dieser Welt erfüllen. Wenn du aber die Wahrheit vor mir verbirgst, wird dein Kopf keinen Platz mehr haben auf deinem Leib. Entscheide dich jetzt zwischen den beiden Möglichkeiten und überlege gut! Weißt du nicht, was einmal ein Mobad zum König gesagt hat, um ihm ein Geheimnis zu entdecken? ›Ein ungesagtes Wort‹ – so sprach er – ›ist wie ein Edelstein, der aus dem Gestein noch nicht herausgelöst wurde. Wenn er aber von allem, was ihn festhält und umhüllt, befreit wird, dann wird er zum strahlenden und kostbaren Juwel.‹«

Hoǧīr aber antwortete ihm darauf: »Der Fürst sollte, wenn er des Throns, des Siegels und der Krone überdrüssig ist, den Kampf mit jemandem suchen, der aus den Wolken den Sturmwind herunterholen kann. Gegen wen auch immer Rostam kämpft: Er bringt dessen Kopf, selbst wenn er den Himmel berührte, herunter in den Staub. Kein Elefant der Welt ist ihm ebenbürtig, und der Nil ist nicht so gewaltig wie der Staub, den sein Raxš aufwirbelt. In seinem Körper ist die Kraft von hundert starken Männern. Sein Haupt erhebt sich höher als ein großer Baum. Wenn die Wut ihn packt am Tage der Schlacht, was vermögen dann schreckliche Elefanten oder gar Menschen gegen ihn im Kampf? Ich wünsche niemandem, sein Gegner auf dem Kampfplatz zu sein, selbst wenn er ein Berg aus Felsgestein wäre.«

Sohrāb entgegnete ihm: »Wie unglücklich unter den Edlen Irans ist doch nur Gūdarz, Kešvāds Sohn, der einen Menschen wie dich seinen Sohn nennen muss, mit so wenig Kraft und Wissen und Tüchtigkeit, wie du sie besitzt. Wo hast du jemals wirkliche Krieger gesehen? Du hast noch nicht einmal den Lärm von Pferdehufen gehört, und doch musst du so viel über Rostam reden und löst deine Zunge nur, um ihn zu loben. Du hast so lange Angst vor dem Feuer, wie das Meer noch ruhig ist. Doch wenn das Meer erst einmal tobt, kann ihm das heißeste Feuer nicht widerstehen. Die Dunkelheit verbirgt ihr Haupt im Schlaf, wenn die Sonne ihr Schwert aus der Scheide zieht.«

In seiner Dummheit sprach da Hoǧīr zu sich: »Dieser Türke hat eine so starke Hand und eine so kräftige Statur und sitzt wie ein König auf dem Pferd. Wenn ich ihm einen Hinweis gäbe auf den löwenbezwingenden Rostam, würde er aus dem Heer eine große Zahl von Kriegern zusammenholen und sein elefantenleibiges Pferd antreiben. Und bei diesen Schultern und der Kraft und dieser Gestalt des Türken würde Rostam im Kampf mit ihm getötet werden. Wenn dann von den Iranern keiner mehr an Kampf und Rache denkt, wird er den Thron von König Kā'ūs an sich reißen. Ein Mobad hat einmal gesagt: ›Ruhmreich zu sterben ist besser, als zu leben und den Feinden damit ein Vergnügen zu bereiten.‹ Falls ich durch seine Hand getötet werde, wird sich der wasserklare Tag nicht verdunkeln, aber wenn es Gūdarz und seine siebzig Söhne – alles edle Pahlavane – nicht mehr im Iran geben sollte, muss auch ich nicht länger am Leben sein. Von einem Mobad mit reinem Herzen habe ich gelernt: Der Fasan riecht nicht an anderen Gräsern, wenn man auf der Wiese die Wurzeln der Zypressen ausgerissen hat.«*

Hoǧīr antwortete Sohrāb: »Warum diese Erregung? Du sprichst immer nur von Rostam zu mir. Du möchtest Rostam vernichten, aber du wirst ihn nicht so einfach in die Hände bekommen.«

Sohrāb begibt sich ins iranische Heerlager

Als Sohrāb diese harten Worte hörte, wandte er sein Gesicht von ihm ab und wendete ihm den Rücken zu. Schnell wie der Wind legte er seine Rüstung an und setzte sich einen byzantinischen Helm aufs Haupt. Er war so erregt, dass das Blut in seinen Adern zu kochen begann. So setzte er sich auf sein schnelles Pferd. Dann stieß er einen lauten Ruf aus und nahm die Lanze in die Hand. Wie ein brünstiger Elefant kam er auf den Kampfplatz geritten, und dort stürmte er auf die Zelte los, wo er mit seiner Lanze bald Herr der Lage war. Das tapfere und mutige Heer flüchtete wie Wildesel vor den Krallen der Löwen. Keiner der Edlen des iranischen Heeres wagte es, ihm unter die Augen zu kommen, so wie er daherkam mit den Füßen in den Steigbügeln, die Hand am Zügel, mit starken Armen und einer

* Nach Verlust des Gewohnten wendet er sich nicht Neuem zu.

scharfen Lanze. Dann traten die Edlen zusammen und sprachen: »Schaut euch das an! Das ist bestimmt Rostam, der elefantenleibige Held. Man hat nicht einmal den Mut, ihn anzuschauen. Wer wagt es schon, mit ihm den Kampf zu suchen?«

Der tapfere Sohrāb stieß dort laute Rufe aus und forderte Kā'ūs durch seinen Spott heraus. Er sagte: »O König, der du so gerne Pracht entfaltest, was hast du hier auf dem Schlachtfeld zu suchen? Wieso nennst du dich Kay Kā'ūs, der du doch im Kampf weder Kraft noch Widerstand zu bieten hast? Mit dieser Lanze werde ich deine Seele zum Weinen bringen. Ich lasse alle Sterne weinen über dich. In der Nacht, als beim Festmahl Zand getötet wurde, habe ich mir einen heiligen Eid geschworen: Ich werde im Iran keinen Lanzenträger am Leben lassen und Kay Kā'ūs lebendig an den Galgen hängen. Welchen Krieger hast du in deinem Heer, der vor mich tritt und den Zweikampf mit mir wagt?« So sprach er und kochte vor Wut, und keiner der Iraner gab ihm Antwort. Da bog er sich zurück und schlug wütend mit der Lanze um sich, wobei er achtzig Zeltpflöcke aus dem Boden riss. Ein Teil der Zelte fiel in sich zusammen.

Von allen Seiten erscholl jetzt Trompetenklang. Kā'ūs wurde nervös und rief: »O ihr Ritter aus edlem Geschlecht. Einer von euch muss zu Rostam reiten und ihm die Nachricht bringen, dass aus Angst vor diesem Türken das Hirn der Recken leer geworden ist. Ich habe nicht einen Ritter, der ihm ebenbürtig wäre, und keiner der Iraner wagt es, gegen ihn zu kämpfen.«

Tūs machte sich auf und überbrachte die Botschaft des Königs. Er berichtete Rostam alles, was er gehört hatte. Rostam antwortete ihm: »Bei allen anderen Königen, die plötzlich Wünsche an mich hatten, ging es manchmal um Kampf und manchmal um ein Festmahl. Aber bei Kā'ūs geht es immer nur um die Mühen der Schlacht!« Dann befahl er, Raxš zu satteln, und die Ritter seiner Umgebung wurden nachdenklich. Von seinem Zelt aus schaute Rostam über die Ebene. Dort sah er Gīv, der sich schon auf den Weg gemacht hatte, um dem strahlenden Raxš den Sattel aufzulegen. Gorgīn rief: »Los, beeilt euch! Macht schnell!« Rohhām band zitternd vor Aufregung seine Rüstung fest, während Tūs die Panzerung der Pferde befestigen ließ. Und währenddessen rief jeder den anderen zu: »Nur schnell!« Als Rostam in seinem Zelt diesen Lärm hörte, sprach er zu sich: »Das muss ja ein Kampf gegen Ahreman werden, denn eine solche Aufregung kann nicht durch einen Menschen hervorgerufen worden sein.«

Schnell legte er sein Pantherfell über, den Babr-e Bayān, und band sich den Gürtel für den Königsdienst um den Leib. Dann setzte er sich auf Raxš und ritt los. Seinen Besitz und seine Truppen ließ er von Zavāre bewachen, und er befahl ihm: »Geh nicht weg von hier! Hör nur auf mich und nicht auf die anderen Recken!« Die Fahne trug man an seiner Seite, und so ritt er los, kampfbereit und erregt.

Als er Sohrāb sah und dessen ganze Gestalt, die Brust so weit wie die des tapferen Sām, sagte er zu ihm: »Lass uns von hier fortreiten und uns beide allein zu einem anderen Kampfplatz begeben.« Sohrāb rieb sich die Hände und ritt aufs Schlachtfeld vor die feindlichen Truppen. Zu Rostam sprach er: »Komm mit! Wir reiten von diesen beiden Heeren weg zu einer anderen Stelle. Niemand aus dem Heer soll uns beistehen, so dass nur ich und du im Kampf sind und sonst niemand. Das Schlachtfeld hier ist für mich nicht der richtige Ort zum Kämpfen. Du selbst aber wirst nicht einem meiner Faustschläge standhalten. Zwar bist du groß an Gestalt, an Armen und Beinen, doch leidet deine Kraft unter der Zahl deiner Jahre.«

Rostam schaute diesen stolzen Ritter mit seiner großen Statur an, wie er sich in den tiefhängenden Steigbügeln bewegte, und sagte zu ihm: »Sachte, Jüngling, sachte! Das hier ist die Erde: Die ist kalt und trocken. Worte aber sollten weich und warm sein. Ich bin jetzt alt und habe viele Schlachtfelder gesehen. So manches Heer ließ ich am Boden liegen. Viele Dīve wurden durch meine Hand getötet, und wo auch immer ich war: Nie bin ich besiegt worden. Hüte dich davor, mich im Kampf zu erleben! Wenn du dabei am Leben bleiben solltest, bräuchtest du dich selbst vor Krokodilen nicht mehr zu fürchten. Meere und Berge haben mich im Kampf gesehen, und die Sterne sind meine Zeugen für das, was ich mit den ruhmreichen turanischen Rittern gemacht habe. Durch meine Tapferkeit und Kraft beherrsche ich die Welt.«

Als Sohrāb von Rostam diese Worte hörte, fühlte sein Herz sich zu ihm hingezogen. Er sprach zu ihm: »Ich muss dich etwas fragen, und in deiner Antwort muss die Wahrheit sein. Ich glaube jetzt, du bist Rostam oder jedenfalls aus dem Geschlecht des Nayram.« Doch dieser antwortete: »Ich bin nicht Rostam und auch nicht aus dem Geschlecht Nayrams. Denn er ist der Pahlavan, und ich bin Untertan und habe weder Thron noch Krone noch Macht.«

Rostam und Sohrāb kämpfen miteinander

Sohrāb fiel aus der Hoffnung in Hoffnungslosigkeit, und der lichte Tag verdunkelte sich für ihn. Er ritt zum Kampfplatz, die Lanze über der Schulter, und dachte dabei voller Unruhe an die Worte seiner Mutter. Nachdem sie einen engen Platz ausgewählt hatten, griffen sie einander mit kurzen Lanzen an, doch bald waren an ihren Waffen keine Bindungen und Spitzen mehr. Daraufhin wendeten beide ihre Pferde nach links und gingen nun mit ihren Schwertern aufeinander los, wobei sie aus dem Eisen Feuerfunken herausschlugen. Bei einem solchen Kampf zerbrachen die Waffen, denn die Schläge waren so hart, als wäre der Tag des Jüngsten Gerichts angebrochen. Nun ergriffen sie die schweren Keulen, und die Arme der stolzen Kämpfer erlahmten. Durch die Kraft der Schläge wurden die Keulen krumm. Die schnellen Pferde rasten, und die Helden waren voller Wut. Der Panzerschutz der Pferde wurde abgerissen und den Helden der Kettenpanzer auf dem Leib zerfetzt. Dann ging den Pferden der wackeren Ritter die Kraft aus, und den Kämpfern wollten Hände und Arme nicht mehr gehorchen. Ihr Leib war nass vom Schweiß und der Gaumen voller Staub. Die Zungen waren vor Trockenheit ganz aufgerissen.

Jeder trat nun vom anderen zurück, der Vater voller Kummer und der Sohn voller Qual. O Welt, wie verwunderlich geht es in dir zu! Einerseits zerstörst du, andererseits richtest du die Dinge auch auf. Bei diesen beiden Männern zeigte sich die Liebe nicht. Der Verstand hatte sich entfernt, und die Liebe verbarg ihr Gesicht. Die Tiere erkennen ihre Jungen wieder, sowohl die Fische im Wasser als auch in der Steppe die Wildesel. Der Mensch aber, in seiner quälenden Gier, kann den Feind nicht vom Sohn unterscheiden.

Rostam sagte sich: »Ich habe noch nie ein Krokodil gesehen, das so wie dieser Mann in den Kampf gezogen wäre. Dagegen war der Kampf mit dem Weißen Dīv für mich ganz unbedeutend. Doch heute verliert mein Herz vor einem Menschen alle Hoffnung. Und zwar vor einem Jüngling, der ganz unerfahren ist in der Welt und der weder ein Recke ist noch einer der Ruhmreichen unter den Fürsten. Mit mir ist es so weit gekommen, dass ich des Kampfes überdrüssig geworden bin, während zwei Heere diesem Waffengang zuschauen.«

Als die Arme der beiden Männer sich ausgeruht hatten vom Kämpfen und Streiten und den Kampfesmühen, da spannten beide die Sehne ihres Bogens, sowohl der jüngere als auch der altersgraue, doch wegen der Kettenpanzer und Waffenröcke und wegen Rostams Pantherfell, dem Babr-e Bayān, konnten die Pfeile und ihre Spitzen keinen Schaden anrichten. Das Herz eines jeden erfüllte sich wegen seines Gegners mit Besorgnis. Dann ergriffen sie einander bei den Gürtelriemen. Rostam, der am Tag der Schlacht nach dem Felsbrocken greift und ihn aus dem dunklen Gestein herausreißen kann, packte Sohrābs Gürtel in der listigen Hoffnung, ihn im Kampf aus dem Sattel heben zu können. Aber der Körper des Jünglings war überhaupt nicht zu bewegen, und die Hand Rostams blieb dabei ganz erfolglos.

Zwei Männer, die beide einen Löwen niederschlagen konnten, hatten vom Kampf genug. Sie trennten sich, verwundet und völlig erschöpft. Aber Sohrāb nahm noch einmal die schwere Keule vom Sattel und gab seinem Pferd Schenkeldruck. Er schlug hart zu und traf Rostams Schulter. Dieser wand sich vor Schmerzen, aber in seinem Stolz schluckte er den Schmerz herunter. Sohrāb lachte und sprach: »O du Ritter! Den Schlägen der Edlen bist du nicht gewachsen. Man könnte sagen, dein Pferd ist im Kampf ein Esel, und die beiden Hände seines Reiters sind wie Schilfrohr ohne Frucht. Wenn ein alter Mann – und wäre er auch ein Recke von Zypressengröße – wie ein Jüngling handelt, ist er sehr dumm.« Doch jeder war vom anderen wie betäubt. Für die beiden tapferen Helden war die Erde so eng geworden, dass sie sich voneinander abwandten und ihr Herz und ihre Seele der Sorge öffneten.

Rostam zog nun gegen die turanische Armee in den Kampf, wie ein Panther, der das Wild aufspürt, während der Recke Sohrāb sich gegen das Heer Irans wandte, indem er seinem schnellen Pferd die Zügel überließ. Wie ein Wolf über eine Herde, so fiel er über die Truppen her. Die Kleinen und die Großen, alle trieb er auseinander. Währenddessen gab Rostams Herz sich düsteren Gedanken an das hin, was nun zweifellos an Bösem auf Kā'ūs zukommen würde durch diesen edlen Türken, der so neu aufgetaucht war, Leib und Arme mit einem Kettenpanzer wohlbedeckt. Schnell ritt er zu seinem Feldlager, während er mit diesen Gedanken beschäftigt war. Mitten im Heer aber sah er Sohrāb: Der Bach, der durch das Lager floss, war rot vom Blut wie rubinfarbener Wein. Die Spitze seiner Lanze war voller Blut, und so waren auch sein Panzerkleid und seine Hände. Er war wie ein Löwe, der, trunken von der Jagd auf Wild, zurückkommt. Als Rostam ihn sah, wurde er von Sorgen erfüllt. Er stieß einen Schrei wie ein wütender Löwe aus und rief ihm zu: »O du hitziger und blutrünstiger Mann! Wer aus dem iranischen Heer hat dich denn angegriffen? Warum hast du mit deiner Hand so das Böse berührt, dass du wie ein Wolf in die Herde einfällst?« Und Sohrāb antwortete ihm: »Das Heer der Turaner ist ebenso schuldlos an diesem Kampf. Du hast dich zuerst gegen sie gerichtet, während niemand Kampf und Streit mit dir gesucht hat.« Da sprach Rostam zu ihm: »Jetzt ist der Tag dunkel geworden. Wenn das Sonnenschwert, das die Erde erleuchtet, wieder erwacht, dann entscheidet sich auf dem Schlachtfeld, wer sich am Galgen finden wird und wer auf dem Thron. Sollte das Schwert schon so vertraut sein mit der Milch, nach der du noch riechst, dann mögest du niemals sterben! Bei Sonnenaufgang kehren wir mit dem Schwert der Rache zurück. Geh nun auch du. Morgen kennen wir den Willen Gottes, des Weltenschöpfers.«

Die Kampfpause

Damit gingen sie auseinander, und das Antlitz des Himmels wurde dunkel. Das Firmament war voller Erstaunen über Sohrāb. Man könnte sagen: der Himmel habe ihn so geschaffen, dass er nie aufhören konnte, zu kämpfen und vorwärts zu streben. Er hatte erstaunliche Schenkel und einen ehernen Leib. Es war, als ob das Pferd, auf dem er saß, aus Eisen wäre. Den Leib wie gerädert unter der Rüstung und die Brust schwer wie Eisen: so kam er in dunkler Nacht zu seinem Heer zurück.

Zu Hūmān sprach er: »Als heute die Sonne aufging und sich die Welt mit Staub und Tumult anfüllte, was hat euch da dieser kühne Ritter angetan, der Arme wie ein Recke hat und sich wie ein Löwe benimmt?« Hūmān erklärte ihm: »Euer Befehl lautete, dass das Heer sich nicht von hier fortbewegen sollte. Unsere Vorbereitungen waren überhaupt noch nicht abgeschlossen, als dieser Ritter schon mit dem Töten anfing. Es erschien nämlich ein kampfesdurstiger Mann und forderte unser großes Heer heraus. Man hätte sagen können, er habe sich erst heute aus einer Trunkenheit wieder erhoben oder gerade einen Einzelkampf durchgestanden.« Sohrāb sagte daraufhin zu ihm: »Er hat über keinen der Edlen dieses Heeres Verderben gebracht. Ich hingegen habe viele von den Iranern getötet und den Boden mit Blut wie Lehm aufgeweicht. Nun wird der morgige Tag und der große Kampf auf einmal den Wolf unter den Schafen offenbaren. Lasst uns zur Nacht den Becher mit Wein füllen. Wir wollen mit Wein die Sorgen des Herzens besänftigen.«

Auch Rostam ritt zu seinem Heer, wo er sich ausführlich mit Gīv besprach. Er fragte ihn: »Wie hat sich der kriegerische Sohrāb heute im Kampf verhalten?« Gīv antwortete dem edlen Pahlavan: »Wir haben noch nie zuvor einen Helden dieser Art gesehen. Wie der Sturmwind kam er mitten ins Heer geritten und hat unter den Rittern Tūs ausgewählt, um mit ihm zu kämpfen. Dieser war schon im Sattel und hatte die Lanze in der Hand, und während Gorgīn abstieg, blieb er auf dem Pferd sitzen. Er hat Tūs mit seiner Keule sofort gegen die Brust geschlagen, so dass dem durch die Kraft des Stoßes der Helm vom Kopf fiel. Da Tūs gegen ihn nicht standhalten konnte, hat er sich zurückgezogen. Viele edle Krieger starben dabei. Unter den Recken war keiner ihm ebenbürtig: Außer Rostam könnte ihm niemand Widerstand leisten. Wir haben uns an die Gebräuche unserer Vorväter gehalten und das Heer ihm gegenüber in Reihen aufgestellt. Er ist an uns von der Mitte bis zum rechten Flügel entlanggeritten, aber keiner unserer Reiter stellte sich ihm zum Einzelkampf.«

Durch Gīvs Worte war Rostam nachdenklich geworden. Er begab sich deshalb zu König Kā'ūs, und als dieser den Pahlavan sah, ließ er ihn neben dem Thron sitzen. Rostam berichtete ihm über Sohrāb und erwähnte dessen Größe und Kraft: »Niemand in der Welt hat je ein so junges Kind mit diesem Löwenmut und einer solchen Tapferkeit gesehen, von so großer Gestalt, dass er die Sterne berührt und sich der Erdboden unter dem Gewicht seines Körpers durchbiegt. Seine Arme und Beine sind kräftig wie die Schenkel des Kamels, wenn sie nicht sogar noch stärker sind. Mit Keule und Schwert und Pfeil und Bogen, auf jede Art und Weise haben wir uns lange aneinander gemessen. Und schließlich erinnerte ich mich daran, wie viele Recken ich schon aus dem Sattel gehoben hatte. So ergriff ich die Riemen seines Gürtels und riss, so stark ich konnte, an dessen Knoten. Ich wollte ihn aus dem Sattel heben und wie die anderen vor ihm in den Staub werfen. Aber erst wenn das Gebirge durch Wind in Bewegung geriete, würde sich dieser ruhmreiche Held aus dem Sattel ziehen lassen. Wenn er morgen auf das Schlachtfeld kommt, muss ich es erst einmal mit einem Ringkampf versuchen. Ich werde kämpfen, aber ich weiß nicht, wer Sieger sein wird. Wir werden dann sehen, was Gottes Wille ist. Denn Gott allein, der auch der Schöpfer ist von Sonne und Mond, verteilt hier Sieg und Macht.«

Kā'ūs antwortete ihm: »Der große Gott bringt den Leib der Feinde in den Staub. Ich werde heute Nacht vor dem Schöpfer mein Gesicht in den Staub werfen und ihn bitten, dass er deinen Kampfeswillen neu erstehen lassen möge, um deinen Ruhm bis zur Sonne aufsteigen zu lassen.« Daraufhin sprach Rostam zu ihm: »Mögen sich für die Majestät des Königs alle Wünsche seiner Freunde erfüllen!« Und dann ritt er zu seinem Zeltlager, seine Seele gedankenschwer und der Kopf voller Kampfespläne.

Zavāre kam ihm mit kummervoller Seele entgegen und fragte ihn: »Wie verlief heute der Tag für den Pahlavan?« Als Erstes bat Rostam ihn um etwas zu essen, und dann redete er sich alle Sorgen von der Seele. Er sprach zu seinem Bruder: »Bleib wachsam im Herzen und handle nicht unüberlegt. Bei Tagesanbruch reite ich auf dem Schlachtfeld gegen diesen kampfgierigen Türken. Sei du vor meinen Zelten, wenn die strahlende Sonne aufgeht. Denn falls ich aus diesem Kampf als Sieger hervorgehe, werde ich nicht mehr lange auf dem Schlachtfeld bleiben. Hole mein Heer zusammen und bring auch die Fahne mit und die ganze Ausrüstung und meine goldverzierten Schuhe. Wenn aber meine Sache anders verläuft und ich umkomme, beklage mich nicht und trauere nicht um mich. Nicht einer von euch soll sich dann auf das Schlachtfeld begeben, und keiner soll den Weg zum Kampf suchen. Kehrt alle, Mann für Mann, nach Zāvolestān zurück. Begebt euch zu Zāl. Du musst das Herz der Mutter trösten wegen des Schicksals, das der sich drehende Himmel mir auferlegt. Sage ihr, sie solle ihr Herz nicht an diesen Kummer binden und nicht ewig über meinen Tod trauern. Niemand bleibt auf Dauer in dieser Welt, und ich habe mich über mein Schicksal wahrlich nicht zu beklagen. Viele Dīve und Löwen und Krokodile und Panther sind durch meine Hand im Kampf umgekommen. Viele Festungsmauern haben wir niedergerissen, und niemand hat mich jemals besiegt. Wer sich auf ein Pferd setzt und losreitet, klopft an die Tür des Todes. Selbst wenn du über tausend Jahre alt wirst, ist dein Weg so und auch dein Schicksal. Und wenn sie getröstet ist, sage Zāl: ›Wende dich nicht vom König der Welt ab. Stehe nicht zurück, wenn er sich zum Kriege rüstet, sondern handle so, dass man darüber nur Gutes berichtet. Wir alle, Alt und Jung, sind dem Tode verfallen, und niemand bleibt ewig auf dieser Welt.‹«

Der zweite Kampftag

Eine halbe Nacht lang sprach er von Sohrāb. Die zweite Hälfte verbrachte er in Ruhe und im Schlaf. Als dann die strahlende Sonne ihren Glanz verbreitete und die schwarzen Rabenvögel der Nacht ihre Federn abwarfen, legte Rostam sein Pantherfell um und setzte sich auf Raxš, den wilden Drachen. Er kam auf das Schlachtfeld geritten, den eisernen Helm auf dem Haupt. Alle Bitternis kommt aus der Maßlosigkeit. Möge nie die Gier über uns kommen!

Währenddessen verbrachte Sohrāb mit seinen Gefährten die Zeit damit, Wein zu trinken und den Musikanten zu lauschen. Er sprach zu Hūmān: »Dieser löwenstarke Recke, der mit mir gekämpft hat, ist nicht kleiner als ich und zeigt sich im Kampf auch nicht ängstlich. Seine Brust und Schultern und Arme sind wie meine, so dass man sagen könnte, der Schöpfer hätte ein Maßband angelegt. Wenn ich seine Füße in den Steigbügeln sehe, werde ich von Liebe ergriffen, und mein Gesicht zeigt meine Ehrfurcht vor ihm. Ich finde an ihm die Zeichen, die meine Mutter mir genannt hat, und bin auch ein wenig im Herzen berührt. Ich glaube, er ist Rostam, denn wie ihn gibt es nur wenige Krieger in der Welt. Es darf nicht sein, dass ich den Kampf mit meinem Vater suche und dass ich ihm nun töricht entgegentrete.« Hūmān aber antwortete ihm: »Mir hat Rostam im Kampf schon mehrmals gegenübergestanden, und ich habe auch gehört, was dieser Edle mit seiner schweren Keule im Krieg in Māzandarān geleistet hat. Das Pferd hier ähnelt seinem Raxš, aber seine Füße und der Abdruck der Hufe sind verschieden.«

Sohrāb legte seinen Kettenpanzer an, den Kopf schon voller Kampf, doch das Herz noch beim Feiern. Unter lauten Schlachtrufen kam er auf den Kampfplatz und schwang dabei in seiner Hand die Stierkopfkeule*. Mit einem Lächeln auf den Lippen sprach er Rostam an, als ob sie in der Nacht zusammengesessen hätten: »Wie hast du geschlafen? Wie geht es dir heute? Wie hast du dich auf den Kampf vorbereitet? Leg dein Pantherfell und das Schwert der Rache ab. Wirf Streit und Unrecht zu Boden. Komm und lass uns hier zusammensitzen und mit Wein das traurige Gesicht verjüngen. Lass uns vor Gott einen Vertrag schließen und im Herzen bereuen, dass wir je den Kampf gesucht haben. Bleib hier, bis ein anderer zum Kämpfen kommt. Hilf du mir, ein Fest zu bereiten. Mein Herz bringt dir Liebe entgegen und treibt mir Tränen der Ehrfurcht in die Augen. Zweifellos stammst du aus dem Geschlecht Narīmāns. Sage mir, was deine Herkunft ist. Bist du der Sohn des edlen Zāl, der große und edle Rostam aus Zāvol?«

Doch Rostam antwortete ihm: »O du Ruhmsuchender. Noch niemals haben wir so geredet. Gestern Abend haben wir uns auf den Kampf geeinigt. Ich falle nicht auf deine List herein. Gib dir keine Mühe dabei! Ich bin kein Kind, während du noch jung bist. Ich habe mich zum Kampfe gerüstet. So lass uns nun kämpfen, und der Ausgang des Kampfes sei so, wie Gott es befohlen und beschlossen hat. Ich habe viel erlebt an Höhen und Tiefen und bin kein

* Eine Keule, an deren schwerem Ende sich ein Stierkopf als Schlagwaffe befindet. Mehrere Helden im *Šāhnāme* benutzen eine solche Keule im Kampf.

Mann von Betrug und Täuschung und List.« Sohrāb aber sagte zu ihm: »Für einen alten Mann geziemen sich Reden dieser Art nicht. Es war mein Wunsch, dass, wenn der Zeitpunkt gekommen ist, deine Seele den Körper verlässt, während du auf deinem Lager ruhst, und dass jemand, den du in der Welt zurücklässt, dir ein Grabmal bereitet und deinen Leib im Grab einschließt, wenn die Seele davongeflogen ist. Da aber nun deine Seele in meiner Hand ist, lasst uns dem Befehl Gottes folgen.«

Sohrāb schlägt Rostam zu Boden

Sie stiegen von ihren Schlachtrössern herunter. Bedächtig kamen sie mit Panzerkleid und Helm und banden ihre kampfbereiten Pferde an einen Felsen. Dann gingen sie mit ihren staubbedeckten Köpfen aufeinander los. Wie Löwen im Kampf griffen sie an, so dass Schweiß und Blut von ihren Körpern flossen. Sohrāb gab seinem Gegner einen Faustschlag wie ein brünstiger Elefant. Er schlug ihn damit zu Boden und streckte ihn hin. Wie ein Löwe, der einen starken Wildesel mit seinen Pranken erfasst hat und diesen nun erledigen will: so setzte er sich auf Rostams Brust, Hände und Gesicht und Mund voller Staub. Er zog seinen blanken Dolch heraus und wollte Rostam den Kopf vom Leibe trennen.

Der aber sah das und rief laut: »Ich muss dir erklären, was du nicht wissen kannst: Unsere Sitten sind völlig anders, und auch unser Glaube fordert anderen Brauch. Jemand, der in der Schlacht den Zweikampf sucht und den Kopf eines Recken in den Staub bringt, schneidet ihm nicht gleich das erste Mal, nachdem er ihn zu Boden geworfen hat, den Kopf ab, selbst wenn es sich um Rache handelt. Wenn er ihn aber ein zweites Mal zu Boden bringt und sich dadurch den Ruf eines Löwen erwirbt, dann ist es ihm erlaubt, den Kopf vom Leib zu trennen. So war schon ewig unsere Sitte.«

Mit dieser List wollte er aus den Krallen des Drachen, der ihn töten wollte, freikommen. Der wackere junge Ritter gab den Worten des Alten nach und ließ sich von seiner Rede beeindrucken. Er ließ ihn frei und ritt in die Steppe hinaus, wo Gazellen an ihm vorüberliefen. Da gab er sich der Jagd hin und dachte nicht mehr an denjenigen, der sich mit ihm im Kampf gemessen hatte. Lange blieb er aus. Dann aber ritt Hūmān so schnell, wie der Staub aufsteigt, zu ihm hin. Er kam auf Sohrāb zu und fragte ihn, wie es ihm ergangen sei, und dieser erzählte Hūmān, was im Kampf geschehen war, und auch alles, was Rostam zu ihm gesagt hatte.

Der edle Hūmān sagte ihm daraufhin: »O Jüngling, du scheinst des Lebens überdrüssig geworden zu sein! Es ist ein Jammer um deine Kraft und Größe und auch um deine königliche Gestalt in den tiefhängenden Steigbügeln. Den Löwen, den du in die Falle gebracht hattest, den hast du wieder freigelassen, und alles war umsonst! Nun paß gut auf, was dir aus dieser törichten Handlung im nächsten Kampf widerfährt.« So hat er gesprochen und dabei Sohrāb aufgegeben. Dann ist dieser losgeritten und voller Unruhe geblieben über das Geschehene. Sohrāb begab sich zu seinem Feldlager, voller Zorn und im Herzen verärgert über das, was er getan hatte. Ein weiser Lehrer hat dazu gesagt: »Halte nie einen Feind für unbedeutend, wie klein er auch sein mag.«

Als Rostam aus den Händen Sohrābs frei gekommen war, wurde er zu einem Schwert aus Stahl. Er ging zu einem Bach, wie jemand, der seine Seele wiedergefunden hatte. Dort trank er Wasser und wusch sich Gesicht und Kopf und Leib. Dann aber wandte er sich Gott zu, dem Weltenschöpfer, und erflehte von ihm Sieg und Stärke. Er ahnte nichts von dem Los, das ihm durch Sonne und Mond beschieden war, und auch nichts davon, dass der Himmel ihm bald die Krone vom Haupt reißen würde. Doch als er vom Wasser zum Kampfplatz zurückkam, war sein Herz gedankenschwer und sein Antlitz bleich.

Sohrāb kam wie ein brünstiger Elefant herangeritten, wobei er das Fangseil über dem Arm und den Bogen in der Hand trug. Er schrie wie ein Wildesel, und sein Pferd bäumte sich und riss den Erdboden auf. Rostam war sorgenvoll und blieb voller Erstaunen über Sohrāb und überlegte, wie er am besten mit ihm kämpfen sollte. Als Sohrāb zurückkam, sah er Rostam, und der Sturmwind der Jugend riss sein Herz mit. Er sprach zu ihm: »Sei du gegrüßt, der du den Pranken des Löwen entkommen bist und dich den Schlägen des mutigen Löwen entzogen hast.«

Sohrāb wird von Rostam tödlich verwundet

Sie banden wieder ihre Pferde fest an, und das Unheil nahm seinen Lauf. Sie machten sich daran, den Zweikampf wieder aufzunehmen, und ergriffen einander bei den Riemen des Gürtels. Immer dann, wenn Zorn Unglück herbeiführt, wird harter Fels weich wie Wachs.* Man könnte sagen, der hohe Himmel selbst hätte Sohrāb die Kraft seiner Hände gebunden. Der Held wurde sorgenvoll, und Rostam streckte eine Hand nach ihm aus und ergriff Brust und Arme dieses mutigen Panthers. Er bog den Rücken des tapferen jungen Ritters herum. Nun kam sein Ende, denn ihm blieb keine Kraft. Wie ein Löwe warf Rostam ihn zu Boden. Er wusste, dass er nicht lange die Oberhand behalten würde.

* D. h.: Dann können die unmöglichsten Dinge geschehen.

Schnell zog er einen scharfen Dolch aus der Scheide und stieß ihn dem Löwen mit dem starken Herzen in die Brust.

Sohrāb wand sich, stieß einen Seufzer aus und dachte nicht mehr an Gut und Böse. Zu Rostam sprach er: »Dieses ist nun durch eigene Schuld über mich gekommen. Ich habe den Schlüssel zu meinem Leben in deine Hand gelegt. Du hast keine Schuld daran, denn der Himmel hat mich groß gemacht und auch schnell wieder vernichtet. Während die Gleichaltrigen noch auf der Straße spielten, reichte mein Kopf schon bis zu den Wolken. Meine Mutter hatte mir gesagt, woran ich den Vater erkennen könnte. Aus Liebe zu ihm ist mein Leben zu Ende gegangen. Ich habe ihn gesucht, um sein Gesicht zu sehen. Mein Leben gab ich hin, um ihn zu finden. Jetzt aber, selbst wenn du ein Fisch im Wasser wärest oder wie die Nacht in Dunkelheit verschwändest oder wie ein Stern am Himmel stündest, ja selbst, wenn du mit der Erde völlig brechen solltest: Mein Vater wird doch Rache von dir fordern, wenn er erfährt, dass der Erdenstaub mein Ruhelager ist. Von diesen stolzen Edlen hier wird einer Rostam Nachricht bringen, dass Sohrāb getötet wurde und elend am Boden liegt, und wird ihm sagen: ›Das ist geschehen, als er auf der Suche war nach dir!‹«

Als Rostam dieses hörte, wurde ihm wirr im Kopf, und die Welt verdunkelte sich vor seinen Augen. Nachdem er wieder zu Sinnen gekommen war, redete er Sohrāb an und fragte ihn unter Weinen und Wehklagen: »Welche Kennzeichen hast du denn von Rostam? O wenn doch nur sein Name ausgelöscht würde unter denen der stolzen Recken!« Sohrāb antwortete ihm: »Wenn du hier Rostam bist, dann hast du mich sehr töricht wegen deines schlechten Charakters umgebracht. Auf jede Weise habe ich versucht, deine Worte zur Wahrheit zu lenken, aber nicht ein einziges Mal hat sich deine Liebe gezeigt. Nun öffne die Bindungen meiner Rüstung und schau dir meinen nackten hellen Körper an. Als der Klang der Kriegspauken vor meinem Tor erschallte, kam meine Mutter und hatte die Wangen voller Tränen. Ihre Seele war wund, weil ich fortziehen musste. Sie legte mir ein Goldgeschmeide um den Arm und sprach zu mir: ›Dieses ist ein Erinnerungsstück von deinem Vater. Behalte es und denk daran, wenn es gilt, es als Zeichen zu benutzen.‹ Nun, da es nützen soll, ist es nutzlos geworden, denn vor den Augen des Vaters geht der Sohn seinem Ende entgegen.«

Rostam öffnete den Kettenpanzer und sah das Geschmeide. Da zerriss er seine fürstlichen Gewänder und rief: »O du, von meiner Hand getötet, so mutig und von allen gepriesen!« Er vergoß blutige Tränen und riss sich vor Kummer Haare aus. Dann streute er sich Staub aufs Haupt, und sein Gesicht war voller Tränen. Sohrāb sprach zu ihm: »Was du jetzt tust, ist noch schlimmer, denn es hat keinen Sinn, so die Tränen zu vergießen. Was bringt es nur, dich selber zu verletzen? Es ist nun einmal geschehen, und was geschehen ist, sollte so sein.«

Als die strahlende Sonne das Himmelsgewölbe verlassen hatte und Rostam noch nicht aus der Steppe zum Heer zurückgekommen war, machten sich zwanzig vernünftige Krieger auf, um zu erfahren, was auf dem Kampfplatz geschehen sei. Sie sahen dort zwei Pferde stehen, voller Staub, aber Rostam war nicht da. Als nun die Helden den edlen Rostam nicht im Sattel auf dem Kampfplatz fanden, dachten alle, er sei getötet worden. Darum ritten die Edlen wieder zurück und kamen eilig zu Kā'ūs mit der Nachricht, dass der Thron der Majestät Rostam verloren hätte. Überall im Heer erhob sich großes Klagegeschrei, und allenthalben entstand Unruhe. Kā'ūs ließ Pauken und Hörner erschallen, und der Heerführer Tūs kam zu ihm. Und dann sprach der König zu den Großen des Heeres: »Ein Reiter auf einem Dromedar soll von hier zum Kampfplatz eilen, damit wir wissen, wie die Sache mit Sohrāb ausgegangen ist. Denn man müsste über das Land Iran weinen, wenn Rostam, der kampfsuchende Held, getötet wäre. Wer unter den Iranern würde es schon wagen, sich Sohrāb zu stellen? Wir müssen jetzt in einer Gruppe gemeinsam kämpfen, und dann dürfen wir nicht länger auf diesem Schlachtfeld bleiben.«

Während sich aus dem ganzen Heer ein Tumult erhob, sagte Sohrāb zu Rostam: »Jetzt, da meine Tage vorüber sind, hat sich die Lage für alle Türken verändert. Zeige mir nun dadurch deine Liebe, dass der König sein Heer nicht in den Kampf gegen die Türken führt, denn nur meinetwegen haben sie sich kriegsdurstig gegen die Grenzen Irans gewandt. Lange habe ich ihre Erwartung gefördert und ihnen viel Hoffnung auf alles Mögliche gemacht. Es darf nicht sein, dass sie nun noch auf dem Rückzug in Bedrängnis geraten. Wirf bitte nur wohlwollende Blicke auf sie.«

Schnell wie sich Staub erhebt, setzte sich Rostam auf Raxš, die Wangen voller Tränen und die Lippen voller Seufzer. Schreiend kam er zum Heerlager geritten. Durch seine Tat war ihm sein Herz voller Schmerzen und Entsetzen. Als die Iraner ihn sahen, warfen sich alle zu Boden, um Gott zu preisen, dass Rostam lebend vom Kampf zurückgekommen war. Als sie ihn dann so sahen: sein Haupt voller Staub, seine Kleidung zerrissen und das Herz wund, da fragten sie ihn: »Was ist geschehen? Was hat dein Herz so betroffen gemacht?« Und er erzählte ihnen das Furchtbare, das er getan hatte: dass er getötet hatte, was ihm am liebsten war. Alle stimmten nun in sein Wehklagen mit ein, denn niemand im Heer blieb davon unberührt. Er sprach zu seinen Edlen: »Ich habe heute weder Herz noch Verstand noch Körper mehr. Keiner von euch soll jetzt den Kampf mit den Turanern suchen, denn ich habe heute genügend Böses angerichtet.«

Zavāre kam zu Rostam. Er hatte vor Kummer sich alle Kleidung auf dem Leib zerrissen. Durch ihn schickte Rostam eine Botschaft an Hūmān, in der es hieß: ›Das Schwert der Rache bleibt in der Scheide. Du bist nun der Führer deiner Truppen. Du musst für ihre Sicherheit sorgen und darfst dir dabei keine Ruhe gönnen.‹ Zu Zavāre sprach er: »Begleite Hūmān und sein Heer zurück bis zum Ufer des Flusses* und treibe dabei keinen von ihnen zur Eile an.«

Als der Pahlavan das Lager verlassen hatte, kam Rostam mit wunder Seele zu seinem Sohn. Seine Edlen, wie Tūs und Gūdarz und auch Gostaham, begleiteten ihn dabei. Alle im Heer erhoben für diesen edlen Mann ihre Stimme und baten Gott, er möge ein Heilmittel für diesen Schmerz finden und ihm das Furchtbare erleichtern.

Rostam ergriff einen Dolch, um sich den Kopf von seinem elenden Leib zu schneiden, doch seine Getreuen hielten ihn mit Gewalt davon ab, und allen flossen die Tränen über ihre Wangen. Gūdarz sprach zu ihm: »Was nützt es jetzt, wenn du die Welt in Rauch aufgehen lässt? Selbst wenn du dir hundertmal Schaden zufügst, welche Erleichterung sollte das diesem edlen Helden bringen? Wenn ihm auf dieser Welt noch eine Zeit zu leben vergönnt ist, dann kannst du seinetwegen ohne Kummer sein. Doch wenn der Jüngling die Welt verlassen muss, dann bedenke: Was ist schon ewig auf der Welt? Wir sind alle nur Jagdwild für den Tod, sowohl derjenige, der eine Krone trägt, als auch der, den nur ein Helm ziert.«

* Gemeint ist der Ǧayhūn, der im klassischen Altertum Oxus hieß und Grenzfluss zwischen Iran und Turan war (heute: Amu-Darja).

Rostam bittet Kā'ūs um einen Heiltrunk

Darauf sagte der edle Rostam zu Gūdarz: »Reite schnell und mit klarem Verstand und bring eine Botschaft von mir zu Kā'ūs. Berichte ihm, was mir geschehen ist: ›Ich habe mit einem Dolch meinem Sohn den Leib aufgeschnitten! Möge Rostam nicht mehr lange am Leben bleiben! Wenn du dich irgendwie an das erinnern kannst, was ich für dich getan habe, zeige ein einziges Mal Mitgefühl mit meinem Kummer. Von jenem Heiltrunk, der in deiner Schatzkammer ist und Verwundete heilen kann: von dem schicke mir jetzt bitte schnell etwas in einem Becher Wein. Vielleicht wird er dann durch dein Entgegenkommen geheilt und wird dann auch wie ich ein Untertan vor deinem Thron.‹«

Der Heerführer Gūdarz ritt in Windeseile und überbrachte Kā'ūs unverzüglich Rostams Botschaft. Ihm aber antwortete Kā'ūs: »Wem gebührt mehr Ehre unter allen Edlen als Rostam? Aber würde nicht der Sohn den Vater noch stärker machen? Er würde mir ganz sicher den Untergang bringen. Da dann also eines Tages Böses über mich kommen würde, können wir ihm jetzt auch nur Böses als Lohn geben. Bei dieser Ausstrahlung und Würde und dieser großen Kraft – wer findet schon neben ihm Platz auf dieser weiten Welt? Wie würde er dann vor meinem Thron stehen? Und wie würde er dann noch unter meiner Adler-Standarte in den Kampf ziehen? Hast du gehört, wie er gesagt hat: ›Wer ist schon Kā'ūs? Und wenn er der König ist, wer ist dann erst Tūs?‹«

Als Gūdarz dieses vernommen hatte, ritt er schnell zurück. Mit Windeseile kam er zu Rostam und berichtete ihm: »Der schlechte Charakter des Königs ist wie ein Baum, der immer nur Kriege hervorbringen kann. Du musst selbst zu ihm reiten und versuchen, seine dunkle Seele zum Leuchten zu bringen.«

Da befahl Rostam seinen Dienern, eine mit Goldfäden durchwirkte Decke am Flussufer auszubreiten: Er legte den Jüngling auf dieses goldverzierte Tuch und begab sich zum König. Der elefantenleibige Held machte sich auf den Weg, aber jemand kam schnell hinter ihm hergeritten und brachte ihm die Nachricht: »Sohrāb hat diese weite Welt verlassen. Er braucht von dir jetzt keinen Palast mehr, sondern einen Sarg. Er hat noch nach seinem Vater gefragt, dann einen tiefen Seufzer getan und auch einen Klageruf ausgestoßen. Darauf hat er die Augen geschlossen.«

Rostam klagt um seinen Sohn

Schnell wie der Wind stieg Rostam vom Pferd, und statt sich den Kopf mit einem Helm zu bedecken, streute er sich Staub auf sein Haupt. Er sprach: »Weh mir, o du Jüngling, der du so tapfer und hervorragend warst, ein echter Spross aus dem Geschlecht der Pahlavane! Weder Sonne noch Mond und auch kein Helm und keine Rüstung, ja selbst der Thron nicht und die Krone werden jemals einen Mann wie dich wiedersehen. Wem ist je zuvor das geschehen, was mir widerfahren ist? Als alter Mann habe ich einen Jüngling getötet, einen Enkel des tapferen Königs Sām. Auch von der Mutter her kam er aus edlem Geschlecht. Man müsste mir beide Hände abschlagen. Nur noch im dunklen Staub zu sitzen steht mir zu. Was wird seine Mutter sagen, wenn sie es erfährt? Wie soll ich nur jemanden zu ihr schicken? Was soll ich sagen, warum ich den so Schuldlosen erschlagen habe? Warum ich ihr den Tag verdüstert habe? Und mein Vater, dieser so teure Pahlavan, was wird er mir nur sagen wegen meines ach so jungen Sohnes? Man wird Sāms Geschlecht verfluchen und mich einen alten Mann nennen, der sich von Gott abgewandt hat. Doch wer hätte denn schon geahnt, dass dieser edle Knabe in so kurzer Zeit zu einer großen Zypresse heranwachsen würde? Dass er seinen Sinn auf den Kampf lenken und ein großes Heer zusammenstellen könnte? Für mich ist nun der helle Tag dunkel geworden.«

Dann ordnete er an, über den Körper des Jünglings eine Decke aus königlichem Seidenbrokat auszubreiten. Sohrāb hatte für sich Thron und Königswürde erhofft, doch ein enger Sarg war nun sein Los. Man trug seinen Sarg aus der Steppe herbei, und Rostam wandte sich zu seinem Zeltlager. An den Pavillon wurde Feuer gelegt, und sein ganzes Heer streute sich Staub aufs Haupt. Auch die anderen Zelte aus farbigem Seidenbrokat, auch sein Thron und der kostbare, mit Pantherfell bezogene Sattel: alles wurde ins Feuer geworfen, und ein großer Lärm des Jammers erhob sich. Rostam klagte: »Ach, du armer junger Fürst!« Er weinte blutige Tränen und warf sich zu Boden. Er zerriss sein königliches Gewand. Alle Pahlavane des Königs Kāʼūs setzten sich neben ihn an den Rand des Weges in den Staub. Die Zungen der Großen des Landes waren voller tröstender Worte, aber Rostam war vor Kummer nicht ansprechbar.

So verhält sich der hohe Himmel: In einer Hand hält er eine Krone und in der anderen ein Fangseil. Wenn jemand glücklich mit der Krone auf dem Thron sitzt, reißt er ihn mit den Schlingen seines Fangseils herab in den Staub. Warum soll man sich mit Liebe an die Welt binden, da man ja doch mit seinen Weggefährten wieder fortgehen muss? Wenn man auch sein Streben lange Zeit an irdische Schätze wendet, so muss man doch am Ende wieder in den Staub. Wenn der Himmel Kenntnis hätte von dem, was hier geschieht, dann hätte er kein Gehirn. Aber der Himmel weiß nichts davon, und du wirst dessen Geheimnisse nie ergründen. Nun gilt es, diesen Tod zu beweinen, doch ich weiß nicht, was auf uns selber wartet.

Kay Kā'ūs sprach zu Rostam: »Vom Berg Alborz bis hin zum Blatt des Schilfrohrs muss sich alles nach dem sich drehenden Himmel richten. Doch deshalb darf man nicht seine Liebe zu Boden werfen und verzweifeln. Der eine bereitet sich eher darauf vor und der andere später, doch am Ende müssen alle in den Tod gehen. Gib deinem Herzen Trost über diesen Tod und höre auf das, was kluge Leute sagen. Selbst dann, wenn du den Himmel auf die Erde herunterholen oder fliegen oder Feuer aus Wasser schlagen könntest: du würdest doch diesen Toten nicht wieder zurückbringen, denn seine Seele wird auf ewig in einer anderen Welt sein. Ich habe seine Brust und seine Arme von Ferne gesehen und auch seine große Gestalt und seine Keule. Das Schicksal hat ihn mit seinem Heer angetrieben, um hier aus deiner Hand sein Ende zu finden. Was willst du tun? Welches Heilmittel gibt es schon dagegen? Wie lange willst du noch in dieser Weise weinen?«

Rostam antwortete ihm mit den Worten: »Er ist nun tot, aber Hūmān ist hier noch auf dieser weiten Steppe, und bei ihm sind die Heerführer aus Turan und auch einige aus China. Hege nun keine Rachegefühle mehr gegen sie in deinem Herzen. Zavāre soll mit Gottes Hilfe und auf deinen Befehl ihr Heer auf seinem Weg zur Grenze geleiten.« Und der König entgegnete: »O du tapferer Held! Über dich ist genügend Kummer gekommen. Wenn sie mir auch so manches Böse angetan haben und sogar aus dem Iran den Rauch des Krieges haben aufsteigen lassen, so ist doch mein Herz wegen deines Schmerzes selbst schmerzerfüllt, und ich werde keinen Gedanken mehr auf sie verschwenden.«

Rostams Rückkehr nach Zāvolestān

Der König führte sein Heer von dort zurück. Er zog in seine Hauptstadt, doch Rostam blieb, bis Zavāre zurückkam und ihm Nachricht vom feindlichen Heer brachte. Und dann wandte er sich nach Zāvolestān. Als die Nachricht von seinem Kommen zu Zāl gelangte, kam ganz Sīstān Rostam entgegen. Sie kamen voller Kummer und großem Schmerz. Zāl, Sāms Sohn, erblickte den Sarg und stieg von seinem Pferd mit dem goldenen Zaumzeug. Rostam ging ihm zu Fuß entgegen, die Kleidung auf dem Leib zerrissen und im Herzen wund. Alle Recken lösten ihre Gürtel, und alle gingen am Sarg vorüber, das Haupt mit Staub bedeckt.

Als Rostam zu seinem Palast gekommen war, stieß er laute Klagerufe aus und ließ den Sarg vor sich absetzen. Er zog die Nägel heraus und öffnete den Deckel. Vor seinem Vater hob er dann das Leichentuch von Sohrāb ab und zeigte den Edlen dessen Leib. Es war, als ob aus dem Palast der Rauch aufstieg.* Die Großen dieser Erde zerrissen ihre Gewänder, und der Staub auf ihren Häuptern stieg bis zu den Wolken empor. Der ganze Palast war zu einem einzigen Sarg geworden, nun, da der mutige Löwe tot in seinem Kasten ruhte. Wie er so dalag mit seinen kräftigen Armen und Schultern, hätte man sagen können, er wäre Sām, vom Kampf ermüdet und eingeschlafen. Rostam bedeckte ihn wieder mit Goldbrokat und schloss den Deckel des engen Sarges. Er sagte: »Wenn ich ihm ein goldenes Grabmal errichte und um ihn herum alles mit schwarzem Moschus ausfülle, dann wird davon nach meinem Tode nichts bleiben, und doch will ich es nun so tun.« Er baute ihm ein

* Als Zeichen der Trauer.

Grabmal wie der Huf eines Pferdes,* und die Augen der Welt wurden durch die Kummertränen blind.

Bahrām aber, der sehr klug und beredt war, sagte: »Binde dich nicht an die Toten. Du wirst hier nicht lange bleiben. Sei dafür bereit und zögere dann nicht lange. Dein Vater hat dir einst eine Stelle im Leben gegeben, und da ist es nur passend, dass eines Tages dein Sohn dein Vertreter wird. So ist das nun einmal, und das Geheimnis, warum es so ist, wird niemals zu lösen sein. Du findest es nicht heraus. Willst du töricht nach dem Schlüssel suchen?«

Dieses ist eine Geschichte voller Tränen. Empfindsame Menschen geraten durch sie gegen Rostam in Zorn.

* Wörtlich: »aus Pferdehufen«; eine unsichere Textstelle. Wahrscheinlich handelt es sich um ein Grab mit Pferden und Pferdehufen als Grabbeigaben, so wie es von den Skythen bekannt ist.

Siyāvoš

Geburt und Erziehung

Kay Kā'ūs hat in seinen Frauengemächern ein wunderschönes Mädchen. Sie ist aus edlem Geschlecht, denn der berühmte persische König Ferīdūn gehört zu ihren Vorfahren. Sie schenkt ihm eines Tages einen Sohn, der den Namen Siyāvoš erhält. Ein dunkler Stern steht von Anfang an über seinem Leben: Die königlichen Astrologen prophezeien ihm ein trauriges Los.

Als nun einige Zeit vergangen war, kam Rostam zum König und sprach zu ihm: »Es wäre gut, wenn ich diesen löwengleichen Knaben unter meine Fittiche nähme. Da deine Aufseher nicht so tüchtig sind, gibt es auf der Welt keinen besseren Erzieher für ihn als mich.« Der König dachte darüber lange nach, aber es fiel ihm in seinem Herzen die Entscheidung nicht schwer. Er übergab Rostam dieses geliebte Kind, das ihm so teuer war wie sein Herz und seine Augen und das ein tapferer Recke werden sollte.

Rostam nahm ihn mit sich nach Zāvolestān und ließ ihm im Rosengarten einen Palast errichten. Er unterwies ihn in der Ritterkunst und lehrte ihn den Gebrauch von Pfeil und Bogen und Wurfseil und Zügel und Steigbügel und allem, was dazugehört. Er lehrte ihn alles über Festmahle und Weinschenken und auch über Jagdfalken und Jagdhunde. In allem, was er über Recht und Unrecht und über Thron und Krone wissen musste, unterrichtete er ihn ebenfalls. Auch Redekunst, Kampf und Heeresführung lehrte er ihn. In allen Fähigkeiten bildete er ihn aus, wobei er sich viel Mühe gab, und diese Mühe trug Früchte. Siyāvoš entwickelte sich so, dass es unter den Großen der Welt niemanden gab wie ihn.

So verging etliche Zeit, und der stolze Jüngling wuchs heran und konnte schon das Fangseil nach dem Nacken des Löwen werfen. Da sprach er zu Rostam: »Ich möchte zu meinem König. Du hast dir viel Mühe gegeben und meinetwegen deinen Leib ermüdet, und du hast mich alles gelehrt, was ein König können muss. Jetzt soll mein Vater sehen, wie tüchtig ich durch die Unterweisung Rostams geworden bin.«

Rostam, der Recke mit dem Löwenherzen, bereitete daraufhin alles für ihn vor. Er schickte deshalb Boten in alle Himmelsrichtungen, und man brachte aus allen Gegenden der Welt an Pferden und Dienern und Silber und Gold, an Juwelen und Kronen und Thronen und Gürteln, an Stoffen und auch an Teppichen herbei, was er an Geschenken mitbringen wollte. Alles, was nicht in Rostams Schatzkammer zu finden war, wurde ihm geschickt und eilig herangeschafft. Nachdem er Siyāvoš in dieser Weise ausgerüstet hatte, brachte er ihn auf den Weg, und das ganze Heer richtete sein Auge auf ihn. Rostam ritt zusammen mit ihm, so dass der König keinen Grund zur Unzufriedenheit haben konnte.

Kā'ūs bereitet Siyāvoš einen prachtvollen Empfang am Königshof, und Rostam erhält bei den Feierlichkeiten einen Ehrenplatz auf einem mit Türkisen besetzten Thron. Nach etlichen Jahren, während derer Siyāvoš zu einem jungen Mann heranwächst, verliebt sich Sūdābe, die Gattin des Königs, in den jungen Prinzen. Da er ihre Liebe abweist, beschuldigt sie ihn schließlich vor Kā'ūs, sich ihr unsittlich genähert zu haben, und er wird gezwungen, in einer Feuerprobe seine Unschuld zu beweisen. Als ihre Bosheit offenkundig ist, soll Sūdābe zur Strafe für ihre Verleumdung hingerichtet werden, doch auf Bitten Siyāvoš' verzeiht ihr Kā'ūs. Sie intrigiert aber weiter gegen ihren Stiefsohn und schürt Misstrauen und Abneigung beim König gegen ihn.

Als nun die Turaner unter Afrāsiyāb wiederum Iran angreifen, bietet sich Siyāvoš selbst an, den Befehl über das iranische Heer zu übernehmen, um auf diese Weise den Intrigen Sūdābes fernbleiben zu können.

Krieg gegen Afrāsiyāb

Kā'ūs bittet Rostam, seinen Sohn zu begleiten und ihn in Turan zu beschützen, was Rostam auch verspricht. Nach einem Aufenthalt in Rostams Palast in Zāvolestān ziehen beide mit dem Heer in den Krieg, in welchem die Turaner eine furchtbare Niederlage erleiden.

Nach einem bösen Traum, der ihm großes Unheil verkündet, beschließt Afrāsiyāb, Siyāvoš um Frieden zu bitten. Er schickt deshalb Garsīvaz mit vielen kostbaren Geschenken zu Siyāvoš und Rostam. Die beiden iranischen Heerführer aber misstrauen dem ehrlich gemeinten Friedensangebot. Sie sind deshalb nur unter der Bedingung zum Frieden bereit, dass Afrāsiyāb ihnen einhundert bedeutende Männer seiner Familie als Geiseln schickt. Der turanische König nimmt diese und andere Bedingungen an, und der Vertrag wird geschlossen. Um vor dem launischen und unberechenbaren Kay Kā'ūs diesen Friedensvertrag zu rechtfertigen, reitet Rostam mit einem Brief von Siyāvoš persönlich zum persischen König.

Streit zwischen Kā'ūs und Rostam

Als nun der Löwe Rostam so schnell, wie der Staub aufsteigt, zum persischen König kam, trat er vor ihn, die Arme vor der Brust gekreuzt.* Der König erhob sich von seinem

* Zum Zeichen seiner Ergebenheit.

Thron. Er erkundigte sich nach Rostams Befinden und umarmte ihn. Auch nach seinem Sohn fragte er und nach allem, was geschehen war: nach den Helden und dem Kampf und wie es um das Heer bestellt sei. Dann wollte er wissen, warum Rostam zurückgekehrt sei. Rostam sprach zuerst von Siyāvoš. Er lobte ihn sehr und übergab den Brief. Als der Hofsekretär diesen Brief vorgelesen hatte, wurden die Wangen des Königs der Welt vor Zorn schwarz wie Pech.

Und dann sprach er folgendermaßen zu Rostam: »Es ist mir klar, dass er noch jung ist und dass er das Böse noch nicht kennen gelernt hat. Aber einen Mann wie dich gibt es in der Welt nicht ein zweites Mal: Im Kampf leihen sich die Löwen Mut bei dir. Weißt du denn nicht von all den Übeltaten Afrāsiyābs? Durch ihn haben wir Appetit und Ruhe und Schlaf verloren. Ich hätte selber gehen müssen, aber ich habe mich davon abhalten lassen. Mein Kopf war angefüllt mit den Gedanken an Kampf gegen ihn. Aber ich bin nicht gegangen, da man mir sagte: Bleib hier und lass stattdessen den jungen Feldherrn sich rüsten. Doch wenn die Strafe Gottes kommen wird, dann wird Böses der Lohn für Böses sein. Ihr habt euch mit solchen elenden Kostbarkeiten bestechen lassen. Mit dem, was er unschuldigen Menschen fortnahm, hat er euren Blick vom rechten Wege abgelenkt. Und was die hundert armseligen Türken angeht, deren Abstammung ungewiss ist und von denen man nicht einmal die Namen der Väter kennt: Wie sollte er jetzt auch nur einen Gedanken an diese Geiseln verschwenden? Sie sind vor seinen Augen wie Wasser im Bach.

Wenngleich ihr auch eure Sache ohne Verstand ausgeführt habt, so bin ich doch nicht des Krieges und der Schlachten überdrüssig. Ich werde Siyāvoš jetzt einen klugen und gewitzten Mann schicken und meinem Sohn den Auftrag geben: ›Entfache ein großes Feuer und binde die

Füße der Türken mit schweren Fesseln. Wirf alle Geschenke, die du bekommen hast, in die Flammen und achte darauf, nicht eines von ihnen anzufassen. Dann schicke mir die Gefangenen, denn ich will ihnen den Kopf vom Leib trennen lassen.‹ Du aber sollst nur den Kampf im Sinne haben und mit deinem Heer ohne zu zögern gegen den Hof Afrāsiyābs ziehen. Öffne das Schlachtfeld, damit alle wie Wölfe, die über eine Herde herfallen, in deine Falle kommen. Wenn du es übernimmst, sie das Böse zu lehren, wird dein Heer plündern und brennen. Dann kommt Afrāsiyāb, um mit dir zu kämpfen, denn Ruhe und Schlaf werden ihn verlassen.«

Rostam antwortete ihm: »O König, bekümmere dein Herz nicht wegen dieser Angelegenheit. Höre dir erst einmal an, was ich dazu zu sagen habe, und dann magst du der Welt deine Befehle erteilen. Du hast gesagt, dass wir im Krieg gegen Afrāsiyāb mit unserem kampfbereiten Heer auf dieser Seite des Flusses bleiben sollten, bis er angreift, was er eilends und ohne zu zögern tun würde. Und da waren wir auch und warteten darauf, dass er die Schlacht wirklich suchen würde. Aber er hat als Erster die Tür des Friedens geöffnet. Gegen jemanden, der Frieden und Festmahle und Feiern sucht, kann man nicht gut in den Kampf ziehen. Und im Übrigen würde der Vertragsbruch eines Königs von seinen Freunden nicht geschätzt werden.

Als Siyāvoš im Kampf siegreich war, ist er wie ein mutiger Panther losgezogen. Was willst du mehr als Krone, Thron und Siegel und zudem Ruhe und den Staatsschatz des Landes Iran? Du hast alles gefunden. Suche nun nicht töricht den Krieg. Wasche dir dein strahlendes Herz nicht mit dunklem Wasser. Wenn Afrāsiyāb insgeheim für das gegebene Wort einen Vertragsbruch plant, dann sind wir keinesfalls zu müde, um nicht den Kampf zu suchen, denn unsere Schwerter und Löwenkrallen sind bereit. Verlange nicht von deinem Sohn, den Vertrag zu brechen, denn ein gekrönter König darf nicht lügen. Warum soll es nicht offen gesagt werden: Siyāvoš wird niemals einen Vertrag brechen. Und was sich der König in dieser Angelegenheit überlegt hat, würde den edlen Prinzen wütend machen.«

Als Kā'ūs das hörte, füllte sich sein Kopf mit Zorn. Er erregte sich sehr wegen dieser Sache und riss die Augen weit auf. Dann sprach der König der Welt zu Rostam: »Hier wird alles offengelegt. Du bist es, der Siyāvoš diese Gedanken in den Kopf gesetzt hat. Du hast aus seinem Herzen die Wurzeln der Rache herausgerissen. Dabei hast du selber Ruhe gesucht und nicht den Ruhm von Krone und Thron. Bleib du nun hier, bis der Feldherr Tūs alles in die Hand nimmt und auf die Elefanten die Kriegspauken binden lässt. Ich schicke jetzt einen Boten mit einem Brief und mit bitteren Worten auf schnellem Dromedar nach Balx. Wenn Siyāvoš sich von meinem Befehl abwendet und sich nicht nach meinen Anordnungen richtet, dann wird er dem Feldherrn Tūs das Heer übergeben, der ihn und seine Edlen zurückschicken wird. Ich werde Siyāvoš schon alles, was nötig ist, zu verstehen geben, wenn ihm so nach Streit zumute ist.«

Rostam wurde sorgenvoll und sagte mit lauter Stimme: »Der Himmel kann mein Haupt nicht verbergen.* Wenn Tūs ein besserer Kriegsheld sein soll als Rostam, dann soll es Rostam auf der Erde nicht mehr geben!« Das sagte er und verließ den König voller Wut und Zorn und mit gerötetem Gesicht.

Rostam reitet nach Sīstān zurück. Siyāvoš aber erkennt schließlich, dass sein Vater unter dem bösen Einfluss seiner Stiefmutter Sūdābe ihm keinen würdigen Platz im Iran einräumen wird, und beschließt nach langen Überlegungen,

* Rostam ist so groß und mächtig, dass sein Haupt bis über den Himmel emporragt.

sein Heimatland zu verlassen. Er folgt der Einladung König Afrāsiyābs, zu ihm an den Hof nach Turan zu kommen, wo er ehrenvoll empfangen wird. Er heiratet Ǧarīre, eine Tochter des turanischen Edlen Pīrān, und später die älteste Tochter des Königs, Farangīs. Zudem wird er mit einer großen Provinz belehnt. Ǧarīre schenkt ihm einen Sohn, Forūd.

Der Tod des Siyāvoš

Siyāvoš' hohes Ansehen beim König erregt den Neid von Garsīvaz, dem Bruder des Königs. Garsīvaz lässt ihn schließlich durch Gorūy ›wie ein Schaf‹ töten: Dieser schneidet dem gefesselten persischen Prinzen den Kopf ab und sammelt sein Blut in einer goldenen Schale, um es an vorher bestimmter Stelle zu verschütten. Bei seinem Tode ist Farangīs schwanger. Ihr Sohn ist Kay Xosrau, der zukünftige König Irans. Mutter und Sohn erhalten nach langem Leiden und großer Not von Afrāsiyāb die Erlaubnis, unter den Augen eines Aufsehers in Siyāvošgard, einer von Siyāvoš gegründeten Stadt, zu leben. Kā'ūs erfährt von der grausamen Ermordung seines Sohnes. Großes Entsetzen und tiefe Trauer breiten sich am persischen Hofe aus.

Auch zum Feldherrn Rostam, der sich im Nīmrūz aufhielt und dessen Taten die Welt erleuchteten, gelangte die Nachricht, dass aus dem Lande Iran ein großes Klagegeschrei zum Himmel aufstiege, als ob die dunkle Erde kochte, und dass Kā'ūs sich Staub auf die Krone gestreut und all seine königlichen Gewänder zerrissen habe. Als Rostam das hörte, verließ ihn der Verstand, und in Zāvol erhob sich ein großes Jammern. Mit den Nägeln zerkratzte er sich die Wangen. Über Stirn und Nacken streute er sich Staub. Eine Woche lang verweilte er in Trauer und Kummer. Am achten Tage aber erscholl Trompetenlärm, und das ganze Heer versammelte sich vor den Toren von Rostams Palast. Aus Kašmīr und Kāvol waren alle zusammengekommen.

Er zog mit seinem Heer an den Hof des Königs, die Augen voller blutiger Tränen und das Herz erfüllt von Rachegedanken. Nachdem er in die Nähe der Hauptstadt gekommen war, zerriss er seine fürstliche Kleidung und schwor im Namen des großen und gerechten Gottes: »Niemals werde ich meine Waffen ablegen, denn anders kann es gar nicht sein. Und von meinen Wangen werde ich den Staub nicht mehr abwaschen. Es ist einfach nicht möglich, diese Trauer loszuwerden. Helm und Schwert werde ich statt eines Pokals in die Hand nehmen. Die Schlingen des Fangseils über dem Arm sollen das Netz meiner Rache sein.«

Als er vor den Thron von Kay Kā'ūs trat, war sein Haupt voller Staub, und auch die Füße waren staubbedeckt. Er sprach zu ihm: »O König, du hast deinem schlechten Charakter freien Lauf gelassen, und deine Saat ist aufgegangen. Die Liebe zu Sūdābe und deine böse Natur haben dir das königliche Diadem vom Haupt genommen. Jetzt siehst du ganz deutlich, dass du dich auf die Wellen des Meeres gesetzt hast. Durch die niedrigen Gedanken des grausamen Königs bleibt die Seele nicht ohne große Schädigung. Wenn so ein Mensch König eines großen Volkes ist, dann ist es für ihn besser, sein Totenkleid zu nehmen, anstatt sich von einer Frau Anweisungen geben zu lassen. Durch die Worte einer Frau ist Siyāvoš hinweggeblasen worden. Die Frau ist glücklich zu schätzen, die von dieser Mutter erst gar nicht geboren wurde! Unter allen Königen gab es nicht einen wie Siyāvoš. Keiner war so hochherzig, frei und heiter wie er. Welch ein Jammer um seine Brust, seine Arme und seinen Nacken! Welch ein Jammer um seinen Körper und seine Hände und seine Keule! Welch ein Jammer um seine große Gestalt! Und um seine Steigbügel, das Fangseil und die so königliche Fußspur! Beim Festmahl war er der Frühling und im Kampf die Krone aller Edlen. Wenn er auf dem Thron saß, streute er Perlen aus, doch wenn er kämpfte, schlug er die Köpfe herunter. Jetzt werde ich für den Rest meines Lebens mein Herz und mein Hirn mit Feuer anfüllen, um Siyāvoš zu rächen. Ich werde immer mit Tränen in den Augen kämpfen, und wie mein Herz werde ich die ganze Welt weinen lassen!«

Kā'ūs schaute ihm ins Gesicht und sah die blutigen Tränen und auch diese Liebe. Und weil er sich schämte, gab er ihm keine Antwort, sondern weinte selber heiße Tränen. Rostam wandte sich ab vom Thron des Königs und begab sich zum Palast Sūdābes. Er schleppte sie an ihrem Haar aus den Frauengemächern. Vom Thron der Macht zog er sie herunter durch Blut und zerteilte ihren Leib mit seinem Schwert, wobei König Kā'ūs sich nicht vom Thron bewegte. Voller Trauer und Schmerz kam Rostam zu seinem Palast, die Augen in Tränen und die Wangen bleich. Das ganze Land Iran blieb in Trauer. Von Kummer erfüllt, begaben sich die Menschen zu Rostam. Eine Woche lang saßen sie mit Tränen und Trauer vor seinem Palast, voller Schmerz und Zorn.

Der Rachefeldzug beginnt

Am achten Tag aber ertönten die bronzenen Hörner und Pauken, und alle kamen am Palast zusammen: Gūdarz und Tūs und Recken wie Farhād und Šīdūš und Gorgīn und Gīv, wie Bahrām und Xarrād und der tapfere Šāpūr, dazu Farīborz, Sohn des Kā'ūs, und der Löwe Rohhām und auch Gorāze, der mutige Drache.

Rostam sprach zu ihnen: »Ich lege in diese Rache Herz, Seele und Leib, denn in der Welt gibt es auch nicht einen Helden, der sich so für den Kampf gürtet, wie es der edle

Siyāvoš getan hat. Diese Unternehmung dürft ihr nicht auf die leichte Schulter nehmen, denn man kann eine solche Rache nicht als Kleinigkeit abtun. Entfernt aus euren Herzen alle Furcht. Macht aus der Erde vor lauter Blut den Ǧayhūn-Fluss! Solange ich lebe, wird diese Rache wegen des Kummers um Siyāvoš in meinem Herzen sein. An der goldenen Schale, in welche der unselige Gorūy sein Blut fließen ließ, will ich Gesicht und Augen reiben, damit in meinem Herzen Kummer und Zorn nachlassen. Und wenn mir nicht ebenso die Hände gefesselt werden und mir nicht auch eine Schlinge um den Hals gelegt wird und ich nicht so elend wie ein Schaf in den Staub geworfen werde, nachdem man mir die Hände mit den Schlingen des Fangseils gebunden hat, dann werden ich und meine Keule und mein scharfes Schwert in der Welt den Tag des Jüngsten Gerichts anbrechen lassen. Meine beiden Augen sehen vor sich nur noch den Staub des Kampfes. Der festliche Pokal ist mir hinfort versagt.«

Alle Edlen und Pahlavane, die dort waren und Rostam in dieser Weise reden hörten, brachen gemeinsam in so laute Rufe aus, dass man hätte sagen können, der ganze Platz begann zu kochen. Aus dem Iran erhob sich ein Lärm bis zu den Wolken, als ob die ganze Welt ein Löwenlager wäre. Vom Rücken eines Elefanten aus wurde das Signal zum Aufbruch gegeben, und das Heer zog das Schwert der Rache aus der Scheide. Es ertönte der Klang der Trompeten, der Ruf der Signalhörner und das Dröhnen der bronzenen Pauken. Die Welt war voller Hass auf Afrāsiyāb. Es war, als ob das Wasser im Meer kochte. Kaum war noch Platz, um sich auf der Erde zu bewegen. Von all den Lanzen wurde der Himmel ganz verdeckt. Als Erstes zogen die Sterne in den Krieg: Zeit und Raum machten die Hand des Bösen bereit. Die iranischen Recken rüsteten sich und folgten der Fahne Kāves. Rostam, der Herr über Zāvol, traf eine Auswahl unter den schwerterprobten Kriegern aus Kāvol. Aus dem Iran und den Waldgebieten von Nārvan waren es insgesamt einhunderttausend Kämpfer.

An der Spitze der Vorhut reitet Farāmarz, ein Sohn Rostams. Sobald er mit seinen Truppen die turanische Grenze überschreitet, trifft er auf die Vorhut der Turaner unter Varāzād, dem König von Sepanǧāb. Farāmarz besiegt und tötet ihn nach heftigem Kampf: das erste Opfer auf dem Rachefeldzug. Das ganze Land Sepanǧāb wird von den Iranern verwüstet. Afrāsiyāb erhält Kunde vom Anmarsch der Iraner unter Rostam und macht sein Heer zur Verteidigung bereit.

Als der turanische König die Stadt Kang verlassen und das Heer durch die Engpässe in die Ebene geführt hatte, ließ er von allen stolzen Recken Sorxe zu sich rufen, seinen Sohn. Er sprach lange mit ihm über Rostam und sagte zu ihm: »Nimm zehntausend schwertgewaltige Krieger, kampferprobte Edle, und gib gut acht, dass dir nichts Böses durch Zāls Sohn widerfährt, denn im Kampf ist dir außer ihm niemand ebenbürtig. Wo ein Panther Kampf sucht, zieht ein mutiger Hund nicht in den Krieg. Du bist mein Sohn und willst mir wohl. Du bist die Stütze des Heeres und mein Schutz. Wenn du klug und umsichtig bist – wer würde es dann wagen, sich dir entgegenzustellen? Jetzt schau nach vorn und sei wachsam. Behüte das Heer vor dem Feind.«

Sorxe wird aus Rache für Siyāvoš getötet

Sorxe zieht mit dem Heer den Iranern entgegen, und es kommt zu einer furchtbaren Schlacht. Dabei trifft Sorxe auf Rostams Sohn, Farāmarz, von dem er nach einem Zweikampf gefangen genommen und ins iranische Lager gebracht wird.

Da sah man die Fahne Rostams auf dem Weg, und der Lärm der Elefanten und des ganzen Heeres war zu hören. So schnell, wie Staub aufwirbelt, ritt Farāmarz seinem Vater entgegen und berichtete ihm über seinen siegreichen Kampf. Rostam sah Sorxe vor sich, mit gefesselten Händen, und auch Varāzād, der mit abgeschlagenen Gliedmaßen am Boden lag. Dann sah er, dass Schluchten und Ebenen voller Toter waren und der Angriff des Feindes zurückgeschlagen. Die Truppen erwiesen dem Pahlavan, dem ruhmreichen jungen Sohn, große Ehrerbietung. Und auch Rostam lobte ihn sehr und teilte viele Geschenke an Bedürftige aus. Er sagte über seinen Sohn: »Jeder, der aus der Menge herausragen möchte, braucht Tüchtigkeit und eine edle Natur. Der Verstand muss sein Freund sein und Klugheit sein Lehrmeister. Wenn er diese vier Qualitäten in sich vereinigt und daraus etwas macht, dann kann er ein edler Held werden. Vom Feuer sieht man nur das Leuchten, doch die ganze Welt verbrennt, wenn sie sich ihm nähert. So ist es auch nicht erstaunlich, wenn Farāmarz sich als stolzer Edler erweist, denn im Stahl ist ein feuriges Herz, und schlägt man ihn gegen harten Stein, wird das Geheimnis seines Herzens sichtbar.«

Rostam schaute dann zu Sorxe, der einer edlen Zypresse auf einer Wiese glich. Er hatte die Brust eines Löwen, und sein Antlitz war wie der Frühling. Der schwarze Moschus seiner Haare zeichnete sich auf seinen Rosenwangen ab. Da befahl Rostam, man solle ihn in die Steppe bringen, und die Begleiter sollten Dolch und Schale mitnehmen. Man sollte ihm die Hände mit den Schlingen eines Fangseils binden und ihn zu Boden werfen wie ein Schaf. Und dann – wie vorher dem Siyāvoš – sollte man ihm den Kopf vom Leib trennen, und die Geier sollten ihm das Leichentuch überziehen.

Als der Feldherr Tūs dieses gehört hatte, machte er sich schnell auf den Weg, um Sorxes Blut zu vergießen. Der aber sagte zu ihm: »O du stolzer Prinz, warum willst du mein unschuldiges Blut in den Staub schütten? Siyāvoš war so alt wie ich und mein Freund, und meine Seele ist voller Kummer und Trauer um ihn. Tag und Nacht waren meine Augen voller Tränen. Ich habe immer meine Lippen geöffnet, um die zu verfluchen, die Dolch und Schale genommen und diesen Königssohn geköpft haben.« Tūs spürte im Herzen großes Mitleid mit diesem edlen Helden, den das Glück verlassen hatte. Er ging zu Rostam zurück und wiederholte vor ihm die Worte, die der Sohn Afrāsiyābs geäußert hatte.

Doch Rostam antwortete ihm: »Wenn es sich für den König vom Iran geziemt, im Herzen wund und traurig zu sein, dann sollen Herz und Seele Afrāsiyābs immer voller Kummer sein und seine Augen voller Tränen.« Da nahm Zavāre die Schale und den Dolch und übergab den Jüngling seinen Henkern. Man schnitt ihm elendig mit dem Dolch den Kopf ab. Er schrie einen Augenblick, und dann war alles vorbei. O Welt! Was willst du von denen, die du ernährst? Was heißt schon: ernährst? Du hältst sie wie Sklaven, die im Herzen wund sind.

Als der Kopf abgeschnitten war, wurde der Leib an den Galgen gehängt, und zwar verkehrt herum: die Füße nach oben. Vor lauter Hass warf man Staub auf den Toten und zerstückelte dann seinen Leib mit dem Dolch.

Afrāsiyāb ist durch die Nachricht von der Niederlage seines Heeres und vor allem auch vom schrecklichen Tod seines Sohnes zutiefst getroffen. Er stellt seine Armee neu zusammen und zieht selbst gegen die Iraner ins Feld.

Pīlsam stirbt im Kampf gegen Rostam

Pīlsam kam mit finsterem Gesicht zur Mitte des Heeres geritten, das Herz voller Rachegedanken. Zum König der turanischen Truppen sprach er: »O du kluger und berühmter König. Wenn du mir jetzt ein Pferd und eine Rüstung sowie Helm und Schwert nicht verweigerst, werde ich heute mit Rostam kämpfen und seinen Namen mit Schande überziehen. Ich will dir seinen Kopf und seinen Raxš bringen und auch seine Keule und das Schwert, mit dem er die Welt verteilt hat.«

Afrāsiyāb wurde durch ihn in der Seele froh, so dass er die Spitze seiner Lanze höher als die Sonne emporhob. Und er antwortete ihm: »O du edler Löwe! Ganz ohne Zweifel wird selbst ein Elefant dich nicht überwinden können. Wenn du Rostam besiegst, wird die Welt Ruhe haben vor Gewalttätigkeit. Dann wird niemand in Turan so nahe der Macht, dem Thron, dem Siegel, dem Schwert und der Krone sein wie du. Und mein Haupt wird dann durch dich bis zum Himmel erhöht. Ich gebe dir meine Tochter und mein königliches Diadem. Zwei Drittel von Iran und Turan sollen dir gehören. Alle Juwelen und Schätze und Städte darin sollen dein sein.«

Als sein Bruder Pīrān das hörte, ergriff ihn großer Kummer. Er wandte sich zum edlen König und sprach zu ihm: »Dieser junge und so hitzige Mann liegt mit dem eigenen Körper im Streit. Er ist von seinem Ruf in die Irre geführt und erkennt nicht den richtigen Weg und das Ende, denn wenn er den Streit mit Rostam sucht, bringt er seinen Kopf unter die Erde. Die Truppen werden im Kampf den Mut verlieren, und auch dem König wird hieraus Schande erwachsen. Du weißt doch, dass dem jüngeren Bruder vom älteren besonders große Liebe entgegengebracht wird.«

Pīlsam antwortete darauf Pīrān: »Ich fürchte mich nicht vor Rostam. Wenn ich mit diesem streitbaren Krokodil kämpfe, werde ich unter deinem guten Stern keine Schande über den König bringen. Du hast selbst gesehen, wie ich vor deinen Augen im Kampf mit vier edlen Recken überlegen war. Jetzt ist meine Kraft noch größer geworden, und es ist nicht recht, mir den Mut zu nehmen. Ich werde diesen Kampf gewinnen. Verkünde nur kein böses Omen!«

Als der König seine Worte vernahm, gab er ihm ein kampferprobtes Pferd und auch ein Schwert und eine Rüstung sowie Kettenpanzer, Helm und schwere Keule. Pīlsam rüstete sich für den Kampf und sprengte los wie ein Löwe, voller Stolz und Kraft. Den Iranern rief er zu: »Wo ist Rostam? Man sagt von ihm, er sei ein Drache am Tage der Schlacht.«

Als Gīv diese Worte hörte, sprang er auf, griff zu seinem Schwert und zog es aus der Scheide. Er rief Pīlsam zu: »Wenn Rostam mit *einem* Türken kämpfen würde, brächte ihm das keine Ehre ein.« So stürzten nun diese beiden im Kampf aufeinander los: Pīlsam und Gīv, der Sohn des Gūdarz. Pīlsam gab Gīv einen Lanzenstoß, so dass diesem vor Schreck die Füße aus den Steigbügeln rutschten. Als Farāmarz das sah, kam er ihm zu Hilfe, und dem Krieger kam der Freund sehr gelegen. Mit dem Schwert schlug er auf Pīlsams Lanze, und diese wurde durch den Schwertstreich zu einem Strohhalm. Einen zweiten Schlag führte er gegen den Kopf und den Helm Pīlsams, doch das Schwert des streitbaren Ritters zerbrach dabei.

Als Rostam von der Mitte des Heeres her um sich blickte, sah er zwei edle und tapfere Recken, die mit einem löwenstarken Mann kämpften, wobei durch die Heftigkeit des Kampfes der Staub bis zu den Wolken aufstieg. Rostam wusste, dass außer Pīlsam keiner der Turaner so viel Kraft und Ausdauer hatte. So, wie es Rostam von den altehrwürdigen Mobads, den Sterndeutern und den Weisen geweissagt worden war – und da er auch selbst allerlei Erfahrung hatte –, wusste er: »Wenn Pīlsam nur den Ratschlägen seiner Lehrmeister folgt und ihn das Unheil verschont, dann kann kein tapferer Krieger in der ganzen Welt, im Iran und in Turan, so wie er den Bogen spannen. Aber jetzt ist zweifellos für ihn das Ende gekommen, denn er ist zum Kampf gegen mich herangestürmt.«

Zu seinen Truppen sprach er: »Keiner rührt jetzt seinen Fuß von der Stelle! Ich werde Pīlsam prüfen, und dann werde ich sehen, ob er Kraft und Ausdauer hat.« Er ergriff eine kräftige Lanze, setzte sich den Helm auf und spornte sein Pferd an, wobei er sich fest in die Steigbügel stemmte und die Zügel mit leichter Hand führte. Die strahlend blanke Lanze hob er auf Augenhöhe. Vor Zorn stand ihm Schaum auf den Lippen, und so ritt er aus der Mitte des eigenen Heeres vor die feindlichen Schlachtreihen.

Dem edlen Pīlsam rief er zu: »Du hast mich gesucht, um mich mit deinem Atem zu verbrennen.«* Und dann stach er ihm mit der Lanze in die Hüfte und hob ihn wie einen Spielball aus dem Sattel. So ritt er mitten ins turanische Heer und warf ihn dort elendig vor aller Augen zu Boden. Dazu sprach er: »Wickelt diesen hier, den der Staub so verdunkelt hat, in Goldbrokat.« Dann wendete er die Zügel und ritt schnell von dort zurück zu seinem Heer. Pīrān ließ einen Tränenstrom aus seinen Augen fließen, denn Pīlsams Leib war bereits der ärztlichen Kunst entglitten. Die Herzen der Ritter im Heer des turanischen Königs waren wie zerbrochen, und das Schlachtfeld wurde dunkel vor ihren Augen.

Nun erhob sich Kriegsgeschrei von beiden Heeren, und man hörte das Schlachtgetümmel der kampfsuchenden Re-

* Also wie ein Drache.

cken. Der Schall der Pauken auf den Elefanten war auf beiden Seiten meilenweit zu hören. Die Erde wurde durch die Hufschläge der Reittiere in Furcht und Schrecken versetzt. Von all dem Blut und den Leichen wurden die Berge zum Meer und die Ebenen zu Bergen. Es schien, als würde durch die vielen Schreie und den Trompetenlärm der Himmel selbst erschüttert. Alle Steine wurden zu Korallen und der Staub zu Blut. Vielen Fürsten gingen die Köpfe verloren. Auf beiden Seiten wurden viele getötet, so dass der Erdboden zu einem See wurde und die Ebene durch die Toten zu Bergen. Es war, als hätte der Himmel »Blut« gerufen. Die Väter hatten keine Liebe mehr für ihre Söhne.* Ein Sturmwind erhob sich über dem Schlachtfeld, und schwarzer Staub verdeckte den Himmel ganz. Zwei Heere zogen so auf dieser Ebene gegeneinander, dass man sie nicht mehr voneinander unterscheiden konnte. Die Welt wurde finster wie die dunkle Nacht. Es war geradeswegs so, als wäre der Tag schon fast zur Nacht geworden.

Afrāsiyāb flieht vor Rostam

Afrāsiyāb wandte sich an seine Recken und sagte zu ihnen: »Das Glück, das über uns gewacht hatte, hat sich schlafen gelegt. Wenn ihr euch alle im Kampf so schwach zeigt, werde ich nicht länger Widerstand leisten können. Greift sie von allen Seiten an! Holt mit den Speeren die Sonne auf die Erde!« Er selbst kam mitten aus dem turanischen Heer herangestürmt, und mit wundem Herzen und voller Rachegedanken griff er Tūs und seine Truppen an. Viele der iranischen Edlen tötete er, so dass es Tūs unheimlich wurde und er nach hinten auswich.

* Jeder dachte nur noch daran, sich selbst zu retten.

Ein Bote kam zu Rostam geritten und berichtete ihm: »Heute steht es schlecht um unseren Kampf. Der ganze rechte Flügel des Heeres ist wie in einem Meer aus Blut, und die iranischen Ritter lassen ihre Fahnen schlaff herunterhängen.« Da kam Rostam in Begleitung von Farāmarz und seinen Truppen mitten ins Heer geritten. Vor sich sah er viele mit Schilden bewaffnete Ritter, deren Herzen alle von bösen Gedanken gegen ihn erfüllt waren. Es waren alles Verwandte oder Freunde Afrāsiyābs, und alle waren sie hasserfüllt und voller Ungeduld zu kämpfen. Rostam tötete viele von ihnen, und Farāmarz und Tūs unterstützten ihn dabei.

Als Afrāsiyāb die dunkelblaue Fahne Rostams und die Standarte Kāves sah, wusste er, dass jener Elefantenleibige Rostam war, der Stolze aus dem Geschlecht Nayrams. Er wurde wütend wie ein kampfbereiter Panther, gab seinem Pferde Schenkeldruck und griff ihn an. Rostam sah dessen schwarze Fahne und kam wie ein wütender Löwe herangestürmt, wobei er die Zügel seinem treuen Pferd überließ. Der berühmte Held kochte vor Wut. Er griff den stolzen Afrāsiyāb an, so dass von der Spitze seiner Lanze das Blut wie ein Bach herunterfloss. Der Führer des turanischen Heeres führte einen Lanzenstoß gegen die Brust des rachesuchenden Rostam. Die Spitze seiner Lanze stach in das Leder des Gürtels, doch in Rostams Panzerkleid aus Pantherfell drang sie nicht.

Nun ging Rostam voller Zorn zum Angriff über. Er gab dem Pferd des Gegners einen Lanzenstich in die Brust: Es ging vor Schmerz zu Boden, und der kampfgierige Recke fiel herab. Rostam versuchte dessen Hüfte zu ergreifen, um seinen Lebensweg möglichst mühelos zu beenden. Hūmān schaute von der Seite her zu und sah, was geschah. Er hob die schwere Keule bis zu seinem Nacken hoch und schlug damit auf Rostams Schulter: Da schrien alle Ritter im Heer laut auf. In diesem Augenblick konnte sich der turanische König dem

Zugriff Rostams entziehen und sich auf ein ausgeruhtes Pferd setzen. Die Heerführer ließen ihre Schreie bis zu den Wolken emporsteigen, wobei sie ihre schweren Keulen schwangen.

Der edle Tūs fragte Rostam: »Wie konnte es sein, dass der Elefant vom Wildesel einen Stoß bekam?« Und Rostam antwortete ihm: »Wenn die Hände eines tapferen Recken die schwere Keule schnell wie der Wind herabsausen lassen, bleibt nicht einmal der Kern von Steinen und Ambossen unversehrt. Um so zu schlagen, braucht man vor allem eine starke Brust und kräftige Arme. Aber eine Keule, die von Hūmān geschwungen wird, würdest du nicht ›eisern‹ nennen, denn sie ist aus Wachs.«

Als Rostam sich vom Kampf abwandte und der tapfere Hūmān geflohen war, erhob sich lautes Jubelgeschrei vom ganzen Heer, und alle hoben ihre Lanzen bis zu den Wolken empor. Der Erdboden war voller Toten und Verwundeten, als ob rote Tulpen auf Safran gewachsen wären. Die Pferde stampften mit ihren Hufen im Blut, und die Füße der Elefanten wurden durch die Körper der Toten rubinrot. Wie ein rasender Drache verfolgte Rostam den Feind über drei Farsangen weit. Und dann kam er zurück, nachdem er seine Waffen und seinen Körper und das Pferd arg geschunden hatte. Die Recken ritten zurück in ihr Feldlager. Das Heer aber fand allenthalben reiche Beute, denn die ganze Ebene war voller Eisen, Silber und Gold, Lanzen und Zaumzeug, Diademe und Gürtel.

Rostam herrscht über Turan

Als die Sonne ihren Kopf über die Berge hob und ihre Rubine über der pechfarbenen Nacht ausstreute, ertönten laute Rufe und Trompetenschall: Rostam setzte seine Truppen in Marsch. Sie machten sich daran, Afrāsiyāb zu verfolgen, wobei über ihre Wangen die Tränen der Rache für Siyāvoš flossen. Als Afrāsiyāb hörte, dass das iranische Heer im Anmarsch sei, angeführt von Rostam, der nach Rache dürstete, da führte er sein Heer fort bis an das chinesische Meer, denn die große weite Welt war ihm eng geworden.

Rostam aber setzte sich auf dessen Thron, und das Glück Afrāsiyābs fiel in den Staub. Als Erstes verkündete Rostam: »Ruhmvoll ist der, der keine Feinde sucht. Wenn sich ihm aber ein Feind entgegenstellt, muss dieser Feind getötet werden oder aber voller Angst die Flucht ergreifen.«

Er ließ alle Schätze Afrāsiyābs zusammenholen, und man sagte ihm ganz genau, wo sie zu finden waren: Sklaven, Pferde und Bedienstete wie auch viele Sklavinnen mit schönem Antlitz. Man fand sogar die Tür zum Goldschatz, die kostbare Krone und auch Stoffe aus Seidenbrokat und Throne aus Elfenbein. Aus allen Teilen des Landes fiel ihm so eins nach dem anderen in die Hände, einschließlich der vielen Juwelen aus dem Schatz von Kang. Jeder Einzelne im Heer wurde durch Rostam reich, unter anderem durch Armreifen und Halsketten und Diademe.

Tūs gab er einen dieser Throne aus Elfenbein sowie Armreifen und Halsketten und einen Lehnsbrief über das Land Čāğ. Und er sagte zu ihm: »Schneide jedem, der Widerstand leistet oder gar Afrāsiyābs Macht anerkennt, sofort den Kopf vom Leib und lass aus seinem Körper ein Festmahl für die Geier werden. Aber jedem, der Einsicht und Vertrauen zeigt und nicht den Lehren Ahremans anhängt, sollst du Freundlichkeit entgegenbringen wie deinem eigenen Kind. Halte ihn frei von Not, und lass es ihm an nichts ermangeln. Bringe keinen Kummer über harmlose Menschen. Fördere Menschlichkeit und Gerechtigkeit, denn diese Welt hier ist vergänglich und nicht von Dauer. Eine größere Majestät als Ǧamšīds hat es nie gegeben, und doch hat ihn der hohe Himmel zu Fall gebracht und der Welt andere Herrscher geschenkt.«

Er schenkte Gūdarz eine mit Juwelen besetzte Krone, die eines Königs würdig war, sowie einen Thron und Halsketten und Ohrringe. Die Gebiete von Sepīǧāb und Fagdez vertraute er ihm an. Er gab ihm darüber einen Lehnsbrief und dazu noch viele Ratschläge. Er pries ihn sehr und lobte ihn und sagte: »Auf der Erde gibt es niemanden so wie dich.« Und weiter sprach er: »Treue, Siegel* und Macht und Gerechtigkeit, ebenso wie Feiern und Kämpfe: alles haben wir von dir gelernt. Tüchtigkeit zählt mehr als vornehme Abstammung, aber dem Tüchtigen hilft seine Abstammung. Du hast sowohl Tüchtigkeit als auch Abstammung und Verstand. Deine Seele ist glücklich über dich! Es wäre gut, wenn du auf meinen Rat hörst, denn du bist das Vorbild aller Edlen. In ganz Sepīǧāb bis hin zum Golzarriyūn-Fluss wagt niemand, sich deinem Befehl zu widersetzen.«

Farīborz, dem Sohn von Kay Kā'ūs, ließ er eine goldene Krone und Gold und viele Juwelen übergeben und sprach zu ihm: »Du bist Heerführer und Fürst und der Bruder des edlen Siyāvoš. Gürte dich, um Rache für deinen Bruder zu nehmen, und halte dazu immer das Fangseil am Sattelriemen griffbereit. Lass nie ab von der Rache an Afrāsiyāb und halte dazu den Gedanken an Essen und Ruhe und Schlaf von deinem Herzen fern.«

Nach Māčīn und China kam die Nachricht, dass Rostam sich in königlicher Würde auf den Thron gesetzt hatte. Daraufhin bereiteten alle Edlen Geschenke vor und brachten Gold und Juwelen, die eines Königs würdig waren. Als Rostam sah, dass sie sich klug verhielten, stellte er sie unter seinen Schutz.

Er ging auf die Jagd mit Falken und Jagdhunden, und so verging eine lange Zeit.

* Ein Symbol der königlichen Macht.

Zavāre im Jagdrevier von Siyāvoš

Nun geschah es eines Tages, dass Zavāre im flotten Trab ausritt, um Wildesel zu jagen. Einen Türken, der ihm den Weg zeigen sollte, ließ er vor sich her reiten. So ging es voran, bis er in dieser weiten Steppe ein Wäldchen sah. Wegen der vielen Farben und dem Duft und den Bächen darin war es so schön, dass man es am liebsten nie wieder verlassen hätte, denn die Seele erfrischte sich dort gewissermaßen an dem sanften Hauch des Windes.

Da öffnete dieser Türke törichterweise seinen Mund und rief Zavāre Vergangenes in Erinnerung: »Dieses hier war das Jagdrevier von Siyāvoš. Hier war von ganz Turan sein Lieblingsplatz. An diesem Ort war er glücklich und froh. Wenn er nicht hier sein konnte, waren ihm alle Tage mit Kummer angefüllt.« Als Zavāre dieses von ihm hörte, kamen ihm wieder die alten Geschehnisse ins Bewusstsein. Und als ihm nun die Worte des Türken zu Ohren kamen, fiel er vom Pferd herunter und verlor für einen Augenblick die Besinnung. Er hatte gerade einen Falken in der Hand. Den ließ er fliegen, und seine Augen füllten sich mit blutigen Tränen. Seine Freunde und die Begleiter kamen zu ihm geritten und fanden ihn ganz vom Kummer ergriffen, seine Wangen nass von den Tränen. Sie verwünschten den Türken, der den Weg weisen sollte, und schlugen so auf ihn ein, dass er zu Boden fiel.

Zavāre aber schwor einen heiligen Eid, wobei ihm vor Kummer die Tränen aus den Augen liefen: »Von nun an werde ich weder Wild suchen noch Schlaf und werde nicht ablassen von der Rache an Afrāsiyāb. Ich werde es nicht zulassen, dass Rostam sich noch weiterhin ausruht. Wir müssen uns für den Kampf rüsten.« Als er zu Rostam gekommen war und dessen Antlitz sah, sprach er zu ihm mit Zorn in der Stimme: »Sind wir nicht hierher gekommen, um Rache zu üben? Oder sind wir etwa gekommen, um mit unseren Lippen das Land zu preisen? Als der gnadenspendende Gott dir Kraft verliehen hat, ließ er dir vom Schicksal die Kraft der Sonne schenken. Warum soll dieses Land bewohnbar bleiben? Warum soll auch nur einer in diesem Reich glücklich sein? Vergiss nicht die Rache für den Königssohn, denn so wie ihn wird man nie wieder jemanden finden, selbst nicht in hundert Generationen.«

Rostam verwüstet Turan

Rostams ruhiges Herz geriet in Bewegung, und er tat, was sein Bruder ihm geraten hatte. So begann ein Plündern und Morden. Das ganze Land wurde dabei auf den Kopf gestellt. Von Turan bis nach Saqlāb und Rūm blieb nicht ein einziger Landstrich bewohnbar. Allen schlug man die Köpfe ab, den Jungen und den Alten. Frauen und kleine Kinder wurden zu Gefangenen gemacht. In dieser Weise wurde ein Gebiet von über tausend Farsangen Ausdehnung vollständig verwüstet.

Alle Edlen Turans aus vornehmer Abstammung traten vor Rostam, den Kopf mit Staub bedeckt, und sprachen: »Wir haben uns von Afrāsiyāb voller Abscheu losgesagt. Selbst im Traum wollen wir ihn nicht mehr sehen. Am Vergießen des Blutes von jenem Unschuldigen hat keiner von uns teilgenommen, weder mit Rat noch durch die Tat. Jetzt stehen wir alle, einzeln und gemeinsam, Mann für Mann vor dir als deine Sklaven. Jetzt, da du der Sieger bist, vergieß kein unschuldiges Blut. Führe keinen Krieg gegen den Himmel, der sich über uns dreht. Niemand weiß, wo Afrāsiyāb sich jetzt aufhält, ob er in den Wolken ist oder im Rachen des Drachen.«

Als der kluge Rostam die Worte dieser Leute hörte, wurde er aufgerüttelt. Er begab sich in die Gegend von Qağqārbāšī und rief dort seine Heerführer zusammen. Vor ihm versammelten sich alle Weisen, die Großen des Landes und die Männer mit Erfahrung und sprachen zu ihm: »Kā'ūs sitzt ohne Glanz und Ruhm und ohne Kraft auf dem Thron, und er hat niemanden, der ihm den Weg weist. Und wenn Afrāsiyāb jetzt irgendwie in Eile ein Heer zum Kampf in den Iran führen sollte, könnte ihm der alte Kā'ūs in die Hände fallen: dann wäre es endgültig vorbei mit unseren Hoffnungen und unserer Ruhe. Wir haben die Schulden der Rache eingetrieben und all sein bewohnbares Land verbrannt. Lass uns jetzt zum alten König ziehen. Wenn es dann wieder zum Kampf kommt, werden wir alle mit neuen Kräften für ihn einstehen. Denn inzwischen sind sechs Jahre vergangen, in denen wir nicht einen fröhlichen Tag hatten. Im Iran aber sind unsere Diener und unser Thron. Dort haben wir unseren Sitz, und dort sind auch Siegel und Krone. So sind wir Gefangene des Reichtums, wodurch sich zwar unsere Herzen erfreuen, aber unsere Seelen verderben. Wenn du auch an diese alte Welt dein Herz hängst, so bleibt sie doch geheimnisvoll, und ihre Sprache verstehst du nicht. Lass dich nicht von der Gier ergreifen, denn sie ist dein Feind, und ihr Herz ist vom Geiste Ahremans besessen. Bewege dich in der Welt, kleide dich schön, genieß das Leben, iss gut: das solltest du tun auf diesem irdischen Weg.«

Rostam stimmte dem zu, was der edle Mobad gesagt hatte, und der weise Ratgeber fügte noch hinzu: »Suche das Angenehme und Schöne in deinem vergänglichen Dasein. Bedenke, wer deine Freunde sind, wenn du unter der Erde liegst, und wie du dann über all das weinen wirst, was du nicht mehr haben kannst.«

Rückkehr in den Iran

Als Rostam das hörte, schämte er sich, und er spürte den dringenden Wunsch aufzubrechen. Er ließ überall nach Pferden Ausschau halten, die in Herden in den Steppen Turans herumliefen. Zehntausend Sklaven und Sklavinnen wurden zusammengebracht, alles Angehörige des Afrāsiyāb. Dazu auch Beutel voller Moschus, Zobelfelle, weiße Falken und rotbraune Marder. Die Rücken der Elefantenbullen wurden mit Fellen und Düften und Brokat und Gold beladen und auch mit Teppichen und allem, was man sich nur denken kann: Kleidungsstücke, Silber- und Goldschätze, Waffen, Kronen und Throne brachte man zu Bündeln geschnürt in den Iran. Sie ritten von Turan nach Zāvolestān und kamen zum verehrten Zāl. Tūs und Gūdarz und Gīv zogen dann weiter nach Pārs und mit ihnen das Heer der edlen Recken. All diese edlen und berühmten Großen des Reiches ritten zum König der Welt.

Das Ende des Berichts über Siyāvoš

Sobald Afrāsiyāb vom Rückzug der Iraner erfährt, beginnt er einen Rachefeldzug, der volle sieben Jahre dauert und das Land Iran in große Not bringt. Eines Nachts träumt Gūdarz von Kay Xosrau, dem Sohn des Siyāvoš und Enkel von Kay Kā'ūs, der noch in Turan lebt. Dieser soll den Iran retten und die Rache an Afrāsiyāb vollenden. Gīv macht sich auf und findet nach einer sieben Jahre währenden Suche den Königssohn. Zusammen mit Xosraus Mutter Farangīs, der Frau des ermordeten Siyāvoš, gelangen sie nach gefährlicher Flucht in den Iran. Am königlichen Hof in Isfahān wird Xosrau mit großem Jubel empfangen und erhält nach Überwindung einiger Schwierigkeiten die Königswürde als Nachfolger seines Großvaters.

Kämpfe gegen Afrāsiyāb

Nach seiner Thronbesteigung beginnt Xosrau sofort damit, den von den Turanern verwüsteten Iran wiederaufzubauen und das Land mit neuem Leben zu erfüllen.

Dann kam die Kunde davon auch in den Nīmrūz zum weltberühmten Heerführer Rostam. Gemeinsam mit Zāl, dem Sohne Sām Narīmāns, und allen, die in Kāvol Rang und Namen hatten, zog er mit einem Heer los, das so groß war, dass die Wüste schwarz wie Ebenholz wurde und vom Lärm der Pauken jedem die Ohren zerrissen. Allen voran ritt Zāl mit seinen Mannen, und hinter Rostam wehte die dunkelblaue Fahne.

Paukenschall ertönte aus dem Palast des Königs. Alle Edlen setzten ihre Helme auf: So erhob sich das ganze Land und machte sich bereit, Rostam zu empfangen. Das Herz des Königs füllte sich wegen seines Kommens mit Freude. Zum Boten, der ihm die Nachricht von Rostams Ankunft brachte, sagte er: »Heil über dich! Denn er war für Siyāvoš wie ein Vater und hat ihn großgezogen. Und durch ihn ist Tüchtigkeit und Tugend in der Welt zu sehen.« Dann befahl er Gīv und Gūdarz und Tūs, Rostam mit Trompeten und Pauken zu begrüßen. Aus allen Städten kamen die Truppen herangeritten, und alle ließen ihre Fahnen flattern und die Trommeln ertönen. Zwei Tagereisen weit zogen sie ihm entgegen, all diese Pahlavane und ein großes Heer, und als Rostams Fahne sichtbar war und der dunkle Staub bis zur Sonne aufgewirbelt wurde, erhoben sie lautes Freudengeschrei, und es erschallten die Trompeten und Pauken.

Aus der Mitte des Heeres heraus ritten nun Gīv und Gūdarz und Tūs auf den elefantenleibigen Helden zu und priesen ihn voller Freude. Alle drei umarmten ihn, und der löwenbezwingende Recke fragte sie nach dem Befinden des Königs. Dann wandten sie sich glücklich und frohen Herzens Zāl zu, Sāms Sohn, und begrüßten auch Farāmarz und freuten sich, ihn zu sehen. Und danach ritten sie alle zum König, um der edlen Krone zu huldigen.

Als Xosrau den elefantenleibigen Helden sah, liefen ihm aus den Augen die Tränen über die Wangen. Er stieg vom Thron herab und begrüßte ihn herzlich. Rostam aber küsste vor dem König den Boden. Dann sprach Xosrau zu ihm: »O Pahlavan, mögest du immer glücklich und froh sein, denn du hast Siyāvoš wie ein Vater großgezogen und bist immer tugendhaft und zuverlässig in dieser Welt.« Daraufhin umarmte er Zāl und ergriff dessen Hand in Erinnerung an Siyāvoš, seinen Vater. Er ließ die beiden Helden sich auf den königlichen Thron setzen und bat um Gottes Segen für sie. Rostam betrachtete ihn von Kopf bis Fuß: Er sah seine Art, sich zu setzen, zu sprechen und seine Meinung zu äußern. Das Blut stieg ihm zu Kopf, und das Herz wurde ihm schwer, und er sprach lange über Siyāvoš. Zum König der Welt sagte er: »O König, du bist für die Welt derjenige, der die Erinnerung an deinen Vater trägt. Ich habe in der ganzen Welt keinen König gesehen, der so wie du die Majestät verkörpert und dabei so viel Ähnlichkeit mit dem Vater zeigt.«

Xosrau macht zunächst in Begleitung einiger Edler, darunter auch Rostam, eine Reise durch sein Reich, um es genau kennen zu lernen. Dann schwört er Afrāsiyāb ewige Rache. Dieser Schwur wird vor Zeugen, unter denen sich auch Rostam befindet, schriftlich festgehalten und versiegelt. Rostam erhält das Dokument mit dem Schwur, den Unterschriften der Zeugen und dem Siegel zur Aufbewahrung. Dann wird der Krieg gegen die Turaner vorbereitet, und Rostams Sohn Farāmarz bricht mit einer Abteilung des Heeres auf, um Teile von Indien zurückzuerobern, die un-

ter persischer Herrschaft waren und abtrünnig geworden sind. Nach Abschluss aller Kriegsvorbereitungen wendet Xosrau sich an Rostam, der über die Trennung von seinem Sohn sehr bekümmert ist:

Als Rostam kam, ließ er Wein bringen und füllte einen großen Becher damit, indem er sprach: »Es ist schon genug für dich, wenn du glücklich bist. Kein kluger Mensch spricht von *morgen*. Wo sind jetzt Tūr und Salm? Und wo ist Ferīdūn? Sie sind verschwunden und ganz vom Staub bedeckt. Immer laufen wir herum und mühen uns ab und häufen Reichtümer an, und im Herzen unterdrücken wir jeden Wunsch. Am Ende bleibt uns von all dem nur das Grab im Staub – und das ist alles! Von diesem Schicksal wird niemand befreit. Lasst uns jetzt die dunkle Nacht mit dem Weinpokal verbringen, und wenn es hell wird, soll der Tag unsere Schritte zählen. Lasst uns plaudern, bis die Hörner des Feldherrn Tūs erschallen und die Trommeln, die Trompeten und die Pauken ertönen. Und dann werden wir sehen, wem der sich drehende Himmel in diesem Kampf in Freundschaft die Hand reichen wird. Wir mühen uns ab, und welchen Gewinn haben wir schon aus unseren Mühen? Denn von Anfang an ist festgelegt, was geschehen soll.«

Es beginnt nun ein langer, schrecklicher Krieg, an dem Rostam noch nicht teilnimmt und den zunächst die Turaner gewinnen, so dass die iranische Armee in allergrößte Bedrängnis gerät. Xosrau lässt in verzweifelter Lage schließlich Rostam zu Hilfe rufen, und dieser erklärt sich sofort bereit, mit seinem Heer den Kampf gegen die Turaner aufzunehmen, die ihre Armee mit vielen Hilfstruppen verstärken. Es gelingt Rostam mit seinem Heer, den Resten der von den Turanern hart bedrängten iranischen Armee, die sich auf einem Berg verschanzt hat, in letzter Minute zu Hilfe zu kommen.

Als der Himmel von Sonne und Mond verlassen war,

wurden von beiden Heeren Kundschafter ausgesandt, und vom Ausguckposten der Iraner meldete der Wächter: »Die Wüste ist voller Staub, und die Nacht ist dunkel. Berge und Ebenen sind angefüllt mit Stimmen und Geräuschen. Bei den Truppen sieht man viele Lichter. Und es kommt dort tatsächlich der elefantenleibige Held im Eilmarsch mit seinen Truppen aus Kāvol heran.«

Gūdarz, der Sohn Kešvāds, hörte es und kam schnell in der dunklen Nacht vom felsigen Gebirge heruntergeritten. Er erblickte die Fahne mit der Drachengestalt, obwohl die Nacht stockfinster und das Antlitz der Erde dunkel war. Dann sah er das Gesicht Rostams, und seine Wangen wurden unter den Tränen unsichtbar. Er stieg vom Pferd – und Rostam ebenso – und lief ihm wie der Wind zu Fuß entgegen. Sie umarmten einander, und beide klagten laut über die toten edlen Söhne des Gūdarz: Diese hatten bei der Suche nach einem Sieg nur die Niederlage gefunden. Gūdarz sprach zu ihm: »O Pahlavan, der du klug und tapfer bist und einen gesunden Verstand hast! Von dir erhalten Krone und Thron ihren Glanz, und nichts von dem, was du sagst, kann je eine Lüge sein. Du bist für die Iraner mehr als Mutter und Vater und bedeutest für sie sogar noch mehr als Schätze und Krone und Dienst am König. Ohne dich sind wir wie Fische auf dem Trocknen. Unsere Köpfe wissen dann nichts von Ehre, und unsere Körper sind wie tot. Wenn ich jetzt dein edles Antlitz sehe und du dich so mitfühlend erkundigst und deine Freundschaft zeigst, vergeht mir der Kummer um meine teuren Söhne, und durch das Glück, dich zu sehen, kann ich wieder lächeln.«

Und Rostam antwortete ihm: »Sei im Herzen froh, aber mach dich frei von der Welt, denn sie besteht nur aus Täuschung und Mühen, und wenn sie dir einen Schatz zeigt, lässt sie dich auch schon im Stich. Den einen schickt sie aufs Ruhelager, den anderen in die Schlacht. Dem einen gibt sie Ruhm, dem anderen Schande. Immer aber muss man am Ende die Welt verlassen: Dagegen gibt es kein Heilmittel. Für mich gibt es kein Unglück, das schlimmer ist als der Tod. Möge sich deine Seele wegen dieses Kummers nicht allzu sehr betrüben! Möge unser Sterben auf dem Schlachtfeld stattfinden!«

Und sobald nun Tūs und Gīv und die tapferen Ritter aus dem Iran erfahren hatten, dass Rostam zum Berg Hamāvan gekommen war und auch der welterfahrene Gūdarz ihn erblickt hatte, eilten die Helden schnell wie der Wind herbei, und es erscholl großes Freudengeschrei und Trompetenlärm. Als dann die Fahne des Feldherrn Rostam zu sehen war, kamen in der dunklen Nacht die Truppen zu ihm. Heer und Heerführer, alle stiegen sie vor ihm ab und streckten ihm, zum Kampf bereit, ihre Herzen entgegen. Aus dem Heer erhob sich nun vor lauter Kummer ein großes Klagen über all die Toten, die der Staub des Schlachtfeldes bedeckte. Auch Rostams Herz war wund vom Schmerz über die gefallenen Helden, und von neuem beschloss er die Rache. Und nachdem er erfahren hatte, wie die Kämpfe verlaufen waren, klagte er über das Los des Heeres. Er gab den Heerführern viele Ratschläge und sagte dann: »Ein schwerer Kampf kommt heute auf uns zu. So sind Anfang und Ende eines Kampfes: Seine Einladung ist der Bogen, und sein Festmahl das Schwert!«

Der Held, der die Welt mit seinem Ruhm erleuchtete, ließ nun die Zelte aufschlagen, und hinter ihm im Gebirge errichtete das Heer aus dem Nīmrūz sein Lager. Auch die Fahne des Heerführers wurde aufgestellt. Rostam setzte sich auf seinen Thron, und alle Edlen versammelten sich um ihn. Zur einen Seite setzten sich Gūdarz und Gīv und zur anderen Tūs und weitere tapfere Recken. Er ließ eine helle Fackel vor sich aufstellen, und dann sprach man über alles, über die großen und auch über die kleinen Dinge, über die Taten der Edlen und den Kampf des Heeres, über die strahlende Sonne und den sich drehenden Mond. Man berichtete dem edlen Fürsten ausführlich über die zahllosen Truppen des Feindes, über Kāmūs und Šangol, über den Xāqān von China, über den tapferen Manšūr und über alle Recken:

»Kāmūs können wir gar nicht beschreiben, denn wir wagen es nicht einmal, ihm ins Gesicht zu sehen. Er ist ein Baum, und seine Früchte sind Keulen und Schwerter, und wenn es auch aus den Wolken Steine regnete: Er würde keine Angst bekommen. Er fürchtet die Kriegselefanten nicht. Sein Kopf ist wie besessen vom Kampf, und sein Herz ist nur auf Streit gerichtet. Auch wie Manšūr ist keiner auf der Welt, und es gibt keinen Heerführer wie Gorgūy. In der ganzen Wüste sind Zelte und Pavillons aus chinesischem Brokat errichtet, und von diesen Bergen hier bis hin zum Šahd-See sieht man nichts als Fahnen und Truppen und Elefanten und Zelte. Die Helme und Panzer der Feinde sind nicht zu zählen. Nicht für einen einzigen Menschen ist mehr Platz in dieser Wüste. Wenn der Pahlavan des Heeres nicht den Weg zu uns genommen hätte, wäre unsere Sache verloren gewesen. Wir danken nun dem gnädigen Gott,* der über uns so viel Kummer und Not gebracht hatte. Zweifellos hast du uns das Leben gerettet, denn keiner von uns hätte sonst noch eine Zukunft gehabt.«

Einen Augenblick lang überkam den Pahlavan noch einmal der Kummer über die Toten, und er weinte, denn sein Herz wurde ihm schwer. Und dann sprach er: »Steige herab von der Laufbahn des Mondes zum dunklen, schwarzen Erdenstaub, und überall wirst du doch nichts anderes sehen als Angst und Sorgen und Kummer. So steht es mit dieser vergänglichen Welt. Alles Tun des Himmels, der sich über

* Für das rechtzeitige Eintreffen Rostams.

uns dreht, ist nicht zu entschlüsseln, denn manchmal bringt er Kampf und Gift, und manchmal Honig und Liebe. Ob wir nun erschlagen werden oder friedlich sterben – es bringt doch nichts, nach dem *wie* oder *warum* Ausschau zu halten. Wir müssen gehen, wenn unsere Zeit gekommen ist. Sei deshalb dem sich drehenden Himmel nicht gram. Möge der Schöpfer, der den Sieg verleiht, uns beistehen! Möge das Glück unserer Feinde zerbrechen! Von nun an werden wir die Rache wiederaufnehmen, so dass die Welt vom Iran Beistand suchen wird.«

Die Großen des Reiches spendeten ihm Lob und Beifall: »O du Diadem von Schwert und Thron und Siegel! Mögest du immer ruhmreich und glücklich leben! Möge der Hof des siegreichen Königs niemals ohne dich sein!«

Beide Heere bereiten sich auf die Schlacht vor. Am Morgen des nächsten Tages stellt der Kaiser von China, der Xāqān, ein Verbündeter des turanischen Königs, seine Truppen in der Wüste zum Kampf auf.

Der erste Kampftag

Als Rostam die Vorbereitungen des Xāqāns sah, begab er sich mitten ins Heer auf das Schlachtfeld und befahl Tūs, die Pauken auf die Elefanten binden zu lassen. Das Heer machte sich bereit zum Kampf: Es glänzte so herrlich wie das Auge des Hahns. Und dann sprach Rostam: »Nun werden wir sehen, über wem sich der Himmel in Liebe dreht. Wir werden bald wissen, für wen sich das Schicksal entscheidet und wer von diesen Edlen heute sein Ende findet. Auf dem Wege hierher habe ich keinen Augenblick verweilt, und Raxš hat täglich die Strecke von drei Tagen zurückgelegt. Die Hufe des Pferdes sind nun abgenutzt, und er selbst ist vom Weg und all den Mühen erschöpft. Ich kann ihn noch nicht wieder so schwer belasten, um mit ihm den Kampf mit dem Gegner zu suchen. Ihr müsst mir heute in der Schlacht Hilfestellung leisten und selber versuchen, gegenüber dem Feinde erfolgreich zu sein.«

Der Feldherr Tūs ließ nun die Hörner und bronzenen Pauken ertönen. Kriegsgeschrei und Trompetenschall erhob sich. Gūdarz ordnete den rechten Flügel und schickte den Tross mit dem Gepäck ins Gebirge. Farīborz, der Sohn des Kā'ūs, führte den linken Flügel. Die ganze Welt war durch die Lanzen wie ein Wald aus Schilfrohren. Über den mittleren Heeresteil führte Tūs, der Sohn Nūzars, den Befehl. Die Erde bedeckte sich mit Staub, und ein Wind erhob sich in den Lüften. Durch all den Staub wurde die Welt unsichtbar, so dass keiner der Helden sich selbst mehr sehen konnte.

Der Pahlavan Rostam stieg auf den Gipfel des Berges, um den Xāqān und die turanische Armee zu beobachten. Er sah ein Heer, das so groß war, dass das Meer von Rūm* damit verglichen wie ein Kügelchen aus Wachs erschien. Ritter aus Kašān und China waren da, und jedes Heer hatte Rüstungen und Helme von eigener Art. Auch aus Čagān und Šekan und Saqlāb und Indien, aus Gahān und Rūm und Vahr und Send: von überall her waren sie zusammengekommen. Die verschiedensten Sprachen waren zu vernehmen, und man konnte neue, fremde Fahnen und viel Tross sehen. Durch die Elefanten und die ganze Pracht, durch die Throne aus Elfenbein, die Armreifen und Diademe und Halsketten und Kronen war die Welt zu einem einzigen Paradiesgarten geworden: Der Anblick war schön und schrecklich zugleich. Rostam blieb voller Staunen dort oben auf dem Gipfel des Berges, und beim Abstieg begann er zu grübeln: »Wie lange wird uns das Schicksal noch gnä-

* Gemeint ist das Mittelmeer.

dig sein? Welches Spiel wird der alte Himmel mit uns treiben?«

Er stieg vom Berg herab, doch er verlor nicht den Mut und wich auch seinen Truppen und Heerführern nicht aus. Zu sich selbst sprach er: »Solange ich im Dienste des Königs stehe, habe ich mich noch nie auch nur ein Jahr lang irgendwo ausgeruht. Vor dem heutigen Tag habe ich schon viele Heere gesehen, doch ich weiß nicht, ob es darunter ein Heer gab, das so groß war wie dieses.«

Daraufhin ließ er die Pauken schlagen, und der Feldherr Tūs zog in den Kampf. Er kam mit den Truppen vom Berg herunter in die Ebene, bereit, die Lanzen voller Rachedurst in Blut zu tauchen. Einen halben Tag lang kam das Heer heranmarschiert und stellte sich über eine Fläche von zwei Farsangen in der Wüste in Schlachtreihen auf. Der schwarze Staub nahm dem Tag das letzte Licht, so dass er nicht mehr von der Nacht zu unterscheiden war. Durch die Lanzen und die Federn der Pfeile wurde der Himmel so verdunkelt, dass die Sonne sich darin verirrte. Das Geschrei der Ritter und das Wiehern der Pferde stieg aus der Wüste bis zu Mars und Saturn empor. Die Reiter stürmten so gewaltig dahin, und die Schläge der Streitäxte klangen so schrecklich, dass die Felsen Flügel bekamen.* Schwerter und Arme wurden rot vom Blut, und der Boden unter den Hufen der Pferde stieß laute Klagerufe aus. Die Herzen der Furchtsamen ließen ihre Körper im Stich, und die Mutigen machten sich selbst ein Leichentuch aus ihrem Waffenrock. Die mächtigen Löwen zogen es vor, diese Gegend zu verlassen, ja selbst die furchtlosen Adler flogen davon. Die Sonne verlor jede Farbe aus dem Antlitz. Der Erdboden und der Fels der Berge gerieten in Wallung.

* Um vor Angst zu fliehen.

Rostams Kampf mit Aškabūs

Der erste Zweikampf in dieser furchtbaren Schlacht findet zwischen dem Turaner Aškabūs und dem Iraner Rohhām statt, in dessen Verlauf Rohhām in die Flucht geschlagen wird. Tūs will nun eingreifen.

Da wurde Rostam zornig und rief Tūs zu: »Für Rohhām ist nur der Weinpokal ein guter Partner. Beim Wein spielt er mit dem Schwert: Da ist er der stolze Recke unter den Helden. Wohin ist er nun verschwunden, vor Angst ganz gelb wie Sandarak? Ist er etwa ein schlechterer Ritter als Aškabūs? Du musst jetzt das Heer anführen, während ich zu Fuß kämpfen werde.« Er hängte sich den Bogen an der Sehne über den Arm und steckte etliche Pfeile hinter den Gürtelriemen.

Dann rief er: »Du, der du den Kampf suchst, dir ist ein Gegner erschienen! Reite noch nicht zurück!« Der Held aus Kašān lachte und war erstaunt. Er zog die Zügel fest an und rief Rostam spöttisch zu: »Wie heißt du denn? Wer wird über dich weinen, wenn dein Kopf ohne Körper ist?« Und so antwortete ihm Rostam: »Was fragst du nach dem Namen? Du wirst niemals erleben, dass dein Wunsch sich erfüllt. Meine Mutter hat mich ›Dein Tod‹ genannt, und das Schicksal hat mich zum Hammer gemacht, der deinen Helm zerschlägt.« Der Kašāner sagte zu ihm: »Ohne Pferd lieferst du deinen Kopf auf kürzestem Wege dem Tode aus.« Doch Rostam entgegnete: »Du hast den Verstand verloren und suchst den Kampf. Hast du noch nie einen Mann zu Fuß kämpfen gesehen? Einen Mann, der die Köpfe der stolzen Recken unter den Grabstein bringt? Ziehen in deiner Heimat denn Löwen und Krokodile und Panther auf Pferden in den Kampf? Jetzt aber werde ich dir, du tapferer Ritter, zeigen, wie man zu Fuß kämpft. Tūs hat mich zu Fuß hierher geschickt, um Aškabūs das Pferd wegzunehmen. Dann wird der Kašāner auch zu Fuß sein wie ich, und alle werden über ihn lachen. Ein Kämpfer zu Fuß ist besser als ein Reiter wie du, mit dieser Hand und Kraft und Kampfbereitschaft.« Der Kašāner fragte ihn: »Welche Waffen hast du denn? Ich sehe nichts als Spott und Witz.« Und Rostam antwortete: »Pfeile und Bogen. Du wirst sehen, dass deine Zeit jetzt zu Ende geht.«

Und als er sah, wie Aškabūs so selbstzufrieden auf seinem kostbaren Pferd saß, machte er den Bogen bereit. Er spannte die Sehne und schoss einen Pfeil gegen die Brust seines Pferdes, so dass es zu Boden ging. Da lachte Rostam und rief laut: »Setz dich doch vor deinen lieben Gefährten. Du kannst gerne seinen Kopf in den Arm nehmen und dich einen Augenblick vom Kampfe ausruhen!« Daraufhin spannte auch Aškabūs seinen Bogen. Er zitterte am ganzen Leib vor Wut, und sein Gesicht war bleich wie Sandarak. Und dann ließ er auf Rostam einen Pfeilregen niederprasseln, doch der rief ihm zu: »Völlig sinnlos ermüdest du deinen Leib und deine Arme und deine boshafte Seele.« Rostam streichelte seinen Bogen mit der Hand. Er sah, dass er noch einen Pfeil aus Hartholz hatte. Den schoss er Aškabūs gegen Brust und Körper, und der Kašāner hauchte auf der Stelle seine Seele aus. Es war, als hätte seine Mutter ihn nie geboren.

Von beiden Seiten schauten ihnen die Heere zu und beobachteten den Kampf der Recken. Kāmūs und der Xāqān von China sahen diese große Gestalt mit ihrer Kraft und Kampfesstärke. Und als Rostam nun zurückritt, schickte der Xāqān einen schnellen Reiter, um aus dem Körper des edlen Aškabūs den Pfeil herauszuziehen. Dieser zog den Pfeil heraus, der bis zu den Federn hin voller Blut war. Das ganze Heer ritt an dem Pfeil vorüber, und alle hielten ihn für einen Speer. Als der chinesische Kaiser die Federn und die Spitze des Pfeils sah, wurde sein junges Herz alt.

Erst jetzt bemerken die Turaner, dass die Iraner inzwischen Verstärkung erhalten haben. Pīrān, der turanische Feldherr, gibt seinem Verbündeten, Kāmūs von Kašān, der Rostam noch nicht kennt, eine Beschreibung des Elefantenleibigen:

Pīrān sagte zu ihm: »Es darf überhaupt nicht geschehen, dass er hierher kommt und an Kampf denkt. Du wirst einen Mann sehen, so groß wie eine schlanke Zypresse, schön und majestätisch anzuschauen. Auf vielen Kampfplätzen ist Afrāsiyāb vor ihm geflohen, wobei er Tränen in den Augen hatte. Rostam ist ein Mann, der stets zum Kampf bereit ist und dazu ein treuer Diener Xosraus. Er greift immer als Erster zum Schwert, wobei er kämpft, um Siyāvoš zu rächen, den er in seinen Armen großgezogen hat. Seinen Waffen hält keiner stand, wenn auch viele Männer schon den Versuch gemacht haben. Wenn er sich zum Kampf bereitmacht, hat sein Leib die Kraft eines wütenden Elefanten. Kein Krokodil könnte seine Keule aufheben, wenn er sie in der Schlacht zu Boden werfen sollte. Die Sehne an seinem Bogen ist aus Löwenfell, und die Spitze jedes seiner Pfeile wiegt zehn Setīr.* Wenn ihm ein harter Stein in die Hände fällt, wird der zu Wachs, ja, er muss sich vor dem Wachs sogar noch schämen. Um in den Kampf zu reiten, zieht er sich zuerst ein Kettenhemd an, und darüber bindet er sich einen Panzer. Dazu trägt er einen Überwurf aus Pantherfell. Den legt er sich um, und so reitet er in die Schlacht. Er nennt das Fell ›Babr-e Bayān‹ und legt mehr Wert darauf als auf Waffenrock und Panzer. Es brennt nicht im Feuer und wird im Wasser nicht nass. Es ist fast so, als ob ihm Flügel wüchsen, wenn er es anlegt. Er sitzt auf einem großen Schlachtross: Wenn es angelaufen kommt, denkst du, es ist der Berg Bīsotūn. Aus Staub und Steinen

* Man nimmt an, dass 1 Setīr gleich 1/40 Man war, 1 Man wiederum entsprach zu Ferdausis Zeit etwa 3 kg. 10 Setīr wären dann etwa 750 g.

kann es Feuer schlagen, und in der Schlacht hört es nicht auf zu wiehern.

Aber trotz seiner erstaunlichen Eigenschaften brauchst du ihn in der Schlacht doch nicht für einen tüchtigen Helden zu halten. Es wäre kein Wunder, wenn du – mit diesen Beinen, diesem Nacken, diesen Armen und diesen Schultern – gegen ihn erfolgreich bist.«

Rostam besiegt Kāmūs

Kāmūs fühlt sich durch Pīrāns Lob sehr geschmeichelt und will am nächsten Tag mit Rostam kämpfen. An diesem zweiten Kampftag entwickelt sich eine blutige Schlacht, in der Kāmūs die Iraner herausfordert und Alvāy, einen der Recken Rostams, im Kampf tötet.

Durch Alvāys Tod war Rostam von Schmerz erfüllt. Er löste vom Sattelriemen die Schlingen des Fangseils. Da er so wie in Māzandarān vorgehen wollte, hatte er sich mit dem Fangseil und einer schweren Keule versehen. Er kam herangeritten und brüllte wie ein brünstiger Elefant, das Fangseil über dem Arm und die Keule in der Hand. Kāmūs rief ihm zu: »Komm hier nicht so herangestürmt, um Kraft zu zeigen mit deinem Faden, den du sechzigmal aufgewickelt hast.« Und Rostam gab ihm zur Antwort: »Wenn ein Löwe Jagdbeute sieht, brüllt er zornig. Du warst es, der diesen Kampf begonnen hat. Du hast einen Edlen aus dem Iran getötet. Mein Fangseil nennst du einen Faden: jetzt aber wirst du meine Stricke und Fesseln spüren. Das Schicksal hat dich aus Kašān hierher geführt, und weil hier dein Grab sein soll, habe ich mich nirgendwo aufgehalten.«

Kāmūs ließ den Staub des Kampfes aufwirbeln. Er sah den Gegner mit seiner ganzen Ausstrahlung und schwang sein blitzendes Schwert, um ihm den Kopf vom Leib zu trennen. Doch die Schwertspitze erfasste nur den Hals von Raxš und schnitt in dessen Kampfpanzer hinein. Raxš' Körper aber blieb dabei unversehrt. Nun legte der Recke Rostam die Fangleine in Schlingen, warf sie und erfasste den Körper des Gegners. Er trieb sein Pferd an, diesen wütenden Elefanten. Dann riss er das Fangseil an seinen Oberschenkel heran und zog es durch den Lederriemen des Sattels. Raxš flog dahin wie ein Adler, mit Federn und Schwingen. Voller Mut gab Kāmūs seinem Pferd Schenkeldruck. Er stemmte sich in die Steigbügel und ließ die Zügel los. Er wollte freikommen, indem er versuchte, die Schlingen des Fangseils auseinander zu reißen. Kāmūs war wie von Sinnen, aber das Fangseil gab nicht nach. Der elefantenleibige Held ließ Raxš nun langsamer laufen. Er drehte sich herum und riss Kāmūs kopfüber aus dem Sattel herunter und warf ihn zu Boden.

Dann ging er zu ihm und band ihn mit den Schlingen des Fangseils und sprach zu ihm: »Jetzt kannst du keinen Schaden mehr anrichten. Betrug und Zauberei haben dich im Stich gelassen, und deine Seele ist ein Sklave des Teufels geworden.« Er band ihm die beiden Hände im Rücken fest wie Stein zusammen. Dann nahm er das Fangseil und ging zu Fuß zum iranischen Heer. Und unterm Arm trug er den, der den Kampf so gesucht hatte.

Zu seinen Recken sagte er: »Dieser kampfeslustige Held ist voller Tatendrang und Kraft vor mich geritten. Aber so geht es nun einmal zu in dieser trügerischen Welt: Manchmal erhebt sie dich hoch hinauf, und manchmal wirft sie dich nieder. Sie gibt Fröhlichkeit und auch Traurigkeit. Manchmal drückt sie uns zu Boden, und manchmal lässt sie uns bis zu den Wolken aufsteigen. Und diesem stolzen, tapferen Mann – der immer gegen Löwen gekämpft hat, der nach Iran gezogen ist, um eine Wüstenei daraus zu machen und unser ganzes Land zu einem Revier von Löwen werden zu lassen, der wollte, dass in Zāvolestān und Kāvolestān niemals mehr Paläste und Gärten erblühen sollten, und der erst seine Keule aus der Hand legen wollte, nachdem er Rostam, Zāls Sohn, vernichtet hatte –, diesem Mann sind jetzt sein Helm und seine Rüstung zum Totenhemd geworden. Seine Krone ist nun aus Staub, und das Grab ist sein Kleid. Wie wollt ihr ihn töten? Denn das Leben des Kriegers Kāmūs läuft nun aus.« Er warf ihn vor den Helden in den Staub. Einige edle Recken aus dem Heer traten vor und zerstückelten seinen Leib mit ihren Schwertern, so dass die Steine und die Erde unter ihm in Blut getaucht wurden.

Vertraue nicht zu sehr auf deine Tapferkeit, denn über dir ist die Hand des Schicksals ausgebreitet.

Der Kampf gegen den Xāqān

Der Krieg wird fortgesetzt, wobei Rostam im Zweikampf den Turaner Čengeš tötet. Schließlich erkennt Hūmān Rostam an seinem Verhalten, und er erfährt von ihm die Bedingungen für einen Friedensschluss: Auslieferung der am Tode des Siyāvoš Schuldigen, von denen die meisten zur Familie und den Freunden Afrāsiyābs zählen. Der Versuch Pīrāns, des turanischen Feldherrn und ehemaligen Vertrauten Afrāsiyābs, zwischen den Iranern und den Turanern zu vermitteln, scheitert. So beginnt von neuem ein furchtbares Gemetzel. Einer der Verbündeten der Turaner ist Šangol, der König von Indien. Er fordert Rostam zum Kampf heraus.

Šangol ritt vor das Heer und rief dort und verkündete: »Ich bin Sieger über alle Helden und suche den Kampf. Nun möchte ich sehen, wo dieser Sagzī* ist, denn ich will die Hand nach ihm ausstrecken.« Als Šangols Geschrei zu

* *mard-e sagzī* (»Mann aus Sagaz«, Sīstāner) ist einer der Beinamen Rostams. Sagaz ist das Land der Saker, das dem Sīstān entspricht.

Rostam drang, schaute er von seinem Heer aus hinüber und sah ihn. Dann sprach er: »Vom Schöpfer der Welt habe ich mir öffentlich und insgeheim nie etwas anderes gewünscht, als dass einer der Fremdlinge in diesem großen Heer den Mut aufbringt, mit mir den Kampf zu suchen. Ich werde niemanden aus Saqlāb und Indien am Leben lassen. Kein chinesisches Schwert lasse ich ungeschoren und auch keine seidenglänzende Rüstung.« Er ritt zu Šangol hinüber und rief ihm zu: »Du, der du von schlechter Herkunft bist und von erbärmlicher Abstammung, wisse: Zāl hat mir den Namen Rostam gegeben. Warum nennst du mich Sagzī, du Nichtswürdiger? Jetzt wirst du sehen, dass der Sagzī dein Tod ist, und todsicher werden Rüstung und Helm dir ein Leichentuch sein.«

Er wandte sich gegen ihn auf dem Schlachtfeld, zwischen den beiden Heeren, die dort in Kampfreihen aufgestellt waren. Mit der Lanze stach er nach dem Gegner und hob ihn aus dem Sattel. Kopfüber warf er ihn zu Boden. Er ritt über ihn hinweg, ohne das Pferd auf ihn treten zu lassen, und dann griff der löwenstarke Held nach dem Schwert. Da kamen von der Gegenseite die Recken mit ihren blitzenden Schwertern aus gehärtetem Stahl auf ihn losgestürmt. So konnte Šangol lebend dem Zugriff Rostams entkommen. Sein Panzer war ein Kettenhemd: Deshalb hat ihn die Rüstung beim Sturz nicht verletzt.

Šangol erklärte daraufhin: »Das ist kein Mensch. Niemand auf der Welt kann ihm im Kampf widerstehen. Er ist ein schrecklicher Elefant, der auf einem Berg reitet. Es müsste schon das ganze Heer ihn gemeinsam angreifen, denn allein darf niemand den Kampf mit diesem Drachen suchen. Sollte das aber doch jemand tun, wird er ihm nicht entkommen.«

Der Kampf geht erbarmungslos weiter. Rostam tötet Sāve, einen Verwandten des erschlagenen Kāmūs, im Zwei-

kampf und wird durch Gahār von Gahān herausgefordert, aber:

Als er Rostams Helm aus der Nähe sah, da war ihm, als wollte seine Seele dem Körper entfliehen, und er sprach zu sich: »Mit dem schrecklichen Elefanten zu kämpfen ist gerade so, als ob jemand in das Wasser des Nils taucht: Einer sagt: ›Er kommt wieder hoch!‹ Und ein anderer: ›Er wird nicht wieder hochkommen!‹ Zwei Aussagen, die man mit dem Verstand nicht zusammenbringt.* Es ist besser zu fliehen, während der Kopf noch an seinem Platz ist, als um des Ruhmes willen oder aus Übermut den Kampf mit ihm zu suchen.« Er versuchte zum schützenden Heer zu entkommen, während von beiden Seiten die Truppen zuschauten und Rostams Fahne inmitten der Truppen wie ein Baum auf einem dunklen Berg stand. Schnell wie der Wind ritt Rostam hinter ihm her, so dass der Boden rot wurde wie ein Rubin und die Luft sich verdunkelte. Er stach mit seiner Lanze nach Gahārs Gürtelriemen und zerriss ihm dabei den Waffenrock und die Bindungen am Panzer. Gahār fiel zu Boden wie die Blätter eines Baumes, deren Zweige der Sturmwind schüttelt. Rostam warf Gahārs dunkle Fahne nieder, und er starb, als ob es Gahār von Gahān nie gegeben hätte.

Die Turaner werden durch diese Niederlagen in Angst und Schrecken versetzt. Aber erst als Rostam den Xāqān von China gefangen nimmt, fliehen die gegnerischen Truppen unbemerkt eines Nachts und hinterlassen eine gewaltige Kriegsbeute, die zusammen mit den Gefangenen zu Xosrau geschickt wird. Rostam aber bricht sofort auf und verfolgt die Turaner, um die Rache für Siyāvoš fortzusetzen. Auf dem Weg nach Turan erobert er unter Mühen die Festung des Menschenfressers Kāfūr, eines Vasallen Afrāsiyābs. Als

* Denn der Ausgang der Sache ist sehr ungewiss.

der turanische König von der Niederlage seiner Verbündeten und der Verwüstung seiner Länder hört, bereitet er seine eigenen Truppen zum Kampf vor.

In der ersten Schlacht stellt sich der mit Zauberkräften ausgestattete Turaner Pūlādvand den Iranern entgegen und kämpft auch lange ohne Erfolg mit Rostam. Schießlich wird ein Einzelkampf zwischen den beiden abgesprochen:

Die beiden stolzen Recken, im Krieg erprobt, machten sich an den Ringkampf, nachdem vereinbart war, dass aus den Heeren keiner den Streitenden zu Hilfe kommen sollte, wobei zwischen den Truppen eine halbe Farsange Abstand blieb. Diesem Kampf schauten selbst die Sterne zu. Bevor Pūlādvand und Rostam, die beiden wütenden Löwen, aufeinander losgingen, rieben sie sich gegenseitig die Hände, und dann ergriffen sich die Gegner an den Gürtelriemen.

Als nun Šīde Brust und Arme Rostams sah, stieß er einen tiefen Seufzer aus und sagte zu seinem Vater: »Dieser starke Mann, den du Rostam, den Dīvbezwinger, nennst, wird jetzt mit seiner Kraft und Überlegenheit den Kopf des tapferen Dīvs Pūlādvand zu Boden drücken. Von unseren Helden kannst du dann nur noch die Flucht erwarten. Lass dich nicht auf einen Streit mit dem Schicksal ein.« Afrāsiyāb antwortete seinem Sohn: »Mein Hirn ist durch diese ganze Angelegenheit sehr beunruhigt. Geh und schau dir an, wie der Held Pūlādvand sich im Ringkampf behauptet.« Doch Šīde sagte zu ihm: »Das passt nicht mit der Abmachung zusammen, die der König vor dem ganzen Heer mit Rostam getroffen hat. Wenn du die Abmachung brichst und unüberlegt handelst, wird dieser Kampf für dich ein böses Ende nehmen. Mach du dieses klare Wasser jetzt nicht trübe, denn diejenigen, die dir ein Vergehen anhängen wollen, finden sonst schnell ein Verschulden bei dir.«

Der König verfluchte daraufhin seinen Sohn. Er wurde zornig und geradezu feindselig gegen ihn und sagte: »Wenn der Dīv Pūlādvand durch diesen üblen Menschen ins Verderben gerät, bleibt keiner von uns auf diesem Schlachtfeld am Leben. Du hast von allen Fähigkeiten nur die Kunst der Rede – und das ist alles.« Darauf zog er die Zügel an und kam wie ein Löwe zum Kampfplatz der beiden tapferen Helden geritten. Er sah den Kampf zweier brünstiger Elefanten. Sie brüllten wie Donner und versuchten sich mit den Händen zu packen. Da sagte er zu Pūlād: »Du stolzer Löwe, wenn es dir beim Kampf gelingt, ihn unter dich zu drücken, kannst du ihm den Bauch mit einem Dolch aufschneiden. Um dieses hier zu vollenden, braucht es Geschicklichkeit und kein langes Gefasel.«

Gīv schaute zu Afrāsiyāb hinüber und bemerkte die heftigen Reden und den schnellen Ritt des Turaners, und als er sah, dass die Feinde die Verabredung gebrochen hatten, trieb er sein Pferd an und kam eilig zu Rostam geritten und sprach zu ihm: »Du tapferer Kämpfer, welchen Befehl gibst du jetzt deinen Untergebenen? Sprich! Schau dir die Abmachung mit Afrāsiyāb an und sieh, wie er jetzt den Augenblick für günstig hält, um Unheil anzurichten und zur Eile anzutreiben. Er ist auf den Kampfplatz geritten, um Pūlādvand Mut zu machen und ihm zu raten, beim Ringkampf den Dolch zu gebrauchen.«

Doch Rostam sagte zu ihm: »Ich bin ein Krieger, und im Ringkampf bin ich standhaft. Warum solltet ihr Angst haben? Warum sollte sich euer Herz spalten? Ich werde jetzt sofort Kopf und Arme Pūlādvands vom hohen Himmel in den Staub herunterholen. Und selbst wenn die Kraft meiner Hände diesem Kampf nicht gewachsen sein sollte, darfst du mir nicht durch törichtes Gerede den Mut nehmen. Wenn dieser hirnlose Zauberer sich nicht an die vor Gott geschlossene Abmachung hält – warum fürchtet ihr dann diesen Vertragsbruch? Er wirft nur den Staub auf seinen eigenen Helm.« Und dann streckte er wie ein Löwe seine Hände aus und ergriff Brust und Arme des streitbaren Krokodils. Er zog ihn bis auf Schulterhöhe hoch und warf ihn zu Boden. Daraufhin pries er Gott den Schöpfer.

Vom iranischen Heer erhob sich lauter Jubel. Die Paukenschläger rückten vor, Trompetenschall stieg bis zum Himmel empor, Zimbeln ertönten und Schellenklang. Rostam glaubte, dass im Leibe Pūlādvands kein Gelenk mehr heil geblieben wäre. So bestieg er den tapferen Raxš und ließ den Leib dieses Drachen dort liegen, wo er gefallen war. Als der löwenbezwingende Held zu seinen eigenen Reihen zurückgekehrt war, schaute Pūlād sich schnell wie ein Pfeil um und floh zu Afrāsiyāb, das Herz voller Blut und die Wangen voller Tränen. Dort legte er sich zu einem langen Schlaf auf die dunkle Erde, und eine Zeit lang verließ den Kämpfer das Bewusstsein.

Seelisch zerbrochen, räumt Pūlād mit seinen Truppen das Schlachtfeld. Afrāsiyāb flieht vor Rostam an das chinesische Meer und überlässt es Pīrān, mit seinem Heer weiter gegen Rostam zu kämpfen. Die Turaner werden vernichtend geschlagen und das Land Turan durch die Iraner geplündert und verwüstet. Nach einem feierlichen Empfang bei Xosrau reitet Rostam zu Zāl zurück in seine Heimat Zāvolestān.

Der Dīv Akvān

Höre nun den Bericht eines alten Dehqān, und mögest du Freude daran haben. Dieser Dehqān hat uns überliefert, dass eines Tages zu früher Morgenstunde Kay Xosrau seinen Pavillon wie einen Garten im Frühling schmücken ließ. Dann setzten sich die Großen des Landes zu ihrem König: Gūdarz war dabei und Rostam und Gostaham. Und auch Barzīn und Karšāsp, der von Ǧamšīd abstammte. Dazu Gīv und Rohhām, der erfahrene Mann, und Gorgīn und der kluge Xarrād.

Als nun eine gewisse Zeit des Tages vergangen war, kam ein Pferdehirte aus der Steppe an den Hof und berichtete: »Ein Wildesel ist in der Herde aufgetaucht. Er kommt mir vor wie ein Dīv, der sich von seinen Fesseln befreit hat. So wild ist er, dass man ihn für einen starken Löwen halten könnte. Damit treibt er die Pferde auseinander. Er hat die gleiche Farbe wie die Sonne; man könnte sagen, der Himmel habe ihn mit Goldwasser gewaschen. Schwarz wie Moschus zieht sich ein Streifen von seinem Nacken bis zum Schwanz. Wäre er ein Pferd, würde man ihn einen großen Falben nennen, mit seinen runden Hinterschenkeln und den Vorder- und Hinterläufen.«

Xosrau wusste, dass das kein Wildesel sein konnte, denn ein Wildesel ist niemals stärker als ein Pferd. Er sprach zu Rostam: »Nimm die Mühe auf dich, wieder in den Kampf zu ziehen. Reite hin und sei vor ihm auf der Hut, denn vielleicht ist es Ahreman, der Rache sucht.« Da antwortete Rostam: »Unter dem Schutze deines Glücks hat ein Diener deines Thrones keine Furcht. Keiner der Dīve und Löwen und starken Drachen entkommt meinem scharfen Schwert.«

Wie ein wilder Löwe ritt er los auf die Jagd, das Wurfseil in der Hand und unter sich ein Pferd wie ein Drache. Er kam in die Steppe, wo der Hirte seine Herde hatte und wo der von den Fesseln befreite Dīv aufgetaucht war. Drei Tage lang suchte er in dieser Steppe und lauerte um die Pferde herum auf ihn. Am vierten Tag sah er ihn, wie er über die Steppe trabte, und schnell wie der Nordwind ritt er auf ihn los. Es war ein Tier, das wie Gold erstrahlte, doch unter seinem Fell verbarg sich Bosheit. Rostam trieb den wackeren Raxš an, aber als er näher herankam, änderte er seine Meinung und sprach zu sich: »Man sollte ihn nicht erschlagen, sondern mit den Schlingen des Wurfseils fangen. Statt ihn mit dem Schwert zu töten, kann ich ihn dem König lebend bringen.«

Rostam warf das königliche Fangseil und wollte so den Kopf des Tieres in die Schlinge bekommen. Als aber der mutige Wildesel Rostams Fangseil sah, wurde er vor dessen Augen unsichtbar. Da wusste Rostam: »Das ist kein Wildesel. Bei ihm muss jetzt List, aber keine Gewalt angewendet werden. Das hier kann niemand anderes sein als der Dīv Akvān. Ich muss ihn mit schnellem Schwert erschlagen. Von kundigen Leuten habe ich gehört, dass er sich hier aufhalten soll. Es ist aber erstaunlich, dass er das Fell eines Wildesels angelegt hat. Ich muss nun doch das Schwert zu Hilfe nehmen und über dieses goldgelbe Fell Blut laufen lassen.«

Da wurde der Dīv wieder in der Steppe sichtbar, und der Recke Rostam gab seinem schnellen Pferd die Sporen. Er spannte die Sehne in den Bogen, und während sein Pferd schnell wie der Wind dahinflog, schoss er wie Āzargošasp einen Pfeil. Aber während er noch den königlichen Bogen spannte, wurde der Wildesel ein zweites Mal für ihn unsichtbar. Auf der Suche nach ihm ritt er in dieser weiten Steppe umher. Nachdem aber drei Tage und Nächte für ihn vergangen waren, brauchte er dringend Wasser und auch Brot, und sein Kopf fiel vor lauter Müdigkeit schon auf den

Sattelknopf. Als er dringend klares Wasser finden musste, erschien vor ihm eine Quelle, deren Wasser wie Rosenwasser war. Er stieg ab und ließ Raxš trinken und überließ vor Müdigkeit seine Augen dem Schlaf. Doch zuvor löste er die Gurte seines königlichen Sattels aus Buchenholz, der ihm als Kopfkissen diente. Raxš begann zu weiden, und er selber legte sich die Satteldecke zum Schlafen neben das Wasser der Quelle.

Akvān sah von ferne, dass er schlief, und kam schnell wie der Wind zu ihm geeilt. Er grub um ihn herum die Erde hoch, auf der er lag. So ergriff er ihn und hob ihn aus der Ebene empor bis in den Himmel. Rostam wachte auf und wurde sehr beunruhigt, doch sein kluger Kopf war gleich zum Kampf bereit. Als er sich bewegte, rief Akvān ihm zu: »Du Elefantenleibiger, du darfst dir jetzt wünschen, wohin ich dich aus der Luft werfen soll. Soll ich dich ins Wasser werfen oder auf das Gebirge? Wo möchtest du fern von allen Menschen herunterfallen?«

Rostam überlegte sich dessen Worte und sah, dass der Himmel in den Klauen des üblen* Dīvs war, der verkehrtherum dachte und handelte. Er sprach zu sich: »Wenn er mich über dem Gebirge abwirft, zerbrechen mir Leib und Knochen. Es ist doch besser, wenn er mich ins Meer wirft, auch wenn er mir dabei ein Totenkleid im Bauch der Fische bereiten sollte.« Und deshalb antwortete er dem Dīv: »Ein Weiser aus China hat hierzu etwas gesagt: Die Seele dessen, der im Wasser sein Leben lässt, wird im Paradies nicht den Sarūš** erblicken. Dessen Seele wird nämlich laut klagend auf der Erde bleiben und keine Freude im Jenseits finden. Wirf mich lieber über dem Gebirge ab, damit Tiger und Löwen die Krallen eines tapferen Mannes erleben können.«

* Wörtlich: »des verkehrten Dīvs«; ein Dīv tut immer absichtlich das Gegenteil von dem, was man von ihm erwartet.

** Ein Engel, der Gott als Bote dient.

Als der Dīv Akvān solche Worte von Rostam hörte, stieß er ein lautes Gebrüll zum Meer hin aus und sprach: »Ich werde dich an einem Ort abwerfen, wo du dich vor keiner der beiden Welten* verbergen kannst.«

Er warf ihn ins tiefe Meer und wollte ihm den Bauch der Fische zum Leichentuch machen. Als Rostam aber aus der Luft ins Wasser gelangt war, zog er schnell sein scharfes Schwert aus der Scheide, so dass die Krokodile, die auf ihn losgehen wollten, durch seine Kampfbereitschaft verwirrt wurden. Er schwamm mit der linken Hand und seinen Füßen, und mit der anderen Hand verschaffte er sich einen Weg durch die Feinde. Er ließ nicht viel Zeit verstreichen, um zu handeln, und so muss sich ein Krieger auch verhalten. Wenn jemand durch seine Tapferkeit am Leben bleiben könnte, hätte das Schicksal Rostam niemals zu Fall gebracht. Aber so dreht sich nun einmal das Glücksrad der Welt: Manchmal trägt es Honig als Frucht und manchmal Gift.

Unter großen Anstrengungen gelangte er aus dem Meer ans Ufer. Er kam an den Strand und sah festen Boden vor sich. Da dankte er Gott, dass er seinen Diener aus den Händen des Verruchten befreit hatte. Um sich auszuruhen, öffnete er die Bindungen seines Panzers, legte den Babr-e Bayān an einer Quelle ab und warf den Bogen und die noch nasse Rüstung auf die Erde: Der wütende Löwe ließ das Meer hinter sich zurück.

Er kam an die Quelle, an der er eingeschlafen war und wo der üble Dīv sein böses Spiel getrieben hatte. Doch der strahlende Raxš war nicht in der Steppe zu erblicken, und der Held grollte seinem Schicksal. Voller Zorn ergriff er Sattel und Zaumzeug, und bis zum frühen Morgen folgte er Raxš' Spuren. So lief er zu Fuß und hielt Ausschau nach

* Also vor dem Diesseits und dem Jenseits.

Jagdwild, bis vor ihm eine grüne Landschaft auftauchte, voller Gebüsch und Bäche, und überall sah man Haselhühner und Tauben.

Der Hüter der Pferde Afrāsiyābs hatte sich in einem Gebüsch zum Schlafen gelegt, als Raxš wie ein Dīv zu den Stuten gestürmt kam und inmitten der Herde laut zu wiehern begann. Rostam sah ihn, warf das königliche Fangseil und hatte Raxš' Kopf in der Schlinge. Er rieb ihm den Staub ab, sattelte ihn und dankte dem gnadenspendenden Gott. Dann zog er seinem Pferd die Zügel über den Kopf und setzte sich in den Sattel. Er legte die Hand an sein scharfes Schwert und trieb die ganze Herde fort, die dort weidete, nachdem er für seine Waffe Gottes Hilfe erfleht hatte.

Der Hirte hörte das Lärmen der Pferde. Er kam verwirrt aus dem Schlaf hoch und rief die Reiter, die mit ihm die Herde hüteten. Sie setzten sich auf ihre stolzen Pferde, und jeder nahm Fangseil und Bogen und fragte sich: »Was muss das für ein Feind sein, der es wagt, auf diese Weiden zu kommen und sich in die Nähe so vieler Reiter zu begeben?« Dann ritten alle so schnell wie möglich los, um diesem Löwen das Fell auf dem Rücken zu zerreißen. Rostam sah, wie sie auf ihn zugeritten kamen, und zog schnell sein scharfes Schwert aus der Scheide. Er brüllte wie ein Löwe und rief seinen Namen: »Ich bin Rostam, Zāls Sohn!« Zwei Drittel der Reiter schlug er mit seinem Schwert tot. Als der Hirte das sah, wendete er sein Pferd und floh, und Rostam ritt hinter ihm her, den Bogen an der Sehne über dem Arm.

Ganz unerwartet und schnell wie der Wind kam Afrāsiyāb plötzlich herbeigeritten, um seine Pferde anzuschauen. Er kam mit Wein und Musik und in Begleitung seiner Edlen, denn wo sein Hirte jedes Jahr die Herde in der Steppe und an den Bächen frei laufen ließ, wollte er die Sorgen seines Herzens vergessen. Als er nun zu diesen Weideplätzen kam, war von den Pferden und den Hirten nichts zu sehen. Auf einmal aber erscholl Lärm aus der Steppe, und man sah Pferde, die einander im Lauf überholten. Dann konnte man in der Ferne Raxš erkennen, in all dem Staub, den seine Hufe aufwirbelten. Der Hirte kam zum König von Turan und berichtete ihm von den erstaunlichen Dingen, die er erlebt hatte: »Rostam hat ganz allein die Herde aus den Weidegründen fortgetrieben und von den Unsrigen viele getötet. Er selber aber ist entkommen.«

Bei den Türken hob ein großes Gerede und Geschrei an: »Dieser Kampfesdurstige ist allein hierher in die Steppe gekommen. Wir alle müssen jetzt unsere Rüstungen anlegen, denn man hat sich mit uns einen bösen Scherz erlaubt. Sind wir so verachtenswert geworden und so schwach, dass ein Einzelner blutrünstig über uns herfallen kann? Ganz allein hat er uns die Herde geraubt! Eine solche Tat dürfen wir nicht dulden.«

Mit vier Elefanten und einem großen Gefolge brach der König auf, um Rostam nachzujagen. Als sie sich ihm näherten, nahm dieser seinen Bogen vom Arm und kam herangestürmt. Wie Hagel aus einer Wolke kamen die Pfeile von seinem Bogen und die Schläge seines stählernen Schwertes, bis sechzig edle Helden am Boden lagen. Dann ergriff der Löwe statt seines Schwertes die Keule und tötete weitere vierzig der edlen Recken. Nun überkam den König die Angst, und er entfloh. Rostam aber nahm die vier weißen Elefanten in Besitz, und die Recken im Gefolge Afrāsiyābs verloren jede Hoffnung in dieser Welt. Rostam, der Keulenträger, verfolgte sie noch über zwei Farsangen wie eine Frühlingswolke und ließ die Keulenschläge wie Hagel auf sie niederprasseln. Helme und Visiere zerschlug er ihnen. Auf dem Rückweg führte er die Elefanten und die Herde mit sich und auch alle Beute, die ihm in die Hände gefallen war.

Als er nun zu jener Quelle zurückgeritten kam, sein kriegerisches Herz vom Kampf noch ganz erfüllt, wandte Akvān sich ihm von neuem zu und sprach zu ihm: »Wirst du nie des Kampfes überdrüssig? Du bist dem Meer entkommen und auch den Krallen des Krokodils. Bist du nun in die Steppe gekommen, um von neuem den Kampf zu beginnen?« Rostam hörte die Worte des Dīvs und stieß ein Gebrüll aus wie ein wütender Löwe. Der Recke löste sein Fangseil vom Sattelriemen, warf es und erfasste damit den Körper des Dīvs. Er wendete sich im Sattel und hob die schwere Keule, und wie mit einem Schmiedehammer schlug er wie ein brünstiger Elefant dem Dīv aufs Haupt, so dass dessen Kopf und Hirn durch Rostams Keule ihr Ende fanden. Er stieg vom Pferd, zog seinen blanken Dolch und schnitt dem streitbaren Dīv den Kopf ab. Dann dankte er Gott, dem Schöpfer, denn durch ihn hatte er den Sieg erhalten am Tage des Kampfes.

Böse Menschen und solche, die Gott nicht verehren, musst du als Dīve betrachten. Jeden, der den Weg der Menschlichkeit verlässt, musst du zu den Dīven rechnen und nicht zu den Menschen. Sollte dein Verstand dieser Erzählung keinen Glauben schenken, hat er deren tiefere Bedeutung nicht begriffen. Du, mein ehrwürdiger Lehrmeister, der du in der Welt viel Kälte und Hitze ertragen hast, was sagst du dazu? Wer weiß schon, wie viele Höhen und Tiefen ein langes Leben in sich birgt? Die lang vergangene Zeit lässt uns die Geschehnisse aus der Hand gleiten.

Als Rostam den Kopf des Dīvs abgetrennt hatte, setzte er sich auf sein elefantenleibiges Pferd. Dann trieb er die ganze Herde zusammen und sammelte auch das Gepäck ein, das die Türken zurückgelassen hatten. Er machte sich mit seiner Beute auf den Weg und wurde zum Schmuckstück der ganzen Welt. Dem König wurde die Nachricht überbracht, dass Rostam ruhmreich zurückgekehrt sei: Der

Rostam, der vom Hofe losgezogen war, um den Wildesel mit der Schlinge des Wurfseils einzufangen, und dem nun ein Dīv und Elefanten in die Hände geraten waren. Der Rostam, der auf dem Lande die Panther und im Meer die Krokodile besiegt hat und vor dessen Schwert kein Löwe und auch kein Dīv und keine streitsuchenden Menschen entkommen können.

Der König machte sich bereit, ihm entgegenzureiten, und die edlen Recken setzten ihre Diademe auf. Unter dem Klang von Trompeten und Schellen wurde auf einem großen Elefanten die Fahne des stolzen Königs der Könige herangetragen. Als Rostam diese Fahne sah, die ihm auf dem Weg entgegengebracht wurde, stieg er vom Pferd und küsste den Boden. Man hörte den Lärm der Truppen und den Schall der Hörner und Pauken. Die Heerführer stiegen von ihren Pferden, der König der Könige aber gab seinem Pferd Schenkeldruck und befahl dem obersten der Edlen, Rostam, dem Kronenverteiler, wieder auf Raxš aufzusitzen: Und so kamen sie dann zum großen Platz des Königs geritten, mit frohen Herzen und als Freunde. Rostam schenkte den Iranern die Herde, da er für sich selbst nur Raxš zum Reiten brauchte. Die Elefanten aber ließ er zu den Elefanten des Königs treiben, denn diese Tiere können sogar einem Löwen den Weg abschneiden.

Eine Woche lang wurden im Palast Feste gefeiert, wofür man Wein und Musik und Sänger kommen ließ. Beim Wein erzählte dann Rostam seine Geschichte und berichtete dem König über Akvān: »Noch nie habe ich einen so schönen Wildesel gesehen wie ihn, mit so leuchtendem Fell und so edel in der ganzen Erscheinung. Aber da mein Schwert ihm dieses Fell auf dem Leib zerschnitten hat, können jetzt weder Feind noch Freund Nutzen von ihm haben. Sein Kopf war wie der eines Elefanten und sein Fell langhaarig, sein Maul voller Zähne, die so scharf waren wie die eines Ebers.

Seine Augen waren weiß und die Lippen schwarz. Man mochte ihn gar nicht anschauen. Nicht einmal ein Dromedar hat so viel Kraft und einen solchen Körper! Die ganze Steppe wurde bei seinem Tode zu einem Meer von Blut. Als ich seinen Kopf mit dem Schwert abschlug, spritzte sein Blut in die Luft, als ob es regnete.«

Kay Xosrau war voller Verwunderung über diesen Bericht. Er stellte seinen Becher hin und dankte Gott, dass er einen solchen Pahlavan erschaffen hatte – denn nie zuvor hatte man in der Welt jemals etwas so Wunderbares vernommen – und dass es einen Mann gab, der solche Taten vollbringen konnte, so tapfer, so groß und so stattlich wie er. Der König sprach: »Wenn der Schöpfer des Himmels mir nicht meinen Anteil an Gnade und Gunst gegeben hätte, gäbe es in der Welt keinen solchen Untertan, durch den ich jederzeit Dīve und Elefanten jagen lassen kann.«

Zwei Wochen lang feierten sie beim Wein, erzählten sich Geschichten und gaben sich gegenseitig Ratschläge. In der dritten Woche aber erklärte Rostam: »Nach diesem Erfolg will ich nun froh nach Hause zurückkehren, denn« – so sprach er – »ich möchte gerne Zāl wiedersehen, und ich kann diesen Wunsch nicht länger unterdrücken. Ich werde mich schnell auf den Weg machen und zu meinem Palast reiten, da ich einen neuen Rachefeldzug vorbereiten muss. Die Rache für Siyāvoš kann ja nicht durch eine so unbedeutende Beute an Pferden und Herden als erledigt gelten.«

Der König der Welt öffnete die Tür zu seiner Schatzkammer, in der kostbare Juwelen verborgen waren. Er ließ aus dem Schatz einen Pokal voller Perlen holen. Dazu kamen fünf golddurchwirkte königliche Gewänder, Sklaven aus Byzanz mit goldenen Gürteln und auch Sklavinnen mit goldenen Ketten. Ferner Teppiche und Throne aus Elfenbein, und schließlich Seidenbrokat und Gold und mit Türkisen besetzte Kronen. Dieses alles ließ der König Rostam übergeben und sprach zu ihm: »Nimm diese Geschenke mit auf den Weg. Doch einen Tag noch musst du bei uns bleiben, und dann reden wir über dein Fortreiten.«

Rostam blieb und trank so manchen Becher Wein, doch als der Morgen anbrach, dachte er nur noch an den Aufbruch. Der König begleitete ihn zwei Farsangen weit und umarmte ihn zum Abschied. Als Rostam dann den Befehl zum Aufbruch gab, kehrte der König zurück. Mit seiner Fürsorge erfüllte er die ganze Welt, und sie wurde so schön, wie er es sich vorgestellt hatte. So dreht sich das alte Himmelsgewölbe: Mal ist es wie ein Bogen und mal wie ein Pfeil.*

* Mal ist der Himmel ungerade, also unaufrichtig, und mal gerade, also aufrichtig.

Bīžan und Manīže

Auf einer Jagd gerät der iranische Edle Bīžan mit seinem Gefolge an die turanische Grenze. Die Gruppe wird von Gorgīn geführt, der die Gegend dort kennt. In der Absicht, Bīžan ins Verderben zu schicken, da er Neid und Eifersucht gegen ihn empfindet, berichtet ihm Gorgīn von einer bei einem nahen Wäldchen aufgebauten Zeltstadt, in welcher Afrāsiyābs Tochter Manīže mit vielen Gespielinnen und Dienerinnen das Frühlingsfest feiert. Der arglistige Gorgīn schlägt vor, einige dieser Mädchen zu entführen und als Beute zu Xosrau an den Hof zu bringen. Ganz wie Gorgīn gehofft hat, beschließt der junge Bīžan daraufhin, allein in die Nähe der Zelte zu reiten, um sich die Prinzessin und ihre Begleiterinnen anzuschauen, wozu er sich besonders schön kleidet.

Er sprach zum Pagen, der seinen Schmuck bewahrte: »Das Diadem aus Gold, das ich mir immer beim Festmahl aufsetze und wodurch der Saal so hell erstrahlt, das bringe mir, denn ich will jetzt zu einem Fest. Und bringe auch die Halskette von Kay Xosrau und die Ohrringe sowie den mit Juwelen besetzten Armreif von Gīv.« Dann legte er das Gewand aus glänzendem byzantinischen Brokat an. Das Diadem schmückte er mit Adlerfedern. Šabrang, sein Pferd, wurde nun gesattelt, und dann ließ er sich den Gürtel geben und den fürstlichen Ring.

So ritt er los, bis er zu jenem Wäldchen kam, und das Herz, das seine Wünsche erfüllt sehen wollte, wurde ihm gedankenschwer. Er hielt unter einer hohen Zypresse, um nicht unter der Sonne zu leiden. Seine Gedanken richteten sich auf das Zelt jener Schönen, denn in seinem Herzen hatte sich die Liebe festgesetzt. Die ganze Ebene war erfüllt vom Klang der Instrumente und der Sänger, so dass die Seele dadurch Beglückung fand.

Als nun Manīže mit dem so schönen Antlitz aus ihrem Pavillon hinausschaute, erblickte sie die große Gestalt dieses jungen Recken. Seine Wangen waren so schön wie der Canopus-Stern des Jemen: zwei Blütenblätter vom Jasmin, von Veilchen eingerahmt. Auf dem Haupt trug er das Diadem eines Weltpahlavans. Sein Körper erstrahlte in byzantinischem Brokat. In ihrem Zelt entbrannte das verschleierte Mädchen in Liebe zu ihm und verbarg es ihm nicht.

Sie schickte ihre Zofe als Botin und sagte ihr: »Geh unter die Zweige jener großen Zypresse und schau, wer dieser mondschöne Jüngling ist. Mir will es scheinen, als sei er Siyāvoš, oder aber er ist eine Parī. Frage ihn: ›Wie bist du hierher gekommen? Findest du nicht den Weg hinein zu diesem Festplatz? Bist du ein Feenkind oder etwa Siyāvoš, der du die Herzen aller mit Liebe zu dir erfüllst? Oder beginnt auf Erden der Tag der Auferstehung, dass du so das Feuer der brennenden Liebe entfachst? Schon seit Jahren feiere ich auf diesen Wiesen das Fest des neuen Frühlings, und doch haben wir hier an diesem feierlichen Ort noch nie einen Fremden erblickt. Nun aber habe ich dich gesehen, du edle Zypresse – und sonst will ich keinen.‹«

Als die Zofe zu Bīžan gelangt war, pries sie ihn sehr und sprach ihn höflich an. Sie überbrachte ihm die Botschaft Manīžes, und Bīžans Antlitz blühte auf wie eine Rose.

Er gesteht der Zofe seine Liebe zu Manīže und bittet sie um ihre Hilfe. Reich beschenkt, eilt sie zu ihrer Herrin und berichtet ihr über Bīžan. Manīže schickt sie umgehend zu Bīžan zurück mit der Botschaft:

»Was du gewünscht hast, wird sich dir erfüllen. Wenn du zu mir kommst, wirst du meine getrübte Seele wieder erhellen.« Die Botin ging und brachte die Antwort, und Bīžans Herz und Ohren gaben sich der Antwort hin.

Da blieb keine Zeit mehr zum Reden. Er verließ den Schatten der Zypresse und ging zu Fuß zum Pavillon des holden Mädchens. Von Sehnsucht erfüllt, wendete er seine Schritte zu ihr. Er trat durch den Vorhang ins Zelt: Wie eine große Zypresse war er, den Leib gegürtet mit goldenem Gurt.

Manīže kam auf ihn zu und umarmte ihn und löste seinen königlichen Gürtel. Sie fragte ihn nach seinem Weg und nach seinem Gefolge: »Welche der Helden sind mit dir in den Kampf gezogen? Warum hast du dich, du Schöner, so mit der Keule gequält, bei diesem Antlitz und mit so viel Ausstrahlung und Würde?« Man wusch ihm die Füße mit Moschus und Rosenwasser, und in Eile wurde ihm dann ein Mahl bereitet. Speisen der verschiedensten Art bekam er vorgesetzt, mehr, als man sich vorstellen kann. Musik und Wein wurden geboten im festlichen Saal, und alle, die dort nichts zu suchen hatten, mussten den Raum verlassen. Dienerinnen standen bereit und spielten auf Lauten und Harfen in byzantinischer Weise. Der Boden war mit einem pfauenfarbenen Teppich aus Goldbrokat ausgelegt, der wie der Rücken eines Leoparden gemustert war. Das Zelt der Prinzessin war ganz mit Rubinen und Gold geschmückt, und es duftete darin nach Moschus und Ambra. Alter Wein, in kristallenem Pokal gereicht, brachte dem Recken Bīžan, Gīvs Sohn, neue Kraft. Drei Tage und drei Nächte lang waren sie zusammen froh, bis ihn Schlaf und Trunkenheit überwältigten.

Dann begann Bīžan, über seine Lage nachzudenken, und Manīže rief ihre Dienerinnen zu sich, denn der Zeitpunkt ihrer Rückreise war herangekommen, und es überwältigte sie das Verlangen, Bīžan auch weiterhin bei sich zu sehen. Deshalb befahl sie einer Zofe, mit Honig einen Schlaftrunk zu mischen, der ihm das Bewusstsein nehmen sollte. Sie ließ dazu eine Sänfte herrichten und machte sich darin auf den Weg, wobei sie den Schlafenden mit sich führte: Auf einer Seite war in der Sänfte ein Platz für sie selbst, und auf der anderen war Platz für den so ruhig Schlafenden. Sie streute Kampfer über sein Ruhelager und goss Rosenwasser auf Stäbe aus Sandelholz. Als sie in die Nähe der Stadt kamen, bedeckte sie den Schlafenden mit einem Tuch, und heimlich betrat sie nachts den Palast. Zu keinem, der nicht zu ihrem Gefolge zählte, sagte sie auch nur ein Wort darüber.

Da Bīžan noch eine Zeit lang schlief, erwartete sie sein Erwachen mit Ungeduld. Als er nun wach wurde und die Besinnung wiedererlangte, fand er eine jasminbusige Schöne in seinen Armen. Er war im Palast Afrāsiyābs und hatte seine Mondschöne neben sich auf dem Kissen. Bīžan war verwirrt über seine Lage und flehte zu Gott um Schutz vor Ahreman. Er sprach: »O du allmächtiger Schöpfer, falls ich hier nicht wieder herauskommen sollte, räche mich bitte an Gorgīn. Erfahre von meinem Kummer und höre, wie ich ihn verwünsche, denn er hat mich in dieses Unglück gebracht und Tausende von Zaubern über mich gelegt.«

Manīže aber sagte zu ihm: »Sei froh im Herzen! Und betrachte alles, was noch nicht geschehen ist, als bloßen Wind. Auf die Menschen kommt vielerlei zu: manchmal ein Fest und manchmal der Kampf.« Daraufhin wandten sich die beiden den Speisen zu: Vor sich hatten sie einerseits den Galgen und andererseits den Thron. Aus allen Zelten ließen sie rosenwangige Schöne kommen, die mit chinesischem Brokat festlich gekleidet waren. Diese feengesichtigen Mädchen machten Musik, und so verbrachte man die Tage in Freuden.

Eines Tages aber wird Bīžan entdeckt. Garsīvaz, der schon die Hauptschuld am Tode des Siyāvoš trägt, führt ihn gefesselt vor seinen königlichen Bruder. Afrāsiyāb will ihn sofort an den Galgen hängen lassen, erlässt ihm aber nach Vermittlung durch Pīrān die Todesstrafe.

Da befahl der König dem Garsīvaz: »Bereite für ihn schwere Fesseln und eine dunkle Grube. Binde ihm die

Hände mit einer Kette an das Halseisen, eine byzantinische Kette, fest wie für eine Brücke. Schmiede ihn von Kopf bis Fuß in schwere Fesseln. Und als Erstes lässt du ihn dann kopfüber in die Grube werfen, damit er nie mehr teilhat am Schein von Sonne und Mond. Nimm Elefanten und hol den Felsbrocken des Dīvs Akvān, den dieser aus den Tiefen des von Gott geschaffenen Meeres in die Wälder Chinas geworfen hat, und gib mir durch ihn die Möglichkeit zur Rache an Bīžan. Mit Zugelefanten sollst du diesen Stein herbeischleppen, denn er soll den Eingang zur Grube Aržangs verschließen. Deck sofort seine Grube damit zu, damit ihn darin vor lauter Klagen sein Verstand verlässt.

Und von dort begibst du dich mit deinen Reitern zum Palast der tugendlosen Manīže und verwüstest ihn, denn durch sie geriet unser Geschlecht in Schande. Nimm der Unseligen Hab und Gut und Krone und sage ihr: ›Du verfluchte und verruchte Tochter, du bist der Krone und des Thrones nicht würdig. Du hast mein Haupt vor allen Königen mit Schande befleckt. Du hast meine Familie in den Staub geworfen.‹ Aller Hilfsmittel entblößt: so sollt ihr sie zur Grube bringen. Und sage ihr: ›Schau dir den hier in der Grube an, den du auf dem Thron gesehen hast! Du bist sein Frühling gewesen, nun sei auch seine Trösterin. Vor diesem engen Gefängnis magst du jetzt seine Dienerin sein.‹«

So geschieht es, und Manīže erbettelt im Land Brot, das sie Bīžan durch ein Loch in seine Höhle wirft. Als Gorgīn merkt, dass Bīžan nicht zurückkommt, reitet er voller Angst und mit schlechtem Gewissen zum Hofe Xosraus. Gīv ist verzweifelt über Gorgīns Bericht und bringt ihn vor den König, der ihn in den Kerker werfen lässt. Xosrau verspricht Gīv seine Hilfe und lässt Bīžan durch Kundschafter suchen. Dann schaut er in seinen Zauberbecher, in dem er die ganze Welt sehen kann. Hierbei entdeckt er end-

lich den Gesuchten in seinem Verließ und sieht auch das junge Mädchen vor der Grube stehen.

Der König schreibt nun an Rostam, um ihm zu sagen, nur er könne Bīžan retten. Gīv überbringt persönlich diesen Brief. Rostam ist sofort bereit, Bīžan zu befreien. Er erwirkt von Xosrau die Freilassung Gorgīns, der sein Leben behalten soll, wenn Bīžan gerettet werden kann. Nach gründlicher Vorbereitung reitet der als Kaufmann verkleidete Rostam mit seinen Gefährten in einer großen Karawane nach Turan, angeblich, um dort Handel zu treiben.

Rostam trifft in Turan ein

Er zog durchs Land, bis er zur Stadt Pīrāns kam. Der Pahlavan und seine Ritter waren nicht zugegen, und Rostam hielt auf dem Platz vor dessen Palast. Als nun Pīrān, Vīses Sohn, von der Jagd zurückkehrte, sah Rostam ihn kommen. Er übergab seinen Dienern einen goldenen Pokal, der in Seidenbrokat gehüllt und voller Edelsteine war, und dazu zwei kostbare Pferde, mit juwelenbesticktem Seidenbrokat würdig geschmückt. Dann begab er sich eilends zum Palast Pīrāns. Er pries ihn und sprach: »O du edler Mann, dessen Glück und Tüchtigkeit im Iran und in Turan bekannt sind!« Der erhabene Herr der Welt hatte es so geplant, dass Pīrān ihn nicht erkannte. Er erkundigte sich bei Rostam: »Sage mir, woher kommst du? Wer bist du, und warum kommst du so in Eile?«

Und Rostam antwortete ihm: »Ich bin dein Diener. Gott hat mich in diese Stadt geführt. Als Kaufmann habe ich den schwierigen und weiten Weg vom Iran nach Turan zurückgelegt. Ich verkaufe, und ich kaufe auch und handle mit allem, was es so gibt. Im Vertrauen auf dein Wohlwollen habe ich mir Hoffnung gemacht, und jetzt quillt in meinem Herzen diese Hoffnung über. Wenn der Pahlavan mich unter seine Fittiche nimmt, möchte ich Pferde kaufen und Juwelen verkaufen. Durch deine Gerechtigkeit wird mir niemand Unrecht tun, und durch dein Wohlwollen wird es Perlen regnen über mich.« Dann ließ er vor ihm den goldenen Pokal hinstellen, den er übervoll mit Edelsteinen angefüllt hatte. Und er übergab ihm auch die kostbaren Pferde aus edler arabischer Rasse, auf deren Fell der Wind keinen Staub absetzen konnte.* Er pries ihn sehr und ließ die Geschenke überreichen, und so wurde die Angelegenheit besiegelt.

Als Pīrān die Edelsteine erblickte, die in dem glänzenden Pokal zu sehen waren, pries er Rostam sehr und sagte ihm Freundlichkeiten. Dann hieß er ihn sich auf einen türkisgeschmückten Thron setzen und sprach zu ihm: »Sei glücklich hier und bewege dich frei in dieser Stadt. Wir werden dir jetzt in unserer Nähe eine Unterkunft verschaffen. Um deine Schätze brauchst du dir keine Sorgen zu machen, denn niemand wird deswegen mit dir einen Streit beginnen. Geh und bring alles, was du an Wertvollem hast, hierher und such dir überall Kunden und Käufer. Lass dich im Hause meines Sohnes nieder. Du sollst für mich wie ein Verwandter sein.«

Rostam antwortete ihm darauf: »O Pahlavan, ich habe dir aus dem Iran diese Karawane hergeführt. All diese Schätze gehören dir, und wo auch immer ich mich von nun an aufhalten werde – das wird so bleiben. Für den siegreichen Weltpahlavan aber möchte ich hier bei der Karawane bleiben, denn ich habe alle Arten von Männern bei mir, und es darf nicht geschehen, dass von den Juwelen welche abhanden kommen.« Pīrān sagte ihm: »Geh und such dir eine Unterkunft nach deinem Wunsch. Ich werde dir dafür Ratgeber schicken.« Rostam suchte sich ein Haus aus und rich-

* So schnell konnten sie laufen.

tete sich dort ein. Das Gepäck und die Waren lagerte er in seinem Ladengeschäft.

Nun verbreitete sich die Kunde, dass aus dem Iran eine Karawane zum berühmten Pahlavan gekommen sei. Überall spitzten interessierte Kunden die Ohren, als sie von Juwelenverkäufen erfuhren. Wer Brokat und Teppiche und Edelsteine kaufen wollte, machte sich auf den Weg zum Palast Pīrāns. So wie die Sonne die Welt erleuchtet, so erstrahlte bald in diesem Laden der Handel.

Manīže kommt zu Rostam

Manīže hörte von der Karawane und lief sofort in die Stadt. Unverschleiert und klagend kam Afrāsiyābs Tochter zu Rostam, die Augen voller Tränen. Sie begrüßte ihn und fragte dies und jenes. Dann aber sagte sie, während ihr die Tränen aus den Augen über die Ärmel liefen: »Du hast dein Leben und dein Vermögen genossen. Mögest du niemals die Mühen bereuen, die du auf dich genommen hast! Möge der hohe Himmel deinen Wünschen gnädig sein! Möge dir das Auge des Bösen niemals Schaden bringen! Mögen die Hoffnungen, die du in deinem Herzen trägst, nie von den Mühen zunichte gemacht werden, die du auf dich nehmen musst! Möge immer der Verstand dein Lehrmeister sein! Möge Iran blühen und ein glückliches Schicksal haben! Was kannst du mir über die edlen Recken und den König berichten? Was weißt du Neues aus dem Iran und von den Pahlavanen des Heeres? Ist denn in den Iran keine Nachricht über Bīžan gedrungen? Werden ihm seine Gebete keine Hilfe bringen? Muss ein Jüngling aus der Familie des Gūdarz in Elend und Not umkommen? Seine Füße werden durch schwere Fesseln wundgescheuert, und die Hände sind ihm mit Ketten zusammengeschmiedet. Man hat ihn mit Ketten gebunden und in Eisen gelegt. Die ganze Kleidung dieses Unglücklichen ist voller Blut. Ich finde vor lauter Hunger keinen Schlaf mehr, und meine Augen sind durch seine Klagen voller Tränen.«

Bei ihren Worten wurde Rostam angst. Er stieß einen Ruf des Entsetzens aus und führte sie auf die Straße. Dann sagte er zu ihr: »Entferne dich von mir! Ich kenne weder Xosrau noch diesen jungen Recken. Ich weiß nichts von Gūdarz und Gīv. Du hast mein Hirn durch deine Worte ganz geleert.«

Sie schaute Rostam an und weinte bitterlich. Vor lauter Elend liefen ihr die Tränen wie Regen über die Brust. Und sie sagte zu ihm: »Du bedeutender und kluger Mann, solche kaltherzigen Worte passen nicht zu dir. Wenn du schon nichts sagen willst, schicke mich nicht von dir fort, denn ich habe ein Herz, das vor Kummer ganz wund ist. Sollte es Sitte und Brauch sein im Iran, dem Armen keine Nachrichten zu künden?«

Rostam sprach zu ihr: »Frau, was ist nur los mit dir? Hat Ahreman dir etwa den Tag des jüngsten Gerichts gezeigt? Du hast meinen ganzen Handel zum Erliegen gebracht: Aus diesem Grunde war ich dir gegenüber so hitzig. Sei nicht gekränkt, weil ich so unwirsch war, denn ich war mit den Gedanken ganz bei meinen Geschäften. Und übrigens habe ich dort in der Stadt, wo Kay Xosrau lebt, nicht meinen Wohnsitz. Gīv und Gūdarz kenne ich überhaupt nicht, denn in ihrer Gegend bin ich noch nie gewesen.« Schnell ließ er nun alles, was an Speisen vorhanden war, der armen Frau vorsetzen und befragte sie dann genauer: »Wie kam es dazu, dass dein Leben so traurig geworden ist? Warum fragtest du nach den Recken und dem Königsthron? Warum hast du den Weg nach Iran im Blick?«

Manīže antwortete ihm: »Warum wünschst du von meinen Angelegenheiten zu hören und von meinem Unglück und meinen Sorgen? Mit kummervollem Herzen bin ich von jenem Verließ her zu dir gelaufen, du edler Mann. Doch du hast mich angebrüllt wie ein Kriegsmann. Fürchtest du denn nicht Gott, den höchsten Richter? Ich bin Manīže, Afrāsiyābs Tochter, und selbst die Sonne hatte mich nicht unverschleiert gesehen. Nun aber ziehe ich von Tür zu Tür, um Gerstenbrot entgegenzunehmen, die Augen voller Tränen, das Herz voll Kummer und die Wangen bleich. Dieses Schicksal hat der Herr der Welt über mein Haupt gebracht. Kann ein Leben kummervoller sein als dieses? Wenn doch nur der Schöpfer diesem Dasein ein Ende bereiten würde! Und wie ergeht es erst dem unglücklichen Bīžan in seinem tiefen Loch! Er sieht Tag und Nacht weder Sonne noch Mond. Statt Halseisen und Ketten und schweren Fesseln wünscht er sich von Gott nur noch den Tod. Hierdurch wächst mein Kummer immer mehr, und die Tränen strömen mir aus den Augen. Wenn du nun wieder in den Iran zurückkehrst, erkundige dich nach Gūdarz, dem Sohn Kešvāds, und vielleicht siehst du am Hofe Xosraus auch Gīv oder sogar den tapferen Rostam. Sage jedem: ›Bīžan erleidet großes Ungemach. Wenn du zu lange zögerst, kommt jede Hilfe zu spät. Wenn du ihn noch sehen willst, zögere nicht, denn über seinem Haupt liegt ein Felsen, und er hockt auf Eisenketten.‹«

Rostam sprach zu ihr: »Du Schöne« – und wieder flossen aus ihren Augen die Tränen der Liebe – »warum lässt du nicht die Edlen des ganzen Landes sich als Fürsprecher bei deinem Vater für dich einsetzen? Vielleicht hat dein Vater Mitleid mit dir, so dass sein Blut bewegt wird und sein Herz berührt. Wenn ich nicht Ärger mit deinem Vater befürchten müsste, würde ich dich überreichlich mit allem versorgen.«

Seinen Köchen sagte er, sie sollten ihr von allen Speisen so viel bringen, wie sie benötigte. Er ließ auch ein noch warmes, frisch gebratenes Huhn holen, das in warmen Brotteig eingehüllt war. Schnell wie eine Parī versteckte Rostams Hand darin einen Ring. Er gab ihr das Huhn, indem er ihr sagte: »Du, der du dem Verzweifelten hilfst, bringe dieses zu seinem Verlies!«

Bīžan erfährt von der Ankunft Rostams

Manīže kam zur Grube gelaufen, wobei sie die Speisen fest an sich drückte. Was sie trug, war in ein Tischtuch gewickelt, und so wie sie es bekommen hatte, übergab sie es Bīžan. Dieser sah die Dinge an und staunte sehr. Von unten aus der Grube heraus rief er seiner Freundin mit dem Sonnengesicht zu: »O Liebste, woher hast du diese Speisen bekommen, die du mir mit eigener Hand so eilig bringst? Wie viele Sorgen und Mühen erträgst du nur für mich, du tüchtiges Mädchen!« Manīže erklärte ihm: »Ein reicher Kaufmann, der in einer Karawane aus dem Iran nach Turan gekommen ist, um gute Geschäfte zu machen, hat auf dem Weg große Mühen auf sich genommen. Er ist ein Mann von edler Gesinnung, mit Klugheit und Charakter, der alle Arten von Juwelen mit sich führt. Er betreibt ein großes Geschäft, und viele Leute arbeiten für ihn. Vor dem Palast hat er einen Laden eingerichtet. Und so hat er mir dieses Tischtuch gegeben und mir gesagt: ›Bete für mich zu Gott. Gehe zur Grube zu diesem Gefangenen, und wenn er mehr verlangt, kannst du ihm immer wieder neue Speisen bringen.‹«

Da löste Bīžan das kostbare Brot vom Huhn, das Herz voller Hoffnung, doch vermischt mit Angst und Furcht. Als er in diesem Zwiespalt zu essen begann, sah er den verborgenen Ring. Er betrachtete das Siegel und las den Namen darauf. Er lächelte vor Freude und war äußerst erstaunt. Das Siegel war aus Türkis geschnitten und der Name »Rostam« fein wie ein Haar mit eiserner Nadel hineingeritzt. Als er diese Früchte des Baumes der Treue sah, wusste er, dass der Schlüssel käme, um seinen Kummer zu lösen. Und ein königliches Lachen entfuhr ihm, so laut, dass es aus der Grube schallte. Als Manīže sein Lachen hörte, das Lachen eines Gefangenen in einer finsteren Grube, verwunderte sie sich sehr und sagte sich, dass nur ein Wahnsinniger so lachen könnte, wie er es jetzt tat.

»Wie kommt es nur, dass du so lachen kannst, wo du doch nachts den Tag zu sehen glaubst und tagsüber die Nacht? Welches Geheimnis steckt dahinter? Rücke damit heraus und sage es mir! Hat sich dir etwa das Glück nun zugewandt?« Bīžan antwortete ihr: »Ich habe die Hoffnung, dass das Glück mich aus dieser Not erlöst. Wenn du jetzt mein Vertrauen nicht missbrauchst und es mir unter Eid versprichst, werde ich dir alles erzählen, und du wirst unter Eid zum Mitwisser. Wenn du doch, um Schaden zu vermeiden, deine Lippen nicht öffnest,* obwohl die Frauen ihre Zunge nicht bändigen können.«

Da schrie Manīže auf und klagte laut: »Was kommt jetzt vom feindseligen Schicksal über mich? Bei all diesen vergangenen Tagen, bei meinem zerrissenen Herzen und den Augen, die immer voller Tränen sind: Weh ist mir! Ich habe für Bīžan Leib und Seele und Palast aufgegeben, und jetzt wendet er solchen Argwohn gegen mich! Und ebenso meinen Goldschatz und die juwelenbesetzte Krone: alles habe ich der Plünderung übergeben! Mein Vater und die Familie haben sich von mir abgewandt. Unter allen Leuten bin ich unverschleiert herumgelaufen, und nun, da Bīžan Hoffnung schöpft, verliere ich alle Hoffnung! Die Welt ist schwarz geworden für mich, und meine Augen sind blind,

* Ergänze: »und das Geheimnis bewahrst«.

denn er verbirgt sein Geheimnis vor mir. O Schöpfer dieser Welt, du weißt mehr davon als ich.«

Doch Bīžan sprach zu ihr: »Du hast ganz Recht. Um meinetwillen hat alles, was dich betrifft, großen Schaden erlitten. Was ich eben gesagt habe, hätte ich nicht sagen dürfen, du meine unschuldige Liebste und kluge Gefährtin. Vielmehr musst du mir in allen Angelegenheiten deinen Rat geben, denn mein Hirn ist ganz leer durch all den Kummer. Du musst wissen, dass der Juwelenverkäufer, dessen Koch dir diese Speisen gab, meinetwegen den weiten Weg nach Turan unternommen hat, denn sonst hat er überhaupt kein Interesse an Juwelen. Gott, der Weltenschöpfer, war mir gnädig, und ich werde hoffentlich das weite Antlitz der Erde wiedersehen. Mich wird dieser Kaufmann erlösen von diesen schon so lange währenden Qualen, und dich von dem vielen Hin- und Herlaufen und all den Sorgen und der Angst. Geh zu ihm und sag ihm insgeheim: ›Du Pahlavan der Könige der Welt, der du ein so freundliches Herz hast und so hilfreich bist, sage mir: Bist du Raxš' Herr?‹«

Schnell wie der Wind kam Manīže zu Rostam und überbrachte ihm Bīžans Botschaft. Als er die Worte dieser Frau mit dem schönen Antlitz hörte, die den langen Weg in großer Eile zurückgelegt hatte, da wusste Rostam, dass Bīžan dieser silberwangigen Zypresse sein Geheimnis anvertraut hatte. Er verzieh es ihr und sagte zu ihr: »Du Schöne, möge Gott dir niemals die Liebe zu Bīžan nehmen. Sage ihm: ›Jawohl, der hilfespendende Gott hat dir Raxš' Herrn geschickt. Von Zāvol in den Iran, und vom Iran nach Turan: Deinetwegen habe ich diesen langen Weg zurückgelegt.‹ Wenn du ihm das gesagt hast, musst du alles als Geheimnis behandeln. Du musst in der dunklen Nacht auf jedes Geräusch achten. Am Tage musst du dann aus dem Walde Holz herbeiholen, und wenn die Nacht gekommen ist, entzündest du ein großes Feuer.«

Manīže wurde durch seine Worte froh, und ihr Herz war nun frei von aller Angst. Schnell lief sie zur Grube zurück, um dem, der darin war, eine Trösterin zu sein. Sie sagte zu ihm: »Ich habe diesem vom Glück so begünstigten und berühmten Mann deine Botschaft Wort für Wort überbracht, und er hat mir geantwortet: ›Ich bin es, den Bīžan an meinem Namen und meinem Siegelzeichen erkannt hat. Du, die du mit gequältem Herzen so viel gelaufen bist und deine Wangen mit blutigen Tränen gewaschen hast, sage ihm: Wir haben wie Panther auf der Suche nach dir unsere Leiber und Hände müde geritten. Jetzt aber, wo eine echte Spur von dir sichtbar geworden ist, wirst du die Schwertspitzen der tapferen Recken sehen. Ich werde jetzt den Erdboden durch unseren Kampf zum Erbeben bringen, und den Stein, der auf der Grube ruht, werde ich bis zu den Plejaden hoch hinaufschleudern.‹ Und dann hat er mir gesagt: ›Sobald es dunkel geworden ist und die Nacht sich aus den Krallen der Sonne befreit hat, zünde ein Feuer an, so groß wie ein Berg, auf dass der Stein und der Eingang und die Grube selbst taghell erleuchtet werden, damit ich den Eingang zur Grube sehen kann und in der Helligkeit meinen Weg finde.‹«

Bīžan ermahnte sie: »Entzünde ein großes Feuer, auf dass wir beide aus dem Dunkel in den hellen Tag gelangen.« Dann wandte er sich Gott, dem Weltenschöpfer, zu: »Du heiliger und strahlender und gerechter Gott! Aus aller Not hilfst du dem Gefangenen heraus. Schieße bitte Pfeile in Herz und Rücken meiner Feinde. Verschaffe mir Gerechtigkeit denen gegenüber, die mir Unrecht angetan haben, denn du kennst meine Sorgen und Qualen und Not. Hoffentlich sehe ich Land und Leute wieder und kann meinen unseligen Stern in diesem Stein zurücklassen! Du, schönes Mädchen, die du durch mich so viel Kummer erlitten und Seele und Herz, Vermögen und Leib für mich geopfert hast, du hast all die Mühen, die du durch mich ertragen musstest, so leicht hingenommen, als wären sie Freude. Du hast für mich deine Schätze und die juwelenbesetzte Krone geopfert und auf den König, die Familie, die Mutter und den Vater verzichtet. Wenn ich, solange ich noch jung bin, aus den Klauen dieses Drachen freikommen sollte, werde ich vor dich treten und dich mit den Händen anbeten, so wie es die Gläubigen tun, wenn sie Gott verehren. Wie ein Sklave vor dem König werde ich vor dir stehen und dir dienen, zum Lohn für deine Mühen.«

Manīže lief in großer Eile los, um Holz zu sammeln. Wie ein Vogel stieg sie dazu auf die Zweige der Bäume. Und dann trug sie in ihren Armen Holz herbei, während sie den Stand der Sonne fest im Auge behielt, um den Augenblick zu sehen, wenn die Nacht ihr Haupt über das Gebirge erheben würde. Als nun die Sonne unsichtbar wurde und die dunkle Nacht ihre Schleppe über das Gebirge zog, als Ruhe einkehrte in der Welt und das Sichtbare dieser Welt verborgen wurde, als die dunkle Nacht ihr Heer gegen den Tag heranführte und der Kopf der welterleuchtenden Sonne sich abwandte – da entfachte Manīže schnell ein Feuer, das die Augen der pechschwarzen Nacht zunähte. In ihrem Herzen schlug dabei eine bronzene Pauke in der Erwartung, die stählernen Hufe von Raxš auf dem Wege zu hören.

Rostam befreit Bīžan aus der Grube

Währenddessen hatte Rostam seinen byzantinischen Kettenpanzer angelegt und dessen Bindungen geschlossen. Er wandte sich Gott zu, dem Herrn über Sonne und Mond, und erflehte von ihm Schutz und Hilfe. Er sprach: »Möge das Auge des Bösen erblinden! Möge ich Kraft genug haben, um Bīžan zu retten!« Seinen Recken befahl er, sich in gleicher Weise mit dem Rüstzeug der Rache zu gürten. Dann wurden die Sattel aus hartem Pappelholz auf die Pferde geschnallt, und alle machten ihre Hände für den Kampf bereit.

Rostam wandte sich nun dem Feuerschein zu und ritt schnell auf dem Weg voran. Als er zu Akvāns Stein kam, zu dieser Grube der Angst und Sorge und Bedrängnis, da sprach er zu seinen sieben Gefährten: »Wir müssen jetzt absteigen. Ihr müsst euch nun bereitmachen, den Zugang zur Grube von diesem Stein zu befreien.« Die Helden, allesamt berühmte Heerführer, stiegen von ihren Pferden, um den Stein von der Grube zu schaffen. Sie packten den Brocken mit ihrer ganzen Kraft, doch während diese Recken dabei erschöpft wurden, blieb der Stein ruhig liegen. Als den Edlen nun der Schweiß am Körper herunterlief, da sich der Stein nicht vom Eingang der Grube bewegen ließ, stieg Rostam, der löwenmutige Recke, vom Pferd und schob den Saum seines Kettenpanzers unter den Gürtel. Er erflehte sich Kraft von Gott, der alle Kräfte erschaffen hat, und packte dann den Stein mit seinen Händen und hob ihn hoch. Er warf ihn in die Wälder von Šīrčīn, und das Antlitz der Erde erzitterte beim Aufprall dieses Steins.

Dann wandte er sich Bīžan zu, beklagte dessen Los und fragte ihn: »Wie konntest du nur in dieses Unglück geraten? Die Welt hatte dir nur Honig zugeteilt. Warum hast du aus ihren Händen den Giftpokal genommen?« Worauf Bīžan ihm aus der dunklen Grube antwortete: »Wie hat der Pahlavan die Mühen des Weges ertragen? Sobald mir deine Rufe zu Ohren kamen, wurde alles Gift der Welt zu reinem Honig. Du siehst, wie Haus und Hof mir hier bestellt sind: der Boden aus Eisen und der Himmel aus Stein. Durch all die erlittene Not, die Schmerzen, die Angst und den Kummer hatte ich mein Herz bereits von dieser vergänglichen Welt gelöst.«

Da sprach Rostam zu ihm: »Dein erhabener Gott hat dir gnädig verziehen. Und nun, du kluger und edelmütiger Mann, habe ich einen Wunsch an dich: Um meinetwillen verzeihe Gorgīn, Mīlāds Sohn. Entferne Streit und Unrecht aus deinem Herzen.« Bīžan sagte darauf zu ihm: »Was weißt du, was zwischen mir und meinem Freund geschehen ist? Was weißt du löwenstarker Mann mit dem so edlen Herzen davon, was Gorgīn Mīlād mir angetan hat? Wenn je mein Blick auf ihn fällt, wird ihm meine Rache den Untergang bringen.«

Rostam entgegnete ihm darauf: »Wenn du bösartig genug bist, nicht auf meine Worte zu hören, lasse ich dich mit gefesselten Füßen hier in der Grube. Dann setze ich mich auf Raxš und verlasse diesen Ort.« Als ihm so Rostams Stimme zu Ohren kam, ließ er lautes Klagegeschrei aus seinem engen Gefängnis ertönen und antwortete: »Von allen Recken, von meiner ganzen Familie, ja von allen Leuten bin ich am unglücklichsten. Von Gorgīn stammt all das Böse, das über mich gekommen ist, doch auch diesen Tag muss ich noch auf mich nehmen. Wir wollen ihn also ertragen und ihm verzeihen. Mein Herz wird sich von den Rachegedanken gegen ihn abwenden.«

Da ließ Rostam sein Fangseil in die Grube hinunter und zog ihn, die Füße in Eisen, hoch. Der unbedeckte Kopf und die langen Haare und Nägel erzählten von Kummer und Schmerzen und Entbehrungen. Die Wangen waren bleich, und der ganze Leib war blutig von den Fesseln und den rostigen Eisenketten. Als Rostam ihn sah, schrie er vor Entsetzen. Der ganze Leib Bīžans war unter dem Eisen völlig unsichtbar. Schnell packte er zu und zerriss die Ketten und Fesseln und befreite ihn auch von den Ringen, mit denen die Füße gebunden waren.

Dann ritten sie von dieser Höhle zurück zu Rostams Haus: Auf Rostams einer Seite ritt Bīžan und auf der anderen Seite Manīže. Mit Kummer im Herzen und in der Seele erzählten die beiden dem Pahlavan alles. Rostam ließ Bīžans Kopf waschen und ihm auch Kleidung bringen, die seiner würdig war. Dann trat Gorgīn auf ihn zu und warf sich vor ihm in den Staub. Für sein böses Handeln bat er ihn um Verzeihung. Er entschuldigte sich für seine unüberlegten Worte. Da verließ Bīžans Herz den Weg der Rache, und Gorgīns Schuld fand keine Strafe.

Sie beluden die Kamele und sattelten die Pferde. Rostam legte seine liebste Rüstung an und setzte sich auf Raxš. Und die berühmten Helden zogen ihre Schwerter und machten ihre schweren Keulen bereit. Rostam schickte das Gepäck voraus und wappnete sich für den Kampf. Der kluge und tüchtige Aškaš, der sich überall um das Heer kümmerte, zog mit dem Tross los. Rostam befahl Bīžan: »Geh du mit Aškaš und begleite Manīže, denn wir werden heute Nacht, um uns an Afrāsiyāb zu rächen, weder Ruhe noch Speise noch Schlaf bekommen. Ich werde jetzt in seinem Palast etwas anstellen, dass morgen sein Land über ihn lachen wird.« Bīžan aber sagte zu ihm: »Ich werde im Kampf vorangehen, denn es handelt sich jetzt um die Rache für mich.«

Diese sieben Recken zogen nun mit Rostam los; den klugen Aškaš aber schickte er mit dem Tross fort. Sie warfen die Zügel über den Sattel, und alle Helden zogen ihr Racheschwert. So gelangten sie zum Palast Afrāsiyābs, als alle dort trunken waren und sich ausruhten und schliefen. Nun erhob sich der Lärm des Kampfgetümmels. Schwerter blitzten, und es regnete Pfeile. Den Edlen wurden die Köpfe vom Leib getrennt: Ihre Häupter wurden nun mit Staub bedeckt, und die Münder waren voller Blut.

Von der Vorhalle aus rief Rostam: »Mögest du süß schlummern! Mögen deine Helden glücklich sein! Du hast auf dem Thron geschlafen, als Bīžan in der Grube war.

Hast du etwa gedacht, eine Mauer aus Eisen trennt Turan vom Iran? Ich bin Rostam aus Zāvol, Zāls Sohn. Es ist jetzt nicht die Zeit zum Schlafen und im Bett zu liegen! Ich habe die Fesseln und dein Gefängnis aufgebrochen, über welchem du den schweren Stein als Wächter gesetzt hast, Kopf und Fuß Bīžans sind nun der Fesseln ledig. Niemand sollte seinem Schwiegersohn so etwas antun! Eigentlich hätte dir die Bedrängnis genügen sollen, in die du durch unsere Rache für Siyāvoš gekommen bist! Mir haben nun die Mühen und die Sorgen um Raxš genügt! Bīžans Seele sollte nicht verloren gehen. Ich sehe, dass dein Herz verwirrt ist und dein Kopf benommen.«

Und auch Bīžan rief ganz laut: »Du Türke von schlechtem Charakter und finsterem Sinn! Erinnere dich daran, dass du mich vor diesem ehrwürdigen Thron gefesselt vor dir hast stehen lassen. Ich habe damals wie ein Panther kämpfen wollen, aber du hast meine Hände fest wie Stein verschnüren lassen. Schau mich nun an: Frei auf dem Kampfplatz bin ich! Kein wilder Löwe würde den Kampf mit mir suchen.«

Afrāsiyāb ergriff seine Kleidung und rief: »Sind denn meine Krieger vom Schlaf gefesselt? Wer von den Recken Siegel und Krone begehrt, der möge diesen hier nach allen Seiten hin den Weg versperren!« Von überall her hörte man jetzt Geschrei und Schritte, und bald floss ein Bach von all dem verflossenen Blut am Palast des Königs. Und jeder der turanischen Krieger, der herbeigelaufen kam, verschwand von dieser Welt.

Während sie so in Eile Rache suchten, floh Afrāsiyāb aus seinem Palast. Raxš' Herr drang in das Gebäude ein. Er verteilte alle Kleidungsstücke und Teppiche des Königs, während feengesichtige Dienerinnen die Hände der Recken mit ihren Händen ergriffen. Kostbare Pferde mit Sätteln aus hartem Pappelholz und Satteldecken aus Pantherfell, mit Juwelen verziert, führten sie mit sich aus dem Palast und luden ihre Beute auf. In Turan verweilten sie nun nicht länger. Wegen ihrer Beute trieb Rostam die Pferde mit Macht an, damit ihnen nicht noch Unheil erwuchs aus dieser Sache. Er war durch die Mühen des Weges so erschöpft, dass er den Helm auf seinem Kopf als Last empfand. Bei keinem von ihnen wollten die Adern noch länger das Blut bewegen.

Rostam ließ dem Heer den Befehl überbringen: »Zieht das Schwert der Rache aus der Scheide, denn ich habe keinen Zweifel daran, dass sich von nun an die Erde durch die Hufe der Pferde verdunkelt.« Afrāsiyāb stellte ein großes Heer zusammen, das mit seinen Lanzen das Antlitz der Sonne herunterholte. Viele Krieger kamen herangeritten, die alle für den Kampf bereit waren. Ein Kundschafter kam von weit her zu Rostam. Er hatte auf dem Wege die turanischen Reiter gesehen: Alle trugen Lanzen mit glänzender Spitze, und alle hatten für den Kampf die Zügel gebunden.

Es entwickelt sich sehr bald eine furchtbare Schlacht, aus der sich Afrāsiyāb aber heraushält.

Rostam ritt vor seinem Heer auf und ab wie ein schwarzer Berg, ganz in Eisen gehüllt. Er rief laut: »Du verruchter Türke! Du bist eine Schande für dein Heer, deine Krone und den Thron. Du bist nicht wie die Ritter im Herzen der Schlacht, so dass deine Edlen im Kampf kein Vorbild haben. In dieser Weise also trittst du mir im Streit entgegen: Du bedeckst den Boden mit Menschen und Pferden, aber wenn unser Heer sich für den Kampf bereit zeigt, dann finde ich in der Schlacht immer nur deinen Rücken. Hast du nicht von meinem Vater Dastān die Weisheiten gehört, die er aus alten Zeiten erinnert hat? Sie lauten so: ›Ein Löwe fürchtet sich nicht vor einer ganzen Steppe voller Wildesel. Viele Sterne leuchten nicht so hell wie die Sonne. Herz und Ohren des wilden Bergschafs zerreißen, wenn es nur den

Ausdruck ‚Krallen des Wolfes' hört. Der Fuchs wird nicht mutig, wenn man ihn lobt, und Wildesel scheuern sich nicht an den Krallen des Löwen. Wenn in der Luft der Falke seine Flügel ausbreitet, fürchtet der mutige männliche Löwe nicht dessen Krallen.‹ Einen so dürftigen König wie dich darf es gar nicht geben! Denn wenn es ihn gäbe, würde er sein Reich dem Wind ausliefern. Auf diesem Schlachtfeld findest du für Leib und Leben keine Rettung vor mir!«

Die Turaner werden besiegt und fliehen. Rostam kehrt mit seinen Getreuen und der Beute zu Xosrau zurück, wo ihnen ein prachtvoller Empfang bereitet wird.

Xosrau befahl: »Lasst die Tafel herrichten! Alle edelgesinnten Großen mögen sich zu Tisch begeben!« Und als sie sich dann von der königlichen Tafel erhoben hatten, wurde ein Saal geschmückt, um darin Wein zu trinken. Es war ein strahlender Festsaal mit Weinschenken und Harfenspielern und Dienern. Alle Edlen trugen schwere goldene Diademe, mit Edelsteinen besetzt. Ihre Wangen glänzten bald wie Brokat aus Byzanz, und die Harfen erklangen unter den Fingern der zauberhaften Mädchen. Es gab goldene Teller, angefüllt mit reinem Moschus, und vor jedem Edlen stand eine Schale, mit Rosenwasser gefüllt. Die Majestät des Königs der Könige erstrahlte wie der volle Mond über einer schlanken Zypresse. Am Ende verließen all diese dem König treu ergebenen Pahlavane trunken den Palast Xosraus.

Am nächsten Morgen reitet Rostam zurück nach Sīstān in seine Heimat, und Xosrau lässt sich von Bīžan über dessen Erlebnisse berichten.

Xosrau war sehr bewegt und hatte großes Mitleid mit dem Kummer und den Sorgen des Mädchens, das so vom Glück verlassen worden war. Er ließ hundert Kleider aus byzantinischem Brokat bringen, der mit Edelsteinen auf goldenem Grund verziert war. Dazu eine Krone und auch zehn Beutel mit Goldstücken sowie Dienerinnen und Pferde und weitere Dinge aller Art. Zu Bīžan sprach er: »Bringe diese Geschenke dem unglücklichen türkischen Mädchen. Bereite ihr keinen Kummer mehr und sprich nicht kaltherzig zu ihr. Denke daran, was du über sie gebracht hast! Verbringe mit ihr das Leben in Freuden und bedenke, wie das Schicksal es mit uns treibt:

Den einen erhebt es bis zum höchsten Himmel und enthebt ihn aller Sorgen und Kümmernisse. Und dann bringt es ihn von dort weinend unter die Erde. Der Himmel ist ein Ort der Furcht und der Besorgnis und Angst, denn denjenigen, den er liebevoll an seiner Brust großgezogen hat, den wirft er blindlings in eine Grube, wo er alles entbehren muss. Einen anderen holt das Schicksal aus der Grube auf den Thron und setzt ihm eine Krone voller Juwelen aufs Haupt. Es schämt sich nicht vor der Welt, Böses zu tun. Bei ihm gibt es keine Rücksichtnahme und keine Zärtlichkeit. Der Himmel ist immer Herr über Gut und Böse, aber er selbst will von niemandem Ehrerbietung. So geht es in dieser vergänglichen Welt: Sie kann uns zum Guten und zum Bösen führen. Mögest du dir um das Materielle keine Sorgen machen. Das Herz eines Edelmannes soll nie betrübt sein!«

Xosraus Tod

Nach einer langen Reihe von Kämpfen gegen die Turaner, an deren Ende Afrāsiyāb getötet wird, ist endgültig die Rache für Siyāvoš vollendet. König Kā'ūs stirbt nach einhundertundfünfzig Lebensjahren. Sein Enkel Xosrau, der schon seit längerer Zeit anstelle des alten Königs herrscht, besteigt den Thron Irans und regiert sechzig Jahre. Dann aber wird er der Welt überdrüssig. Er ist des Lebens müde und sehnt sich nach dem Tod.

Die iranischen Edlen, die um den König und um das Land sehr besorgt sind, rufen Zāl und Rostam zu Hilfe, die unverzüglich an den Hof kommen, doch auch Zāls Beredtsamkeit kann den König nicht umstimmen. Xosrau regelt seine weltlichen Angelegenheiten. Er verkündet sein Testament und fordert die Edlen des Landes auf, für ihre Verdienste Lohn von ihm zu verlangen. Zāl tritt als Erster vor:

Als Dastān Zāl, der treue Gefolgsmann des Königs, dieses hörte, küsste er vor Xosrau den Boden. Dann erhob er sich und sprach: »O du Beherrscher der Welt, es wäre nicht recht, wenn ich meine Wünsche verheimlichen würde. Du weißt, was Rostam bei Kämpfen und Mühen und Gefahren und Schlachten für den Iran getan hat. Als Kay Kā'ūs nach Māzandarān zog auf einem langen und mühseligen Weg und die Dīve den König und andere Helden – wie den stolzen Gūdarz und auch Tūs – gefangen nahmen, und als dann Rostam davon hörte, ritt er alleine los und wandte sich gen Māzandarān. Wüsten und Dunkelheit, Dīve und Löwen, Zauberinnen und gefährliche Drachen: trotz all dieser Schwierigkeiten schaffte er den Weg und gelangte zum König nach Māzandarān. Er riss dem Weißen Dīv den Leib auf, und Kūlād-e Qandī und Bīd zerschnitt er die Eingeweide. Mit einem Streich trennte er Sanǧe den Kopf vom Rumpf, und sein Freudenschrei stieg bis zu den Wolken empor.

Als er dann auf einem Rachefeldzug für Kay Kā'ūs seinen Sohn Sohrāb tötete, der von so edler Natur war wie kein anderer, da hat er vor Kummer Monate und Jahre geweint. Aber im Kampf gegen Kāmūs ließ er bei seiner Tapferkeit den Staub bis zu den Wolken aufwirbeln. Doch so viel ich auch über seine Taten spräche, ich würde mit dem Bericht über ihn nie zu Ende kommen. Da nun der König der Krone und des Throns überdrüssig geworden ist, was vermacht er seinem löwenmutigen Freund?«

Und Xosrau antwortete ihm: »Alles, was er für mich getan hat, die Mühen und Sorgen, die er meinetwegen auf sich nahm, wer kann das alles wissen, wenn nicht der allmächtige Schöpfer, der das Recht aufzeigt und Zufriedenheit und Liebe geschaffen hat. Was Rostam gesagt und getan, ist nicht verborgen, und in der ganzen Welt kenne ich niemanden, der ihm ebenbürtig wäre.«

Er ließ einen Schreiber zu sich rufen. Dieser brachte Papier und Moschus und Aloe. Und nun wurde ein Lehnsbrief ausgefertigt, vom König der Erde, dem stolzen Kay Xosrau mit dem reinen Glauben, für den Heerführer und Recken Rostam, ›der von allen Menschen wegen seiner Tapferkeit verehrt wird und in der ganzen Welt ein Vorbild ist, ein kluger Fürst und tapferer Heerführer‹. Dem siegreichen Führer der Truppen, dem Ruhm des Heeres, wurde das Gebiet des Nīmrūz zu Lehen gegeben. Man setzte auf die Urkunde ein goldenes Siegel, so wie es üblich war unter Kay Xosrau, dem gerechten König. Xosrau übergab ihm den Lehnsbrief und bat Gott, die Welt möge durch Rostam glücklich bleiben.

Die Edlen, die mit Zāl, Sāms Sohn, dem Ritter, gekommen waren, traten nun vor, wobei sie astronomische Tafeln im Arm trugen. Ihnen schenkte der König Gewänder und

Silber und Gold. Und jeder von ihnen erhielt auch einen goldenen Pokal, der bis zum Rand mit Juwelen gefüllt war.

Nachdem er Lohrāsp zu seinem Nachfolger bestimmt hat, reitet er in Begleitung seiner verzweifelten Edlen, unter denen sich auch Zāl und Rostam befinden, ins Gebirge. Dort verschwindet Xosrau eines Nachts spurlos. Einige seiner Edlen kommen in einem Schneesturm um. Die anderen, darunter Zāl und Rostam, kehren zu Lohrāsp zurück und huldigen ihm als neuem König.

Esfandiyār

Esfandiyār ist ein Sohn des Königs Goštāsp und Enkel von Lohrāsp. Bei einem neuen Krieg gegen Tūrān, der unglücklich verläuft, bietet er dem König an, die Führung des Heeres zu übernehmen. Dieser verspricht seinem Sohn den Königsthron, falls er die Feinde besiegt. Er hält aber sein Versprechen nach dem Sieg nicht, sondern lässt Esfandiyār sogar in Ketten legen, als dieser durch den missgünstigen Gorazm beim König verleumdet wird. Goštāsp gerät erneut durch die Turaner in große Bedrängnis und lässt seinen Sohn frei, damit er ihm gegen die Feinde hilft. Sein Versprechen wiederholt er und bricht es auch dieses Mal. Noch ein drittes Mal zieht Esfandiyār in den Kampf, und von neuem wiederholt der Vater sein Versprechen und hält es nicht.

Nun beginnt die Geschichte von Rostam und Esfandiyār

Lasst uns nun den so bekömmlichen Wein trinken, denn vom Fluss her weht eine Brise, die nach Moschus duftet. Die Luft ist mit dem Toben des Gewitters erfüllt, und aus der Erde sprudelt es: Wohl dem, dessen Herz sich am Trunk erfreut! Glücklich auch der, welcher Geld und Naschwerk und einen Becher Wein hat und ein Schaf schlachten kann! Mir ist das nicht gegeben, doch gesegnet ist der, welcher solches besitzt, und er möge denen geben, die bedürftig sind!

Der ganze Garten ist mit Blütenblättern übersät, und die Berge sind voller Tulpen und Hyazinthen. Die Nachtigall singt klagend im Garten, und die Rose wächst durch ihre Klagen. In dunkler Nacht schläft die Nachtigall nicht, und die Rose schwankt bei Wind und Regen. Wenn ich Wind und Regen aus den Wolken kommen sehe, weiß ich nicht, warum die Narzisse so traurig ist.* Die Nachtigall lacht über Regen und Wind, denn sie sitzt auf der Rose und singt. Ich weiß nicht, ob die Rose oder die Wolke verliebt ist, denn ich höre aus der Wolke Löwengebrüll. Der Wind hat ihr Kleid zerrissen, und in ihrem Leib ist ein Feuer entfacht.** Von der Liebe des Himmels zur Erde legt sie Zeugnis ab vor der alles beherrschenden Sonne.

Wer weiß, was die Nachtigall sagt und was sie bei der Rose klagt? Lausche in der Morgendämmerung, damit du hörst, wie die Nachtigall von den Taten der Helden erzählt. Sie beweint den Tod Esfandiyārs, und außer ihrer Klage gibt es keine Erinnerung mehr an ihn. Wie der Schrei Rostams zerreißt die Wolke in dunkler Nacht Herz und Ohren des brüllenden Löwen.

Als schließlich Goštāsp die große Unzufriedenheit Esfandiyārs zu sehr beunruhigt, fragt er seinen Vertrauten und Astrologen Ǧāmāsp um Rat.

Ǧāmāsp antwortete ihm: »O König, das Böse des Schicksals möge von mir weichen! Aber Esfandiyār wird den Tod finden in Zāvolestān. Durch die Hand des Sohnes von Zāl wird es geschehen.« Darauf sagte der König zu Ǧāmāsp: »Dies ist heute ein sehr wichtiger Tag, denn wenn ich ihm den Thron des Königs der Könige übergebe, und dazu Krone und Staatsschatz, dann wird er das Land Zāvolestān nie sehen, und niemand wird ihn je in Kāvolestān kennen lernen. Aber wäre er dann frei von der Heimsuchung des Schicksals? Würde ihn dann sein guter Stern führen?«

* Rose und Nachtigall; eine in der persischen Dichtung häufig verwendete Metapher für die Geliebte und den Liebenden. Die Narzisse steht als Metapher für das Auge.

** Die vom Wind zerfetzte Gewitterwolke kündigt mit Blitz und Donner den Frühling an: die Zeit der Liebe.

Der Astrologe gab ihm zur Antwort: »Du kannst dem sich drehenden Himmel nicht entkommen! Wer kann sich schon durch Tapferkeit und Klugheit von diesem scharfkralligen Drachen befreien, der hoch über uns schwebt? Ganz ohne Zweifel wird kommen, was kommen soll, und der kluge Mensch hat das Schicksal noch nie nach dem Zeitpunkt gefragt.« Das Herz des Königs war durch Ǧāmāsps Worte sorgenvoll geworden. Sein Kopf wurde hierdurch geradezu ein Dickicht! Finstere Gedanken und das unausweichliche Schicksal lehrten ihn das Böse.

Als Esfandiyār etwas später unter Hinweis auf all seine Verdienste den Vater noch einmal an das ihm gegebene Versprechen erinnert und den Königsthron verlangt, antwortet ihm Goštāsp:

»Wenn du dich von der Wahrheit entfernst, handelst du nicht richtig! Du hast mehr geleistet, als du selber sagst. Möge der Schöpfer dir Beistand leisten! Ich sehe keinen Feind mehr in der Welt, weder ganz offen noch insgeheim, denn zittert nicht derjenige, der deinen Namen hört? Und was heißt ›zittern‹? Ganz ohne Zweifel verlässt ihn vor lauter Angst seine Seele! Du kennst niemanden in der Welt, der dir ebenbürtig wäre, außer dem hirnlosen, aber berühmten Sohn Zāls, der schon, solange er lebt, Zāvolestān und auch Bost und Gaznīn und Kāvolestān zu Lehen hat. Durch seine Tapferkeit überragt er den Himmel, doch er hält sich nicht für einen Untertan. Vor Kay Kā'ūs war er wie ein Sklave, und durch Kay Xosrau wurde er in der Welt bekannt. Über Goštāsps Königtum sagt er: ›Er hat eine neue Krone, wir aber eine alte! Niemand in der Welt ist mir ebenbürtig, weder unter den Byzantinern und Turanern noch unter den Iranern.‹ Du musst nun in den Sīstān ziehen und dabei Kraft und List und Geschicklichkeit anwenden! Ziehe dein Schwert, halte die Keule bereit, und führe Rostam, Zāls Sohn, gefesselt hierher! Und ebenso auch Zavāre und Farāmarz, und lasse nicht zu, dass sich einer von ihnen auf ein Pferd setzt!

Ich schwöre beim Schöpfer der Welt, der alle Kraft geschaffen und Sterne, Mond und Sonne zum Leuchten gebracht hat: Wenn du diese Tat vollbracht hast, wirst du von mir in Zukunft keine Unfreundlichkeiten mehr erfahren. Ich übergebe dir dann Thron und Staatsschatz und Heer und setze dich gekrönt auf den Thron.«

Esfandiyār antwortete ihm darauf: »Du edler und berühmter König! Du entfernst dich damit von altem Brauch. Wenn du sprichst, musst du das rechte Maß halten! Krieg und Kampf musst du mit dem König von China suchen, und bei den arabischen Reitern lasse den Staub aufwirbeln. Was suchst du aber den Kampf mit einem alten Mann, den schon Kā'ūs ›Löwenbezwinger‹ genannt hat? Von Manūčehrs Herrschaft bis zu Kay Qobād war ganz Iran durch ihn glücklich. Alle nennen ihn Raxš' Herrn, Welteroberer, Löwenbesieger und Kronenverteiler. Er ist kein Jüngling, der Ruhm sucht in der Welt. Er ist ein mächtiger Mann und hat sein Lehen von Kay Xosrau! Wenn die Lehen der Könige nicht mehr gelten sollen, dann braucht er auch von Goštāsp keinen Lehnsbrief zu erbitten!«

Der König gab Esfandiyār zur Antwort: »Du löwenmutiger, edler Held! Für jeden, der sich vom Wege Gottes abwendet, gilt: Treue zu ihm verliert ihren Wert wie der Wind in der Steppe. Du hast zweifellos davon gehört, dass König Kā'ūs auf Befehl des Iblīs vom rechten Wege abgekommen ist. Er stieg, von Adlerflügeln getragen, zum Himmel empor und stürzte ganz elendig bei Sārī ins Wasser. Aus Hāmāvarān brachte er die Tochter eines Dīvs mit, und ihr vertraute er die königlichen Frauengemächer an. Durch deren Schuld wurde dann Siyāvoš getötet, und für die ganze Familie verdunkelte sich dadurch der Tag. Wenn jemand sich nicht an seinen Eid, den er dem König gegeben hat, gebunden hält, dann sollte man besser nicht an seinem Tor vorübergehen! Wenn du von mir den Thron willst und die Krone, dann mache dich mit dem Heer nach Sīstān auf den Weg! Wenn du dorthin gekommen bist, binde Rostam die Hände. Führe ihn am Fangseil her, das du ihm um die Arme schlingst. Und es darf nicht sein, dass Zavāre und Farīborz und Zāl, Sāms Sohn, dir dabei Fallen stellen! Lasse sie zu Fuß hierher laufen. Bringe sie zu meinem Palast, damit das Heer sie sehen kann und damit sich künftig niemand von uns abwendet, ob er nun von uns Macht erhält oder viel Mühe!«

Der Fürst Esfandiyār zog ärgerlich die Augenbrauen hoch und sagte dem König der Welt: »Bleib bei der Wahrheit! Dir geht es gar nicht um Zāl und Rostam. Du hast es auf Esfandiyār abgesehen! Es reut dich nun, dass du die Königswürde abgeben sollst, und darum möchtest du mich aus der Welt entfernen! Möge dir nur diese Krone und der Königsthron bleiben. Für mich gibt es genügend Ecken in dieser Welt. Aber ich bin ein Untertan vor dir und unterwerfe mich deinen Befehlen und Wünschen.«

Sein Vater sprach zu ihm: »Sei nicht vorschnell im Handeln! Wenn du Großes erreichen willst, tue nichts Unehrenhaftes! Suche dir aus dem Heere viele Reiter aus, erfahrene Männer, die zum Kampf bereit sind. Waffen, das Heer und Geld stehen dir zur Verfügung, und es möge Schrecken über die Seelen deiner Feinde kommen! Was nützen mir ohne dich Staatsschatz und Heer, und auch der goldene Thron und die Krone!« Doch Esfandiyār gab ihm zur Antwort: »Für das, was ich tun soll, brauche ich kein Heer! Denn wenn der Zeitpunkt des Todes herankommt, wird Gott ihn auch wegen eines Heeres nicht zurückweisen.«

Sorgenvoll kehrt Esfandiyār in seinen Palast zurück. Seine Mutter ist voller Angst um ihn und fleht ihn an, nicht gegen Rostam zu ziehen.

Darauf antwortete ihr Esfandiyār: »Du liebe Mutter, behalte im Gedächtnis, was ich dir sage: Rostam ist genauso, wie du ihn kennst. Was du über seine Fähigkeiten erwähnst, ist so wahr, wie das *Avesta*. Selbst wenn du dich noch so sehr anstrengst, findest du niemanden im Iran, der Größeres geleistet hat als er. Jemanden wie ihn gefesselt abzuführen, ist einfach unmöglich. Eine so böse Handlung kann dem König nichts Gutes bringen. Aber andererseits darf man auch nicht mein Herz zerbrechen, denn wenn man es zerbricht, reiße ich es mir aus dem Leib! Wie soll ich mich gegenüber dem Befehl des Königs verhalten? Wie sollte ich auf einen solchen Thron verzichten? Wenn das Schicksal mir in Zāvol den Tod bringen soll, dann wird mich ohne Zweifel mein Stern dorthin führen. Falls Rostam dem Befehl durchaus nicht folgen will, wird er niemals von mir ein kaltherziges Wort hören!«

Und entgegen den dringenden Bitten seiner Mutter, doch wenigstens seine Söhne zu verschonen, nimmt er auch diese mit nach Zāvolestān.

Esfandiyār bricht nach Zāvolestān auf

Als der Hahn krähte im Morgengrauen, ertönte vom Palast her Paukenschall. Wie ein Elefant stieg Esfandiyār auf sein Pferd und trieb sein Heer mit Windeseile an. Er ritt mit seinen Truppen, bis sich der Weg vor ihm teilte, und dort hielten die Elefanten und das Heer an. Der eine Weg führte zur Festung Gonbadān, der andere ging in Richtung Zāvol. Das Kamel, das den Zug anführte, legte sich hin, als wollte es sich mit dem Staub paaren. Der Kameltreiber schlug es mit einem Stock an den Kopf, denn durch das Tier wurde die Karawane am Weiterziehen gehindert.

Dem Feldherrn schien diese Angelegenheit ein schlechtes Omen zu sein, darum ließ er dem Tier Kopf und Mähne abschlagen, damit das Unheil auf das Kamel zurückfiele und sein Unternehmen nur der Wille Gottes sei. Das Kriegsvolk schnitt ihm den Kopf ab, und so ging das Unglück auf das Tier selbst zurück. Durch die Sache mit dem Kamel wurde Esfandiyār nachdenklich, doch er versuchte dieses böse Zeichen nicht ernst zu nehmen. Und er sprach: »Wenn jemand siegreich ist, erleuchtet sein Glück die Welt! Sowohl das Böse als auch das Gute kommen von Gott, und der Mensch muss alles mit einem Lächeln auf den Lippen annehmen.«

Von dort begab er sich an den Hīrmand, wobei er immer noch aus Angst vor einem Unheil zitterte. Man baute an dieser Stelle seine Zelte auf, wie es üblich war, und die Heerführer wählten ebenfalls ihre Zeltplätze. Schnell wurde ein Sonnendach aufgespannt und der Thron aufgestellt, und alle vom Glück bevorzugten Edlen versammelten sich um den Thron. Esfandiyār ließ Wein und Musikanten kommen, und Pašūtan setzte sich neben den König. Durch die Musik wurde Esfandiyārs Herz froh, und auch die Herzen seiner Edlen wurden frei von Sorgen. Der alte Wein ließ die Wangen des tapferen Königs und der Edlen wie Rosen erblühen.

Esfandiyār sprach zu seinen Gefährten: »Ich bin vom Willen des Königs abgewichen und habe mich vom rechten Wege entfernt. Er hat zu mir gesagt, ich solle die Sache mit Rostam in Ordnung bringen und nicht davor zurückschrecken, ihn zu fesseln und zu demütigen. Das tue ich nicht. Ich werde nicht dem Wunsche meines Vaters folgen, denn dieser kampferprobte Mann mit dem Löwenherzen hat für die Könige viele Mühen auf sich genommen und mit seiner schweren Keule die Welt in Ordnung gebracht. Alle im Lande Iran leben durch ihn, seien sie nun Könige oder Untertanen! Jetzt brauche ich einen scharfsinnigen Mann, der gut reden kann und klug ist und ein gutes Gedächtnis hat, einen Ritter mit Ruhm und Geschick, den Rostam nicht hinters Licht führen kann. Denn wenn er zu uns käme, würde er unseren trüben Sinn erfreuen. Er würde mir dann gutwillig die Hand eines Untertanen reichen und durch seine Klugheit mein Unheil verhindern. Ich möchte ihn nur in gutem Einverständnis bei mir sehen, vorausgesetzt, er hält von seinem Kopf jeden bösen Gedanken fern!« Pašūtan sagte darauf zu ihm: »Das ist der richtige Weg! Bleibe dabei und achte auf die Ehre der Helden!«

Bahman wird als Bote geschickt

Esfandiyār ließ Bahman zu sich rufen und besprach mit ihm alles ganz ausführlich. Er sagte zu ihm: »Steige auf deinen Rappen, kleide dich mit chinesischem Seidenbrokat und setze dir eine mit Juwelen verzierte königliche Krone aufs Haupt, wie sie eines Pahlavans würdig ist, damit jeder, der dich sieht, dich als einen der Helden erkennt. Jeder soll wissen, dass du von königlichem Geblüt bist, und soll Gottes Segen über dich erflehen. Nimm fünf Handpferde mit goldenem Sattelzeug mit und auch zehn bedeutende und edle Mobads. Und dann mach dich auf den Weg zu Rostams Palast, doch lass es dabei geruhsam angehen! Überbringe ihm meine Grüße und sei freundlich zu ihm. Sprich mit ihm in höflicher Form und sei äußerst geschickt in deinem Verhalten.

Sage ihm: ›Jeder, der Größe erlangt und Macht erringt und durch kein Unglück geschädigt wird, muss Gott Dank sagen, der in aller Ewigkeit weiß, was das Gute ist. Wenn der Mensch sich bemüht, das Gute zu tun, und sich vor Gier und Gemeinheiten hütet, vermehrt ihm Gott seine Macht und seinen Reichtum, und er wird froh sein in dieser vergänglichen Welt. Wenn er sich dazu entschließt, nichts

Böses zu tun, kommt er im Jenseits ins Paradies. Wer genügend Verstand hat, weiß, dass das Böse und auch das Gute an uns vorbeiziehen. Am Ende aber ist der dunkle Staub unser Lager, und die Seele steigt zum heiligen Gott empor. Jeder auf Erden, der das Gute kennt, bemüht sich darum und handelt gemäß dem Wunsche der Könige! Jeder erntet, was er gesät hat! Und auf das, was er sagt, bekommt er die passende Antwort!

Nun wollen wir deine Handlungen genau abmessen – und dabei soll man nicht mindern und nicht mehren! Du hast schon unzählige Jahre gelebt und in der Welt viele Könige gesehen. Wenn du vom Wege der Vernunft abweichst, dann weißt du sehr wohl, dass es deiner nicht würdig ist, der du doch von meinen Vorfahren so viel Macht und Schätze, Truppen und wertvolle Pferde, Throne und Kronen bekommen hast, als du noch im Dienst schnell zur Stelle warst. Doch während König Lohrāsp Herr über die Welt war, bist du nie an den Hof gekommen! Und nachdem er das Land Iran an Goštāsp übergeben hatte, hast du dem Thron nie mehr deine Aufmerksamkeit zugewandt! Nicht einen Brief hast du ihm geschrieben, sondern hast dich der Verpflichtungen eines Untertans entledigt. Du bist nicht wie ein Diener an den Hof gekommen! Du willst niemanden in der Welt als König anerkennen!

Aber von Hūšang und Ǧamšīd und dem edlen Ferīdūn, der das Königtum dem Geschlecht Zahhāks entreißen konnte, kannst du so weitergehen bis zu Kay Qobād, der sich die Krone Ferīdūns aufs Haupt setzte: Keiner dieser Edlen war je so überragend wie Goštāsp, im Kampf und beim Feiern, beim Herrschen und auf der Jagd! Er hat den reinen Glauben angenommen.* Der Weg Gottes wurde durch ihn strahlend sichtbar wie die Sonne, so dass nun die

* Also den Zarathustrismus.

Lehren des Bösen und die Wege der Dīve verschwunden sind. Und als dann Arǧāsp kam und Krieg brachte, mit einem Heer von Panthern und edlen Recken, stark wie Krokodile, mit so vielen Truppen, dass niemand sie zählen konnte, da ist der edle König ihm entgegengetreten und hat aus dem Schlachtfeld einen solchen Friedhof gemacht, dass das weite Antlitz der Erde nicht mehr zu sehen war. Das war so gewaltig, dass man sich bis zum Auferstehungstag unter den Edlen an diese Geschichte erinnern wird! Jetzt ist ihm alles untertan, vom Osten bis zum Westen, und er zerbricht den mächtigen Löwen den Rücken! Gehe von Turan bis nach Indien und Byzanz: Die Welt ist für ihn zu einem Klumpen Wachs geworden. Von den speeretragenden Reitern aus den Wüsten Arabiens sind einige an seinem Hofe, und man schickt ihm aus allen diesen Ländern Tribut und Steuern, denn sie haben weder die Kraft noch die Macht, gegen ihn zu kämpfen!

Ich habe dir dieses alles gesagt, o edler Pahlavan, denn du hast ihn in der Seele gekränkt. Du bist nicht an seinen glanzvollen Hof gegangen! Du hast nie dessen edle Helden auch nur angeschaut! Du hast dir in der Welt eine ferne Ecke ausgesucht und hältst dich dort verborgen. Aber wie sollten die Fürsten dich vergessen, ohne auf ihr Hirn und ihr reines Herz zu verzichten? Du hast immer das Gute gewollt und warst stets bereit, den Befehlen des Königs zu entsprechen. Wenn jemand einmal deine Mühen aufzählen würde, käme insgesamt mehr dabei heraus, als du in deiner Schatzkammer hast. Einer der Könige,* die nicht einverstanden waren mit dem, was man über einen Untertanen berichtete, hat mir gesagt: Von all den vielen Geschenken und den Ländern und Schätzen, die er bekommen hat, ist er trunken geworden und hat sich in Zāvol zur Ruhe gesetzt,

* Gemeint ist Goštāsp.

denn in Trunkenheit packt niemand etwas an! Eines Tages ist dieser König dann wütend geworden und hat beim helllichten Tag und der finsteren Nacht geschworen, dass niemand diesen erlesenen Krieger am Hofe sehen würde, außer Rostam käme gefesselt!

Jetzt bin ich in dieser Angelegenheit aus dem Iran gekommen, wobei der König mir nicht gestattet hat, mich auch nur kurz auszuruhen. Hüte dich vor seinem Zorn und fürchte ihn! Weißt du denn nicht, wie dich sein Zorn treffen kann? Wenn du hierher kommst und dich ihm unterwirfst und ihm Geiseln stellst mit der Bitte um Gnade, dann schwöre ich bei der Sonne und bei der strahlenden Seele Zarīrs, bei der Seele meines Vaters, des löwenstarken Königs, dass ich Goštāsp dahin bringen werde, seine Anordnungen zu bereuen, und dass ich die Gestirne und den Mond wieder zum Leuchten bringen werde! Mein Geist und mein Verstand sollen mich dabei leiten. Pašūtan ist mein Zeuge dafür, dass ich mich schon bemüht habe, den König zu besänftigen, wenngleich ich deine Fehler sehr wohl gesehen habe. Mein Vater ist der König, und ich bin ihm untertan. Von seinem Befehl werde ich nicht abweichen.

Deine Familie muss sich nun zusammentun und beraten und sich in dieser Sache einig werden: Zavāre, Farāmarz und Zāl, Sāms Sohn, und auch die berühmte und edle Rūdābe. Erwäge nun all meine Ratschläge, einen nach dem andern, und vertraue dabei meinem ehrlichen Wort! Es darf nicht sein, dass dein Palast zerstört wird und den Edlen Irans in die Hände fällt! Wenn ich dich als Gefangenen zum König gebracht und ihm die vielen Fehler vorgehalten habe, werde ich mich vor ihn stellen und seinen Zorn und seinen Wunsch nach Rache beschwichtigen. Ich werde nicht dulden, dass auch nur ein Windhauch dich berührt, so wie es sich für einen Mann meiner Abstammung geziemt.‹«

Bahman kommt zu Zāl

Als Bahman die Worte des berühmten Prinzen vernommen hatte, machte er sich auf den Weg, gekleidet in ein golddurchwirktes königliches Gewand. Auf das Haupt hatte er sich seine fürstliche Krone gesetzt. Er kam würdevoll aus der Zeltstadt geritten, und hinter ihm wurde seine strahlende Fahne getragen. Der edle Recke überquerte den Hīrmand: ein stolzer Jüngling und ein großes Pferd! Als ihn dann ein Wächter erblickte, rief dieser laut nach Zāvolestān, dass ein mutiger und tapferer Ritter käme, auf einem schwarzen Pferd mit goldenem Zaumzeug. Er meldete auch, dass ihm einige Reiter folgten und dass er ganz geruhsam den Fluss durchquert hätte.

Da setzte sich Zāl aufs Pferd, bewaffnet mit einem Wurfseil am Sattelriemen und einer Keule in der Hand. Er näherte sich ihm, und als er den Ritter mit eigenen Augen sah, stieß er einen tiefen Seufzer aus und sprach: »Das ist ein berühmter und stolzer Pahlavan, wie ein König gekleidet. Wahrscheinlich stammt er aus der Familie von Lohrāsp. Möge sein Fuß in diesem Lande eine glückliche Spur hinterlassen!«

Vom Beobachtungsposten kehrte er zum Tor seines Palastes zurück und verweilte eine Zeit lang gedankenvoll im Sattel. Dann aber kam Bahman in Sicht, und vor ihm wehte das königliche Banner. Der Jüngling kannte Zāl nicht. Er hob seinen königlichen Arm und rief ihn an, als er näher herangekommen war. Er sprach zu ihm: »Du Mann aus der Familie des Dehqāns: Wo ist wohl der oberste Herr hier, der Sohn Zāls, durch den unsere Zeit ihren Halt findet? Denn der Held Esfandiyār ist nach Zāvol gekommen und hat seine Zelte am Ufer des Flusses aufgeschlagen.«

Zāl antwortete ihm: »Du ungestümer junger Mann, steige erst einmal vom Pferd, trinke Wein und ruhe dich aus!

Rostam kommt zusammen mit Zavāre, Farāmarz und seinem Gefolge bald von der Jagd zurück. Sei herzlich willkommen mit deinen Reitern und erfreue dein Herz mit Wein.« Doch dieser gab ihm zur Antwort: »Esfandiyār hat uns nichts von Musik und Wein gesagt. Stelle mir einen wegekundigen Mann zur Verfügung, der mich ins Jagdrevier führen kann.« Zāl sprach zu ihm: »Wie heißt du? Du hast es so eilig: Was willst du? Habe ich Recht, wenn ich glaube, du stammst aus der Familie von Lohrāsp? Oder bist du gar ein Sohn Goštāsps?« Und dieser antwortete ihm: »Ich bin Bahman, der Sohn des Herrn der Welt, des Unverwundbaren.«

Als Zāl die Worte des stolzen Ritters hörte, stieg er vom Pferd und erwies ihm seine Ehrerbietung. Da lächelte Bahman und stieg auch ab. Zāl fragte ihn nach seinem Befinden und hörte dem zu, was Bahman ihm sagte. Er bat ihn sehr, doch noch zu bleiben: »So schnell wieder fortzureiten hast du doch nicht nötig!« Aber Bahman antwortete ihm: »Esfandiyārs Befehl darf man nicht auf die leichte Schulter nehmen.« Zāl wählte also einen Mann aus, der den Weg kannte, und den schickte er mit Bahman ins Jagdrevier. Der Wegekundige war ein erfahrener Mann namens Šīrxūn. Der ging vor ihm her. Mit dem Finger wies er schließlich Bahman das Jagdrevier, und dann kehrte er augenblicklich zurück.

Bahman bei Rostam

Vor dem Jüngling befand sich ein Berg, und darauf trieb er sein edles Pferd. Bahman betrachtete das Jagdrevier und sah den Pahlavan des Heeres. Ihm zur Seite saß sein Vertrauter. In einer Hand hielt Rostam einen Baumstamm. Einen kräftigen Wildesel hatte er auf diesen Stamm gesteckt, und neben ihm waren Keule und Zaumzeug zu sehen. In der anderen Hand hielt er einen weingefüllten Pokal. Als Diener stand sein Sohn vor ihm, während Raxš auf den Wiesen herumlief, denn Bäume und Gras gab es dort und auch einen Bach mit Wasser.

Bahman sagte zu sich: »Ist das Rostam, oder ist es die aufgehende Sonne? Nie zuvor hat man je in der Welt einen solchen Mann gesehen, noch hat von den Edlen der Vergangenheit je einer von seinesgleichen gehört! Ich fürchte, dass der Held Esfandiyār vor ihm nicht bestehen kann und dass er sich vom Kampf abwendet. Aber ich werde ihn mit einem Felsbrocken erledigen, so dass sich Zāls und Rūdābes Herz im Leibe umdrehen werden!« Er löste einen Brocken vom felsigen Berg und ließ ihn vom hohen Gipfel herunterrollen. Zavāre sah das von seinem Jagdplatz aus. Er hörte auch den Lärm, den der Felsbrocken verursachte und schrie: »O du mutiger Pahlavan, ein Brocken kommt vom Berg heruntergerollt!« Aber trotz der großen Aufregung Zavāres rührte Rostam sich nicht und legte auch den Wildesel nicht hin. Er wartete, bis der Felsbrocken nahe an ihn herangerollt war, wobei vor lauter Staub der Berg ganz dunkel wurde. Mit seinem Absatz trat er dann nach dem Brocken und schleuderte ihn weit weg. Zavāre und Rostams Sohn priesen ihn wegen seiner Kraft. Als Bahman aber diese Kraft und Rostams ganze Erscheinung sah, wurde sein Herz sorgenvoll wegen seiner Tat. Und er sprach zu sich: »Wenn der gepriesene Esfandiyār mit einem solchen Recken einen Kampf beginnt, wird er sich dabei lächerlich machen. So wird es besser sein, wenn er friedlich mit ihm verfährt. Denn wenn Rostam aus dem Kampf als der Bessere hervorginge, würde er sich das ganze Land Iran zu Eigen machen.«

Er setzte sich wieder auf sein windschnelles Pferd und kam nachdenklich vom Berge herab. Seinen Mobads erzählte er, was er Erstaunliches erlebt hatte, und dann ritt er langsam weiter auf dem Weg. Als er nun in das Jagdrevier kam, sah Rostam ihn auf dem Wege kommen. Er fragte seinen Mobad: »Wer ist dieser Mann? Mir scheint fast, es ist jemand aus der Familie von Goštāsp.« Gemeinsam mit Zavāre ging er ihm entgegen, und mit ihm gingen auch alle, Groß und Klein, die im Jagdrevier waren. So schnell, wie Rauch aufsteigt, kam Bahman vom Pferde herunter. Er fragte Rostam nach seinem Befinden und fügte Höflichkeiten hinzu. Rostam sprach zu ihm: »Solange du mir nicht deinen Namen gesagt hast, wirst du von mir nicht die gewünschte Antwort bekommen.« Da sagte er: »Ich bin Esfandiyārs Sohn, der oberste der Edlen, der berühmte Bahman!« Der Pahlavan umarmte ihn augenblicklich und begann sich für sein spätes Kommen zu entschuldigen. Gemeinsam gingen sie dann zu Rostams Lagerplatz, begleitet von den edlen Getreuen des Fürsten.

Als Bahman sich gesetzt hatte, begrüßte er Rostam und berichtete ihm über den König und die Iraner. Und dann sprach er: »Esfandiyār ist so schnell, wie sich Feuer ausbreitet, vom Königshof losgeritten. Auf Befehl des großen siegreichen Königs hat er seine Zelte am Ufer des Hīrmand aufgebaut. Nun überbringe ich eine Botschaft von Esfandiyār: Möge der edle Pahlavan sie anhören!« Rostam antwortete ihm: »Der Sohn des Königs hat dabei viele Mühen auf sich genommen und ist einen weiten Weg geritten. Lasst uns erst einmal essen von dem, was wir hier haben, und danach steht die Welt unter deinem Befehl!«

Er ließ weiches Brot auf eine Tischdecke legen, und dazu brachte man einen frisch gebratenen, noch heißen Wildesel. Ein Diener legte die Speise vor Bahman, wobei ihm Rostam von alten Erlebnissen erzählte. Er ließ auch seinen Bruder sich neben Bahman setzen, doch lud er keinen der anderen Edlen mit zum Essen ein. Einen weiteren Wildesel ließ er sich selbst vorsetzen, denn bei jeder Mahlzeit aß er einen ganzen Wildesel! Er streute Salz darüber, riss dann Stücke davon herunter und aß sie. Sein stolzer Gast Bahman schaute ihm dabei zu, doch aß er selber vom Wildesel nur wenig. Da lachte Rostam und sagte zu ihm: »Der König hat seine eigene Art zu genießen. Wenn du aber in dieser Weise beim Essen genießt, warum hast du dich dann in den Rachen der Haftxān* begeben? Wie kannst du denn mit der Lanze kämpfen, o Prinz, wenn du so wenig isst?« Bahman sagte daraufhin zu ihm: »Ein Königssohn soll nicht viel reden und nicht so viel essen. Es ist besser, weniger zu essen und dafür mehr zu kämpfen. Im Kampf legen wir dann unsere Seele auf die Handfläche!«

Da lachte Rostam und rief: »Man soll vor den Menschen seine Tapferkeit nicht verbergen!« Er ließ einen goldenen Pokal mit Wein füllen und trank daraus auf das Wohl aller freien Männer. Einen zweiten Pokal gab er Bahman in die Hand und sprach: »Nimm und trinke auf wessen Wohl auch immer du willst!« Bahman misstraute dem Wein im Pokal. Deshalb nahm Zavāre zuerst einen Schluck davon und sprach dann zu ihm: »O Prinz, mögen dich der Wein und die Weinschenken erfreuen!« Bahman nahm ihm schnell den Pokal aus der Hand, doch der Mann mit dem bedrückten Herzen war nur ein schwacher Weintrinker! Er blieb voller Staunen über Rostams Appetit und seine Arme, Beine und Schultern.

Rostams Antwort auf Esfandiyārs Botschaft

Dann setzten sich die beiden Reiter auf ihre Pferde, und Bahman ritt an der Seite des berühmten Rostam. Er berichtete ihm im Einzelnen über die Grüße und die Botschaft Esfandiyārs, jenes tapferen und edlen Recken. Als

* Die sieben Stationen von Kriegszügen Rostams und Esfandiyārs; hier als Symbol für gefährliche Unternehmungen verwendet.

Rostam nun Bahmans Worte vernahm, wurde der Kopf des alten Mannes sorgenvoll, und dann sprach er: »Ich habe die Botschaft gehört, und dich zu sehen hat mein Herz erfreut. Überbringe Esfandiyār von mir die folgende Antwort: ›O du berühmter und löwenmutiger König! Jeder, der Verstand in sich trägt, bedenkt vor allem, ob bestimmte Dinge möglich sind. Wenn man tapfer und siegreich ist, wenn man hat, was man begehrt, und wenn man Schätze angehäuft hat, wenn man Macht und Tapferkeit besitzt und einen großen Namen, wenn man würdig ist unter den angesehenen Edlen – so wie du jetzt dastehst in der Welt –, dann darf man keine niedrigen Gedanken hegen! Lasst uns beim Recht bleiben und Gott verehren! Lasst uns nicht die Hand des Bösen ergreifen! Nichts von all dem, was du sagst, hat Hand und Fuß. Es ist ein Baum, der weder Früchte trägt noch Duft verbreitet. Falls deine Seele den Weg der Gier betritt, liegt viel nutzlose Arbeit vor dir. Wenn ein Fürst spricht, muss er sehr genau abwägen! Und er muss es vermeiden, böse Gedanken auszusprechen!

Ich war immer froh über die Worte jener, die gesagt haben: Keine Mutter hat jemals einen solchen Sohn geboren wie dich! An Tapferkeit, Wissen, Weisheit und Klugheit überragst du all deine Vorfahren! Man kennt deinen Namen in Indien, Byzanz und China, ja selbst im Lande der Zauberer. Für deine Ratschläge habe ich dir immer Dank gewusst. Ich preise dich jeden Tag und auch nachts bei allen drei Wachen*! Und von Gott habe ich eine Gunst erfleht: dass ich dein so sehr geschätztes Antlitz sehen möge und auch deine Größe, deinen Mut und deine Güte. Dafür wende ich ihm nun mein Herz in Dank zu. Lasst uns jetzt zusammensetzen und auf das Wohl des Königs der Könige

* Die Wachen wurden im Vier-Stunden-Rhythmus gehalten; am Tage und bei Nacht je drei Wachen.

den Becher ergreifen! Ich habe nun gefunden, was ich gesucht habe, und komme eilig als Bittsteller! Ich werde jetzt ohne Heer vor dich treten, um von dir zu hören, was der König befohlen hat. Dazu bringe ich dir die Lehnsbriefe mit, die die Könige mir gegeben haben, angefangen mit Kay Xosrau, und bis hin zu Kay Qobād.

Jetzt, o König, wo du dich mit mir befasst, behalte im Blick, was ich geleistet und ertragen habe. Denke an all das Gute, das ich getan habe, und all die Mühen, die ich auf mich nahm. Immer habe ich den Königen gehuldigt: Schaue nur von heute zurück bis in vergangene Zeiten! Wenn ich nun als Lohn für all diese Mühen gefesselt werden und vom König des Iran Böses erleiden soll, dann wäre es besser, nie diese Welt gesehen zu haben oder, wenn man schon lebt, nicht länger darin zu verweilen! Ich werde kommen und alle meine geheimen Gründe erklären, und meine Stimme wird sich über die Welt erheben! Ich binde meine Arme in Schlingen und fessele meine Füße in Riemen aus Pantherleder,* so wie ich den Nacken der wilden Elefanten gebunden und diese dann in den Nilstrom geworfen habe! Aber wenn man an mir keine Schuld entdecken kann, derentwegen mir der Kopf abgeschlagen werden müsste, dann erspare mir unfreundliche Reden. Mögen die Herzen der Dīve durch das Böse gequält werden! Sage nichts, was noch nie jemand zu sagen gewagt hat! Versuche nicht, aus Tollkühnheit den Wind in einen Käfig zu sperren. Die Großen finden ihren Weg mit Weisheit, aber wenn man nicht schwimmen kann, kommt man nicht wieder aus dem Meer heraus. Man kann auch nicht das Licht der Sonne verbergen oder einen Fuchs zum Gefährten des Löwen machen. Lege mir keinen Streit in den Weg, denn auch ich habe die Fähigkeit zum Streiten. Niemand hat je Fesseln an meinen Füßen ge-

* Ergänze: »wenn du mir meine Schuld nachweisen kannst«.

sehen! Und kein wütender Elefant hat mich je von meinem Platz verdrängt!

Tue, was Königen würdig ist, und lass dich nicht zum Bösen verleiten! Halte den Dīv nicht an der rechten Hand! Halte entschlossen Rache und Zorn deinem Herzen fern und schaue die Welt nicht mit den Augen eines Jünglings an! Gib deinem Herzen Freude, komm her über den Fluss, damit dir vom heiligen Gott Segen gespendet wird. Beehre unseren Palast und komm zu einem Festmahl. Halte dich nicht fern von denen, die dir zum Dienst verpflichtet sind! So wie ich Kay Qobāds Untertan war, so sind mir Herz und Hirn auch durch dich froh. Wenn du mit deinem Heer zu meinem Palast kommst, sollst du hier zwei Monate in Freuden bleiben. Nach all den Mühen können sich die Männer und Pferde dabei ausruhen, und die Herzen der Feinde werden vor Eifersucht erblinden! Die Steppe hier ist voller Wild, und an den Wasserläufen sind Vögel: Wenn du noch lange fernbleibst, werden sie ungeduldig! Ich werde dann sehen können, wie du mit der Kraft des Kriegers die Löwen oder auch die Panther mit dem Schwert erschlägst. Und wenn du dann das Heer in den Iran zurückführen und zum König der edlen Helden ziehen willst, werde ich die Tür zu meinen alten Schätzen öffnen, die ich mit meinem Schwert hierher zusammengetragen habe. Ich werde dir alles übergeben, was da ist und was ich mit der Kraft meiner Hände angesammelt habe. Nimm, was du möchtest, und verschenke den Rest, doch verletze nicht unser Herz an einem solchen Tag. Nimm für deine Truppen Geld* und vermeide alle Heftigkeit! Da du Entgegenkommen findest, tue nichts Unwürdiges!

Wenn der Augenblick zum Aufbruch gekommen ist und du den Wunsch verspürst, den König wiederzusehen, wer-

* Ergänze: »aus meinem Vermögen«.

de ich Zügel an Zügel neben dir reiten und dann in aller Form vor den König treten. Durch meine Entschuldigung werde ich seinen Zorn erweichen und ihm Haupt und Füße und Augen küssen. Und dann werde ich den klugen und großen König fragen, warum meine Füße gefesselt werden sollten.‹ – Denke an all das, was ich dir gesagt habe! Erzähle es dem edlen Esfandiyār!«

Bahman berichtet Esfandiyār

Als Bahman Rostams Worte vernommen hatte, machte er sich auf den Weg und ritt schnell los mit seinen edlen Mobads. Rostam aber blieb noch eine Weile am Wege stehen. Dann rief er Zavāre und Farāmarz zu sich und sprach zu ihnen: »Begebt euch unverzüglich zu Zāl und auch zu Rūdābe, dem Monde Zāvolestāns, und sagt: ›Esfandiyār ist gekommen, ein Mann, der die Welt erobern möchte. Stellt in der Empfangshalle den goldenen Thron auf, und bedeckt ihn mit kostbarem Tuch, eines Königs würdig, wie zu Zeiten von König Kā'ūs, aber noch kostbarer und würdiger als damals. Richtet ein großes Fest aus: Bei den Speisen darf es ihm an nichts mangeln, denn zu uns ist der Sohn des Königs gekommen, und er kam kampferpicht und streitbar. Er ist ein berühmter Held und ein tapferer König, der sich nicht fürchtet vor einem Kampf mit so vielen Löwen, dass sie eine ganze Steppe füllen könnten. Ich werde mich zu ihm begeben, und wenn er die Einladung zum Fest annimmt, können wir alle Gutes erhoffen. Wenn ich sehe, dass er Güte zeigt, bringe ich ihm ein Diadem aus Rubinen und Gold. Dann halte ich auch meinen Juwelenschatz nicht für zu schade, und auch nicht Rüstungen, Keulen und Schwerter. Wenn er mich aber ohne Hoffnung fortschickt und mein Verhältnis zu ihm sich nicht aufklärt, dann weißt du, dass mein aufgerolltes Fangseil den Kopf des wilden Elefanten in seine Schlingen nehmen kann.‹«

Ihm antwortete Zavāre: »Mach dir darüber keine Sorgen. Niemand sucht Streit, wenn es keine Feindschaft gibt. Ich kenne keinen König auf der Welt, der so klug und tapfer ist wie Esfandiyār. Von einem klugen Mann kann keine böse Tat ausgehen. Er hat von uns nichts Böses erfahren!«

Zavāre begab sich daraufhin zu Zāl. Rostam aber machte sich auf den Weg. Er ritt schnell zum Ufer des Hīrmand, wobei ihm aus Angst vor einem Unheil der Kopf ganz durcheinander war. Vor dem Fluss ließ er sein Pferd halten. Und dort blieb er und wartete, bis Bahman die Grüße überbracht hatte.

Nachdem Bahman zu den Zelten Esfandiyārs gekommen war, stellte er sich vor seinen Vater hin, und der edle Esfandiyār fragte ihn: »Welche Antwort hast du vom tapferen Pahlavan bekommen?« Als Bahman die Frage des Vaters hörte, setzte er sich vor ihn und erzählte ihm Punkt für Punkt alles, was er von Rostam erfahren hatte. Zuerst überbrachte er Rostams Grüße, und dann berichtete er, was dieser gesagt hatte. Er schilderte seinem Vater auch alles, was er gesehen hatte, und sogar das Verborgene, das er insgeheim bemerkt hatte. Dann sprach er: »Wo auch immer Menschen zusammenkommen, einen Mann wie Rostam hat man noch nie gesehen. Er hat ein Löwenherz und den Leib eines großen Elefanten! Aus den Fluten des Nils kann er die Krokodile herausholen! Er ist jetzt ans Ufer des Hīrmand gekommen, ganz ohne Rüstung, Helm, Keule und Fangseil. Er hat den Wunsch, den König zu sprechen. Ich weiß nicht, welches Geheimnis er mit dir bereden will.«

Esfandiyār wurde wütend über Bahman und demütigte ihn vor den versammelten Helden, indem er zu ihm sprach: »Einem stolzen Manne geziemt es nicht, sich insgeheim mit Frauen zusammenzusetzen, und wenn er Kinder in wichtigen Angelegenheiten schickt, dann ist er kein mutiger und starker Mann.* Wo hast du schon Krieger gesehen? Du, der du noch nicht einmal das Bellen eines Fuchses gehört hast. Du hast aus Rostam einen Kriegselefanten gemacht, und damit hast du die Herzen der hier versammelten Edlen schwer getroffen.«

Dann sagte er insgeheim zu Pašūtan: »Dieser streitbare und kampfesfreudige Löwe verhält sich noch immer wie ein Jüngling. Die Jahre haben bei ihm noch keine Falten hinterlassen.«

Rostam und Esfandiyār treffen sich

Der edle Esfandiyār ließ sein schwarzes Pferd aufzäumen und ihm einen goldgeschmückten Sattel auflegen. Und dann zogen hundert Ritter des Heeres mit ihm aus, um schnell zum Ufer des Hīrmand zu reiten. Er hatte das Fangseil in Schlingen an den Sattelriemen gehängt. Jenseits des Flusses wieherte Raxš und auf dieser Seite das Pferd des edlen Esfandiyār. Rostam ritt durch den Fluss, und auf der anderen Seite stieg er ab und begrüßte den Edlen. Nachdem er ihn gepriesen hatte, sprach er: »Ich habe den alleinigen Gott gebeten, er möge dein Führer sein, auf dass du mit deinen Edlen so gesund hierher kommen mögest. Nun wollen wir uns zusammensetzen und miteinander reden und uns Antworten geben, und dann fassen wir einen Entschluss, der uns Glück bringt. Du musst wissen, und Gott ist mein Zeuge, dass ich nicht mit Worten glänzen

* Eine allgemeine Belehrung über die Erziehung, die besagt: Männer sollen erstens nicht viel Zeit bei Frauen verbringen, sonst werden sie verweichlicht und sind dann ihren Aufgaben nicht mehr gewachsen. Für wichtige Aufgaben muss man zweitens Männer aussuchen und nicht Kinder. Mit einer solchen Bemerkung kritisiert Esfandiyār Bahman.

will und mich nie dem Betrug zuwenden werde! Nur der Verstand zeigt mir in dieser Angelegenheit den Weg. Bei deinem Anblick freue ich mich gerade so, als hätte ich das Antlitz des Siyāvoš gesehen. Du bist niemandem ähnlicher als Siyāvoš, jenem heldenmütigen Königssohn. Der König ist gesegnet, der einen Sohn hat wie dich, der du mit deiner großen Gestalt und deiner Ausstrahlung deinen Vater erfreust! Und gesegnet ist auch das Land Iran, das deinen Thron verehrt, und dein immer waches Glück! Aber über den, der Kampf mit dir sucht, bricht das Elend herein: Vom Thron herunter fällt er in den Staub! Mögen dich immer all deine Feinde fürchten! Mögen die Herzen deiner Gegner zerreißen! Möge dein Glück immer die Oberhand behalten! Mögen die dunklen Nächte für dich zu einem Nourūz werden!«

Als Esfandiyār Rostams Worte gehört hatte, stieg er herab von seinem edlen Ross. Da er froh war, umarmte er den elefantenleibigen Recken und begann ihn zu preisen: »Gott sei gedankt, o Weltpahlavan, dass ich dich glücklich und zufrieden wiedersehe! Dich zu loben ist mir eine angenehme Pflicht! Die Helden dieser Welt werden vor dir zu Staub! Wohl dem, der einen Sohn hat wie dich, denn er sieht einen Zweig, der ihm Früchte trägt! Wohl dem, der eine Stütze hat wie dich, denn er ist sicher vor der Härte des Schicksals! Als ich dich erblickte, kam mir Zarīr in den Sinn, der sein Pferd so mutig wie ein Löwe gegen die Feinde anspornte!«

Rostam sprach zu ihm: »O du mächtiger und kluger Pahlavan mit dem so strahlenden Geist! Ich möchte einen Wunsch an den edlen Fürsten richten. Möge dieser Wunsch mir erfüllt werden! Komm doch zu meinem Palast und mache meine Seele glücklich durch deinen Besuch. Wenn etwas fehlen sollte, dessen du bedarfst, werden wir uns bemühen, es zu beschaffen.«

Darauf antwortete ihm Esfandiyār: »O du, der du das Vermächtnis der Helden dieser Welt trägst! Über jeden, der so berühmt ist wie du, ist das ganze Land Iran froh, und man darf sich seinem Wunsch nicht verschließen und an seinem Land und seinem Palast vorübergehen. Aber ich werde meine Seele nicht vom Befehl des Königs der Welt abwenden, nie im Leben. Er hat uns keinen Aufenthalt in Zāvol gestattet, und auch bei den Edlen dieses streitbaren Landes sollen wir uns nicht aufhalten! Tu, was dir nützlich sein wird: Geh dahin, wohin der Befehl des Königs dich schickt! Lass dich unverzüglich an den Füßen fesseln, denn durch die Fesseln des Königs der Könige erfährst du keine Schande! Wenn ich dich als Gefangenen vor den König führe, fällt auf ihn die ganze Schande. Mir ist das Herz wund wegen deiner Gefangennahme. Ich stehe vor dir wie ein Diener! Ich werde nicht zulassen, dass du bis zum Abend gefesselt bleibst oder dass du in irgendeiner Weise Schaden erleidest. Glaube mir all dieses, o Pahlavan, denn es kann gar keinen Zweifel daran geben, dass dir von deinem König nichts Böses geschehen wird. Und wenn ich mir erst einmal die Krone aufs Haupt gesetzt habe, werde ich die Welt in deine Hände legen. Was du tun sollst, ist keine Sünde gegen Gott, und vom gekrönten Antlitz des Königs kann dir keine Schande kommen. Wenn du dann nach Zāvolestān zurückkehrst, wenn die Rosen blühen, wirst du von mir so viele kostbare Geschenke bekommen, dass dein ganzes Land dadurch geschmückt wird!«

Rostam aber sagte zu ihm: »Edler Fürst, ich habe den allmächtigen Schöpfer gebeten, dass mein Herz durch deinen Anblick froh werden möge. Wie soll ich nun deine Kränkung gutheißen? Wir sind zwei stolze Männer: der eine alt, der andere jung, zwei kluge und umsichtige Pahlavane. Ich fürchte, dass das Auge des Bösen uns trifft und unsere Köpfe aus süßem Schlummer reißt. Und ich habe

Angst, dass ein Dīv sich zwischen uns drängt und dein Herz unredlich macht wegen Krone und Thron. Aus dieser Angelegenheit würde mir eine Schande erwachsen, die man in aller Ewigkeit nicht vergessen würde: die Schande nämlich, dass ein so hervorragender Heerführer wie du sich findet, ein stolzer Löwe, ein tapferer Mann, der nicht in meinen Palast kommen will! Und der nicht mein Gast sein will in diesem Land! Wenn du den Zorn aus deinem Herzen verbannst und dich bezwingst und nicht die List zu Hilfe nimmst, dann werde ich tun, was auch immer du von mir wünschst, und dein Anblick wird die Freude meines Herzens sein! Aber fesseln lasse ich mich nicht, denn Fesseln brächten mir Schande! Ich würde daran zerbrechen, weil es schimpflich wäre! Niemand wird mich je lebendig gefesselt sehen: Mein leuchtender Geist besteht darauf – und sonst nichts!«

Esfandiyār gab ihm zur Antwort: »O du, der du in der Welt das Vermächtnis der Helden trägst, du hast ganz richtig gesprochen und nicht gelogen! Mögen die Menschen nie versuchen, auf krumme Weise zu Ruhm zu gelangen! Aber Pašūtan weiß, was der König befohlen hat, als ich mich auf den Weg machte. Wenn ich jetzt in deinen Palast komme und dein froher und siegreicher Gast bin und wenn du dem Befehl des Königs ausweichst, wird für mich das Licht des Tages dunkel. Es ist sicher, dass ich, wenn ich mit dir kämpfen müsste, im Streit die Natur eines Panthers annehmen würde. Dann würde ich die Freundschaft von Brot und Salz* vergessen, und der Himmel würde sich anders für mich drehen! Denn wenn ich mich vom Befehl des Königs abwendete, wäre im Jenseits das Feuer mein Platz! Wenn du es aber so wünschst, dann wollen wir uns heute

* Durch den gemeinsamen Verzehr von Brot und Salz wird eine Freundschaft zwischen Gast und Gastgeber geschlossen, die eine sehr feste Bindung bedeutet.

dem Wein hingeben. Wer weiß, was morgen sein wird! Darüber groß zu reden, macht keinen Sinn!«

Rostam sprach zu ihm: »Ich mache es jetzt so: Ich gehe nun und ziehe meine Reisekleidung aus, denn ich war eine Woche lang auf der Jagd und habe statt Lammfleisch Wildesel gegessen. Lass mich rufen, wenn es Zeit zum Essen ist und du dich mit deiner Familie zu Tisch setzen möchtest!«

Und dann setzte er sich auf Raxš und band seine Sorgen an viele Gedanken. Er ritt schnell los und kam zum Palast. Dort erblickte er Zāl, Sāms Sohn, und zu ihm sprach er: »O edler Fürst, ich bin zu Esfandiyār geritten und habe in ihm einen Reiter getroffen, so schlank wie eine Zypresse, klug, würdig und majestätisch. Man könnte sagen, der tapfere König Ferīdūn hätte ihm seine Größe und seine Klugheit vermacht. Wenn man ihn anschaut, wird er noch größer, als sein Ruf schon ist, denn aus ihm strahlt der Glanz des Königs der Könige.«

Esfandiyār lädt Rostam nicht ein

Als Rostam vom Ufer des Hīrmand fortgeritten war, blieb der große Fürst in Gedanken versunken zurück. Da kam Pašūtan, der dem König als Ratgeber diente, in dessen Zelt, und der Held Esfandiyār sprach zu ihm: »Wir haben eine schwierige Sache auf die leichte Schulter genommen. In Rostams Palast habe ich nichts zu suchen, und er hat auch bei mir nichts verloren! Wenn er nicht von sich aus kommt, werde ich ihn nicht rufen, denn wenn einer von uns beiden sein Ende findet, wird das Herz dessen, der überlebt, durch den Tod des anderen in der Hölle schmoren, und das Ende unserer Freundschaft werden Tränen sein.«

Pašūtan antwortete ihm: »O Fürst, wer findet schon einen Bruder wie Esfandiyār! Bei Gott, als ich euch beide zuerst sah und bemerkte, dass keiner von euch Edlen mit dem anderen kämpfen wollte, da wurde mir das Herz wie der junge Frühling, sowohl durch Rostam als auch durch Esfandiyār. Wenn ich eure Angelegenheit noch einmal betrachte, sehe ich: Ein Dīv hat eurem Verstand den Weg versperrt! Du bist bewandert in Dingen des Glaubens und des Verstandes, und dein Geist erzieht mit Weisheit deinen Verstand. Sei vorsichtig und gefährde nicht dein Leben. Höre auf das Wort deines Bruders. Ich habe alles gehört, was Rostam gesagt hat. Seine Größe geht Hand in Hand mit seiner Menschlichkeit. Deine Fesseln können unmöglich seine Füße binden. Er wird sich nicht ohne weiteres von dir fesseln lassen! Der Ritter der Welt, der Sohn Zāls und Enkel Sāms, wird dir nicht so einfach in die Schlingen gehen. Ich fürchte, diese Angelegenheit kann sich noch lange hinziehen, und es könnte hässlich zugehen zwischen zwei so stolzen Männern! Du bist ein großer Held und klüger als der König, bist besser imstande, das Notwendige zu tun. Der eine sucht Feiern, der andere Kampf und Streit. Überlege dir wohl, wem der Beifall gelten muss!«

Und der Edle antwortete ihm: »Wenn ich dem König nicht gehorchte, würde man es mir in dieser Welt zum Vorwurf machen, und im Jenseits müsste ich mich dafür vor Gott verantworten. Ich will nicht beide Welten wegen Rostam verlieren! Niemand kann das Auge des Schicksals mit einer Nadel zunähen!«* Darauf erwiderte ihm Pašūtan: »Ich habe alles gesagt, was nützlich ist an Ratschlägen für die Gesundheit von Leib und Seele. Du musst nun das Gute wählen! Das Herz des Königs darf nicht nach Rache streben!«

Der Feldherr ließ vom Koch und seinen Gehilfen die Tafel herrichten, doch er schickte niemanden, um Rostam ein-

* Gemeint ist: Man kann das Schicksal nicht abwenden.

zuladen. Als die Speisen gegessen waren, ergriff er einen Becher Wein und begann dann von Rū'īndez* zu sprechen, wobei er an seine eigene Tapferkeit erinnerte. Dann leerte er den Becher auf das Wohl des Königs der Könige.

Währenddessen war Rostam in seinem Palast und wartete auf die Einladung zum Essen. Als einige Zeit verstrichen war und niemand kam, schaute Rostam immer wieder auf den Weg. Aber als die Essenszeit vorüber war, begann das Hirn des Helden zu kochen. Er lächelte und sprach zu seinem Bruder: »Lass den Tisch decken und rufe die Edlen zum Mahl. Wenn Esfandiyārs Brauch so ist, dann behalte du diese Sitte des Fürsten im Gedächtnis. Lass Raxš satteln! Man soll den chinesisch verzierten Sattel auflegen! Ich reite zu Esfandiyār, um mit ihm zu reden, denn er hat uns hier mit Verachtung behandelt.«

Rostam reitet zu Esfandiyār zurück

Wie ein brünstiger Elefant setzte er sich auf Raxš, in der Hand seine mit einem Stierkopf verzierte Keule. Schnell ritt er bis zum Fluss, und die Truppen dort kamen eilig gelaufen, um ihn zu sehen. Jeder aus dem Heer, der ihn sah, wandte ihm sein Herz in Freundschaft und Mitgefühl zu, und alle sagten: »Dieser Edle ähnelt niemandem außer dem Fürsten Sām. Wie er da in seinem Sattel sitzt, als wäre er aus Eisen! Und von Raxš könnte man behaupten, er sei ein Ahreman! Selbst wenn sein Gegner ein schrecklicher Elefant wäre, müsstest du über dem Kopf des Elefanten den Nil ausschütten.** Im Kopf des Königs ist kein Verstand, wenn er einen so strahlenden Helden wie Esfandiyār, einen

* Eine Festung der Turaner, die Esfandiyār unter großen Mühen erobert hat.

** Das Wort *nīl* ist hier, wie auch sonst verschiedentlich bei Ferdausi, als Bezeichnung für die Farbe Indigoblau verwendet. Es ist die Farbe der Trauer.

Edlen, der so herrlich ist wie der Mond, auf diese Weise um der Krone und des Thrones willen dem Tode ausliefert. Je älter er wird, desto größer wird seine Gier nach Schätzen und umso mehr liebt er sein Siegel und seine Krone.«

Als Rostam zu Esfandiyār kam, ging ihm der Fürst sogleich entgegen, und Rostam sprach zu ihm: »O Pahlavan, du gesegneter Jüngling, Sohn des Königs, der du neue Sitten einführst! Der Gast, den du dir eingeladen hattest, war der nicht eine Botschaft wert? War schon von vornherein deine Abmachung so gemeint? Halte alles, was ich dir nun sage, im Gedächtnis und sei nicht unüberlegt zornig mit einem alten Mann: Du hältst dich für sehr bedeutend! Und für etwas Besonderes unter den Edlen! Auch scheinst du von meiner Tapferkeit eine geringe Meinung zu haben und hältst mich für schwach an Klugheit und Weisheit. Aber du musst wissen: In der Welt bin ich Rostam! Ich bin der strahlende Spross Nairams. Meinetwegen hat sich der Weiße Dīv in die Hand gebissen, und vielen Zauberern habe ich alle Hoffnung genommen! Und all die großen Recken, wenn sie nur meinen Babr-e Bayān sahen oder Raxš, meinen brüllenden Löwen! Wie zum Beispiel der streitbare Kāmūs oder der Kaiser von China, beide ausdauernde Ritter und tapfere Männer, die ich mit den Schlingen meines Fangseils von ihren Sätteln gerissen und von Kopf bis Fuß in Fesseln gelegt habe! Ich bin der Beschützer Irans und Nicht-Irans. Überall bin ich die Stütze der edlen Helden! Lass dich durch meine freundliche Bitte nicht irreführen! Glaube nicht, dass du mächtiger bist als der Himmel! Wegen deiner königlichen Majestät und Würde möchte ich nach deinem Willen handeln und in Treue zu dir stehen. Und ich will nicht, dass ein König wie du durch meine Hand sein Ende findet. Ich halte selbst den tapferen Sām, vor dem die wilden Löwen aus dem Dickicht flohen, nicht für mutig! Jetzt halte ich die Erinnerung an ihn in der Welt wach, doch anders handelt der Königssohn, der Held Esfandiyār! Schon lange bin ich der Pahlavan der Welt, und noch nie habe ich auch nur einen Tag damit verbracht, Böses zu tun. Ich habe die Welt von unseren Feinden gereinigt und dabei viele Mühen und viel Kummer auf mich genommen. Ich danke Gott, dass ich nun im Alter einen gesegneten Spross sehen darf, der mir ebenbürtig ist und der mit denen kämpfen wird, die nicht den reinen Glauben* haben: einen Mann, den die ganze Menschheit lobpreisen wird!«

Esfandiyār antwortet Rostam

Esfandiyār lächelte Rostam an und sprach zu ihm: »O Enkel des edlen Sām! Du bist verärgert, weil kein Bote zu dir kam, doch ich habe dabei weder Macht noch Glück gesucht. Der Tag war so heiß und der Weg so lang, und ich wollte dich nicht ermüden. Sei deshalb nicht zornig. Schon ganz früh heute Morgen hatte ich mir vorgenommen, mich zu entschuldigen, wie es recht und billig ist. Ich hatte mich schon darauf gefreut, Zāl wiederzusehen und eine Weile meine Seele beim Wein zu ergötzen. Jetzt hast du doch diese Mühe auf dich genommen, bist durch die Wüste gekommen und hast deinen Palast verlassen! Setz dich in aller Ruhe hin, nimm einen Becher Wein und zeige dich nicht zornig und hitzköpfig.«

Er bot Rostam einen Platz zu seiner Linken an, um ihn zum Gespött der Versammlung zu machen. Doch der berühmte Held sagte: »Das ist nicht mein Platz! Ich will dort sitzen, wo mein rechtmäßiger Platz ist!« Esfandiyār ordnete an, dass man Rostam zu seiner Rechten einen Platz bereiten sollte, weil es sein Wunsch sei. Dieser aber sagte vol-

* Gemeint ist die Lehre Zarathustras.

ler Zorn zum Prinzen: »Mach die Augen auf und bedenke, welche Behandlung ich gewohnt bin! Denk an meine Leistungen und an meine edle Abstammung, denn ich bin aus dem Geschlecht des stolzen Sām! Ein Mann muss tüchtig sein, Ausstrahlung besitzen und edle Herkunft vorweisen können. Er soll freigebig sein und sein Herz voller Gerechtigkeit! Wenn du keinen Platz hast, der meiner würdig ist: Ich besitze Siege, Ruf und Klugheit!« Daraufhin ließ der Sohn des Königs vor dem Thron einen goldenen Sessel aufstellen, und Rostam ging und setzte sich auf diesen goldenen Sessel, noch voller Zorn und mit einer duftenden Orange in der Hand.*

Esfandiyār spricht schlecht über Zāl

Dann sagte Esfandiyār zu Rostam: »Du edler und berühmter Fürst! Ich habe von weisen Männern, von den Großen des Landes und von klugen Mobads gehört, dass Zāl von schlechter Herkunft ist und von Dīven abstammt und dass er keine bessere Geburt aufzuweisen hat. Auch dass man ihn lange verborgen gehalten hat, weil man glaubte, nun ginge die Welt unter!** Sein Körper war schwarz und sein Gesicht und die Haare weiß. Als Sām ihn zum ersten Mal sah, verzweifelte sein Herz. Er ließ ihn ans Meer bringen: Vögel und Fische sollten ihn auffressen. Der Sīmorg aber breitete seine Schwingen aus und kam herbeigeflogen. Der sah nichts vom Glanz der Majestät in ihm. Er trug ihn zu seinem Nest, denn Zāl kam ihm als Nahrung gerade wunschgemäß! Aber obwohl der Sīmorg Hunger hatte,

* Die in der Hand gehaltene Orange (und auch die Quitte) sind Zeichen des Königs und der Würdenträger. Man hält sie natürlich auch, um sich an ihrem Duft zu erfrischen.

** Wegen Sāms Zorn über seinen weißhaarigen Sohn.

war ihm Zāls Körper zuwider. Er warf ihn elendig vor sein Nest, und niemand wäre bei seinem Anblick froh gewesen! Der Knabe lebte vom Aas, das man ihm hinwarf. Nackt war er, ohne Kleidung, und seinem Leib erging es elend. Der Sīmorg gab Zāl seine Zuwendung – und so drehte sich eine Zeit lang der Himmel über ihm.

Nachdem er lange Aas gekostet hatte, brachte man ihn nackt in sein Sīstān zurück, und Sām nahm ihn wieder auf, weil er keine Kinder hatte und weil er unwissend war und betrogen und dumm! Die edlen Fürsten und meine königlichen Vorfahren, meine Ahnen und wohlwollende Freunde förderten und unterstützten ihn, und so sind nochmals viele Jahre darüber verstrichen. Er wurde ein Zypressenbaum mit hoch erhobenem Haupt, und als er Zweige trieb, war Rostam seine Frucht. Durch seine Tapferkeit und Größe und durch seine äußere Erscheinung gelangte er zu seiner heutigen Bedeutung. Auf diese Weise kam er zum Königtum und wurde mächtig und beschritt den Weg der Unreinheit.«

Rostam antwortet Esfandiyār

Ihm antwortete Rostam: »Beruhige dich! Was redest du nur für Unfreundlichkeiten! Dein Herz neigt zu Hässlichkeiten! Deine Seele seufzt unter dem Einfluss der Dīve! Sprich so, wie es Königen würdig ist, denn ein König sagt nur, was wahr ist! Gott weiß, dass Zāl, Sāms Sohn, ein bedeutender und kluger Mann ist, mit einem edlen Namen. Und dieser Sām war Narīmāns Sohn, und der tapfere Narīmān war ein freigebiger Mann und großer Fürst, dessen Vater Hūšang war, der als Dritter in dieser Welt eine Königskrone trug!

Und du musst auch vom Ruhme Sāms gehört haben, denn unter den Edlen hat es nie einen zweiten Helden wie ihn gegeben! Da war zuerst dieser Drache in Tūs, aus dessen Krallen niemand entkommen konnte. Im Wasser war er wie ein Krokodil und auf dem Lande ein Panther, und aus Angst vor ihm ging niemand mehr ans Wasser oder ins Gebirge. Im Meer verbrannte er den Fischen die Köpfe, und den Geiern in der Luft wurden durch ihn die Federn versengt. Mit seinem Atem konnte er Elefanten heranziehen. Frohe Herzen wurden verstört, wenn man nur von ihm sprach! Und dann war da der böse Dīv Kondrav: Sein Leib war auf der Erde und der Kopf im Himmel! Das chinesische Meer konnte nur die Hälfte seines Körpers bedecken. Ja, er schwächte sogar den Schein der Sonne! Er fing die Fische im Wasser, und er konnte seinen Kopf noch über die Bahn des Mondes hinaus erheben. Er briet sich die Fische an der Sonne. Über ihn weinte der ganze Himmelskreis! Diese zwei Ungeheuer zitterten vor Sām, und beide verloren ihr Leben durch das Schwert dieses Helden!

Dann ist da meine Mutter: Sie ist die Tochter Mehrābs, der das Land Indien zum Blühen gebracht hat. Dessen Urahne, fünf Generationen zuvor, war Zahhāk, der sein Haupt über die Könige der Welt erhob! Wo gäbe es schon wirklich eine edlere Herkunft? Ein kluger Mensch verdreht die Wahrheit nicht!

Mein Ruhm ist in der ganzen Welt so groß, dass die anderen Helden sich davon bei mir etwas leihen müssten! Und dann habe ich erstens einen Lehnsbrief durch Kā'ūs, wegen dem man gegen mich keinen Vorwand finden kann. Und ebenso auch einen Lehnsbrief durch Kay Xosrau, der nur Gerechtigkeit verteilt hat. Und keiner der Könige ist so wie er in den Kampf gezogen! Ich habe die ganze Welt durchquert und viele ungerechte Herrscher getötet. Als ich den Flusslauf des Ǧayhūn überquert hatte, floh Afrāsiyāb von Turan bis nach China! Wegen Kā'ūs nahm ich am Krieg in Hāmāvarān teil, und ganz alleine bin ich nach

Māzandarān gegangen. Da habe ich weder Aržang noch den Weißen Dīv am Leben gelassen, und auch nicht Sanǧe und Kūlād-e Qandī und Bīd! Und im Dienste des Königs habe ich meinen Sohn getötet, der so stark war und so tapfer und kampferprobt! Einen Helden wie Sohrāb hat es nie wieder gegeben, einen so starken und tapferen Mann, der stets zum Kampf bereit war! Über fünfhundert Jahre ist es nun her, seit ich geboren wurde, gezeugt von Zāl. Und immer war ich Pahlavan in dieser Welt, und Sichtbares und Verborgenes waren für mich eins!

Ich komme aus einem berühmten Geschlecht, wie Ferīdūn, der sich die Krone der Macht aufs Haupt gesetzt hat. Der hat dann Zahhāk vom Thron heruntergeholt und dessen Kopf und Krone dem Staub übergeben! Und dann ist da Sām, der mein Großvater war und List und Zauber aus der Welt beseitigt hat! Erst als ich mich gürtete, fanden die Könige Ruhe in der Welt. Niemals sonst hat es so glückliche Tage gegeben wie damals: Kein Ungläubiger konnte in der Festung Fuß fassen.* Man richtete sich in der Welt nach meinen Wünschen: Ich war es, der das Schwert trug und die schwere Keule! Ich sage dir das alles, damit du Bescheid weißt. Du bist der König, und die stolzen Recken sind für dich wie eine Herde. Du bist noch neu in der Welt, wenn auch mit der Majestät von Kay Xosrau. Du siehst auf dieser Erde nur dich selbst und weißt nichts vom vergangenen Geschehen. Lass uns nun Wein trinken, da wir so viel geredet haben! Lass uns mit dem Wein die Sorgen des Herzens verjagen!«

* Um darin Zwietracht zu stiften.

Esfandiyār antwortet Rostam

Als Esfandiyār Rostams Worte hörte, lächelte er, und sein Herz blühte auf. Er antwortete ihm: »Ich habe von deinen Mühen gehört und von allem, was du getan hast, und auch von deinen Sorgen und deinem Kummer. Jetzt höre, was ich alles getan habe und wie ich mich über die stolzen Helden erhoben habe! Zuerst einmal bin ich für den Glauben* in den Kampf gezogen und habe die Welt von den Götzenanbetern befreit! Kein anderer Krieger der Welt hat je erlebt, wie vor lauter Toten der Erdboden nicht mehr zu sehen war!

Ich stamme von Goštāsp ab, und Goštāsp stammt von Lohrāsp. Der wiederum war der Sohn von König Aurand, dem von den Fürsten Krone und Thron gegeben wurde. Und Aurand war Nachfahre von König Pāšīn, der von diesem sehr gelobt wurde! Dieser Pāšīn stammte aus dem Geschlecht von Kay Qobād – ein kluger König, mit einem Herzen voller Gerechtigkeit! Und dann kannst du weiter zurückgehen bis König Ferīdūn, der die Wurzel der Kayaniden war, ein wahrer Schmuck des Thrones! Dann denke an meine Mutter: Sie ist die Tochter des Kaisers, der das Diadem ist auf dem Haupt der Byzantiner! Und derselbe Kaiser stammt von Salm ab – aus vornehmer Familie, die den Glanz der Majestät besaß und für das Recht eintrat. Salm wiederum war der Sohn des edlen Ferīdūn, zu dessen Zeit kein anderer als er den Namen ›König‹ verdiente!

Ich sage, und niemand kann dem widersprechen, dass viele sich verirren und nur wenige ihren Weg finden! Du weißt, dass du selbst – und schon dein Großvater – Diener meiner Vorfahren warst. Ich will diese Tatsache nicht missbrauchen. Aber du hast die Königswürde** von meinen

* Für die Lehre Zarathustras.

** Weil Rostam und seine Vorfahren Könige von Sīstān sind.

königlichen Vorfahren erhalten, da du dich als treuer Diener erwiesen hast. Bleibe, bis ich alles gesagt habe, was zu sagen ist! Und gib mir ein Zeichen, wenn etwas davon nicht stimmt!

Seit Lohrāsp den Thron an Goštāsp übergeben hat, habe ich mit Tapferkeit und Glück im Kampf gestanden. Und keiner, der den chinesischen Glauben angenommen hat, ist von da an freundlich durch uns empfangen worden!* Und später, als mein Vater mich auf Betreiben von Gorazm in Ketten legen ließ und mich von allen Freuden fern hielt, da ist über Lohrāsp durch meine Gefangenschaft Böses hereingebrochen, denn durch die Türken wurde das Gesicht der Erde unsichtbar. Ǧāmāsp holte damals Schmiede, um mich von den schweren Ketten zu befreien. Doch die Arbeit dieser Schmiede dauerte mir zu lange, denn mein Herz sehnte sich nach dem Schwert. Es drängte mich, und ich habe die Schmiede angeschrien. Ich befreite mich aus den Händen der Schmiede und erhob mich von der Stelle, wo ich gesessen hatte. Die Halseisen und Ketten zerriss ich mit eignen Händen! Arǧāsp ist vor mir geflohen, und ebenso auch alle Edlen seines Hofes. Tapfer bin ich in den Kampf gezogen und habe sie wie ein wütender Löwe verfolgt.

Du weißt auch, dass sich mir auf dem Weg der sieben Stationen eine Armee von Dīven entgegengestellt hat. Durch List bin ich dann in Rū'īndez in die eiserne Festung gelangt und habe dort alles kurz und klein geschlagen! Ich habe Rache genommen für die Iraner. Für die Rache der Edlen habe ich mich gegürtet! Was ich in Turan und in China getan habe und an Mühen und Gefahren ertrug, das hat kein Wildesel je durch Panther erlebt, und auch die Krokodile nicht durch die Netze der Seeleute! Die Festung

* Esfandiyār betont hier die militärischen und außenpolitischen Erfolge gegenüber den buddhistischen Chinesen, die er für den Iran verzeichnen konnte, bevor er bei seinem Vater in Ungnade fiel.

war eine finstere Burg auf einer Bergesspitze, die durch ihre hohe Lage schwer erreichbar war für feindliche Truppen. Als ich dahin zog, waren alle Bewohner Götzenanbeter: Sie waren verwirrt, als wären sie betrunken. Seit der Zeit Tūrs, dem Sohn des großen Ferīdūn, hatte niemand in der Welt dieser Festung ihren Ruhm streitig gemacht. Mit großer Tapferkeit habe ich deren Mauern eingenommen und all die Götzen am Boden zerschlagen. Dann habe ich das Feuer Zarathustras entzündet, das er in einer Feuerpfanne aus dem Paradies geholt hatte. Mit Hilfe des alleinigen und gerechten Gottes bin ich dann in den Iran zurückgekehrt, denn es waren uns keine Feinde mehr am Leben geblieben, und in den Tempeln der Götzen gab es keine Brahmanen-Priester mehr. Ganz allein habe ich mich in diesen Kampf gestürzt, und niemand hat sich im Kampf um mich gekümmert! Jetzt aber haben wir lange über uns geredet: Wenn du nun durstig bist, nimm einen Becher Wein!«

Rostam antwortet Esfandiyār

Da sprach Rostam zu Esfandiyār: »Von uns bleiben nur die Taten in Erinnerung! Jetzt sei gerecht und höre dir die Worte eines berühmten alten Mannes an. Wenn ich nicht nach Māzandarān gegangen wäre – wobei ich auf meinen Schultern die schwere Keule mitgeschleppt habe! –, dorthin, wo Gīv und Gūdarz und Tūs gefangen gehalten wurden und wo die beiden Augen des Königs vor Kummer erblindet waren, wer außer mir hätte dann dem Weißen Dīv Herz und Hirn ausgerissen? Wer konnte schon hoffen, mit der Kraft seiner Arme das zu vollbringen? Den Zauberern habe ich die Köpfe vom Leib geschlagen. Kein Grabmal gab es für sie und kein Grab und kein Leichentuch! Aus schwerer Haft brachte ich den König zum Thron zurück.

Der Iran war froh über ihn, und das Glück wandte sich ihm zu. Raxš war mein Freund bei den sieben Abenteuern, und mein scharfes Schwert hat die Welt verteilt!

Als dann Kā'ūs nach Hāmāvarān gezogen war und man ihm die Füße in schwere Ketten gelegt hatte, da habe ich ein Heer von Iranern herangeführt, überall dahin, wo Edle und Fürsten waren.* Ihren König habe ich im Kampf getötet und dessen berühmten Thron leergefegt. Selbst Kā'ūs, der Herr der Welt, lag in Ketten und war von all seinen Sorgen und dem Kummer ganz niedergedrückt. Da kam Afrāsiyāb in den Iran gezogen, und die Welt war voller Schmerzen durch all das Böse, das die Feinde brachten. Ich holte Kā'ūs aus dem Kerker und ebenso Gīv und Gūdarz und auch Tūs. Und dann zog ich von Hāmāvarān in den Iran zurück, zusammen mit dem König und einem riesigen Heer. In dunkler Nacht ritt ich allein voraus, denn ich suchte Ruhm und nicht etwa meine Ruhe! Als Afrāsiyāb meine Fahne sah, die in der Sonne strahlte, und ihm das Wiehern meines Raxš zu Ohren kam, verließ er den Iran und floh nach China. Da war die Welt wieder voller Gerechtigkeit und Segen! Wenn Kā'ūs damals verblutet wäre, wie hätte aus seinen Lenden Siyāvoš entstehen können? Und wie dann durch ihn der edelgeborene König Kay Xosrau? Der hat dem Lohrāsp die Krone aufs Haupt gesetzt! Mein Vater, dieser tapfere und edle Mann, streute sich dabei vor Scham unter all den Edlen Staub aufs Haupt, da er Lohrāsp König nennen musste! Der hat nicht viel Ruhm in der Welt hinterlassen! Wieso rühmst du dich dieser Krone Lohrāsps und dieses Goštāsp mit seinen neuen Sitten, der jetzt sagt: Geh und binde Rostam die Hände!? Nicht einmal der hohe Himmel wird mir die Hände binden! Und wenn der Himmel mir sagte: ›Hör einmal gut zu!‹, würde

* Die es zu bekämpfen und zu besiegen galt.

ich ihm mit meiner schweren Keule die Ohren reiben! Seit meiner Kindheit bis ins Alter habe ich mir noch von niemandem in dieser Weise etwas sagen lassen müssen! Es wäre mir eine Schmach, mich entschuldigen zu müssen und als Bittgänger zu kommen! Schon in diesem ruhigen Ton zu reden, bereitet mir Qual!«

Rostam und Esfandiyār zeigen einander, wie tüchtig sie sind

Esfandiyār lächelte über Rostams Erregung. Er ergriff dessen Hand und drückte sie fest. Dabei sagte er zu ihm: »O Rostam, du Elefantenleibiger, du bist genauso, wie ich es von allen Seiten gehört habe: Dein Arm ist kräftig gewachsen wie ein Löwenschenkel. Deine Brust und dein Nacken sind wie die eines mutigen Drachen. In der Hüfte bist du schlank und beweglich wie ein Panther, der seinen Leib im Kampf aufbäumt!«

Während er sprach, drückte er Rostam die Hand, doch der alte Mann lachte über den Jüngling. Obwohl unter seinen Nägeln das Blut herauslief, verzog der Held wegen der Schmerzen keine Miene. Dann ergriff er seinerseits die Hand des Fürsten und sprach zu ihm: »Du gottesfürchtiger König! Wie glücklich ist doch König Goštāsp, der Ruhmreiche, der einen Sohn hat wie Esfandiyār! Wie glücklich ist der, dem ein Sohn wie du geboren wurde! Über ihm breitet sich der ganze Glanz der Welt aus!« So sprach er und hielt dabei Esfandiyārs Hand in seiner, bis dessen Gesicht rot anlief, weil Rostam ihm das Blut aus den Fingernägeln presste, so dass er das Gesicht verzerrte.

Doch dann lächelte der edle Esfandiyār über ihn und sagte zu ihm: »O Rostam, du Ruhmreicher! Trinke heute Wein, denn morgen im Kampf wirst du leiden und nicht mehr an ein Festgelage denken! Wenn ich morgen den goldenen Sattel auf meinen Rappen gelegt und mir den königlichen Helm aufgesetzt habe, stoße ich dich mit meiner Lanze vom Pferd auf die Erde. Danach aber suche ich keinen Kampf mehr mit dir und auch keinen Streit. Ich werde deine Hände binden und dich zum König bringen und ihm sagen, dass ich nichts Schuldhaftes an dir gefunden hätte. Vor dem König werde ich als dein Fürsprecher auftreten. In jeder Weise werde ich für dich die Klage führen. Von allem Kummer und Schmerz und aller Not werde ich dich befreien und dir dann nach all den Sorgen Güte erweisen und Schätze schenken.«

Rostam lächelte über Esfandiyār und sprach zu ihm: »Du wirst noch genug bekommen vom Kampf. Wo hast du schon Krieger kämpfen sehen! Und wo hast du schon das Prasseln von schweren Keulenschlägen vernommen! Und wenn es dann der Himmel so will und er zwischen zwei edlen Menschen die Freundschaft verhüllt, werden wir miteinander kämpfen, statt roten Wein zu holen, und Bogen und Fangseil und Hinterlist anwenden. Paukenschall werden wir haben statt Saitenklang, und mit Schwert und Keule soll die Begrüßung sein. Dann wirst du, edler Esfandiyār, das Hin und Her und den Verlauf eines Kampfes erfahren! Wenn du morgen auf das Schlachtfeld kommst, werden wir Mann gegen Mann kämpfen. Mit einem Griff werde ich dich aus dem Sattel heben und dich vom Kampfplatz weg zu Zāl bringen. Dann setze ich dich auf den berühmten Elfenbeinthron, und auf das Haupt setze ich dir die Krone, die das Herz erfreut und die ich von Kay Qobād erhalten habe – möge seine Seele im Paradies glücklich sein! Ich werde dann die Tür zur gefüllten Schatzkammer öffnen und dir alle Kostbarkeiten zu Füßen legen. Deinem Heer werde ich so viel geben, dass es ihm an nichts mangelt, und dein Diadem lasse ich bis zum Himmelsgewölbe erstrahlen.

Und dann machen wir uns würdevoll und glücklich und mit einem Lächeln auf den Weg zum König. Tapfer werde ich dir dort die Krone auf das Haupt setzen: So wird Goštāsp mir seine Dankbarkeit erweisen! Dann aber gürte ich mich für den Königsdienst, so wie ich mich schon für die Kayaniden gegürtet habe. Und dann reiße ich alles Unkraut aus dem Garten des Landes aus! Meinen ganzen Leib werde ich vor Freude erneuern! Wenn du König bist und ich dein Pahlavan, wird dem Bösen die Seele aus dem Leibe verschwinden!«

Rostam und Esfandiyār speisen zusammen

Darauf gab ihm Esfandiyār zur Antwort: »Noch mehr zu reden bringt uns nicht weiter! Wir sind hungrig, denn der halbe Tag ist schon herum. Viel Unnützes haben wir geredet! Lass, was auch immer ihr habt, an Speisen bringen, und lade keinen dazu ein, der viel redet!« Als die Tische gedeckt waren, begann Rostam zu essen. Der Fürst Esfandiyār, wie auch all seine Recken, war voller Staunen über dessen Appetit: Von allen Seiten wurde ihm Lammbraten vorgelegt. Der Prinz ordnete an: »Bringt die Becher herbei! Statt altem Wein bringt frischen im Pokal! Wir werden hören, was Rostam jetzt beim Wein sagt und was er uns dann über Kay Kā'ūs erzählt!«

Der Weinschenk brachte einen Becher Wein, so groß, dass man fast mit einem Boot darin hätte fahren können! Rostam trank auf das Wohl des Königs der Könige. Bis auf den Grund leerte er die goldgelbe Quelle! Der junge Weinschenk brachte den Becher von neuem, gefüllt mit edelstem Wein. Daraufhin sagte Rostam leise zu Pašūtan: »Wein verlangt nicht nach Wasser! Warum Wasser mit dem Wein vermischen? Auf diese Weise brichst du die Stärke des alten

Weins!« Pašūtan sagte daraufhin dem Weinschenk: »Fülle einen Becher mit Wein ohne Wasser und bringe ihn her!« Er brachte den Wein, und man ließ die Musikanten kommen. Pašūtan aber blieb voller Staunen über Rostam!

Als die Zeit zum Fortreiten herangekommen war und das Antlitz des edlen Rostam so rot wie Rubin strahlte, sprach Esfandiyār zu ihm: »Mögest du glücklich sein, solange du lebst! Möge der Wein und alles, was du isst, dir wohl bekommen! Möge die Aufrichtigkeit deiner Seele Nahrung geben!« Und Rostam antwortete ihm: »O edler Fürst, möge dir alle Zeit der Verstand ein Lehrmeister sein! Der Wein, den ich mit dir trinke, bekommt mir gut. Er ist Wegzehrung für die Seele eines klugen Menschen! Wenn du den Gedanken an Kampf aus deinem Hirn entfernst, wirst du deine Macht und deine Weisheit vermehren. Verlasse diese Wüste. Komm zu meinem Palast und sei eine Zeit lang mein froher Gast. Alles, was ich gesagt habe, werde ich halten! Die Vernunft werde ich dir zum Wegführer machen! Ruhe dich ein wenig aus und strebe nicht nach dem Bösen. Wende dich der Menschlichkeit zu. Komm wieder zur Besinnung!«

Esfandiyār sagte darauf zu ihm: »Säe keine Saat, die niemals aufgehen wird! Morgen wirst du sehen, was bei Männern Tüchtigkeit heißt, wenn ich beim Heranstürmen zum Kampf bereit bin! Lobe dich selbst nicht allzu sehr. Begib dich in deinen Palast und rüste dich für morgen! Du wirst sehen, dass ich auf dem Kampfplatz genau so gut bin wie beim Wein und beim festlichen Gelage. Wenn ich von Zāvolestān in den Iran zurückreite und mich zum König der mutigen Helden begebe, dann wird er durch meinen Bericht eine höhere Meinung von deiner Tapferkeit bekommen. Darum mache mir in dieser Sache keinen Ärger!«

Rostams Herz war schwer vor Kummer und Sorgen. Die Welt wurde für ihn zu einem Dickicht. Er sagte sich: »Ob ich nun meine Hände durch ihn fesseln lasse oder selber über ihn Unheil bringe: das sind zwei verschiedene Dinge, und doch beide verabscheuungswürdig und schlimm! Beides wäre neuartiges und böses, zerstörerisches Handeln. Mein Name wäre durch seine Fesseln herabgewürdigt, und ich fände durch Goštāsp ein böses Ende! Überall auf der Welt, wo auch immer man darüber sprechen wird, würde man kein Ende finden, mir mein Verhalten vorzuwerfen. Man würde sagen, Rostam konnte sich nicht aus dem Zugriff eines Jünglings befreien, der sich nach Zāvolestān begab und ihm die Füße fesselte! So würde mein Ruf zuschanden werden, und in der Welt würde von mir weder Duft noch Farbe bleiben.* Doch wenn Esfandiyār auf dem Kampfplatz getötet wird, dann wird mein Antlitz vor den Königen erblassen, und es wird heißen: Er hat den jungen Prinzen erschlagen, weil der ihm harte Widerworte gegeben hat. Man würde mich noch über meinen Tod hinaus verfluchen und von mir sagen, ich hätte keinen Glauben gehabt! Wenn ich aber durch seine Hand getötet würde, bliebe in Zāvolestān weder Farbe noch Duft. Zerbrochen wäre dann Zāls Ruf, und aus Zāvolestān würde nie wieder jemand berühmt werden! Aber wenn man in Zukunft zusammensitzt, wird man wenigstens von meinen Worten sprechen, mit denen ich Aussöhnung gesucht habe!«

Dann sagte er dem stolzen Mann: »Die sorgenvollen Gedanken haben mich erbleichen lassen, denn du sprichst so viel von den Fesseln. Aber deine Fesseln und deine Absichten bringen mir Schande, außer wenn der Himmel andere Weisung erteilt, denn das sich drehende Himmelsgewölbe ist über unsere Gedanken erhaben! Alle Ratschläge der Dīve nimmst du an, doch die Worte der Klugheit lehnst du

* Sein Ruhm würde wie eine Blume verwelken. Ähnlich auch in den folgenden Zeilen.

ab! Die Zeit hat dir noch nicht viele Jahre gegeben,* und du kennst nicht die Arglist des Königs. Du hast ein reines Herz und kennst die Welt nicht. Der König, der Herr der Welt, strebt insgeheim deinen Tod an. Solange das Glück ihm hold ist, wird Goštāsp nie genug haben von Krone und Thron. Dich aber schickt er mit Eifer in der Welt herum und lässt dich mit allen nur möglichen Schwierigkeiten aufwachsen. Alles auf dieser Welt hat er gründlich überlegt. Er hat seinen Verstand wie eine Axt und seine Klugheit wie ein Beil geschärft. Und damit von einem edlen Helden Unheil über dich kommt und ihm der Thron und die erhabene Krone erhalten bleiben, hat er sich überlegt: Welchen berühmten Recken gibt es auf der Welt, der vor einem Kampf mit dir nicht zurückschreckt?**

Wir sollten die Krone verfluchen! Wir sollten wegen dieser Geschichte lieber unser Lager im Grab aufschlagen! Du gibst mein Leben dem Schimpf und der Schande anheim. Warum legst du nicht dein Herz in diese Angelegenheit? Mit eigener Hand schaffst du dir Kummer! Möge dir von deinen Feinden nichts Böses kommen! Handle nicht unbesonnen, o König, tue es nicht! Und versuche auch nicht, auf diese Weise dein Glück auf Unheil aufzubauen! Bringe keinen Kummer, o König, über unsere Herzen! Bringe kein Unglück über mein und dein Leben! Hüte dich Gott und mir gegenüber vor Schande! Opfere nicht dein eigenes Leben. Du brauchst überhaupt nicht mit mir zu kämpfen und zu streiten und mich anzugreifen! Das Schicksal aber treibt dich und dein Gefolge dazu, dass du durch meine Hand zugrunde gehst. Mein Name wird verrucht sein in der Welt. Möge Goštāsp ein böses Ende nehmen!«

Als der stolze Esfandiyār dieses hörte, antwortete er ihm: »O du berühmter Rostam! Denke an das, was früher ein-

* D. h.: Du bist noch jung.

** Ergänze: »und deshalb hat er dich zu mir geschickt«.

mal ein kluger Mann gesagt hat – zu einem Zeitpunkt, als für ihn Geist und Verstand gepaart waren! Er sagte: ›Ein alter Mann benimmt sich töricht, wenn er betrügen will, selbst wenn er noch so klug ist!‹ Du möchtest mich nämlich betrügen, um dich aus dem Joch zu befreien. Du willst, dass jeder, der davon erfährt, deinen geschickten Reden Glauben schenkt. Von mir werden alle sagen: Seine Absichten waren nicht rein. Von dir aber: Ein verständiger Mann, der das Gute vermehrt hat! Man wird weiter sagen: Rostam ist mit einer frohen Botschaft zu Esfandiyār gekommen und hat ihm viel Hoffnung gemacht. Aber Esfandiyār hat alle Bitten Rostams in den Wind geschlagen, und seine Zunge fand nur bittere Reden! Und so musste sich Rostam von ihm abwenden, als er außer Kampf keinen anderen Ausweg mehr fand.

Du musst aber wissen, dass ich mich nicht von den Befehlen des Königs abwenden werde, und auch nicht des Thrones und der Krone wegen. Durch den König erhalte ich Gutes und Schlechtes in der Welt. In ihm ist die Hölle; doch in ihm ist auch das Paradies. Möge dir alles, was du gegessen und getrunken hast, dein Glück vermehren! Mögen deine Feinde zu Schaden kommen! Begib dich jetzt frohen Mutes in deinen Palast und besprich alles, was du erfahren hast, mit Zāl. Mach deine Waffen für den Kampf bereit und führe von nun an keine Reden mehr! Komm morgen früh und kämpfe nicht mit unredlichen Mitteln! Ziehe nun meine Aufgabe nicht noch mehr in die Länge! Morgen wirst du auf dem Kampfplatz sehen, dass die Welt vor deinen Augen dunkel wird. Und dann wirst du erleben, wie ein Kampf zwischen tapferen Männern verläuft, die am Tage der Schlacht um ihre Ehre streiten!«

Rostam aber antwortete ihm: »Du Edler, der du wie ein Löwe kämpfen kannst! Wenn dieses nun dein Wunsch ist, werde ich dich unter dem Ansturm des Raxš empfangen und deinen Kopf mit der Keule heilen! Du hast in deiner Heimat gehört – und hast den Worten geglaubt –, dass die Schwerter der tapferen Helden auf dem Schlachtfeld gegen Esfandiyār ohne jede Wirkung seien. Morgen wirst du meine spitze Lanze sehen, und du siehst dann auch, wie ich die Zügel packen kann! Und dann wirst du nie wieder den Streit mit edlen Männern auf einem Kampfplatz suchen!«

Ein Lächeln erfüllte die Lippen des Jünglings, und er sprach zu Rostam: »Du, der du den Ruhm suchst, warum erhitzt du dich so sehr bei unserem Gespräch? Wenn du morgen auf den Kampfplatz kommst, wirst du den Waffengang tapferer Männer erleben. Ich bin kein Berg, und das Pferd unter mir ist auch nicht wie ein Berg! Ich bin ein einzelner Mann ohne Gefolge. Wenn dein Kopf durch meine Keule nur einen Windhauch bekommt, wird deine Mutter bitterlich um dich weinen! Und wenn du auf dem Kampfplatz die Seele aufgibst, werde ich deinen Körper auf den Sattel binden und zum König bringen, damit kein anderer Untertan je mit seinem König Streit auf dem Schlachtfeld sucht!«

Rostam spricht zum königlichen Zelt

Als Rostam aus dem Pavillon heraustrat, blieb er einen Augenblick an dessen Eingang stehen und sprach dann zum Raum des Fürsten gewandt: »Du Ort der Hoffnung! Wie glücklich waren die Tage, als du Ǧamšīd hier Wohnraum gabst. Voller königlichem Ruhm warst du zu Zeiten von Kay Kā'ūs und auch zur Zeit des sagenhaften Kay Xosrau! Doch das Tor deines königlichen Glanzes ist nun verschlossen, denn ein Unwürdiger sitzt auf deinem Thron.«

Der edle Esfandiyār hörte diese Worte. Er ging zu Rostam, dem berühmten Recken, und sprach zu ihm: »Du großer Held! Warum zürnst du so mit diesem Pavillon? Muss es denn sein, dass kluge Männer dem Lande Zāvolestān den Namen ›Land des Lärmens‹ geben! Wird denn etwa ein Gast den Gärtner beschimpfen, wenn er von seinem Gastgeber genug hat?« Zum Zelt aber sagte er: »Es gab eine Zeit, wo du Ǧamšīd beherbergt hast, der den Weg Gottes, des Herrn der Welt, verließ und für den es keine glücklichen Tage mehr gab und kein strahlendes Paradies. Und dann kamen die Tage, da du König Kā'ūs Schutz geboten hast und seinen Truppen Schatten spendetest. Der wollte die Geheimnisse Gottes erforschen und die Sterne von nahem sehen. Durch ihn wurde die ganze Welt mit Kriegswirren und Plünderungen angefüllt, und es herrschten Schwerter und Keulen. Jetzt aber ist Goštāsp dein König, und dein Platz ist unter dem von Ǧāmāsp. Zur linken Seite des Königs sitzt Zardhešt, der mit dem Zendāvesta aus dem Paradies gekommen ist. Und zur anderen Seite sitzt Pašūtan, ein tapferer Recke, der schon so mancherlei in dieser Welt ertragen hat. Vor ihm aber steht der edle Esfandiyār, durch den der Lauf des Schicksals günstig beeinflusst wurde. Die Herzen der Tapferen wurden durch ihn mit neuer Kraft erfüllt, und das Böse hat er durch die Angst vor seinem Schwert gebändigt!«

Rostam, der edle Pahlavan, hatte den Eingang zur Zeltstadt erreicht, und Esfandiyār schaute ihm nach. Als er dann vom Gespräch mit ihm zurückkam, sagte er zu Pašūtan: »Man darf seine Tapferkeit und seinen Heldenmut nicht unterschätzen! Noch nie habe ich ein solches Pferd und einen solchen Reiter gesehen. Ich weiß nicht, wie er nach dem Kampf dastehen wird! Wenn er mit voller Rüstung in den Kampf geritten kommt, ist er auf seinem Ross wie ein wütender Elefant auf dem Berge Kang! Und seine Größe wird noch überragt durch seine Ausstrahlung und seine Würde, doch fürchte ich, dass er morgen zu Fall kommen wird! Mir brennt das Herz in Hochachtung vor seiner Würde, aber ich werde mein Herz nicht von den Befehlen des Königs lösen! Wenn er morgen auf den Kampfplatz kommt, werde ich ihm den hellen Tag verdunkeln!«

Pašūtan antwortete ihm: »Hör auf mein Wort! Denn ich sage dir: Bruder, zieh nicht in den Kampf! Ich habe dir schon früher gesagt und sage es noch einmal, denn ich will nicht die Aufrichtigkeit aus meinem Herzen waschen: Demütige niemanden, denn ein freier Mann wird bei Demütigungen und Schmerzen seinen Kopf nicht beugen. Schlafe heute Nacht, und morgen in aller Frühe gehe ohne Gefolge zu seinem Palast. Lass uns einen Tag lang in seinem Hause glücklich sein und ihm auf alles antworten, was er fragt. Sowohl bei den kleinen als auch bei den großen Leuten zeugt alles in der Welt von seinem guten Wirken. Er wird sich deinem Befehl nicht widersetzen, denn ich sehe, dass sein Herz dir gegenüber treu zu seiner Pflicht steht. Was strebst du so voller Kampfeswut und Zorn gegen ihn? Entferne diese Wut aus deinem Herzen und den Zorn aus deinen Augen!«

Esfandiyār gab ihm zur Antwort: »In einer Ecke meines Rosengartens wächst* ein Dornbusch.« Und dann fuhr er fort: »Einem Manne, der den rechten Glauben hat, ziemt es nicht so zu sprechen! Wenn du Ratgeber des Königs von Iran bist und auch Herz und Ohr und Auge der Edlen und dabei den Weg für gut hältst, mit solchen Vernunftgründen zu kommen und den König zu beleidigen, dann werden all unsere Bemühungen und Sorgen zu Wind, und die Lehren Zardhešts werden für falsch erklärt, der doch gesagt hat, dass jeder, der von den Befehlen des Königs abweicht, seinen Platz in der Hölle finden wird! Sagst du mir jetzt zum

* Ein Wortspiel mit *rostan* ›wachsen‹ und *Rostam*.

wiederholten Male, ich solle diese Sünde begehen und mich von den Worten Goštāsps abwenden? Das sagst du, doch wie könnte ich das tun und mich seinem Rat und Befehl widersetzen! Da du aber um mein Leben fürchtest, werde ich jetzt deine Furcht beenden: Niemand stirbt in dieser Welt, wenn das Schicksal es nicht will, und es stirbt auch der nicht, der einen großen Namen trägt. Morgen wirst du sehen, was ich auf dem Kampfplatz mit dem kriegerischen Leoparden machen werde!«

Pašūtan aber antwortete: »O edler Fürst, du redest so viel vom Kampf, doch bevor du mit Pfeil und Bogen hierher kamst, war deine Meinung noch nicht von Iblīs, dem Teufel, beherrscht. Du hast nun im Herzen dem Dīv den Weg bereitet und hörst nicht mehr auf das Wort deiner Ratgeber. Ich sehe dein Herz nun töricht von den Gedanken an Kampf erfüllt. Jetzt zerreiße ich mein Hemd!* Wie kann ich denn die Angst aus meinem Herzen reißen? Aus lauter Sorge zerreißt ja mein Herz! Ihr seid zwei Krieger, zwei Löwen und zwei beherzte Männer! Was weiß ich, wer am Ende unterliegen wird!?«

Doch der edle Held gab ihm keine Antwort. Sein Herz war von Schmerz erfüllt, und voller Seufzer waren seine Lippen.

Zāl gibt Rostam Ratschläge

Als nun Rostam zu seinem Palast kam, schaute er für einen Augenblick Haus und Hof an. Dann kam Zavāre zu ihm und sah ihn dort stehen, traurig und blass. Rostam sprach zu ihm: »Geh und hole mein indisches Schwert und auch eine Lanze und den berühmten Helm! Bring den Bogen, den Panzer für das Pferd und mein Panther-

* Er bezeichnet hierbei schon sein Hemd als Leichentuch, denn er wünscht sich in dieser Situation lieber den Tod als das Leben.

fell! Bring auch das Fangseil, die schwere Keule und den Kettenpanzer!« Zavāre ließ durch seinen Schatzmeister alles aus der geheimen Waffenkammer herbeibringen, so wie es Rostam gesagt hatte. Als dieser seine Kampfesausrüstung sah, schüttelte er den Kopf und seufzte tief, und dann sagte er: »Du mein Kampfpanzer! Schon lange hast du dich vom Streite ausgeruht. Jetzt kommt wieder Arbeit auf dich zu, sei stark! Sei mir allezeit ein glückbringendes Kleid! Es wird einen Kampfplatz geben, auf dem zwei edle Recken wie brüllende Löwen im Streit aufeinander losgehen werden. Jetzt wird man sehen, wie weit es Esfandiyār kommen lässt und welches Spiel er im Kampfeslärm treibt!«

Dastān Zāl hörte Rostams Worte, und die Seele des alten Mannes füllte sich mit Sorgen. Er sprach zu ihm: »O edler Pahlavan, was redest du nur, dass meine Seele sich dadurch verdunkelt! Seitdem du dich zum ersten Mal zum Kämpfen in den Sattel gesetzt hast, bist du nie etwas anderes als ein edler und hochherziger Mann gewesen, mit stolz erhobenem Haupt im Dienste des Königs, und hast immer bei allen Mühen dein Herz hochgehalten! Doch nun fürchte ich, dass deine Tage zu Ende gehen und dass dein Stern sich zum Schlafen legt. Man wird die ganze Familie Zāls mit der Wurzel ausreißen und Frauen und Kinder in den Staub werfen. Wenn du durch die Hand eines Jünglings wie Esfandiyār im Kampf getötet wirst, dann wird in Zāvolestān weder Wasser noch Erde bleiben und die Größe wird sein Grab. Aber selbst wenn das Unheil über Esfandiyār kommt, wird es für dich auch keinen Ruhm geben, denn alle, die einst Geschichten erzählen, werden auf deinen so ruhmvollen Namen Jagd machen und sagen: ›Er hat einen König des Iran getötet!‹ Es ist besser, du erscheinst zu Fuß vor ihm. Wenn du das aber nicht willst, verlasse lieber diesen Ort. Verkrieche dich in irgendeiner Ecke, fern von den

Fürsten, auf dass niemand in der Welt jemals mehr deinen Namen vernimmt! Denn durch dieses Böse wird sich deine Seele verdüstern. Geh also lieber dem jungen König aus dem Wege! Beschwichtige die ganze Angelegenheit mit Geld und guten Worten! Begegne dem chinesischen Seidenbrokat nicht mit einem Beil! Mach auch seinem Gefolge Geschenke und kauf dich selbst mit deinem Besitz von ihm frei! Wenn er sich dann vom Ufer des Hīrmand zurückgezogen hat, steige auf den großen Raxš. Und wenn du frei bist, unterwirf dich auf dem Wege Gott, dass er dir helfen möge, vor das Antlitz des Königs zu treten. Wenn dieser dich sieht, wie könnte er dir Böses antun? Wie sollte es zu einem König passen, Böses zu tun?«

Rostam antwortete ihm: »O alter Mann, stelle dir die Dinge nicht so einfach vor! Viele Jahre habe ich nun in Tapferkeit verbracht, und viel Böses und Gutes ist über mich hinweggegangen. Ich bin zu den Dīven in Māzandarān gezogen und habe gegen die Reitertruppen von Hāmāvarān Krieg geführt. Auch gegen Kāmūs und den Xāqān von China habe ich gekämpft, so dass unter ihnen die Erde gezittert hat. Wenn ich vor Esfandiyār fliehe, wirst du in Sīstān weder Palast noch Rosengarten behalten! Aber wenn ich am Tage des Kampfes mein Pantherfell umlege, bringe ich die Kreisbahn des Mondes herunter in den Staub! Von den Bitten, die du erwähnst, habe ich schon viele vorgebracht, und über meine Unterwürfigkeit habe ich ihm ein ganzes Buch erzählt, aber er hat alle meine Worte verachtet und sein Haupt von meiner Weisheit und meinen Ratschlägen abgewandt. Wenn er doch nur sein Haupt aus den Sphären Saturns herunterholen und seine Seele sich mir in Freundlichkeit zuwenden würde, dann wäre es mir für ihn nicht zu schade um meinen Juwelenschatz, und auch nicht um Keulen und Kettenpanzer und Waffen und Schwerter. Ich habe ihm das alles oft gesagt. Er aber hat sich nicht gerührt, und von meinen Worten ist mir nur Wind in der Hand geblieben!

Doch wenn er morgen mit mir kämpft, dann mach dir keine Sorgen um sein Leben, denn ich werde nicht mein indisches Schwert zur Hand nehmen, und Pfeil und Bogen binde ich fest an meinen Daumen.* Auf dem Kampfplatz werde ich nicht um ihn herumreiten, und weder Keulenschläge noch Lanzenstiche werden ihn treffen. Ich werde ihm auf dem Kampfplatz den Weg abschneiden und ihn mit ganzer Kraft an der Hüfte packen. Ich werde ihn vom Sattel mir an die Brust ziehen und ihn statt Goštāsp zum König ausrufen. So bringe ich ihn her und setze ihn auf den Thron. Dann werde ich die Tür zur Schatzkammer öffnen. Und wenn er drei Tage lang mein Gast gewesen ist, werde ich am vierten Tage – wenn die welterleuchtende Sonne vom Himmelsgewölbe den dunklen Schleier heruntergeworfen hat und der Pokal aus gelbem Rubin erscheint – mich sofort mit ihm bereitmachen und von hier zu Goštāsp reiten. Ich werde Esfandiyār den berühmten Elfenbeinthron besteigen lassen und auf sein Haupt die herzerfreuende Krone setzen. In seinen Diensten werde ich dann vor ihm stehen als sein Untertan und nie mehr Trennung von ihm suchen! Du weißt, was ich vor dem Throne Qobāds an Tapferkeit geleistet habe! Du hast es noch in Erinnerung!«

Zāl lächelte über Rostams Worte und schüttelte für einen Augenblick gedankenvoll den Kopf. Dann sagte er zu ihm: »O Sohn, rede nicht so! Schneide dir lieber gleich den Kopf vom Leib, denn selbst wenn Verrückte dieses hörten, würden sie deinen sinnlosen Reden keinen Glauben schenken. Qobād saß irgendwo hilflos ohne Thron und Krone und ohne einen Staatsschatz. Du aber stelle dich nicht dem König des Iran entgegen, dem ein Heer gehorcht und der Ver-

* D. h.: Ich werde keinen Pfeil auf ihn schießen.

stand hat und Schätze, die in langen Jahren angesammelt wurden. Und wende dich auch nicht gegen jemanden wie Esfandiyār, dessen Namen der Kaiser von China in sein Siegel eingravieren ließ! Du sagst, du würdest ihn aus dem Sattel heben und in deinen Armen zu Zāls Palast bringen. Aber ein von den Jahren gezeichneter Mann sollte nicht so reden: Vermeide das Tor der Undankbarkeit!« Das sagte er und beugte sein Haupt in den Staub. Dann pries er den Schöpfer und sprach: »O Herr und Richter, halte das Böse dieser Welt von uns fern!« In dieser Weise wurde seine Zunge nicht müde im Gebet, bis die Sonne über den Bergen aufging.

Rostams Kampf mit Esfandiyār

Als es Tag wurde, legte Rostam seine Rüstung an, und den Leib schützte er mit dem Panzer aus Pantherfell. Nachdem er das Fangseil an den Sattelknauf gebunden hatte, setzte er sich auf sein elefantengleiches Ross. Dann ließ er Zavāre zu sich rufen und sprach mit ihm lange über seine Truppen. Er sagte zu ihm: »Geh und sei ihr Heerführer. Stellt euch an jenem Sandhügel dort auf!« Zavāre ging und versammelte die Truppen bei dem Platz, wo der Kampf stattfinden sollte. Rostam aber ritt los, den Speer in der Hand, und als er sein Haus verließ, rief sein Heer ihm gute Wünsche zu: »Mögen niemals Pferd und Keule und Sattel ohne dich sein!«

Rostam ritt los, und Zavāre folgte ihm, der ihm in seinem Reich von ganz besonderem Wert war. So ritt er bis ans Ufer des Hīrmand, mit Sorgen im Herzen und Ratschlägen auf den Lippen!* Seine Truppen blieben dort mit dem Bru-

* Er gab noch letzte Anweisungen.

der zurück. Er aber begab sich zum Heer des Königs von Iran, nachdem er Zavāre insgeheim gesagt hatte: »Er ist ein teuflischer Mann von schlechtem Charakter. Ich fürchte es mit ihm nicht aufnehmen zu können und weiß nicht, was danach werden soll. Lass das Heer jetzt hier warten. Ich aber reite los und werde sehen, was das Schicksal bringt. Wenn ich Esfandiyār noch immer so hitzköpfig vorfinde, werde ich die edlen Recken aus Zāvolestān nicht herbeirufen lassen. Dann werde ich ganz alleine den Kampf suchen, denn ich will nicht, dass auch nur einer aus dem Heer unglücklich wird. Jemandem, dessen Herz immer mit Gerechtigkeit erfüllt war, steht vom Schicksal auch Glück und Freude zu!«

Er überquerte den Fluss, und am anderen Ufer ritt er auf einen Hügel, wo er einen Augenblick verharrte und über den Lauf der Welt ins Grübeln geriet. Dann rief er laut: »Du vom Glück gesegneter Esfandiyār, dein Gegner im Kampf ist gekommen! Mach dich bereit!« Als Esfandiyār dieses von dem alten, streitbaren Löwen hörte, lächelte er und sprach: »Ich bin hier, bin schon bereit, seit ich vom Schlafe aufgestanden bin.« Dann ließ er sich seine Rüstung und den Helm bringen und auch das Visier und die streitsuchende Lanze. So bedeckte er den erhabenen Leib und setzte sich den Helm der Kayaniden aufs Haupt. Er befahl, sein schwarzes Pferd aufzusatteln und es vor ihn zu führen. Als der kampfsuchende Recke das stolze Ross sah, stellte er vor lauter Freude und Kraft, die in ihm waren, das Ende seiner Lanze auf die Erde und sprang vom schwarzen Staub aus hoch in den Sattel,* wie ein Panther, der sich auf den Rücken eines Wildesels setzt und über ihn Verderben bringt! Seine Truppen sahen dieses voller Staunen und brachten Lobesrufe über den edlen Helden aus. Dann ritt

* Stabhochsprung mit voller Rüstung!

er los, und als er zu Rostam kam, sah er, dass dieser dort allein war auf seinem Pferd. Da rief er vom Sattel aus Pašūtan zu: »Ich brauche hierbei keine Helfer und Begleiter. Da er allein ist, will auch ich alleine sein und mich von hier aus der Ebene auf den steilen Hügel begeben!«

So zogen beide in den Kampf, als gäbe es nun auf der Welt keine Feiern mehr! Als der Jüngling und der Alte aufeinander zu ritten, zwei Pahlavane wie zwei stolze Löwen, da wieherten die Pferde dieser beiden Helden so heftig, dass man meinen könnte, der Kampfplatz würde aufreißen! Und Rostam rief mit lauter Stimme: »O König mit dem frohen Herzen, der du vom Glück so begünstigt bist! Sei doch nicht so hartnäckig und strebe nicht das Böse an! Wage es, Menschlichkeit zu zeigen, und hole deinen Verstand zurück! Wenn du Kampf willst und Blutvergießen und also wirklich hart kämpfen möchtest, dann sag es, auf dass ich aus Zāvol meine Ritter hole, die mit Schwertern aus Kāvol ausgerüstet sind. Und du sollst dann auch den Iranern den Befehl zum Angriff geben, damit ersichtlich wird, was Juwelen sind und was Falschgeld ist. Wir führen sie auf diesem Kampfplatz in die Schlacht und halten uns selber hier eine Zeit lang zurück. Dann gibt es Blutvergießen, wie du es wünschst, und du wirst Tumult und Kampfgeschrei erleben.«

Esfandiyār aber entgegnete ihm: »Wieviel unnützes Zeug redest du nur! Du bist am frühen Morgen aus deinem Palast aufgebrochen und hast mich von diesem Hügel aus herausgefordert. Warum willst du mich jetzt täuschen? Wahrscheinlich siehst du, dass dein Verderben nahe rückt! Was nützte mir der Kampf gegen Zāvolestān oder etwa ein Krieg zwischen dem Iran und Kāvolestān? Möge so etwas niemals meine Absicht sein! Ein solches Handeln – nämlich die Iraner dem Tode auszuliefern und mir in dieser Welt die Krone aufzusetzen – wäre meines Glaubens unwürdig. Immer wenn ich kämpfen muss, reite ich allen voran, selbst wenn ich in den Kampf gegen Krokodile ziehe! Wenn du einen Gehilfen brauchst, dann bring ihn mit! Ich habe noch nie einen Helfer benötigt! Meine Hilfe im Kampf ist Gott, und das Glück wird mir lachen bei dieser Sache. Du suchst den Kampf, und ich will ihn auch. Also lasst uns miteinander ohne das Heer kämpfen! Dann werden wir sehen, ob Esfandiyārs Pferd ohne Reiter in den Stall zurückkommt oder ob das Pferd Rostams, des streitbaren Recken, ohne seinen Herrn zum Palast zurückkehrt!«

Die beiden Krieger kamen überein, dass niemand in diesen Kampf helfend eingreifen sollte. Und dann griffen sie einander mehrfach mit der Lanze an, so dass ihnen das Blut unter der Rüstung hervorquoll, bis schließlich ihre Lanzen zerbrachen und sie gezwungenermaßen zu den Schwertern griffen. Im Kampf erhoben sie stolz ihren Nacken, und beide griffen sie an: von links und von rechts, bis durch die Kraft der Pferde und die Schläge der Edlen ihre festen Schwerter zerbrachen. Dann begannen die Recken von neuem, indem sie von ihren Sätteln die Keulen lösten, und im Kampf schlugen sie damit aufeinander, wie man mit Schmiedehämmern zuschlägt. Beide waren zornentbrannt wie wilde Löwen, voller Wut und mit zerschlagenen Gliedern. Und die Hände der Recken ließen erst ab vom Streit, als auch die Griffe der schweren Keulen zerbrachen! Da packten sie einander an den Riemen ihrer Gürtel – die beiden Pferde ließen schon die Köpfe hängen! –, und mit ganzer Kraft zerrte dieser an jenem und jener an diesem, doch keiner der Löwen rührte sich auf seinem Sattel! So erschöpften sie sich völlig auf dem Kampfplatz: Die Männer waren müde geworden und auch ihre Pferde mit den Kräften am Ende. Der Speichel in ihrem Mund war nur noch Blut und Staub, und Panzerkleid und Rüstung waren ganz zerfetzt.

Zavāre und Farāmarz kämpfen gegen Nūš Āzar und Mehrnūš

Nachdem sich der Kampf der edlen Recken in die Länge gezogen hatte und Rostam, Zāls Sohn, schon lange ausgeblieben war, führte Zavāre von der anderen Seite seine Truppen heran, ein Heer, das sich im Herzen quälte und den Kampf suchte. Den Iranern rief er zu: »Wo ist Rostam? Warum hört man an diesem unsinnigen Tag nichts von ihm? Ihr seid gekommen, um gegen Rostam zu kämpfen: Ihr kamt hierher geritten zum Kampf gegen das Krokodil! Ihr wollt Rostam die Hände fesseln: da darf man auf diesem Kampfplatz nicht ruhig sitzen bleiben!« Dann begann Zavāre, die Gegner zu verfluchen und Verwünschungen über sie auszusprechen.

Einer der Söhne Esfandiyārs wurde darüber zornig: ein Ritter, der sein Pferd zu lenken wusste, ein edler Mann. Er war ein Jüngling, und Nūš Āzar sein Name. Stolz war er und kampfbereit, mit frohem Sinn. Dieser Edle wurde wütend auf den Mann aus Sīstān. Er öffnete den Mund mit Flüchen und Beleidigungen und sprach also: »Uns hat der mutige Held* nach der Sitte der Könige erzogen. Der edle Esfandiyār hat uns befohlen, keinen Kampf zu beginnen mit Hunden,** die sich von seinem Rat und seinen Befehlen abwenden und es wagen, sich über ihre Verpflichtungen hinwegzusetzen! Wenn ihr uns aber angreift gegen alles Recht und mit dem Krieg beginnt, dann könnt ihr kampfesmutige Krieger mit Schwertern und Lanzen und schweren Keulen erleben!«

Zavāre befahl seinen Truppen: »Greift an und setzt den Köpfen der Feinde eine Krone aus Blut auf!« Er selber ritt

* Esfandiyār.

** Im persischen Original ein Wortspiel mit *sagzī* ›der Sistaner, der Mann aus Sīstān‹ (wie z. B. Rostam oder Farāmarz) und *sagān* ›die Hunde‹; vgl. Anm. S. 208.

dem Heere voran, und nun erhob sich Kriegslärm vom Kampfplatz. Zahllose Iraner wurden getötet, und als Nūš Āzar das sah, machte er sich bereit, stieg auf seinen stolzen Fuchs und kam herangeritten, ein indisches Schwert in der Hand. Da gab es einen edlen Recken namens Alvāy, stolz und ein guter Reiter, von froher Natur, der im Kampf Rostams Lanze trug und sich immer hinter ihm hielt. Als Nūš Āzar ihn von ferne erblickte, griff er nach seinem Schwert und zog es aus der Scheide. Er gab ihm damit einen Schlag auf Kopf und Nacken, wodurch dessen elefantengleicher Leib in zwei Teile gespalten wurde! Nun trieb Zavāre sein Schlachtross an und rief voller Zorn Nūš Āzar zu: »Du hast ihn erschlagen! Jetzt stell dich mir! Denn Alvāy war in meinen Augen noch kein Ritter!«* Zavāre führte einen Lanzenstich gegen dessen Leib: Da ging sein Haupt zu Boden in den Staub!

Als der edle Nūš Āzar tot war, hatte sich das Glück vom Heere abgewandt. Sein Bruder weinte um ihn, und sein Herz geriet in Wallung. Ein Jüngling war er noch, und sein Name Mehrnūš. Kummer ergriff das Herz des schwertkundigen Mannes, und er trieb sein Pferd an, das so groß war wie ein Elefant. Mitten aus dem Heere heraus ritt er vor die gegnerische Kampfreihe, wobei ihm vor lauter Schmerz im Herzen der Schaum über die Lippen kam. Und von der Gegenseite kam Farāmarz wie ein brünstiger Elefant und schwang ein indisches Schwert in der Hand. Er griff den edlen Mehrnūš an, während die Truppen von beiden Seiten laute Schreie ausstießen. Zwei edle Jünglinge waren das, die den Kampf suchten: einer ein Königssohn, der andere ein Pahlavan. Sie wurden wütend wie kampfesdurstige Löwen und schlugen einander an den Kopf. Mehrnūš hielt sich wacker auf dem Kampfplatz, doch war er Farāmarz an Stärke

* D. h.: Ich bin nicht wie Alvāy, dass du mich so leicht besiegen kannst.

nicht gewachsen. Dieser führte einen Schwertstreich, um den Recken zu erschlagen und um das Haupt des Edlen in den Staub zu werfen, doch traf sein Schwert den Nacken des eigenen Pferdes, und der Kopf des schnellfüßigen Rosses wurde heruntergeschlagen. Dann aber brachte ihm Farāmarz zu Fuß Verderben, so dass der Staub des Schlachtfelds sich vom Blut rubinrot färbte.

Als Bahman sah, dass seine Brüder tot waren und dass der Boden unter ihm zu feuchtem Lehm wurde, da kam er schnell zu Esfandiyār geritten, dorthin, wo der Zweikampf entbrannt war, und rief ihm zu: »O du wilder, wütender Löwe, ein Heer der Sīstāner hat uns angegriffen! Deine beiden Söhne Nūš Āzar und Mehrnūš haben in jammervoller Weise durch die Sīstāner ihr Leben verloren! Du kämpfst hier, und wir sind voller Schmerz, denn die jungen königlichen Prinzen liegen im Staub! Über unserem Geschlecht bleibt durch das Handeln dieser Leute, die den Verstand verloren haben, eine Schande in aller Ewigkeit!«

Das Herz des klugen Mannes füllte sich mit Zorn, das Hirn mit Wut und die Augen mit Tränen. Er sprach zu Rostam: »Halten so die stolzen Helden ihr Wort?! Du hast gesagt: ›Ich führe die Truppen nicht in den Kampf.‹ Du hältst anscheinend nichts von Ehre! Spürst du keine Scham vor mir und vor Gott? Fürchtest du nicht, dass er dich am Tag des jüngsten Gerichts befragen wird? Weißt du nicht, dass diejenigen, die Verträge brechen, von den anderen Menschen verachtet werden? Zwei Sīstāner haben zwei meiner Söhne getötet und sind von dieser finsteren Tat heil zurückgekehrt.«

Als Rostam das hörte, wurde er äußerst sorgenvoll, und er begann zu zittern wie die Zweige eines Baumes. »Bei der Seele und dem Kopf des Königs und auch bei der Sonne und meinem Schwert und dem Schlachtfeld hier schwöre ich: Ich habe diesen Kampf niemals befohlen und verachte den, der diese Taten begangen hat. Ich werde jetzt meinem Bruder die Hände fesseln, denn er muss der Anstifter zu dieser bösen Tat sein. Ebenso werde ich auch Farāmarz mit gebundenen Händen vor den gottesfürchtigen König bringen, und du kannst sie töten und Rache nehmen für deine so kostbaren Söhne! Lass dir nicht die Galle kochen durch diese sinnlose Tat!«

Doch Esfandiyār gab Rostam zur Antwort: »Das Blut der Schlange zu vergießen, um den stolzen Pfau zu rächen, wäre schlecht und unpassend und ist auch nicht Gepflogenheit von stolzen Königen. Du aber, siehe zu, die eigene Haut zu retten, denn das Ende deines Lebens rückt in bedrohliche Nähe. Ich werde nun durch meine Pfeile Raxš' Leib mit deinen Schenkeln so vereinen, wie sich Wasser und Milch vermischen, damit nicht etwa künftig wieder ein Untertan den Kampf mit seinem Herrn sucht! Und falls du am Leben bleiben solltest, werde ich dir die Hände binden und dich unverzüglich vor deinen König bringen!«

Darauf antwortete ihm Rostam: »Was bringt all dieses Gerede, außer dass unsere Ehre immer geringer wird! Bei Gott ist Schutz. Ihm wende dich zu, denn er ist der Wegführer durch Gutes und Böses.«

Rostam flieht vor Esfandiyār

Nun ergriffen sie ihre Bogen und die Pfeile aus hartem Buchenholz und verdunkelten damit das Antlitz der Sonne. Sie schlugen Feuer aus ihren Pfeilspitzen und hefteten sich gegenseitig den Kettenpanzer an den Leib! Dem König des Iran wurde es eng im Herzen vor Wut: Über Augen und Brauen runzelte er die Stirn! Wenn er die Hand an seinen Bogen legte, war noch niemals jemand vor seinen Pfeilen sicher geblieben. Nun aber färbte sich die Welt rot wie die

Blutweide, und die Sonne verbarg sich aus lauter Angst vor ihm. Und sie verschwand gewissermaßen unter einem Dach,* als er den Bogen aus dem Köcher nahm und die Pfeile mit Spitzen aus Stahl ergriff, vor denen die Kettenpanzer wie Papier waren. Nachdem er von seinem Bogen mit großer Geschwindigkeit sechzig Pfeile abgeschickt hatte, waren die Körper von Rostam und seinem tapferen Raxš voller Wunden, denn Esfandiyār ritt immer um ihn herum, so dass Rostams Pfeile ihm nichts anhaben konnten. Durch all diese Pfeile wurde Raxš' Leib geschwächt, und Ross und kriegerischer Reiter konnten sich nicht länger halten. Schnell wie der Wind kam Rostam deshalb von Raxš herunter und flüchtete sich auf einen Hügel, während der strahlende Raxš nach Hause lief und sich auf diese Weise von seinem Herrn trennte.

Das Blut lief Rostam am ganzen Körper herunter, und dieser Mann, der dem Berge Bīsotūn glich, zitterte vor Schwäche. Esfandiyār lachte, als er ihn sah, und sprach zu ihm: »O edler Rostam, wie kommt es, dass die Kräfte des brünstigen Elefanten so nachgelassen haben? Wie konnte der Berg aus Eisen durch die Pfeile so verwundet werden? Wo sind nun deine Manneskraft und die schwere Keule geblieben? Und wo deine Würde und deine Überlegenheit im Kampf? Warum bist du auf die Spitze des Hügels geflohen, als du das Gebrüll des wilden Löwen hörtest? Du bist also der, vor dem die Dīve geweint haben! Und der die wilden Tiere mit der Hitze seines Schwertes verbrannt hat! Warum ist aus dem Kriegselefanten ein Fuchs geworden, dass er sich so aus dem Kampfe verdrückt?«

Zavāre sah plötzlich Raxš, der verletzt vom Fluss ans Ufer gelangt war. Die Welt wurde schwarz vor seinen Augen, und mit lautem Geschrei ritt er eilends zum Kampf-

* So dunkel wurde es durch den Pfeilregen.

platz. Da sah er den Krieger Rostam. Dessen Körper war ganz mit Wunden bedeckt, und die waren nicht verbunden. Er sagte zu ihm: »Komm und steig auf mein Pferd! Wer soll nun an deiner Stelle die Rüstung der Rache anlegen?!« Rostam antwortete ihm: »Geh zu Zāl und sag ihm: ›Farbe und Duft* der Familie Sāms sind verloren. Stelle fest, ob es dagegen noch ein Mittel gibt und wer schuldig ist an diesem Zustand! Denn wenn ich aus diesem Kampf mit Esfandiyār heil zu dir ins Leben zurückkehre, dann weiß ich, o Zāl: Heute bin ich von meiner Mutter neu in diese Welt hineingeboren.‹ Wenn du, Zavāre, wieder zum Palast zurückkommst, kümmere dich um Raxš. Ich komme jetzt ebenfalls, wenngleich ich auch mehr Zeit benötigen werde.« Zavāre verließ seinen Bruder. Er erblickte Raxš und eilte schnell zu ihm.

Esfandiyār war noch unten in der Ebene und rief nun: »O edler Rostam, du stehst schon ziemlich lange da oben! Wer wird dir zu Hilfe kommen?! Wirf deinen Bogen fort und leg das Pantherfell ab. Nimm auch dein Schwert vom Gürtel! Wenn du dann Reue zeigst und mir die Hände reichst, dass ich sie binde, wirst du durch mich keinen Schaden mehr erleiden. So, mit diesen Wunden, bringe ich dich vor deinen König und werde dafür sorgen, dass du von aller Schuld wegen deines Verhaltens freigesprochen wirst! Falls du aber weiter den Kampf suchst, gib die letzten Anweisungen und ernenne jemanden zum Verwalter dieses Landes. Für die Sünden, die du begangen hast, musst du Gott um Verzeihung bitten, denn wenn du Reue zeigst, kann er Gnade gewähren. Möge dich der gerechte Gott führen, wenn du diese vergängliche Welt verlässt!«

Darauf sagte Rostam: »Es ist Abend geworden. Für Kampf und Böses ist es nun zu spät. Du kannst jetzt froh

* D. h.: Glanz und Ruhm.

sein: Kehre ins Lager zurück, denn in dunkler Nacht hat noch nie jemand den Kampf gesucht. Ich werde mich jetzt auch zu meinem Palast begeben. Lasst uns jetzt ruhen, und ich will ein wenig schlafen. Ich werde all meine Wunden verbinden und dann die Meinigen um mich versammeln: Zavāre, Farāmarz und Zāl, Sāms Sohn, und alle aus meiner Familie, die Namen und Ruf haben. Ich bereite mich jetzt darauf vor zu tun, was auch immer du befiehlst: In einer Absprache mit dir ist alles aufrichtig!«

Esfandiyār, der Held mit dem ehernen Leib, antwortete ihm: »O du stolzer und unverträglicher Mensch! Du bist ein berühmter und tapferer Mann, aber du weißt viel von List und Betrug und Schlauheit. Ich erkenne deine betrügerische Absicht, doch ich will nicht deinen Untergang erleben, darum gebe ich deiner Bitte um Schutz für diese Nacht statt. Aber wenn du zu deinem Palast gekommen bist, plane keine krummen Dinge! Tue alles, was du mir versprochen hast, und danach halte keine Reden mehr!« Rostam antwortete ihm: »So werde ich es tun, denn ich muss sehen, dass ich meine Wunden versorge!«

Als Esfandiyār von Rostam zurück zum Lager ging, schaute er dem Edlen nach und sah: Während Rostam den Fluss wie ein Schiff überquerte, erflehte er Gottes Segen für seinen Leib. Er sprach zu Gott, dem großen Richter: »Wenn ich durch meine Wunden den Tod finde, wer unter den edlen Recken wird mich dann rächen? Wer wird meinen Mut und meine Gebräuche übernehmen und meinen Weg weitergehen?«

Esfandiyār schaute hinter ihm drein und sah, wie er am anderen Ufer des Flusses aufs Trockne kam. Da sprach er zu sich: »Man sollte ihn nicht einen Mann nennen. Er ist ein wilder Elefant mit großer Kraft! Mit all seinen Wunden hat er den Fluss überquert, und durch all die Wunden, die meine Pfeile hinterließen, scheint er noch schneller geworden zu sein!« Esfandiyār verharrte voller Staunen, und dann sprach er zu Gott, dem höchsten König: »Du hast ihn so geschaffen, wie du es wolltest, denn du hast Welt und Zeiten eingerichtet!«

Als der Edle zurück ins Lager gekommen war, kam Pašūtan aus dem Pavillon, und man konnte von dort lautes Klagegeschrei voller Schmerz und Zorn hören, aus Trauer über die beiden Helden, Nūš Āzar und Mehrnūš. Der Pavillon des Königs war voller Staub, und alle Edlen hatten ihre Kleidung zerrissen.* Esfandiyār stieg von seinem Pferd und drückte die Köpfe der Toten an sich. Dann sprach er: »Welch ein Jammer um diese beiden jungen Recken, denn ihre Seelen haben durch Gewalt ihre Körper verlassen müssen!« Und zu Pašūtan sagte er dann: »Erhebe dich und vergieße keine blutigen Tränen mehr über die Toten! Denn im Blutvergießen** sehe ich keinen Nutzen. Man darf sich nicht so an das Leben hängen. Wir alle, Jung und Alt, gehören dem Tode. Möge uns der Verstand beim Sterben behilflich sein!«

In goldenen Särgen und Sänften aus Ebenholz: so schickte er seine Söhne zum König, dem Herrn der Krone. Dem Vater aber ließ er die Botschaft überbringen: »Der Baum deiner Pläne hat nun Früchte getragen! Du hast ein Schiff zu Wasser gelassen, als du von Rostam Unterwürfigkeit verlangtest! Da du nun die Särge von Nūš Āzar und Mehrnūš siehst, strebe nicht weiter in deiner Gier! Die Kuh Esfandiyārs ist noch in ihrer Haut,*** doch weiß ich nicht, was ihr das Schicksal bringen wird!«

In seiner Trauer und seinem Schmerz setzte er sich auf den Thron, wobei er immer an Rostams Worte denken

* Sich Staub aufs Haupt zu streuen, seine Kleidung zu zerreißen und sich Haare auszureißen ist Ausdruck der Trauer.

** D. h.: im Weinen.

*** Die Kuh Esfandiyārs ist noch nicht getötet, und ihre Haut ist noch nicht abgezogen; sie lebt also noch, was so viel bedeutet wie »ich lebe noch«.

musste. Und er sagte zu Pašūtan: »Der Löwe ist zurückgeschreckt vor der Hand eines mutigen Mannes. Ich habe heute Rostam gesehen und die mächtige Statur dieses Elefantenleibigen. Und dann habe ich den heiligen Gott gepriesen – denn von ihm kommt alle Hoffnung, und auch Angst und Furcht kommen von ihm! –, dass er seinen Zögling so geschaffen hat, wie er ist! Lob und Preis dem, der die Welt erschaffen hat! Durch Rostams Hand sind so viele Taten vollbracht worden: Seine Netze reichten bis ins chinesische Meer! Aus dem Meer hat er die Krokodile herausgeholt! Und in der Steppe hat er die Panther am Schwanz ergriffen! Ich habe seinen Leib mit meinen Pfeilen derartig verletzt, dass der Erdboden vor lauter Blut zu einem Teich wurde! Nach Absprache mit mir ist er zu Fuß vom Hügel heruntergekommen und in seinem Panzerkleid mit dem Schwert zum Fluss geeilt! Und dann hat er mit diesen Wunden den Fluss überquert, wobei doch an seinem ganzen Körper noch die Spitzen meiner Pfeile steckten! Darum denke ich, dass sich seine Seele vom Palast zum Saturn erhebt, wenn er zu seinem Palast kommt!«*

Rostam bespricht mit Zāl seine Lage

Rostam seinerseits kam zu seinem Palast, und Zāl sah, in welchem Zustand er war. Zavāre und Farāmarz begannen zu weinen, so entsetzt waren sie über seine Wunden. Durch deren lautes Klagen verzerrte sich Rūdābes Gesicht, und sie riss sich Haare vom Kopf aus. Zavāre öffnete ihm schnell den Gürtel, und dann nahm man ihm den Babr-e Bayān ab, seinen Panzer aus Pantherfell. Alle Weisen seines Landes versammelten sich vor seinem Palast. Rostam ließ Raxš zu

* Er wird also neue Pläne machen.

sich bringen und dazu alle, die in der Heilkunst bewandert waren. Der edle Zāl riss sich die Haare aus und berührte mit seinem Antlitz die Wunden des Sohnes. Dann sprach er: »Dass ich noch zu meinen Lebzeiten als alter Mann meinen teuren Sohn so erblicken muss!«

Und Rostam antwortete ihm: »Was bringt uns schon dieses Klagen? Es musste so geschehen, weil der Himmel es wollte! Vor mir liegt eine noch schwierigere Aufgabe, und die macht meiner Seele noch viel mehr Sorgen! Denn wie viele Entschuldigungen ich auch vorbringen würde, um Esfandiyārs Löwenherz für mich zu erwärmen, er würde doch nie etwas anderes als mein Verderben anstreben, denn in dem, was er sagt und tut, pflegt er seinen Hochmut! Ich habe den Erdenkreis nach allen Richtungen hin durchquert und das Sichtbare und das Verborgene erforscht. Den Weißen Dīv habe ich am Gürtel gepackt und ihn wie den Zweig einer Weide zu Boden geworfen. Doch vor Esfandiyār – mit seiner Kraft und seinem Kriegsglück – muss ich weichen. Meine Pfeile haben durch einen Amboss ihren Weg gefunden, und geradezu leicht fanden sie die Arbeit, wenn sie auf einen Schild trafen. Jetzt habe ich viele Pfeile gegen Esfandiyārs Panzerkleid geschossen, doch seine Rüstung hat meine Hand, die so bemüht war, für unbedeutend erklärt! Und wenn früher ein Panther mein Schwert sah, dann versteckte er sich unter einem Felsen, doch dieses selbe Schwert kann ihm nun nicht den Panzer auf dem Leib zerschneiden, ja nicht einmal das Stückchen Seidenschmuck auf seinem Haupt! Ich danke Gott, dass es dunkle Nacht wurde und dass in der Dunkelheit sein Blick verunsichert war. So konnte ich diesem Drachen entkommen, aber ich weiß nicht, ob ich mich nun aus dieser bösen Lage befreien kann. Wenn ich jetzt darüber nachdenke, komme ich zu keinem anderen Schluss, als dass ich morgen Raxš' Schritte nicht zum Kampfplatz lenke, sondern mich an einen Ort begebe, wo man mich nicht finden kann. Und wenn er in Zāvolestān den Menschen die Köpfe abschlägt, wird er doch am Ende genug haben von diesem Tun, obwohl es lange dauern kann, bevor er des Bösen überdrüssig ist.«

Da sprach Zāl zu ihm: »O Sohn, sei vernünftig und höre mir gut zu, nun, da du mit deinen Reden zu Ende gekommen bist! Für alles auf der Welt gibt es einen Ausweg, außer für den Tod, der einen anderen Ausgang hat. Ich weiß ein Heilmittel: Das musst du anwenden, denn ich werde damit den Sīmorg herbeirufen. Wenn er mich in dieser Sache leitet, werden uns Land und Boden und Besitz erhalten bleiben. Tut er das aber nicht, wird unser Land zerstört durch Esfandiyār, den Übeltäter, der alles liebt, was böse ist.«

Der Sīmorg und Zāl finden ein Mittel gegen Esfandiyār

Als die beiden sich diesen schlauen Plan überlegt hatten, stieg Zāl auf einen hohen Berg. Er nahm aus seinem Palast drei Räucherpfannen mit, in denen Feuer brannte, und drei wackere und kluge Männer begleiteten ihn. Als der Zauberer* Zāl auf dem Gipfel des Berges angekommen war, nahm er aus einem Seidentuch eine Feder heraus. Dann entfachte er mit Hilfe der Pfannen ein Feuer, und darüber verbrannte er ein Stück der Feder. Nachdem die erste Wache dieser Nacht vorüber war, schien es so, als würde der ganze Himmel zu einer schwarzen Wolke. Und als der Sīmorg aus den Lüften herunterschaute und den Schein des hellen Feuers sah, vor dem sich der gequälte und kummervolle Zāl befand, da kam der Vogel von seinem Flug herunter auf die Erde. Zāl lief schnell mit Aloe** zu ihm. Er

* Siehe Glossar.

** Weihrauch für den »Zauber«, mit dem der Vogel herbeigerufen wurde.

pries ihn sehr und brachte ihm seine Verehrung entgegen. Er stellte die drei Gefäße voller Weihrauchdüfte vor ihm hin, und aus seinem Herzen flossen ihm blutige Tränen wie ein Strom über die Wangen.

Der Sīmorg sprach zu ihm: »O König, was ist geschehen, dass du so diesen Rauch nötig hast?« Und dieser antwortete: »Möge das Böse, das von Menschen schlechter Herkunft über mich gekommen ist, auf meine Feinde zurückprallen! Der Körper des löwenherzigen Rostam ist verletzt, und aus Sorge um ihn ist meine Seele wie gefesselt! Wegen dieser Wunden füllt Angst mir die Seele – und darum rief ich dich, denn niemand hat je zuvor solche Wunden gesehen! Und auch Raxš hat fast sein Leben eingebüßt, denn durch Pfeilspitzen in seinem Körper geht es ihm sehr schlecht, und er krümmt sich vor Schmerzen. Esfandiyār ist in unser Land gekommen und hat dabei nur an die Tür des Kampfes geklopft. Er will nicht nur mein Land, die Krone und den Thron, nein, er will auch die Frucht zusammen mit dem Baum!« Da sprach der Sīmorg zu ihm: »O Pahlavan, du darfst hierbei nicht den Mut verlieren! Du musst mir jetzt Raxš zeigen und auch Rostam, den edlen Weltenverteiler!«*

Zāl schickte jemanden zu Rostam und ließ ihm sagen: »Versuche auf irgendeine Weise dich für einen Augenblick zu erheben und lass auch Raxš möglichst umgehend zu dir bringen!« Als dann Rostam auf den Gipfel des Berges kam und der Vogel mit dem edlen Herzen ihn erblickte, sprach dieser zu ihm: »O du großer, gewaltiger Elefant, durch wessen Hand hast du so viel Schaden erlitten? Warum hast du den Kampf mit Esfandiyār gesucht? Du hast dir damit Feuer auf den eigenen Schoß gelegt!« Da sagte ihm Zāl: »Du Herr des Mitgefühls, da du uns jetzt dein edles Antlitz zeigst: Falls Rostam nicht geheilt werden sollte, wo fände

* Einer der Beinamen Rostams.

ich dann in dieser Welt noch einen Ort, zu dem ich fliehen könnte?! Das ganze edle Sīstān würde dann in eine einzige Wüstenei verwandelt; es würde zur Beute der edlen Iraner werden! Unser Geschlecht würde mit der Wurzel ausgerissen. Doch was sollen wir darüber noch groß reden!«

Der Sīmorg schaute sich die Wunden an, und er sah den Weg der Heilung. Vier Pfeilspitzen zog er aus den Wunden heraus und sog mit seinem Schnabel das Blut aus den Verletzungen. Dann strich er mit seinem Flügel über diese Wunden, und Rostam wurde augenblicklich wieder schön und strahlend! Dann sprach er zu ihm: »Verbinde nun diese Wunden und halte dich eine Zeit lang von Anstrengungen fern. Eine meiner Federn musst du mit Milch befeuchten und damit die Pfeilwunden bestreichen.«

Und dann ließ er auch Raxš bringen. Er beugte seinen Schnabel herunter, gerade so, wie es nötig war, und zog ihm sechs Pfeilspitzen aus dem Nacken, so dass keine Stelle seines Körpers mehr verwundet oder auch nur verbunden war. Da ließ Raxš ein lautes Wiehern erschallen, und das Herz des Kronenverteilers Rostam lachte vor Freude! Der Vogel sprach zu ihm: »O du elefantenleibiger Held! Du bist der berühmteste unter allen Edlen. Warum hast du nur den Kampf mit Esfandiyār gesucht, einem so wütenden Recken mit unverwundbarem Leib, einem so ruhmreichen Edlen?« Darauf sagte Rostam zu ihm: »Wenn er nicht von Fesseln geredet hätte, wäre mein Herz nicht so zornig geworden. Der Gedanke an den Tod ist für mich leichter zu ertragen als die Schande, falls ich den Kampf überlebe.«

Der Sīmorg aber gab ihm zur Antwort: »Es ist keine Schande, durch Esfandiyār den Tod zu finden! Denn wie ihn gibt es keinen zweiten, und auf ihn kann der Iran stolz sein! Es darf nicht verwundern, dass man sich vor ihm in Acht nehmen muss. Du musst dir an mir ein warnendes Beispiel nehmen: Er hat meinen Gefährten, jenen mächtigen Vogel, mit List und Schwert vernichtet.* Wenn du dich nun an die Absprache mit mir hältst, darauf zu verzichten, den Kampf zu suchen, und nicht danach zu trachten, auf dem Kampfplatz deine Überlegenheit über Esfandiyār zu zeigen, dann suchst du auch keinen Streit mit ihm, sondern unterwirfst dich ihm morgen und ergibst dich ihm mit Leib und Seele. Wenn aber jetzt für ihn seine Zeit gekommen ist, wird er ganz sicher deine Entschuldigungen nicht annehmen, und für den Fall verschaffe ich dir dann ein Heilmittel und erhebe dein Haupt bis zur Sonne!«

Als Rostam dieses hörte, wurde sein Herz froh, und er wurde frei von dem Gedanken daran, gefesselt zu werden. Er sagte zum Sīmorg: »Ich werde von dem, was du mir gesagt hast, nicht abweichen, selbst wenn der Himmel Schwerter auf mein Haupt regnen lässt!« Der Sīmorg entgegnete darauf: »Aus Liebe zu dir werde ich dir das Geheimnis des Himmels offenbaren: Wer auch immer Esfandiyārs Blut vergießt, wird ein Opfer des Schicksals und wird auch, solange er lebt, nie frei werden von seinen Qualen. Seine irdischen Güter wird er verlieren. Das Unglück wird ihn in dieser Welt verfolgen, und wenn er sie verlässt, werden im Jenseits Kummer und Sorge sein Los sein. Wenn du nun mit meinem Vorschlag einverstanden bist, wirst du gegen deinen Feind stark sein. Ich werde dir in dieser Nacht ein erstaunliches Geheimnis enthüllen und üble Reden über dich ausschließen. Geh und setz dich auf Raxš, den Strahlenden, und nimm einen scharfen, blanken Dolch mit!«

Rostam hörte das und machte sich bereit. Er stieg sofort auf Raxš und ritt los, bis er das Meer erreichte: Dort sah er, dass durch den Sīmorg der ganze Himmel verdunkelt war. Als er an das Meer gekommen war, kam der stolze Vogel aus den Lüften herab. Er zeigte Rostam einen trockenen

* Eine Anspielung auf den Kampf Esfandiyārs mit einem Sīmorg in der Episode des Haftxān.

Weg zu sich – wobei aus seinem Atem der Duft von Moschus strömte! Dann berührte er ihn mit seinen Flügeln am Kopf und forderte ihn auf, näher zu ihm heranzukommen. Da sah Rostam eine Tamariske, die so groß war, dass sie von der Erde bis in den Himmel reichte, und auf ihrer Spitze saß der mächtige Vogel. Der sprach zu ihm: »Suche dir den geradesten Zweig aus, der möglichst lang sein soll und dessen Schaft besonders schlank ist. Du darfst nicht denken, dass dieser Stock von geringem Wert ist, denn das Leben Esfandiyārs hängt an diesem Tamariskenzweig. Über einem Feuer musst du ihn ganz gerade biegen. Dann such dir eine gute alte Pfeilspitze und befestige Federn und Spitze an diesem Stock, und ich werde dir zeigen, wie du ihn ins Unglück stürzen kannst!«

Als Rostam den Tamariskenzweig abgeschnitten hatte, ritt er damit vom Meer zurück zu seinem Palast und dem Weingarten, und der Sīmorg führte ihn auf diesem Weg, indem er über ihm voranflog. Dann sagte er zu Rostam: »Wenn jetzt Esfandiyār kommt und dich zum Kampf auffordert, dann verleg dich aufs Bitten und wende dich an seine Rechtschaffenheit. Versuch in keiner Weise List anzuwenden! Vielleicht lässt er sich noch durch freundliche Worte umstimmen und erinnert sich der alten Zeiten, denn du bist weit in der Welt herumgekommen und hast für die Könige Mühen und Gefahren auf dich genommen. Wenn du dich gebührend entschuldigst und er dennoch deine Bitte nicht annimmt und dich weiterhin wie einen niedrigen Menschen behandelt, dann spann die Sehne in den Bogen und nimm den Pfeil aus Tamariskenholz – nachdem du ihn vorher in Gift getränkt hast! Ziele mit beiden Händen ganz gerade auf seine Augen, so wie es ein Mann tut, der Tamarisken verehrt. Das Schicksal wird ihm den Pfeil genau in die Augen lenken, denn sie sind seine schwache Stelle, vorausgesetzt, du gerätst nicht in Zorn!«

Der Sīmorg nahm daraufhin Abschied von Zāl, wobei sie sich umarmten, als wären sie Kette und Schuss,* und dann flog er frohen Herzens von dannen. Als Rostam ihn in den Lüften sah, entfachte er ein loderndes Holzfeuer, wobei sein Herz sich wegen des bevorstehenden Kampfes mit Freuden füllte. Er befestigte eine scharfe Spitze am Pfeil, und links und rechts passte er die Federn an.

Rostam verletzt Esfandiyār tödlich

Da erschien die Morgenröte über dem Gebirge und stürzte sich aus dunkler Nacht ins Tal hinunter. Rostam legte seine Kriegsrüstung an und betete zu Gott dem Schöpfer. Als er zum Heer der Edlen** gekommen war, um Esfandiyār zum Kampf aufzufordern, rief er ihm zu: »Erhebe dich aus süßem Schlummer! Kämpfe mit Rostam, der sich nun rächen will!«

Als Esfandiyār seine Worte hörte, wollte er an der Wirkung seiner Waffen verzagen. Er sprach zu Pašūtan: »Ein Löwe kann mit seiner Tapferkeit nichts gegen einen Zauberer ausrichten. Ich hätte nie gedacht, dass Rostam mit seinem Pantherfell, mit Kettenpanzer und Helm, den Weg zu seinem Palast je schaffen würde! Und ebenso war es doch bei seinem Pferd, dem Raxš, auf dem er reitet: Vor lauter Pfeilspitzen war nichts mehr von seinem Leib zu sehen! Ich habe gehört, dass Zāl, dieser Verehrer der Zauberkunst, wenn es sein muss, die Hand nach der Sonne ausstreckt und dass er, wenn ihn der Zorn überkommt, alle Zauberer noch übertrifft! Ich habe dieses alles nicht für glaubwürdig gehalten.« Pašūtan antwortete ihm mit Tränen in den Augen: »Mögen Kummer und Verzweiflung über deinen Geg-

* Siehe Anm. S. 37.
** Zum iranischen Heer.

ner kommen! Was ist mit dir, dass du heute so ermüdet bist? Du hast wohl letzte Nacht nicht recht schlafen können! Was ist nur in der Welt zwischen diesen beiden Helden geschehen, dass sie ihren Streit immer heftiger werden lassen! Ich weiß nicht, wen von beiden das Glück verlassen hat, denn es bringt immer wieder neue Kämpfe!«

Der tapfere Esfandiyār legte seine Rüstung an und ritt dem edlen Rostam entgegen. Als er diesen erblickte, rief er laut: »Möge dein Name aus der Welt verschwinden! Hast du Sīstāner denn ganz den Bogen und die Kraft des kampfsuchenden Recken vergessen? Durch Zāls Zauberkünste bist du wieder ganz geheilt, sonst hätte dein Fuß längst den Weg zum Grab gefunden. Ich werde dir heute derartig die Glieder zerschlagen, dass Zāl dich dieses Mal nicht lebendig wiedersehen wird!«

Doch Rostam antwortete Esfandiyār: »Du, der du noch nicht genug hast vom Streit! Ich komme heute nicht, um zu kämpfen, sondern mit der Bitte um Verzeihung und um meines Namens und meiner Ehre wegen. Fürchte den heiligen Gott, den Weltenschöpfer! Lass nicht Verstand und Herz verkümmern! Warum willst du so ganz zu Unrecht mit mir kämpfen? Und warum verhüllst du dir die Augen der Vernunft? Bei dem edlen Zardhešt und seinem heiligen Glauben, bei Nūš Āzar und seinem herrlichen Feuer, bei Sonne und Mond, bei Gott und dem *Zendavesta* schwöre ich, dass ich mein Herz abwende vom Weg ins Unheil!

Vergiss all die Worte, die hin und her gegangen sind und die einem die Haut auf dem Leib zerfetzen konnten! Komm und schau dir einmal mein Haus an, dann würde dein Wunsch vergehen, mir nach dem Leben zu trachten! Ich werde dir die Türen zu den alten Schätzen öffnen, die ich seit vielen Jahren angesammelt habe. Damit werde ich deine Pferde beladen, und du übergibst sie dann deinem Schatzmeister, damit er sie fortbringen kann. Dann mache ich mich neben dir auf den Weg, und vor dem König will ich alles tun, was du befiehlst. Dann werde ich auf mich nehmen, was auch immer der König anordnet, selbst wenn er mich zum Gefangenen erklärt. Ich will alles versuchen, um zu erreichen, dass das Schicksal dich des Kampfes überdrüssig macht. Denk an das, was ein weiser alter Mann gesagt hat: Verbünde dich niemals mit einem bösen Stern!«

Esfandiyār antwortete ihm darauf: »Am Tag des Kampfes, dem Tag des Schreckens, bin *ich* kein arglistiger Mann! Was redest du immer so viel von deinem Palast und deinem gedeckten Tisch? Versuchst du das Antlitz des Friedens reinzuwaschen? Wenn du aber am Leben bleiben willst, musst du als Erstes von mir die Fesseln annehmen!«

Noch einmal ergriff Rostam das Wort: »O König, sei nicht ungerecht in dem, was du sagst! Mache nicht meinen Namen hässlich und deine Seele elend, denn aus diesem Kampf kann nur Böses entstehen. Tausende von Juwelen will ich dir geben, die eines Königs würdig sind, und dazu goldene Armreifen und Ohrringe. Und Tausende von Pagen mit Honiglippen gebe ich dir, die dir Tag und Nacht zu Diensten sein sollen. Außerdem gebe ich dir noch tausend junge Mädchen aus Xallox, die ein Schmuck der Krone sind und dir Glückseligkeit geben. Die Tür zur Schatzkammer Sām Narīmāns und Zāls will ich dir öffnen, du Unvergleichlicher! All dieses werde ich vor dir ausbreiten, und dazu hole ich aus Zāvolestān auch noch Männer zusammen, die vollkommen deinem Befehl unterstellt sein sollen und im Kampf deine Feinde erschlagen werden! Danach aber will ich wie ein Sklave vor dir sein und mich zum rachedurstigen König begeben.

O König, entferne die Rache aus deinem Herzen! Mache deinen Verstand nicht zum Gefährten des Dīvs! Außer durch Fesseln kannst du mich auch noch auf andere Weise an dich binden, denn du bist ein König und verehrst die

Götter! Die Fesseln würden für alle Ewigkeit meinen Namen beflecken: Wie könnte es zu dir passen, Böses zu tun?!«

Doch Esfandiyār antwortete ihm: »Wie lange willst du noch sinnlose Reden halten?! Du sagst mir: Wende dich ab vom Wege Gottes! Wende dich ab von den Befehlen des Königs, des Herrn über diese Welt! Für jeden, der von den Befehlen dieses Königs abweicht, bedeutet dieses sein Ende! Du kannst nur zwischen Fesseln und Kampf wählen! Führe nicht länger solche unsinnigen Reden!«

Da wusste Rostam, dass bei Esfandiyār alles Bitten zu nichts führen würde. Er fügte die Sehne in den Bogen und nahm den Pfeil aus Tamariskenholz, dessen Spitze in Gift getaucht war. Dann legte er den Tamariskenpfeil in den Bogen, wandte sein Haupt zum Himmel und sprach: »O heiliger Gott der Sonne, der du das Wissen, den Ruhm und die Kraft mehrst, du siehst meine reine Seele, meine Fähigkeiten und auch mein Herz. Du weißt, wie sehr ich mich bemüht habe, Esfandiyār zu überreden, sich vom Kampfe abzuwenden. Und du weißt, wie ungerecht er ist, und er redet nur von Kampf und Tapferkeit. Bestrafe mich nicht für diese meine Schuld, du Schöpfer von Mond und Merkur!«*

Als der eigensinnige Kriegsheld Esfandiyār diese Verzögerung bemerkte und sah, wie lange Rostam brauchte, um den Kampf zu beginnen, sprach er zu ihm: »Du böse gesinnter Sīstāner, deine Seele scheint noch nicht genug zu haben von Pfeilen und Bogen! Jetzt wirst du Goštāsps Pfeile erleben, dazu ein Löwenherz und Lohrāsps Pfeilspitzen!«

Rostam spannte schnell den Tamariskenpfeil in den Bogen, so wie es ihm der Sīmorg geraten hatte. Er schoss den Pfeil in Esfandiyārs Augen, so dass die Welt für jenen Edlen

* Ein Spiel mit dem Wort *tīr*, das ›Pfeil‹ und auch ›Planet Merkur‹ bedeuten kann.

dunkel wurde. Seine schlanke Zypressengestalt krümmte sich, und das Bewusstsein und seine Herrlichkeit schwanden dahin. Das Haupt des gottesfürchtigen Königs senkte sich, der Bogen aus Čāč fiel ihm aus der Hand, er griff nach der Mähne und dem Nacken seines Rappen, und die Erde des Kampfplatzes färbte sich rubinrot von seinem Blut.

Da sprach Rostam zu Esfandiyār: »Nun hast du die bittere Aussaat Früchte tragen lassen! Warst du es nicht, der gesagt hat: ›Ich habe einen ehernen Leib! Ich hole den hohen Himmel auf die Erde herunter! Ich bin gestern nicht von einhundert und sechzig Buchenpfeilen getroffen worden und habe nicht geklagt über Schande und Ruf?‹ Nach nur einem Pfeil verlässt du schon den Kampfplatz und ruhst dich auf deinem edlen Ross aus! Jetzt aber geht gleich dein Haupt in den Staub, und das liebende Herz deiner Mutter wird sich vor Kummer verzehren!«

Da fiel der ruhmreiche König kopfüber von seinem schwarzen Pferd. Es dauerte einen Augenblick, bis er wieder zu Bewusstsein kam. Er setzte sich in den Staub und versuchte sich zu besinnen. Dann ergriff er das Ende des Pfeils und zog ihn heraus: Von der Spitze bis zu den Federn war er ganz mit Blut beschmiert.

Alsbald kam zu Bahman die Nachricht, dass es dunkel geworden war um die Majestät des Königs der Könige. Er lief zu Pašūtan und sagte zu ihm: »Unser Kampf hat sich mit Kummer gepaart: Der Leib des großen Elefanten ist in den Staub gefallen! Durch diesen Jammer ist uns die Welt zu einem Grab geworden!« Beide machten sich auf und liefen zu Fuß vom Heerlager zum Kampfplatz der Pahlavane. Da sahen sie den edlen Krieger, die Brust voller Blut und einen blutigen Pfeil in der Hand. Pašūtan zerriss sich aus Kummer über ihn seine Kleidung. Laut klagend streute er sich Staub aufs Haupt. Bahman warf sich in den Staub und bestrich sein Gesicht mit dem warmen Blut. Pašūtan rief:

»Wer unter den Gottesdienern und Fürsten versteht das Geheimnis der Welt? Ein Mann wie Esfandiyār muss sterben! Einer, der für den Glauben mit großer Tapferkeit das Schwert gezogen hat! Der die Welt von der Schlechtigkeit der Götzenanbeter gereinigt hat! Der nie seine Hand zu bösem Tun gereicht hat! Über den bösen Menschen aber, von dem die Welt Kummer erleidet und der die Herzen der freien Menschen mit Sorgen erfüllt, über den gehen viele Jahre hinweg, und niemals widerfährt ihm Unheil im Kampf!«

Die Jünglinge nahmen den König in die Arme und wischten alles Blut von ihm ab. Pašūtan klagte laut um ihn, die Wangen voll blutiger Tränen und das Herz mit Kummer beladen. Er sprach: »Wehe um den Helden Esfandiyār! Wehe um den Welteneroberer aus königlichem Blut! Wer hat diesen kriegerischen Berg ausgerissen? Wer hat den wilden Löwen zu Boden geworfen? Wer hat die so verehrten Elefantenzähne herausgebrochen und dadurch die Wasser des Nils überlaufen lassen? Was ist nur durch das böse Auge über dieses Geschlecht gekommen? Dabei sollte doch zweifellos das Böse über den Übeltäter kommen! Was hat dir nun dein Mut, dein Verstand und dein Handeln gebracht? Und was deine Fähigkeiten, dein Stern und dein Glaube? Da du die Welt von den Bösewichtern befreit hattest, brauchtest du weder Elefanten noch Löwen zu fürchten. Doch nun, wo du aus all deinem Tun Nutzen ziehen könntest, sehe ich den Staub als deinen Ernährer! Verflucht seien Krone und Thron! Und auch der so maßlose Kampf und das ganze Unheil! Wie konnte es nur geschehen, dass ein mutiger und junger Ritter wie du, stolz und klug und mit strahlender Seele, so auf dem Kampfplatz getötet wird und die Zeit schnell über ihn hinweggeht! Hätte es doch niemals eine Krone gegeben, keinen Thron, kein Heer, keinen Goštāsp, keinen Ǧāmāsp und keinen Königshof!«

Der weise Esfandiyār antwortete ihm darauf: »Du welterfahrener Mann, gib dich nicht meinetwegen der Verzweiflung hin, denn das Geschehene ist nun einmal mein Anteil an Krone und Thron. Wer lebt, hat den Staub als letztes Ruhelager, darum klage nicht so über meinen Tod! Wo sind Ferīdūn und Hūšang und Ǧamšīd? Sie sind vom Wind herangetragen und dann im Nichts verschwunden! Und auch unsere edlen Vorfahren, auserwählte, stolze und gläubige Menschen, sind gegangen und haben uns ihren Platz überlassen, denn niemand bleibt in dieser vergänglichen Welt. Um Gottes Pläne zu verwirklichen, habe ich viel gekämpft in der Welt, sowohl in der Öffentlichkeit als auch im Verborgenen, und dabei auf meinem Wege den Verstand als Führer benutzt. Als durch mich die Worte des Glaubens zu strahlen begannen und die Hand Ahremans gebunden war und daran gehindert, Böses zu tun, hat das Schicksal seine scharfen Krallen ausgestreckt, und ich fand nicht die Zeit, vor ihm zu fliehen! Meine Hoffnung ist nun, dass mein beglücktes Herz im Paradies ernten wird, was es gesät hat. Zāls Sohn hat mich nicht durch seine Tapferkeit getötet. Schau dir den Tamariskenpfeil an, den ich hier in der Hand halte! Durch dieses Holz vom Sīmorg und vom listenreichen Rostam wurde mein Leben beendet. Zaubertricks und Betrügereien hat Zāl angewandt, der um Täuschung und alle List in dieser Welt Bescheid weiß.«

Als Esfandiyār so sprach, wand sich Rostam und weinte vor Kummer. Dann sagte er: »Von einem unseligen Dīv ist dir durch mich solcher Schmerz zuteil geworden! Alles, was Esfandiyār gesagt hat, stimmt: Er ist nie von seiner Mannestugend in die Falschheit abgeglitten! Seit ich in der Welt meine Rüstung trage, habe ich mit stolzen Helden so manchen Kampf gesucht, doch unter den Rittern, die im Panzer für die Schlacht gerüstet waren, nie einen wie Esfandiyār gesehen! Als ich verzweifelt zurückritt, gerade noch seiner Hand entkommen, und da ich seinen Bogen, seine starke Brust und seinen Daumen* gesehen hatte, bin ich vor lauter Schwäche auf diese List verfallen, denn ich wollte ihm nicht ohne weiteres nachgeben. Als sein Tag gekommen war, hatte ich sein Leben durch meinen Bogen in der Hand – und da habe ich geschossen! Wenn er noch hätte weiterleben sollen, wie hätte mir dann diese krumme Sache mit der Tamariske gelingen können? Wir müssen alle diese dunkle Erde wieder verlassen. Und wenn man noch so vorsichtig ist: man kann nicht einen Atemzug länger verweilen! So war ich das Mittel zu seinem Verderben, und wegen dieses Tamariskenpfeils wird man immer über mich reden!«

Esfandiyār gibt Rostam Ratschläge wegen Bahman

Und Esfandiyār antwortete Rostam: »Mein Leben geht nun zu Ende. Zieh dich jetzt nicht vor mir zurück, sondern komm bitte her. Denn ich bin zu ganz anderen Überlegungen gekommen! Ich möchte, dass du meinen letzten Willen hörst. Du sollst meinen größten Wunsch erfahren und darin meine Größe sehen! Bemühe dich, meine Wünsche zu erfüllen. Mögen dich deine Größe und Macht dabei leiten!«

Rostam hörte, was er sagte, und ging unter Wehklagen zu ihm. Er vergoß heiße Tränen und klagte um ihn mit leiser Stimme. Als Zāl vom Geschehen auf dem Kampfplatz erfuhr, machte er sich in Windeseile von seinem Palast auf den Weg. Zavāre, Farāmarz und einige der edlen Recken kamen angelaufen, als hätten sie den Verstand verloren, und lautes Jammern ertönte vom Kampfplatz, so dass sich das Antlitz von Sonne und Mond verfinsterte. Zāl sprach zu

* Hier steht der Daumen für seine Tüchtigkeit im Bogenschießen.

Rostam: »O mein Sohn, aus dem Kummer meines Herzens beweine ich dich noch mehr, denn Folgendes habe ich von chinesischen Weisen und von Sterndeutern des Landes Iran gehört: Derjenige, der Esfandiyārs Blut vergießt, wird dadurch sein Ende finden. Tod und Unheil werden sein Los sein, und nach seinem Tode: Mühe und Qual.«

Darauf sagte Esfandiyār zu Rostam: »Das Unglück dieser Welt habe ich nicht durch dich erfahren. Es war mein Schicksal, und es kam, wie es kommen sollte. Nun aber höre gut auf alles, was ich dir sage: Du warst nur der Vorwand zu meinem Tode, doch mein Vater war mein Schicksal, nicht aber Rostam oder der Sīmorg oder gar Pfeil und Bogen. Er hat zu mir gesagt: ›Geh und verbrenne Sīstān! Ich will nicht, dass es noch länger ein Nīmrūz gibt!‹ Er strebte danach, Heer, Krone und Staatsschatz für sich zu behalten, und mir sollten die Mühen bleiben! Nimm du dich jetzt Bahmans, meines edlen Sohnes, an, der mir ein kluger und umsichtiger Ratgeber war. Sei für ihn wie ein Vater, denn ich liege im Sterben. Merke dir nun alles, was ich dir sage: Lass ihn in Zāvolestān glücklich werden! Höre nicht auf verleumderische Reden! Lehre ihn die Kunst der Kriegsführung, zeig ihm, wie der Festsaal einzurichten ist zum Feiern und wie man in der Steppe jagt. Und führe ihn auch ein in Wein und Musik, in Ballspiel und Hofhaltung. Lehre ihn, die Macht richtig zu gebrauchen, aber auch: das Leben zu genießen! Ǧāmāsp, dessen Name verflucht sei – möge er nie seine Wünsche erfüllt sehen! –, hat gesagt, Bahman erinnere ganz besonders an mich, und meinte, dass er ein hervorragender König sein würde!«

Als Rostam dieses hörte, erhob er sich und schlug sich zum Zeichen des Gehorsams mit der rechten Hand an die Brust. Er sagte: »Du wendest dich von dieser Welt, doch ich werde mich nicht von meinem Wort wenden! Ich werde alles so tun, wie du es gesagt hast. Ich werde ihn auf dem berühmten Elfenbeinthron Platz nehmen lassen und ihm die teure Krone aufs Haupt setzen.« Als Esfandiyār Rostams gewichtige Worte vernahm, sagte er zu ihm: »Nimm den Jungen, wenn der Alte tot ist! Du musst wissen, so wahr Gott mein Zeuge und mein Führer im rechten Glauben ist: Trotz der guten Taten, die du vollbracht hast, und obwohl du die früheren Könige in deinen Schutz genommen hast, ist jetzt dein guter Name herabgewürdigt, und mein Name wird in aller Munde sein. Meine Seele ist deswegen voller Gram, doch so war nun einmal der Beschluss des Weltenschöpfers!«

Dann aber sprach er zu Pašūtan: »Ich suche nun in der Welt nur noch mein Leichentuch. Wenn ich dieses vergängliche Haus verlassen habe, lass das Heer aufbrechen und begib dich zurück in den Iran. Und wenn du dorthin gekommen bist, sage meinem Vater: ›Wenn du Macht bekommen hast, sollst du nie einen Vorwand benutzen! Die ganze Welt richtet sich nach deinen Wünschen, denn dein Name ist auf allen Siegeln eingraviert! Ich hatte von dir etwas anderes erhofft, doch was geschah, war deiner finsteren Seele würdig! Mit dem Schwert der Gerechtigkeit habe ich Ordnung in die Welt gebracht, und niemand wagte Böses über dich zu sagen. Als im Iran der gute Glaube verbreitet war, hätten mir Macht und Königtum zufallen müssen. Vor allen Fürsten hast du mir Versprechungen gemacht, doch dann hast du mich insgeheim in den Tod geschickt. Jetzt ist hierin dein Herzenswunsch erfüllt. Du kannst dich nun beruhigen und geruhsam auf dem Throne Platz nehmen! Da du nun frei bist, denke nicht mehr an den Tod! Gib ein Fest im königlichen Palast! Für dich gab es den Thron und für mich Beschwernis und Mühen. Du hast nun die Krone und ich Sarg und Totenhemd! Doch wie schon ein alter welterfahrener Dehqān sagte: Selbst die Pfeilspitze kann nicht vor dem Tode fliehen! Vertraue nicht deinen Schätzen, der Krone und dem Heer!

Im Jenseits wird dich meine Seele erspähen, wenn du kommst, und zusammen treten wir dann vor Gott den Richter. Wir werden berichten und hören, was er dazu sagt!‹

Wenn du dies dem König gesagt hast, sage meiner Mutter: ›Der Tod ist als streitbarer Gegner zu mir gekommen, und gegen seine Pfeile ist die Rüstung nur Wind, denn sie durchdringen selbst einen Berg aus Stahl! Mir folgst auch du bald nach, liebe Mutter. Trage keinen Kummer über mich! Bekümmere nicht deine Seele. Doch zeige dich nicht unverschleiert vor den Leuten! Schau dir auch nicht mein Antlitz an im Totenkleid: Durch meinen Anblick würde sich dein Kummer nur vergrößern, und auch von klugen Leuten würde dir keiner dazu raten!‹ Und dann sage auch meinen Schwestern und meiner Gemahlin, die sich in ihrem Herzen nach mir sehnen, diesen tugendhaften, klugen Frauen: ›Lebt wohl auf alle Ewigkeit! Von der Krone des Vaters ist Unheil über mich gekommen. Durch meinen Tod behält er nun den Schlüssel zur Tür seiner Schatzkammer. Ich schicke Pašūtan zu ihm, auf dass Schande über seine dunkle Seele komme!‹«

So sprach er und stieß einen tiefen Seufzer aus. Darauf fuhr er fort: »Durch Goštāsp ist Unrecht über mich gekommen!« Dann verließ seine reine Seele den Körper, diesen verwundeten Körper, der in den dunklen Staub geworfen war. Rostam zerriss sein Gewand vor Trauer; mit kummervollem Herzen streute er sich Staub aufs Haupt. Dann rief er: »Weh um diesen wackeren Ritter, Enkel eines tapferen Königs und Sohn eines Königs! Mein Name hatte in der Welt einen guten Klang, doch durch Goštāsp ist nun zum Ende meines Lebens noch Böses über mich gekommen.« Nachdem er lange geweint hatte, sprach er zum Toten: »O König, der du in der Welt ohnegleichen warst! Möge deine Seele nun ins Paradies gelangen! Mögen deine Feinde ernten, was sie gesät haben!«

Daraufhin sagte Zavāre zu ihm: »O Pahlavan, du solltest Bahman nicht bei dir aufnehmen. Hast du nicht gehört, wie ein Dehqān berichtet hat, was er aus den Erzählungen der Alten in Erinnerung hatte? Er sagte: ›Wenn du das Junge eines wilden Löwen aufziehst und seine Zähne scharf werden und sein Mut sich entwickelt, dann wird er sehr bald nach Beute suchen, und als Erstes wird er über seinen Ernährer herfallen!‹ In beiden Ländern wird jetzt durch das böse Auge der Zorn erregt, und zuerst kommt das Böse nach Zāvol. Da ein König wie Esfandiyār getötet wurde, wird unser Land in Zukunft kein Glück mehr vom Schicksal erfahren. Durch Bahman wird Unheil über Zāvolestān kommen! Die alten Recken Kāvolestāns werden vor ihm zittern! Mach dich darauf gefasst, dass Bahman, wenn er König ist, die Rache für Esfandiyār aufnehmen wird!«

Doch Rostam antwortete ihm: »Niemand kann sich dem Himmel widersetzen: der Böse nicht und auch nicht, wer das Gute will. Ich habe den Weg gewählt, dem das Auge der Vernunft zustimmt und der meinen Namen in der Erinnerung erhalten wird. Wenn er tut, was du sagst, wird er vor seinem Schicksal zittern! Doch kratze du nicht mit deinem Ungestüm am Auge des Unheils!«

Pašūtan überführt Esfandiyārs Sarg

Rostam ließ einen prächtigen Sarg aus Eisen herstellen und darüber einen Baldachin aus chinesischem Seidenbrokat spannen. Dann wurde das Eisen mit einer Schicht Pech bestrichen, worauf man Moschus und Aloe auftrug. Esfandiyār wurde ein Totenkleid aus goldgewirktem Brokat genäht, und alle Edlen weinten, laut klagend, über ihn. Dann ließ Rostam dessen majestätischen Leib einkleiden und ihm seine mit Türkisen verzierte Krone aufs Haupt setzen. Man verschloss den Deckel des Sarges fest, und der fruchttragende königliche Baum verschwand für immer.

Daraufhin ließ Rostam vierzig ausgesuchte Maulesel bringen, über welche Decken aus chinesischem Seidenbrokat gelegt waren. Jeweils zwei dieser Tiere trugen links und rechts den Sarg des Königs, während davor und dahinter das Gefolge ritt. Alle hatten sich die Wangen zerkratzt und Haare ausgerissen. Ihre Zungen sprachen nur vom König, und ihre Herzen suchten ihn! Mähne und Schwanz von Esfandiyārs Rappen waren beschnitten: Pašūtan führte ihn vor allen Begleitern. Der Sattel war verkehrt herum aufgelegt, und Esfandiyārs Schlachtkeule hing daran herab, wie auch der berühmte Helm und sein Kettenpanzer, sein Gewand und die kriegerische Helmzier.

Der Leichenzug machte sich auf den Weg, während Bahman in Zāvol blieb, wobei ihm das Herzblut aus den Augen strömte. Rostam aber nahm ihn mit in seinen Palast und sorgte für ihn wie für die eigene Seele.

Goštāsp erfährt vom Tode seines Sohnes

Die Kunde dessen, was geschehen war, kam zu Goštāsp, und das Haupt des berühmten Königs beugte sich. Er zerriss sich alle Kleidung auf seinem Leib. In den Staub neigten sich sein Kopf und seine Krone. Großes Klagegeschrei erscholl aus dem Palast: Die Welt füllte sich mit dem Namen Esfandiyārs. Wohin auch im Iran die Kunde kam, überall warfen die Edlen ihre Diademe von sich. Goštāsp sprach: »O Sohn mit dem reinen Glauben! Welt und Zeit werden nie wieder so einen sehen wie dich! Seit den Zeiten Manūčehrs ist nie ein stolzer Held wie du erschienen! Du hast dein Schwert befleckt und den Glauben gereinigt! Du hast die Welt zusammengehalten!« Die Fürsten Irans aber ergriff der Zorn. Sie wuschen sich alle Ehrerbietung für Goštāsp aus den Augen und verfluchten ihn laut: »Du Verruchter, um deines Thrones willen hast du einen Menschen wie Esfandiyār nach Zāvol in den Tod geschickt, während du dir auf dem Thron die Krone der Macht aufgesetzt hast. Möge dein Haupt sich schämen, die Krone der Kayaniden zu tragen! Möge das Verschwinden deines Sterns sich beschleunigen!« Daraufhin verließen sie alle den königlichen Saal. Sein Palast und der Hof aber füllten sich mit dem Staub der Trauer.

Als die Kunde auch zu Esfandiyārs Frau und seinen Schwestern kam, verließen sie mit seinen Töchtern den Palast, ohne Kopfbedeckung und die Füße voller Staub. Dabei zerrissen sie sich ihre Kleider auf dem Leib! Pašūtan kam weinend hinter dem Sarg und dem Rappen auf dem Wege heran. Die Frauen hängten sich an Pašūtan, und allen flossen blutige Tränen aus den Augen. Sie riefen: »Öffne den Deckel dieses engen Sarges und zeige uns aus der Ferne den Leib des Toten!« Pašūtan wurde vom Schmerz überwältigt inmitten der Frauen, die laut klagten und sich das Fleisch ihrer Arme zerkratzten. Dann rief er den Schmieden zu: »Bringt mir ein scharfes Stemmeisen, auf dass das jüngste Gericht über mich komme!« Er ließ den Deckel des engen Sarges öffnen und begann von neuem seine Klage. Als Mutter und Töchter das Antlitz des Königs und auch den schwarzen Bart voller Moschus sahen, vergingen seinen verschleierten Frauen die Sinne, und die Herzen seiner Lockenhaarigen füllten sich mit dem Blut ihres Kummers. Als sie aus der Ohnmacht wieder zu Bewusstsein kamen, richteten sie ihre Gebete an den heiligen Sarūš.

Dann gingen alle vom Sarg des Königs unter lautem Wehklagen zu Esfandiyārs Rappen und streichelten ihm liebevoll Hals und Kopf. Katāyūn streute ihm Staub aufs Haupt, denn auf ihm fanden seine Tage ihr Ende! Im

Kampf wurde er auf dessen Rücken getötet! Und sie sprach zu ihm: »Wen wirst du in Zukunft in den Kampf tragen? Wen wirst du nun den Krallen des Krokodils übergeben?« Die Frauen hängten sich an seinen Hals und streuten Staub auf seinen Kopf.

Das Klagegeschrei der Gefolgsleute stieg bis zu den Wolken empor, Pašūtan aber ging laut klagend in den Palast des Königs. Er sah ihn, doch erwies er ihm keinerlei Ehrerbietung. Als er an den Thron herangetreten war, sagte er mit lauter Stimme: »Du Oberster der stolzen Recken! Es zeigt sich nun, dass dein Glück sich wendet. Was du angerichtet hast, hast du in Wirklichkeit gegen dich selbst getan: Du hast das Land Iran an den Abgrund gebracht! Majestät und Verstand haben dich verlassen. Möge dich die Strafe Gottes treffen! Die edle Stütze deines Lebens ist zerbrochen, und von nun an hast du nur noch Wind in der Hand! Deinen Sohn hast du des Thrones wegen einem blutigen Tode übergeben. Möge dein Auge weder den Thron noch das Glück je wiedersehen! Die Welt ist voll von deinen Gegnern und Feinden. Die Krone wird dir nicht ewig bleiben! Auf dieser Welt wirst du nur noch Verachtung finden, und am Tage der Abrechnung musst du dich vor Gott verantworten!«

So sprach er, und dann wandte er sich Ǧāmāsp zu: »O du unseliger, gottloser Mann, der du dich vom rechten Weg entfernt hast! Außer der Lüge kennst du nichts auf der Welt. Mit deinen üblen Machenschaften hast du allen ihren Glanz genommen. Unter Königen hast du Feindschaft angezettelt: Du lässt sie aufeinander losschlagen, einer gegen den anderen! Du kannst nichts weiter als das Böse verbreiten, dich vom Guten trennen und alles Schlechte erstreben! Du hast in der Welt etwas ausgesät, das niemand ernten will, weder öffentlich noch insgeheim. Durch deine Worte kam ein großer Mann zu Tode, wodurch die Tage der Edlen dahin sind! Du hast dem König einen krummen Weg gewiesen, du kleiner, buckliger alter Mann voller übler Schliche! Du hast ihm gesagt, dass das Schicksal des Helden Esfandiyār in der Hand des edlen Rostam läge!«

Als er so gesprochen hatte, fuhr er fort, indem er Esfandiyārs Ratschläge und Verfügungen wiederholte und auch darüber berichtete, dass Bahman dem Rostam anvertraut wurde. Alle Geheimnisse brachte er aus dem Verborgenen ans Licht. Als nun der König von Esfandiyārs letzten Verfügungen hörte, bereute er, was er ihm angetan hatte, denn Pašūtan hatte ihm mit lauter Stimme alles gesagt, was ihm bisher verborgen war.

Auch die Töchter des Königs, Beh Āfarīd und Hūmāy, treten vor Goštāsp. In ihrer großen Trauer halten sie ihm ausführlich alles vor, was ihr Bruder für den Iran geleistet und wie schlecht es ihm sein Vater gedankt hat. Schließlich verfluchen sie ihn:

»Nicht der Sīmorg hat ihm sein Ende bereitet, und auch nicht Rostam oder Zāl, sondern du hast ihn getötet, und weil du sein Mörder bist, beklage ihn nicht! Du solltest dich bei deinem weißen Barte schämen, denn du hast deinen Sohn getötet in der Hoffnung auf eigenen Vorteil! Vor dir hat es viele Herrscher gegeben, die des königlichen Thrones würdig waren. Aber die haben nicht ihren Sohn dem Tode ausgeliefert, und auch keinen aus ihrer Familie oder von ihren Angehörigen und Freunden!«

Da sprach Goštāsp zu Pašūtan: »Erhebe dich und gieße Wasser auf dieses schnell flammende Feuer!« Pašūtan verließ daraufhin den Audienzsaal des Königs und führte die Frauen von dort weg. Dann sagte er zu seiner Mutter: »Warum schlägst du so heftig an seine Tür?* Er liegt dort friedlich und mit reiner Seele, denn er ist nun des Landes und

* An den Deckel des Sarges, in welchem Esfandiyār liegt.

seiner Herrschaft überdrüssig! Was trägst du jetzt Kummer um ihn in deinem Herzen? Er hat nun seinen Markt im Paradies gefunden!« Da nahm die Mutter den Rat ihres Sohnes an, der so fest im Glauben war, und ergab sich dem Willen Gottes.

Von da an erhob sich ein Jahr lang laute Trauerklage aus allen Häusern Irans, und viele Jahre noch vergoß man Tränen über den Pfeil aus Tamariskenholz und Zāls List.

Rostam schreibt einen Brief an Goštāsp

Währenddessen lebte Bahman in Zāvolestān, mit Jagen beschäftigt, doch auch beim Wein und in seinem Rosengarten. Rostam unterwies seinen Feind in der Reitkunst, dem Weintrinken und der Hofhaltung. In allem behandelte er ihn besser als ein Vater: Tag und Nacht hielt er ihn lächelnd an seiner Brust. Als er nun seine Versprechungen erfüllt hatte und die Tür der Rache für Goštāsp verschlossen war, schrieb Rostam dem König einen schmerzlichen Brief, in dem er ihn an die ganze Angelegenheit mit seinem Sohn erinnerte.

Er begann den Brief mit der Bitte um Gottes Segen für alle, die nicht von Hass erfüllt waren und keine Rache suchten. Dann fuhr er fort: »Gott ist mein Zeuge – und Pašūtan wird mit mir darin übereinstimmen –, dass ich unermüdlich auf Esfandiyār eingeredet habe, er möge doch ablassen von Hass und Streit! Ich wollte ihm mein Land und mein Vermögen übereignen. Jede Art von Mühen wollte ich auf mich nehmen. Doch das Schicksal hat es so gewollt, dass er nicht nachgeben konnte! Mir war das Herz schwer vor Kummer und mein Kopf voller Liebe für ihn. Aber so hatte es nun einmal der sich drehende Himmel bestimmt, und gegenüber dem Schicksal hat niemand eine

Wahl! Jetzt ist der Jüngling, der die Welt erobern will, bei mir. Er ist für mich ein größerer Segen als der Tag Ōrmozd.* Ich habe ihn in allem unterwiesen, was ein König wissen und können muss. Damit habe ich, indem ich die Verfügungen Esfandiyārs befolgte, meine Schuld über den Verstand beglichen. Wenn nun der König mir verzeiht und verspricht, an die Sache mit dem Pfeil in Zukunft nicht mehr zu denken, sollen ihm mein Herz und meine Seele gehören, mein Vermögen und meine Krone, mein Hirn und meine Haut!«

Als dieser Brief zum König der Welt kam, verbreitete sich dessen Inhalt unter den Fürsten des Landes. Pašūtan trat vor und legte noch einmal Zeugnis ab: Er erinnerte an alles, was Rostam gesagt hatte, und auch an dessen inständiges Bitten, seine Ratschläge und seine Bemühungen und auch daran, wie er in Liebe und Freundschaft auf ihn eingeredet hatte. Bei Pašūtans Worten gab der berühmte König nach: Es gelang ihm, den Widerstrebenden zu überzeugen. Das Herz des Fürsten kam mit Rostam ins Reine, so dass der Kummer aus seinem Herzen wich.

Umgehend ließ er einen Antwortbrief schreiben und pflanzte damit einen Baum im Garten der Macht. Er sagte darin: »Wenn durch den Lauf des hohen Himmelsgewölbes Unheil über einen Menschen kommt, kann keiner es durch Mäßigung zurückhalten, selbst wenn er sich mit Nachdruck der Weisheit zuwendet! Pašūtan hat mir alles berichtet, worum du ihn gebeten hattest, und dadurch hast du mein Herz mit Wohlwollen erfüllt. Wer wagt es schon, sich dem sich drehenden Himmel zu entziehen! Und mit dem Vergangenen beschäftigt sich ein kluger Mensch nicht! Du bist, wer du schon immer warst, und bist sogar noch besser! Herr über Indien und über Qannūǧ bist du, und wenn

* Der segensreiche erste Tag jedes Monats.

du mehr benötigst – seien es nun Throne, Siegel, Schwerter oder Kronen –, so fordere es von mir!« Der Bote brachte schnell diese Antwort zurück, wie es ihm Rostam befohlen hatte.

Goštāsp holt Bahman an seinen Hof zurück

So verging eine geraume Zeit, und der Königssohn war nun groß und stattlich, klug und mit Wissen und Fähigkeiten ausgestattet. Seine edle Krone trug er höher als die anderen Könige. Ǧāmāsp wusste aus guten und bösen Gründen, dass das Königtum Bahman zufallen würde. Darum sprach er zu Goštāsp: »Verehrter König, du musst dich um Bahman kümmern! Er hat nun das Wissen erlangt, das der Vater für ihn gewünscht hatte, und ist zu Ansehen gekommen. Schon lange weilt er in einem fremden Land, wo niemand ihm je einen Brief von dir vorgelesen hat! Du musst ihm nun einen Brief schreiben, schön wie ein Baum im Garten des Paradieses! Denn wen außer ihm hättest du auf der Welt als deinen Erben, der den Kummer um Esfandiyār vergessen lassen könnte?«

König Goštāsp begrüßte diese Worte, und so befahl er dem edlen Ǧāmāsp, einen Brief an Bahman zu schreiben und einen anderen an den stolzen Recken Rostam. In diesem heißt es: »Gott sei gedankt, o Weltpahlavan, dass wir so froh sein können über dich und unsere Seele dabei Frieden gefunden hat! Mein Enkel, den ich höher schätze als meine Seele und der an Wissen bedeutender ist als Ǧāmāsp, hat mit Hilfe des Glücks, das dir zur Seite stand, das richtige Verhalten gelernt und Wissen erlangt. Nun ist es an der Zeit, ihn mir zurückzuschicken!« Im Brief an Bahman schrieb er: »Wenn du diesen Brief gelesen hast, verweile nicht länger in Zāvol, denn ich möchte dich gerne wiedersehen! Rüste dich also und zögere nicht länger!«

Der Schreiber las Rostam den Brief vor, und dieser Mann, der so nach Weisheit strebte, wurde froh. Er gab Bahman von allem, was seine Schatzkammer barg: Kettenpanzer und glänzende Dolche, Schutzpanzer für die Pferde, Pfeile und Bogen, Keulen und indische Schwerter, Kampfer, Moschus und frische Aloe, dazu Ambra, Juwelen, Silber und Gold, dann Pferde und Stoffe, alte und junge Sklaven, goldgeschmückte Gürtel und Sättel, strahlende Rubine und zwei goldene Pokale: das alles gab er Bahman, und die Männer, die es herbeibrachten, mussten es vor dessen Schatzmeister vorweisen. Rostam begleitete ihn über zwei Wegstrecken, dann schickte er ihn zum König.

Als Goštāsp das Antlitz seines Enkels erblickte, weinte er so sehr, dass seine Wangen vor lauter Tränen nicht mehr zu sehen waren. Er sprach zu ihm: »Du bist genau wie Esfandiyār. Niemandem in der Welt ähnelst du so wie ihm!« Er fand ihn klug und begabt, und von da an nannte er ihn Ardašīr. Er war ein Held voller Kraft und mit starker Hand, klug und gebildet und Gott zugewandt. Wenn er aufrecht stand, reichten seine Fingerspitzen tiefer als seine Knie. Er stellte ihn eine Zeit lang auf die Probe und schaute dabei immer wieder seine große Gestalt an. Auf dem Turnierplatz und beim Schlagballspiel, beim Feiern und auf der Jagd war er ein Meister, geradeso wie Esfandiyār! Goštāsp konnte sich keinen Augenblick von ihm trennen, und er war entzückt über Bahmans Art, Wein zu trinken. Er sagte sich: »Gott hat ihn mir gegeben. Ich war von Kummer erfüllt, und aus Sorge um mich gab Gott ihn mir! Möge er auf ewig mein Bahman bleiben, da ich meinen Sohn mit dem ehernen Leib verloren habe. Alles Tun Esfandiyārs hat ein Ende gefunden. Möge Bahman nun ewig der Herr des Königtums sein! Möge sein Herz immer von Kummer frei sein und die Welt unter seinem Befehl gedeihen! Möge sein Herz froh und seine Krone mächtig sein! Dem Hals seiner Gegner aber sei der Strick!«

Jetzt erzähle ich, wie Rostam getötet wurde, und zwar nach demselben Buch, aber in eigenen Worten.

Rostam und Šagād

Zu Marv lebte bei Ahmed-e Sahl ein alter Mann namens Āzād Sarv. Sein Herz war voller Weisheit und sein Kopf mit Wissen gefüllt. Seine Zunge wusste von alten Erzählungen zu berichten. Dieser hatte ein Buch der Könige, und er selbst hatte die Gestalt eines Pahlavan. Er stammte aus dem Geschlecht Sāms, dem Sohne Narīmāns, und wusste viel über die Kämpfe Rostams. Nun werde ich berichten, was ich von ihm erfahren habe: Eine Sache nach der anderen webe ich zu einer Geschichte zusammen. Wenn ich lange genug in dieser vergänglichen Welt bleiben sollte und mich Herz und Verstand weiterhin leiten, werde ich diese alte Erzählung zu Ende bringen und damit der Welt eine Geschichte erhalten.

Ferdausi preist nun ausführlich den derzeitigen persischen König, Sultan Mahmūd von Gazna, und widmet ihm sein Werk, wobei er seine Hoffnung auf gebührenden materiellen Lohn zum Ausdruck bringt.

Der Beginn der Geschichte

Nun komme ich zurück auf die Erzählung des berühmten Sarv, der in Marv lebte bei Sahl-e Māhān. Dieser alte Mann, der immer nach Weisheit gestrebt hatte und mancherlei Fähigkeiten besaß, konnte viel erzählen, denn er hatte ein gutes Gedächtnis. Er hat berichtet:

Zāl hatte in seinen Frauengemächern eine Sklavin, die gut singen und musizieren konnte und auch wortgewandt war. Dieses Mädchen brachte eines Tages einen Sohn zur Welt, der in seiner Schönheit vom Mond nicht zu unterscheiden war. An Wuchs und Aussehen ähnelte er Sām, dem Ritter, und die Familie des Edlen war glücklich über ihn. Sterndeuter und tapfere Ritter, berühmte Edle aus Kašmīr und Kāvol, Feueranbeter und Verehrer Gottes: alle kamen mit ihren astronomischen Tafeln aus Byzanz in der Hand und begannen, durch ihre Berechnungen die Frage zu beantworten: Ist das Schicksal diesem kleinen Kind günstig gestimmt? Aber als die Astrologen die erstaunlichen Ergebnisse sahen, schauten die einen hierhin und die anderen dorthin und sprachen dann zu Zāl, Sāms Sohn: »O Fürst, der du von den hohen Sternen begünstigt worden bist, wir haben es unternommen, die Geheimnisse des Himmels zu ergründen: Er hat kein Wohlwollen gegenüber diesem kleinen Kind! Wenn dieses Schöngesicht zum Manne herangewachsen ist und Mut und Tapferkeit erlangt hat, wird er das Geschlecht Sām Nairams vernichten und diese Herrschaft zerstören. Das ganze Sīstān wird durch ihn in Aufruhr geraten und das ganze Land Iran zum Kochen gebracht! Für jeden füllen sich durch ihn die Tage mit Bitterkeit, und dann wird er selbst nicht am Leben bleiben!«

Zāl Dastān wurde durch diese Worte sehr bekümmert. Er flehte den gerechten Gott und Weltenschöpfer an und sprach zu ihm: »O du, der du unsere Wege lenkst, dir untersteht das Firmament! Du bist in allem mein Schutz und meine Zuflucht. Du lässt mich klug handeln und zeigst mir den rechten Weg. Du hast den Himmel und auch die Sterne erschaffen: Lass für uns sich hieraus Gutes entwickeln! Denke an uns! Möge uns nichts als Glück und Frieden und Gutes widerfahren!« Und er gab diesem Pahlavan den Namen Šaġād.

Zuerst blieb er bei der Mutter, und als er abgestillt war, erfreute er die Herzen. Er konnte sprechen und hatte ein gutes Gedächtnis. Und als dann der Junge erwachsen war, schickte Zāl ihn zum König von Kāvol. Er war ein Jüngling vom Wuchs einer großen Zypresse, ein tapferer Ritter, der

Keule und Bogen zu handhaben wusste. Der König von Kāvol betrachtete ihn und sah: Er war Krone und Thron eines Königs würdig. Bei seinem Anblick war er in der Welt froh, und wegen seiner edlen Herkunft gab er ihm seine Tochter zur Frau. Zusammen mit seiner edlen Tochter schenkte er ihm alles aus seinem großen Schatz, was seiner würdig war. Er bewahrte ihn wie einen frischen Apfel, auf dass nichts Erschreckendes von den Sternen über ihn käme.

Die iranischen und die indischen Edlen sprachen alle über Rostam, denn es war so, dass er jedes Jahr von Kāvol als Tribut und Steuer das Fell eines Rindes* verlangte. Nachdem nun Šagād sein Schwiegersohn geworden war, dachte der König von Kāvol, dass Rostam in Zāvol nicht mehr auf dieser Forderung bestehen würde. Aber als der Zeitpunkt der Zahlung gekommen war, kamen Boten, um den Tribut abzuholen, und schlugen damit ganz Zāvolestān vor den Kopf! Šagād wurde wütend über das Vorgehen seines Bruders, doch sprach er mit niemandem über diese Angelegenheit. Dem König von Kāvol aber sagte er insgeheim: »Ich bin ärgerlich über den Lauf der Dinge! Da mein Bruder mir gegenüber hierin keine Scham empfindet, gibt es für mich keinen Weg der Liebe mehr zu ihm. Welchen Unterschied gibt es zwischen einem Bruder und einem Fremden, zwischen einem Weisen und einem Narren? Lass uns ein Mittel finden, um ihn in die Falle zu bringen! Durch diese Tat werden wir uns in der Welt einen Namen machen!« Sie besprachen alles, und die beiden wurden sich einig. Doch in ihren Gedanken gingen sie über ihre Fähigkeiten weit hinaus! Bedenke wohl, was ein kluger Mann einmal gesagt hat: Wer Böses tut, wird Strafe finden!

Eines Nachts konnten die beiden Männer nicht schlafen und waren wach, bis die Sonne über den Bergen aufging.

* Das Fell ist mit Gold gefüllt.

Dabei einigten sie sich: »Wir wollen seinen Namen aus der Welt verschwinden lassen! Wir wollen Herz und Augen Zāls mit Tränen füllen.« Šagād sprach daraufhin zum König von Kāvol: »Wenn wir in dieser Angelegenheit erfolgreich sein wollen, musst du ein Fest veranstalten und die Edlen dazu einladen. Lass Wein und Musik und Sänger kommen. Beim Wein sollst du dann sehr kühl mit mir reden und mich mit deinen Worten beleidigen. Wegen der schlechten Behandlung reite ich nach Zāvolestān zurück, um mich über den König von Kāvolestān zu beklagen: Sowohl vor meinem Bruder als auch vor meinem Vater will ich dich als unwürdig bezeichnen und als Mann von schlechtem Charakter. Rostam wird wütend darüber sein, wie ich behandelt wurde, und wird hierher in diese meine edle Stadt kommen. Du musst inzwischen auf dem Weg, den er nehmen wird, ein Jagdrevier einrichten und in diesem Gebiet viele Gruben ausheben lassen. Lass sie entsprechend der Größe von Rostam und Raxš anlegen. Auf ihrem Boden musst du lange Schwerter aufstellen, und auch Lanzen und blanke Jagdspieße, die Spitzen nach oben und die Griffe im Boden. Wenn du deine Sorgen loswerden willst, ist es besser, hundert Gruben graben zu lassen, als nur fünf. Außerdem musst du hundert tüchtige Männer dorthin bringen. Lass die Gruben ausheben und vertraue nicht einmal dem Wind das Geheimnis an! Als Letztes lass dann die Öffnungen der Gruben verschließen. Rede mit niemandem über diese Sache!«

Der König ritt los und entfernte den Verstand aus seinem Herzen. So wie es ihm dieser Schwachkopf geraten hatte, bereitete er ein Fest. Alle Großen Kāvols lud er dazu ein und ließ sie an reich gefüllten Tafeln Platz nehmen. Als die Speisen verzehrt waren, setzten sich alle zusammen. Man ließ Wein und Musik und Sänger kommen. Nachdem nun die Köpfe vom königlichen Wein benommen waren, erhitzte sich Šagād in seiner Charakterlosigkeit und sprach folgendermaßen zum König von Kāvol: »Ich bin viel vornehmer als alle, die hier versammelt sind. Rostam ist mein Bruder und Zāl mein Vater: Wer ist schon aus edlerem Geschlecht?« Der König von Kāvol wurde wütend über ihn und sagte: »Warum verbirgst du die Wahrheit? Du bist nicht aus dem Geschlecht Sāms! Du bist nicht Rostams Bruder, bist nicht einmal verwandt mit ihm! Dastān Zāl, Sāms Sohn, hat nie von dir gesprochen. Wie sollte da Rostam dich Bruder nennen? Du bist geringer als die Sklaven vor seiner Tür. Seine Mutter wird dich niemals seinen Bruder nennen!«

Durch des Königs Worte wurde Šagād tief getroffen. Voller Zorn machte er sich nach Zāvol auf den Weg und verließ in Begleitung einiger Männer Kāvol. Sein Herz war voll Zorn, und seine Lippen füllten sich mit Seufzern. Mit trügerischem Sinn und den Kopf voller Rachegedanken: so kam er zum Palast seines berühmten Vaters. Als nun Zāl das Antlitz seines Sohnes erblickte, seine große Gestalt, seine ganze Ausstrahlung und seine Kraft, empfing er ihn freundlich und richtete viele Fragen an ihn. Danach schickte er ihn zum elefantenleibigen Rostam, und der Pahlavan war froh, ihn wiederzusehen. Als er ihn so klug und mit klarem Geist vor sich sah, sprach er zu ihm: »Aus dem Geschlecht Sāms, des Löwen, können nur starke und tapfere Männer geboren werden! Wie steht es mit deinen Angelegenheiten beim König von Kāvol? Was sagt man über Rostam aus Zāvol?« Šagād antwortete ihm: »Erinnere mich nicht an den König von Kāvol! Früher zeigte er mir Wohlwollen und lobte mich, wenn er mich sah. Jetzt aber sucht er Streit mit mir, wenn er Wein trinkt! Er erhebt sein Haupt über alle anderen! Er hat mich vor allen Edlen beleidigt, indem er meine niedrige Herkunft offenbart hat. Er hat zu mir gesagt: ›Wie lange soll es noch so gehen mit den Tribut- und Steuerzahlungen? Warum bieten wir Sīstān nicht die Stirn? In Zukunft werde ich nicht mehr sagen, dass er Rostam ist,* denn ich bin nicht geringer als er an Tapferkeit und edler Abstammung!‹ Und er hat auch zu mir gesagt: ›Du bist nicht Zāls Sohn. Und wenn du es sein solltest, so ist Zāl selbst doch nichts!‹ In dieser Weise vor den Edlen behandelt zu werden, erfüllte mein Herz mit Kummer, so dass ich aus Kāvol mit bleichen Wangen zurückgekommen bin.« Als Rostam das hörte, wurde er wütend und sprach: »Niemals bleibt je die Wahrheit verborgen! Mach dir keine Gedanken mehr um ihn und sein Land, denn sein Land sei verflucht und auch seine Krone! Wegen dieser Worte werde ich ihm das Leben nehmen. Seinetwegen will ich seine ganze Familie das Fürchten lehren! Dich aber werde ich glücklich auf seinen Thron setzen, und den Kopf seines Glücks werfe ich in den Staub!«

Er hatte Šagād mit allen Ehren etliche Tage als Gast bei sich, wofür er ihm einen großen Palast zur Verfügung stellte. Aus dem Heere wählte er die tüchtigsten Männer aus, und zwar solche, die sich im Kampf ausgezeichnet hatten. Er befahl ihnen, sich auf den Abmarsch vorzubereiten, um von Zāvol nach Kāvol zu ziehen. Als das Heer ausgerüstet war, wurde auch das Herz des Pahlavan kampfbereit. Da trat Šagād vor den Recken und sprach zu ihm: »Denke nicht an einen Krieg gegen den König von Kāvol, denn wenn ich nur deinen Namen auf Wasser schreiben würde, fände niemand in Kāvol mehr Ruhe und Schlaf! Ich glaube, dass er schon sein Handeln bereut und gegen die Folgen meines Wegreitens bereits ein Mittel gefunden hat. Er wird jetzt viele ausgewählte Edle aus Kāvol schicken, die um Verzeihung bitten sollen.« Darauf antwortete ihm Rostam: »So wird es laufen! Ich brauche deshalb kein Heer gegen Kāvol. Zavāre genügt mir, und dazu hundert edle Ritter und ebenso viele tapfere Recken zu Fuß.«

* D. h.: Ich werde ihn nicht mehr wie einen tapferen Helden preisen.

Als Šagād unter seinem bösen Stern aus der Stadt Kāvol fortgeritten war, hatte sich der König unverzüglich zu dem bewussten Jagdrevier begeben und aus dem Heer besonders befähigte Männer mitgenommen, um die Gruben auszuheben. Im ganzen Gelände wurden unter den Wegen Fallen angelegt. Dann steckte man Jagdspieße mit dem Griff nach unten in den Boden und ebenso auch Lanzen und Kampfschwerter. Nun wurden die Öffnungen der Fallen sorgfältig unsichtbar gemacht, so dass kein Mensch sie sehen konnte, auch nicht das Auge eines Pferdes!

Als Rostam in Eile aufgebrochen war, schickte Šagād einen Reiter auf einem schnellen Pferd los, um dem König zu melden: »Der elefantenleibige Held kommt ohne Heer. Reite ihm entgegen und bitte ihn wegen dieser Angelegenheit um Verzeihung!« Der Herrscher von Kāvol kam aus der Stadt geritten, die Zunge voller Worte, doch das Herz voller Rachegedanken und Gift. Als er Rostam erblickte, stieg er vom Pferd, sobald er ihn sah. Er nahm seine indische Tiara vom Haupt: So kam er mit bloßem Kopf, die Hände auf den Kopf gelegt. Er zog sich auch die Stiefel aus, und vor lauter Wehklagen kamen ihm blutige Tränen unter den Wimpern hervor. Er legte sein Gesicht in den dunklen Staub und bat um Verzeihung für das, was er zu Šagād gesagt hatte: »Wenn sich dein Sklave aus Dummheit betrunken hat und sich in dieser Dummheit hochmütig zeigte, dann ist es deiner würdig, mir diese Schuld zu vergeben und mein gutes Verhältnis zu dir wieder zu erneuern!« Er ging mit nackten Füßen auf ihn zu, den Kopf voller Rachegedanken und das Herz von List erfüllt. Rostam verzieh ihm sein schuldhaftes Verhalten und erhob ihn zu noch größeren Ehren. Er gestattete ihm, sein Haupt zu bedecken und sich die Stiefel wieder anzuziehen. Dann ließ er ihn aufsitzen und losreiten.

Nahe der Stadt Kāvol gab es eine Gegend, durch deren Grün die Herzen erfreut wurden. Wasser und viele Bäume gab es an diesem Ort: Mit Freuden konnte man sich dort niederlassen. Der König ließ viele Speisen herbeibringen und einen Festplatz lieblich schmücken. Man brachte Wein und ließ Musikanten kommen. Der König bat die Edlen, auf fürstlichen Thronsesseln Platz zu nehmen. Nach dem Mahle sprach er zu Rostam: »Wenn du Lust zu einer Jagd verspürst, so habe ich ein Revier inmitten dieser Täler und Berge, wo sich überall Wild in großer Zahl aufhält. Allenthalben sieht man Bergschafe und Gazellen und Wildesel in der Steppe, und jedem, der auf einem schnellen Pferde sitzt, werden sie dort zur Beute. Man sollte an jenem schönen Ort nicht vorüberreiten!« Durch des Königs Worte – über diese Steppe voller Bäche und mit Wildeseln zum Jagen – geriet Rostam in Aufregung.

Wenn einem Menschen sich sein Ende nähert, erscheint ihm aller Schein als Sein! Diese schnell wechselnde Welt treibt es nun einmal so: Sie wird uns ihr Geheimnis nie enthüllen! Das Krokodil im Wasser und der Panther in der Steppe, wie auch der streitbare Löwe mit seinen scharfen Krallen sowie die Mücke und die Ameise: jeder ist in den Krallen des Todes. Hier zu bleiben, ist für niemanden vorgesehen.

Rostam und Zavāre werden in der Falle getötet

Rostam ließ Raxš satteln und Sperber und Jagdfalken in der Steppe bereithalten. Er steckte den königlichen Bogen in den Köcher. Šaġād ritt an seiner Seite, und Zavāre sowie einige der Edlen seiner Umgebung begleiteten den Elefantenleibigen. Während der Jagd teilte sich das Gefolge Rostams auf: Einige ritten in das Gelände, wo die Fallen waren, andere blieben auf festem Boden. Weil das Schicksal es so wollte, ritten Zavāre und Rostam einen Weg entlang, auf welchem eine Falle war. Raxš witterte die frische Erde, die man darüber ausgebreitet hatte: Er krümmte seinen Leib rund wie eine Kugel und versuchte auszubrechen, da er sich vor dem Geruch der Erde fürchtete. Mit seinen Hufen zerstampfte er den Boden. So verhielt er sich, bis er zwischen zwei Fallen geriet: Da ging der schnelle Raxš keinen Schritt weiter! Rostams Herz wurde zornig über Raxš, und das Schicksal verband ihm die Augen des Verstandes. Er nahm eine Gerte und gab ihm einen leichten Schlag: Damit trieb er seinen edlen Raxš an. Nachdem dieser versucht hatte, einen Weg aus den Krallen des Schicksals zu finden, fand er sich zwischen zwei Fallgruben eingeengt, und zwei seiner Beine rutschten in eine Grube hinein: Zu kämpfen und sich zu wehren war nicht möglich! Der Boden der Grube war voller Jagdspieße und scharfer Schwerter. Es war kein Ort für Tapferkeit, und es gab auch keinen Weg zur Flucht! Die Flanken des starken Raxš und Brust und Beine des großen Pahlavan wurden durchbohrt. Doch mit großer Kraftanstrengung konnte Rostam sich freimachen, und der mutige Held zog sich vom Boden der Grube zum Rande hoch.

Als er trotz seiner Verletzungen um sich schaute, sah er das boshafte Gesicht Šagāds. Und da wusste er, dass diese Hinterlist und die Planung von ihm stammten und dass der falsche Šagād sein Feind war. Er sagte zu ihm: »Du elender Verräter, durch dein Handeln wird dieses blühende Land zu einer Wüstenei! Du wirst dieses hier noch bereuen! Wegen deiner bösen Taten sollst du noch Qualen erleiden. Du wirst nicht alt werden!« Und der unselige Šagād antwortete ihm: »Der sich drehende Himmel hat Recht gesprochen über dich. Du hast lange genug Freude gefunden an Blutvergießen, Plünderung und Hinrichtungen im Iran! Der Augenblick ist gekommen, wo dein Schicksal sich vollendet! Durch die Hand der Gefolgsleute Ahremans wirst du den Tod finden!«

In diesem Augenblick kam der König von Kāvol auf dem Wege zur Steppe ins Jagdrevier. Als er den elefantenleibigen Recken so verwundet erblickte und sah, dass dessen Wunden nicht verbunden waren, sprach er zu ihm: »Du Edler des Heeres, was ist dir in diesem Jagdrevier zugestoßen? Ich reite schnell los, um Ärzte zu holen. Wegen deiner Schmerzen vergieße ich blutige Tränen! Mögen deine Wunden wieder heilen, damit ich meine Wangen nicht länger mit Tränen waschen muss!«

Doch Rostam gab ihm zur Antwort: »Du bösartiger, listenreicher Mensch! Die Zeit der Ärzte ist für mich vorbei! Vergieße meinetwegen keine blutigen Tränen! Wie lange du auch lebst: Alles Leben geht zu Ende, und kein Lebewesen wird dabei vom Himmel verschont. Ich habe nicht mehr Ruhm als Ǧamšīd, der von Zahhāk mit einer Säge in der Mitte durchgeschnitten wurde. Und auch nicht mehr als Ferīdūn und Kay Qobād, diese großen Könige aus edlem Geschlecht. Als für Siyāvoš die Zeit gekommen war, hat Gorūy ihm mit einem Dolch die Kehle durchgeschnitten. Alle waren sie Könige des Iran und wütende Löwen im Kampf. Sie sind alle gegangen, und wir sind hier länger geblieben und waren wie wilde Löwen unterwegs. Mein Sohn Farāmarz, mein Augapfel, wird kommen und von dir für mich Rache fordern!«

Dann aber sprach er zum bösen Šagād: »Jetzt, da mir dieses Unheil geschehen ist, ziehe den Bogen aus meinem Köcher. Hol mir meinen Fürsprecher* heraus! Spanne die Sehne und leg ihn mit zwei Pfeilen vor mich hin, denn es darf nicht sein, dass mich ein Löwe dieses Jagdgebiets erblickt und durch ihn dann Unheil über mich kommt! Ich brauche einen Bogen. Er kann mir von Nutzen sein, damit mich nicht ein Löwe bei lebendigem Leibe zerreißt, bevor meine Zeit kommt und ich meinen Körper in den Staub lege.«

* Wörtlich: »Dolmetscher«.

Šagād kam und zog den Bogen aus dem Köcher, passte die Sehne ein und spannte ihn einmal. Dann lachte er und legte ihn vor Rostam, denn er war froh über den Tod seines Bruders. Rostam konnte den Bogen nur unter Schwierigkeiten ergreifen, wobei er durch seine Wunden von Schmerzen gepackt wurde. Šagād bekam vor den Pfeilen seines Bruders große Angst. Er lief hinter einen Baumstamm, um ihn als Schild zu benutzen. Auf der anderen Seite der Grube sah er einen Baum: eine Platane, über die schon viele Jahre hinweggegangen waren. Im Inneren war sie hohl, doch sie trug noch Früchte und Blätter. Hinter ihr versteckte sich der Mann mit der unreinen Seele. Als Rostam das sah, hob er die Hand, obwohl er so verletzt war, und löste den Daumenring vom Pfeil: Baum und Bruder heftete er zusammen, und im Augenblick des Todes leuchtete noch einmal sein Herz auf! Šagād schrie auf, als er getroffen wurde, doch Rostam hatte ihm wenig Zeit gegeben, um seinen Schmerz zu spüren.

Da sprach Rostam: »Gott gebührt Dank, dass ich mein ganzes Leben lang gottesfürchtig gewesen bin und dass er jetzt, wo ich meine Seele aufgebe, für meine Rache nicht eine Nacht hat vergehen lassen und mir Kraft gegeben hat, noch vor meinem Tode an diesem Treulosen Rache zu nehmen.« So sprach er, und seine Seele verließ seinen Körper.

Zavāre starb in einer anderen Grube, und keiner der Ritter unter den Großen und Kleinen blieb am Leben, außer einem der Edlen, der teils zu Fuß und teils zu Pferd entfliehen konnte. Als er nach Zāvolestān kam, berichtete er, dass der wilde Elefant ein Gefährte des Erdenstaubs geworden war, und ebenso auch Zavāre und sein Gefolge: Kein Ritter war der Arglist der Feinde entkommen!

Aus Zāvolestān erhob sich lautes Klagegeschrei über die Feinde und den König von Kāvolestān. Zāl streute sich Staub über den Nacken und zerkratzte sich Gesicht und

Brust. Und dann sprach er: »Welch ein Jammer um dich, du elefantenleibiger Recke! Ich wünschte, mein Leib wäre nur noch mit einem Totenhemd bedeckt! Und dann Zavāre, der stolze Held und mutige Drache, der ein so berühmter Löwe war: Šagād, dieser Verfluchte und Unselige, hat den königlichen Baum mit der Wurzel ausgerissen! Wer hätte gedacht, dass in diesem Lande ein elender Fuchs Rachepläne gegen einen Elefanten haben könnte! Wer kann sich an ein solches Schicksal erinnern? Wer würde seinem Lehrer Gehör schenken und glauben, dass ein Mann wie Rostam noch vor einem alten Mann, der schon dem Staub ähnlich ist,* durch die Worte eines Fuchses sein Ende findet! Warum bin ich nicht elendig vor ihnen gestorben! Warum bin ich mit der Erinnerung an sie in dieser Welt zurückgeblieben! Wozu brauche ich das Leben und den Thron! Wozu brauche ich Schlaf und Lagerstatt! O du Held, du Löwenbezwinger! O du Recke, du Fürst! O du Mutiger, Tapferer, Stolzer!«

Dann schickte er sofort Farāmarz mit einem Heer los, um Krieg gegen den König von Kāvol zu führen, die Körper der Toten aus den Gruben zu überführen und der Welt einen Grund zum Klagen zu geben. Als Farāmarz vor Kāvol eintraf, sah er keinen der Edlen in der Stadt. Sie waren alle geflohen, und die Stadt weinte: Aus Kummer über den Tod des Welteneroberers waren alle voller Schmerz.

Farāmarz kam in jenes Jagdrevier, dorthin, wo die Fallen ausgehoben waren. Man brachte viele Traghölzer für die Sänfte herbei, und auf die Sänfte ließ er den schönen Baum** legen. Er öffnete dessen Pahlavanen-Gürtel und zog ihm das königliche Gewand aus. Zuerst wusch man ihm ganz sanft von Brust und Gliedern und Bart und Leib das noch warme Blut ab. Dann wurden Ambra und Safran

* Zāl spricht hier von sich selbst.

** Rostams Körper.

vor ihm verbrannt, und seine Wunden wurden mit Goldfäden vernäht. Farāmarz goss Rosenwasser über Rostams Haupt und bestrich dessen Körper mit reinem Kampfer. Der Leib Rostams wurde in Seidenbrokat gewickelt. Dann wurden Rosen, Moschus und Wein herbeigebracht. Der Totenkleid-Näher weinte blutige Tränen über dem Toten, während er dessen Bart kämmte, der so weiß wie Kampfer war. Für den Leib waren zwei Betten nicht groß genug: War das nun ein menschlicher Körper oder ein schattenspendender Baum? Aus dem Holz der Teakeiche machte man ihm einen schönen Sarg, mit goldenen Nägeln und mit Figuren aus Elfenbein verziert. Alle Fugen wurden mit Pech ausgefüllt, und über dieses Pech strich man Moschus und Aloe.

Auch Rostams Bruder ließ er aus der Grube herausholen und waschen und über ihm Tuche ausbreiten. Moschus, Kampfer und klares Rosenwasser ließ er über Zavāres Leib in dessen letzter Ruhestätte ausstreuen. Dann zog man Raxš' Körper aus der Grube und vernähte all seine Wunden. Man wusch ihn auch und machte ihm ein Leichentuch aus Seidenbrokat. Daraufhin wurde der Stamm einer Ulme ausgesucht, und tüchtige Zimmerleute begaben sich dahin und schnitten daraus große Bretter. Zwei Tage dauerte diese Arbeit, dann lud man Raxš' Leib auf einen Elefanten.

Und nun wurde die Erde von Kāvolestān bis nach Zāvolestān ein Land des lauten Klagens! Männer und Frauen standen am Wege, so dass nicht einmal ein Fuß noch Platz gefunden hätte. Die beiden Särge wurden von Hand zu Hand weitergereicht: Da so viele sie trugen, schienen sie leicht wie Luft. Nach zwei Tagen und einer Nacht kam man nach Zāvol, ohne dass man die Särge auch nur einen Augenblick auf dem Boden gesehen hätte! Die Welt war voller Wehklagen vor Kummer über Rostam. Es war, als ob die ganze Ebene kochte. In diesem Lärm konnte niemand mehr die Stimmen der anderen unterscheiden. Das ganze Land weinte, und sonst war Schweigen.

In seinem Garten errichtete man ihm ein Grabmal, so groß, dass sich seine Spitze bis zu den Wolken erhob. Zwei goldene Ruhebetten stellte man darin nebeneinander, worauf der ruhmreiche Held niedergelegt wurde. Jeder der Diener, der Freien und der wohlgesonnenen Sklaven mischte Moschus mit Rosen und schüttete dieses über die Füße des elefantenleibigen Recken, wobei alle riefen: »O du Edler, warum willst du Gaben aus Moschus und Ambra? Königtum und Feste willst du nicht mehr! Den Babr-e Bayān legst du nicht mehr an im Kampf! Nun verteilst du keine goldenen Schätze mehr. Zweifellos hältst du das jetzt für verachtenswert. Sei nun froh im Paradies, denn Gott hat dich aus Gerechtigkeit und Tapferkeit geschaffen!«

Man schloss die Tür des Grabmals, und alle gingen fort, und dieser berühmte, stolze Löwe war nicht mehr. Was erwartest du von dieser vergänglichen Herberge, deren Beginn aus Qualen besteht und deren Ende auch Qualen sind? Selbst wenn du ganz aus Eisen wärest, würdest du doch zu Staub werden, ob du nun Gott verehrt hast oder Ahreman! Wende dich dem Guten zu, solange du lebst, auf dass du im Jenseits deine Wünsche erfüllt findest!

Farāmarz fordert Rache vom König von Kāvol

Als Farāmarz die Trauer um Rostam vollendet hatte, führte er sein Heer ins Feld. Er öffnete die Tür zu Rostams Palast und rüstete das Heer aus der Schatzkammer seines Vaters aus. In der Morgendämmerung ertönten Trompeten und bronzene Pauken und indische Schellen. Ein Heer zog von Zāvol nach Kāvol, so groß, dass die Sonne von der Erde aus nicht mehr zu sehen war. Der König von Kāvolestān erfuhr vom Heranrücken der Edlen aus Zāvolestān. Er ließ sein im Lande zerstreutes Heer sich sammeln: Der Erdboden wurde zu Eisen, und die Luft verdunkelte sich. Farāmarz zog ihm mit seinem Heer entgegen, so dass das Licht von Sonne und Mond verschwand. Als dann die beiden Heere einander gegenüber standen, füllte sich die Welt mit Kriegsgeschrei. Aus Angst vor der großen Zahl der Elefanten und dem Staub, den das Heer aufwirbelte, verirrten sich die Löwen in den Wäldern! Ein Sturmwind erhob sich, und dunkler Staub, und Himmel und Erde waren nicht mehr zu unterscheiden!

Farāmarz kam vor das Heer geritten. Er wandte seine Augen nicht vom Gesicht des Königs. Als von beiden Heeren der Lärm der Pauken ertönte und die Krieger ungeduldig wurden, warf sich Farāmarz mit einer kleinen Schar mitten ins feindliche Heer: Die Luft verdunkelte sich durch den Staub der Reiter, und der Herrscher von Kāvol war gefangen! Da wurde das große Heer auseinander getrieben. Die edlen Recken Irans legten sich wie Wölfe von allen Seiten aus in den Hinterhalt und verfolgten die feindlichen Truppen. Sie töteten viele der indischen Helden und auch manche der stolzen Edlen aus Send. Wie wurde da der Staub des Schlachtfeldes zu Lehm!* Und wie wurde das Heer aus Indien und Send auseinander getrieben! Die Feinde verzichteten darauf, für ihr Land und ihr Haus zu kämpfen, und ließen ihre Frauen und die kleinen Kinder im Stich!

Man warf den König von Kāvol mit blutverschmiertem Leib in einen Turm auf dem Rücken eines Elefanten, und dann brachte ihn das Heer ins Jagdrevier zu dem Ort, wo man die Gruben gegraben hatte. Farāmarz ließ seinen Feind mit gefesselten Händen dorthin bringen, zusammen mit

* Durch das vergossene Blut.

vierzig seiner Verwandten, alles Götzenanbeter. Vom Rücken des Königs ließ er einen Streifen Fleisch abziehen, so dass man seine Knochen und Sehnen sehen konnte. Dann hängte man ihn mit dem Kopf nach unten über der Grube auf, den Leib voller Staub und den Mund voll Blut. Die vierzig Angehörigen des Königs aber ließ er verbrennen, und dann begab er sich zu Šaġād. Ein Feuer wurde entfacht, hoch wie ein Berg: Šaġād und die Platane und der Erdboden drumherum verbrannten. Als dann das Heer nach Zāvolestān zog, ließ er Šaġāds Asche zu Zāl Dastān bringen. Nachdem Farāmarz die Tage des Tyrannen beendet hatte, machte er in Kāvol einen Edlen aus Danbar zum König. Aus der Familie des toten Königs blieb keiner, der sich ihm nicht unterwarf! Er verließ Kāvol voller Kummer und Trauer: Die leuchtenden Tage hatten sich für ihn verdunkelt. Ganz Zāvolestān und Bost war voller Wehklagen, und niemand trug ein Kleidungsstück auf dem Leib, das nicht zerrissen war. Sie gingen Farāmarz entgegen: Sie kamen mit zerkratzter Brust und voller Trauer. Ein Jahr lang herrschte Trauer in Sīstān, und alle trugen schwarze und dunkle Kleidung.

Rūdābe trauert um ihren Sohn

Eines Tages sprach Rūdābe zu Zāl: »Du solltest deinen Kummer und den Schmerz um Rostam zeigen!* Denn solange die Sonne die Welt erleuchtet, hat es noch keinen Tag gegeben, der finsterer war als der Tag seines Todes!« Zāl antwortete ihr darauf: »Ach Frau, du hast wenig Verstand. Der Kummer über den Hunger wäre noch größer als der Kummer um Rostam!« Da wurde Rūdābe zornig, und sie

* Nämlich durch Fasten.

schwor: »Nie wieder soll mein Leib Schlaf und Speise erhalten. Vielleicht wird dann meine Seele die Seele des elefantenleibigen Helden in der Versammlung der Toten wiederfinden!«

Eine Woche lang enthielt sie sich jeder Speise, um in ihrem Herzen mit der Seele Rostams geheime Zwiesprache zu halten. Aber durch ihr Hungern verdunkelten sich ihre Augen, und ihr tapferer Leib wurde schwach. Wohin sie auch ging: Immer gingen einige Dienerinnen mit ihr, aus Angst, sie könne Schaden nehmen. Am Ende einer Woche entfernte sich ihr Verstand, und im Wahnsinn wollte sie sich in ihrer Trauer ein Festmahl bereiten. So ging sie zur Schlafenszeit in die Küche, wo sie eine tote Schlange im Wasser liegen sah. Sie streckte die Hand danach aus und ergriff in geistiger Abwesenheit den Kopf der Schlange. Sie wollte diese Schlange gerade verzehren, als eine Dienerin Rūdābe die Schlange aus der Hand riss und sie in den Arm nahm. Dann brachte man sie von diesem unreinen Ort weg und führte sie in ihre Wohnräume im Palast. Man ließ sie sich an ihren Platz setzen. Dann wurde ein Tisch herbeigebracht und Speisen angerichtet. Sie aß von allem, bis sie gesättigt war. Daraufhin breitete man unter ihr eine weiche Decke aus, und sie schlief ein und ruhte sich aus von Trauer und Schmerz, vom Kummer über den Tod und von den Sorgen um ihr Hab und Gut. Als sie aufwachte, verlangte sie erneut zu essen, und man brachte ihr viele verschiedene Gerichte. Und als dann ihr Verstand zurückgekehrt war, sprach sie zu Zāl: »Deine Worte gingen Hand in Hand mit der Vernunft: Wer weder Speise noch Schlaf bekommt, kann Kummer und Tod nicht von Festmahlen und Feiern unterscheiden! Er ist von uns gegangen, und wir werden ihm folgen: Wir müssen Vertrauen haben in die Gerechtigkeit Gottes!«

Alles, was sie an verborgenen Schätzen besaß, gab sie den

Armen und betete zum Weltenschöpfer: »O du, der du größer bist als der Ruhm und der du über allem stehst, reinige Rostams Seele von allen Sünden! Gib ihm im Jenseits einen Platz in deinem Paradies! Lass ihn die Früchte der Saat ernten, die er hier gesät hat!«

Anhang

Glossar

Afrāsiyāb der König von Turan und Erzfeind der Iraner (→ *Kayāniden*). Sohn von Pašang, der seinerseits von Tūr, dem Sohn Ferīdūns, abstammt. Er ist u. a. Vater der Farangīs (der Frau des Siyāvoš) und der Manīže (der Freundin und späteren Frau Bīžans). Ursprünglich ist er ein iranischer Fürst, der als *Franrasyan* bereits im *Avesta* erscheint. Die Legende hat ihn nach dem Eindringen türkischer Stämme in den Nordosten Irans zu einem Türken gemacht. So stellt ihn auch Ferdausi dar. Afrāsiyāb hat versucht, das *farr* (das von den Göttern heruntergereichte Charisma der Majestät) der iranischen Könige für sich zu erringen. Nachdem er den persischen Königssohn und Thronfolger Siyāvoš hat ermorden lassen, wurde er nach unendlich langen Kämpfen schließlich durch Kay Xosrau vernichtet (→ *Turan*).

Ahreman im Glauben der alten Iraner ursprünglich das Prinzip des Bösen, der Dunkelheit, im Kampf gegen Ahura Mazda (später → *Ōrmozd*), der das Prinzip des Guten verkörpert. Ahreman ist mit Vorbehalten in etwa dem Teufel der christlichen Lehre vergleichbar.

Ahvāz eine Stadt am Persischen Golf.

Alborz Name eines Gebirges. Schon das *Avesta* berichtet von einem mythologischen Gebirge dieses Namens, das u. a. Sitz und Opferplatz verschiedener Götter war; ein Ort voller Legenden. Das Alborz des *Schāhnāme* ist nicht mit dem heutigen Alborz-Gebirge identisch, sondern es lag für Ferdausi in Indien: Es ist Wohnort des Sīmorg; Rostam holte von dort Kay Qobād als neuen König in den Iran.

Āmol wohl mit einer Stadt in Māzandarān im Nordosten des heutigen Iran identisch.

Ardašīr Gründer der Dynastie der Sasaniden. Wie sein Geburtsjahr ist seine Herkunft unsicher, sie wird u. a. auf Dārā (den Achämenidenkönig Darius III.) zurückgeführt, um Thronansprüche zu legitimieren. Er starb 242 n. Chr.

Arǧāsp König von Turan, Enkel des Afrāsiyāb.

Arkturus der hellste Stern im Sternbild des Bootes (griech., ›Bärenhüter‹).

Aržang ein böser Dīv in Māzandarān.

Avesta Sammlung aller Schriften der zarathustrischen Religion.

Āzargošasp ein Engel der iranischen Mythologie. Er ist der Wächter des Feuers und dient deshalb zu Vergleichen mit allem, was strahlt. Auch seine Schnelligkeit wird in sprachlichen Bildern gerne erwähnt.

Babr-e Bayān feuerfeste, wasserdichte und gegen Waffen unempfindliche Kampfeskleidung Rostams; ein Überwurf aus Pantherfell. Im Kampf trug Rostam auf dem Leib ein Waffenhemd aus einem leichten Kettenpanzer; darüber einen dicken Panzer aus eisernen Platten und darüber den Babr-e Bayān. Große Helden müssen immer Drachen aller Art töten, um ihre Größe und Kraft zu beweisen, und das Fell Babr-e Bayān ist wohl nichts anderes als ein solches Drachenfell der alten Legenden. Eine dieser Legenden berichtet, dass Rostam bei dem Ort Bayān in Indien einen Drachen erschlagen und sich aus dessen Fell einen Umhang gemacht hat. Ähnlich trug Herkules in der griechischen Mythologie das Fell des von ihm erlegten Nemeïschen Löwen.

Bahman Sohn Esfandiyārs; später König des Iran.

Bahrām ein edler Iraner; Sohn von Gūdarz.

Balx Stadt im Norden des heutigen Afghanistan.

Bārmān turanischer Krieger; Verwandter des Königs Afrāsiyāb; einer der Feldherren und Mitstreiter Sohrābs.

Barzīn Name von zwei Feuertempeln der Zarathustrier.

Bīsotūn ein durch eine Inschrift des Königs Šāpūr berühmter Berg im Westen des Iran.

Bīžan iranischer Edler; Sohn des Gīv.

Bost bedeutende Stadt des Altertums in Sīstān, im Südwesten des heutigen Afghanistan.

Čāč, Čāğ Land und Stadt im Gebiet des heutigen Taschkent; berühmt wegen der dort hergestellten Bögen.

Čīn hier mit »China« übersetzt; ein Land nördlich von Indien, das nicht mit dem heutigen China identisch, sondern vielleicht mit dem alten Xotān zu identifizieren ist.

Dāmgān Name einer Stadt im Grenzgebiet zu Turan.

Danbar Stadt und Landschaft in Indien.

Dastān einer der Namen Zāls, der so viel wie »List, Betrug« bedeutet, weil er über seine Verbindung zum Sīmorg noch den Zauber der alten Religion beherrscht.

Dehqān ein Landedelmann. Ferdausi war selber Dehqān, kannte das ländliche Leben und hatte so eine natürliche, lebendige Beziehung zur Natur. Besonders die Dehqāne hatten in der Zeit nach der arabischen Eroberung die iranischen Legenden und Traditionen bewahrt.

Dīv böser Geist. Ein Dämon, der abstoßend aussieht und den Menschen feindlich ist. Dīve werden verschiedentlich als »verkehrt« oder »unselig« bezeichnet, da sie absichtlich das Gegenteil von dem tun, was sie tun sollen.

Elefantenleib → Pīltan

Esfandiyār Sohn des Königs Goštāsp; von Rostam im Zweikampf getötet.

Esprūz Name eines nicht zu identifizierenden Berges östlich des Iran.

Fagdez ein Land in Turan.

Fangschnur oft eine Metapher für langes Haar. Die gerollten Enden der Locken erinnern an ein Lasso und dienen dazu, den Geliebten einzufangen.

Faqfūr der Kaiser von China. Das aus dem Persischen stammende Wort bedeutet »Sohn Gottes«.

Farāmarz Sohn Rostams.

Farīborz Sohn von König Kā'ūs.

Farsang Wegemaß. Entspricht etwa der Strecke, die bei einem einstündigen Ritt zu Pferde in normalem Reisetempo zurückgelegt wird, also etwa 6 Kilometern.

Farvardīn ein Monat des iranischen Sonnenjahres. Er beginnt am 21. März mit Nourūz, dem Neujahrsfest.

Fee → Parī

Ferīdūn iranischer König; Urgroßvater von König Manūčehr, Vater von Tūr, Salm und Īrağ.

Gahān ein Land in Turan.

Garsīvaz Bruder des Afrāsiyāb; verantwortlich für den Mord an Siyāvoš.

Garšāsp legendärer persischer König, der schon im *Avesta* als *Keresāspa* genannt wird. Er ist der Großvater Sāms, der wiederum Rostams Großvater war. Rostam stammt damit in der Legende aus königlichem persischen Geschlecht.

Gayomars mythischer Ahnherr der persischen Könige und gleichzeitig der erste Mensch in der altiranischen Mythologie. Er begründete die Vorstellung von der unantastbaren Würde des Königs (avestisch: *khvarenah*; in Pahlavi: *farr*) und seiner Rolle in der Gesellschaft.

Gaždaham Befehlshaber der *Weißen Burg* der Iraner; Vater von Gordāfrīd.

Gazna, Gaznīn Stadt in der Nähe von Kabul.

Gīv ein iranischer Edler; Sohn des Gūdarz und Vater von Bīžan, Schwiegersohn Rostams.

Götze oft verwendet im Sinne von »die Anzubetende«, also die schöne Frau.

Golzarriyūn ein Fluss und ein Land in Turan nördlich des Ǧayhūn, im heutigen Tadschikistan.

Gorāz, Gorāze iranischer Edler aus der Familie des Gīv. Sein Name bedeutet »Eber«, worauf in Wortspielen hingewiesen wird.

Gorazm ein Halbbruder Esfandiyārs, der gegen ihn am Hofe intrigiert.

Gordāfrīd eine iranische Kriegerin, die gegen Sohrāb kämpft.

Gorgīn ein iranischer Edler.

Gorgsārān wörtl. ›Wolfsköpfe‹; ein sagenhaftes Land und deren Bewohner.

Gorūy Zere turanischer Held, Bruder des Königs Afrāsiyāb; berühmt-berüchtigt als Mörder von Siyāvoš.

Gostaham ein iranischer Edler.

Goštāsp Sohn des Lohrāsp. Iranischer König, der als erster Herrscher den Glauben Zarathustras angenommen hatte und diesen in seinem Lande verbreiten ließ.

Granatapfel, Granatapfelblüten vielfach in der persischen Dichtung verwendete Metaphern für den Busen und die frische rote Farbe des Gesichtes.

Gūdarz ein iranischer Edler; Berater des Königs; Vater von Gīv.

Gürtel Symbol für den Dienst beim König. »Sich gürten« bedeutet, sich für diesen Dienst bereitzumachen.

Ǧāmāsp Ratgeber des Königs Goštāsp.

Ǧamšīd, Ǧam berühmtester König der persischen Mythologie; Enkel Hūšangs. Er stammt als König Jima aus gemeinsamer indo-iranischer Tradition. Unter ihm blüht die Welt auf, doch am Ende versündigt er sich gegen Gott, indem er sich selbst für den höchsten Herrscher hält. Daraufhin nimmt Gott ihm seine Königswürde, das Charisma des Königtums. Er stirbt, ohne Gottes Gnade wiedererlangt zu haben, und bereitet so die böse Herrschaft → *Zahhāks* über den Iran vor.

Ǧayhūn vielfach umkämpfter Grenzfluss zwischen Iran

und Turan; in klassischer Zeit Oxus genannt, heute: Amu-Darja. Er fließt zwischen dem heutigen Turkmenistan und Usbekistan in den Aralsee.

Hamāvan ein Berg im Nordosten des Iran.

Hāmāvarān persische Form des Namens vom Land Hamūr, das mit dem Jemen identisch ist. Kā'ūs heiratete Sūdābe, die Tochter des Königs dieses Landes, nachdem er ihn besiegt hatte.

Hīrmand Fluss zwischen Iran und Kāvolestān.

Hoǧīr iranischer Krieger; Sohn des Gūdarz, den Sohrāb beim Kampf um die Weiße Burg gefangen nimmt.

Homāy Riesenvogel der persischen Mythologie.

Hūmān Heerführer der Turaner; Bruder Pīrāns.

Hūšang König der persischen Mythologie; der erste König der Iranier; Enkel des Gayomars. Er gab den Menschen die ersten Gesetze und begründete das Staatswesen. Er entdeckte die Metalle und die Kunst, Feuer zu machen. Auf ihn führt auch die Familie Rostams ihre Herkunft zurück. Dieser jahrtausendealte Name wird im *Avesta Haoschyanha* geschrieben.

Iblīs eine dem Teufel vergleichbare Gestalt arabischer Legende.

Īraǧ Sohn Ferīdūns; von seinen Brüdern aus Neid und Eifersucht erschlagen.

Jemen ein Land, das in den Legenden und Mythen nicht immer mit dem heutigen Jemen identisch ist. König Sarv vom Jemen ist bei Ferdausi Schwiegervater der drei Söhne Feridūns.

Kāmūs von Kašan ein königlicher Vasall Afrāsiyābs; von Rostam erschlagen.

Kang eine Stadt in Turan. Afrāsiyābs Residenz.

Karīmān ein Beiname → *Narīmāns* mit der Bedeutung »der Freigebige«.

Kašaf im *Schāhnāme* ein legendärer Fluss, an welchem ein

Drache hauste, den Sām erschlug. Er befand sich für Ferdausi vielleicht im legendären Māzandarān.

Kašān ein Gebiet in Turkistan.

Katāyūn Tochter des Kaisers von Byzanz; Frau von König Goštāsp und Mutter Esfandiyārs.

Kāve berühmter Schmied, der den Aufstand der Iraner gegen die grausame Herrschaft des → *Zahhāk* einleitete. Er befestigte seine Lederschürze an einer Stange als Fahne, woraus das Banner der persischen Könige entstand. Kāve war Vater von drei Söhnen: Qobād, Qāren und Kešvād. Letzterer war Vater von Gūdarz, dem Vater von Gīv.

Kāvol die heutige Stadt Kabul; entsprechend dazu heißt das Land *Kāvolestān*.

Kay Kā'ūs legendärer persischer König, der sich u. a. durch seine Launenhaftigkeit und sein sehr eigenwilliges Handeln auszeichnet. Er tut viele unsinnige Dinge, ohne dabei seinen Verstand genügend einzusetzen.

Kay Qobād legendärer persischer König, der erste der Kayāniden. Er war Vater und Vorgänger von Kay Kā'ūs. Rostam verhalf ihm zum Thron und trug seitdem den Beinamen »Kronenverteiler«.

Kayāniden legendäres Geschlecht persischer Könige, welche die alten mythischen Helden ablösen. Zu ihnen gehören Goštāsp (der den Zarathustrismus im Iran einführte), Kay Kā'ūs und Kay Xosrau. Nach dem *Avesta* sind sie im Besitz der göttlichen Gnade (*khvarenah*; *farr*), die aber auch der König von Turan (der bei Ferdausi *Afrāsiyāb* geschrieben wird) für sich beansprucht.

Kešvād Vater des Gūdarz.

Kronenverteiler Rostam wurde u. a. *tāğ baxš*, also »Kronenverteiler«, genannt, weil er Kay Qobād, dem Vorgänger von Kay Kā'ūs, zur Krone verhalf. Rostam hatte damit verhindert, dass der Turaner Afrāsiyāb den iranischen Thron bestieg.

Māčīn ein Gebiet nordöstlich des Iran, das → *Čīn* und Xotān umfasst haben muss.

Magier die Priester der Zarathustrier.

Manūčehr iranischer König; Enkel des von seinen Brüdern ermordeten Īrağ und Urenkel Ferīdūns.

Marv Stadt im Nordosten des alten Iran; heute: Mary in Turkmenistan.

Māy Stadt und Landschaft nordöstlich vom Iran in Turkistan.

Māzandarān heute eine Landschaft im Norden Irans; für Ferdausi eine nicht genau lokalisierbare unheimliche, von feindlichen Dīven bewohnte Gegend mythisch-dämonischen Charakters; ein Land der Hexen und Teufel. Die Identifizierung und Lokalisierung des Māzandarān bei Ferdausi ist umstritten, doch handelt es sich dabei sehr wahrscheinlich um das heutige Indien.

Mehrāb König von Kāvolestān; ein Inder mit Schamanen-Glauben; in den Augen der Zarathustrier ein Heide. Er stammt von Zahhāk ab.

Mobad Vertreter des Klerus der Zarathustrier in vorislamischer Zeit; oft Ratgeber der iranischen Könige.

Nahang »das Krokodil«; der Name von Rostams Schwert.

Narīmān, Nayram Sohn des Garšāsp und Sāms Vater; als *Nairimana* schon im *Avesta* genannt. Der Name wird bei Ferdausi oft dem Namen Sāms wie ein Familienname hinzugefügt, ist aber ursprünglich im *Avesta* wie auch *Sām* ein Beiname des Königs Garšāsp (avestisch *Keresāspa*). Diese Beinamen sind im Laufe der Zeit bei der Darstellung der mythologischen Abläufe zu Namen für einen Sohn (Narīmān) und einen Enkel (Sām) Garšāsps verwendet worden.

Nārvan ein großes Waldgebiet auf dem Wege nach oder in Māzandarān.

Navand Ort im Iran, wo einer der Feuertempel der Zarathustrier stand.

Nil u. a. Sinnbild der Fülle, der Freigebigkeit, des Großmutes.

Nīmrūz der Süden des Iran, entsprechend dem Lande → *Sīstān*.

Nourūz Frühlingsbeginn im persischen Kalender.

Nūš Āzar Name eines Feuertempels der Zarathustrier; auch Name eines der Söhne Esfandiyārs.

Nūzar ein iranischer König der Legende; Sohn Manūčehrs und Vater von Tūs.

Ōrmozd der Gott der Zarathustrier; im *Avesta Ahūra Mazda*.

Pahlavan, Weltpahlavan ursprünglich (von »Parther« abgeleitet) ein Fürst, der in hohem Ansehen stand, dann allgemein ›Held, Recke‹. Es zeigt sich hier, dass die sasanidische Kultur stark parthisch gefärbt ist. Der Pahlavan Sām z. B. war in der Legende ursprünglich ein Parther-Held.

Parī ursprünglich eine Zauberin und Hexe, die sich – um zu verführen – ein schönes Gesicht aufsetzt. Bei Ferdausi sind es vor allem schöne Feen; daher ist »Feengesicht« (*parīčehr*) gleichbedeutend mit »schönes Gesicht«. Parīs können sich auf Grund ihrer Zauberkräfte sehr schnell fortbewegen.

Pārs Stammland des Iran; heute: Fārs.

Pašūtan Bruder Esfandiyārs und Sohn des Goštāsp.

Pīlsam turanischer Edler; jüngerer Bruder Pīrāns.

Pīltan »der Elefantenleibige«; Beiname Rostams.

Pīrān turanischer Edler; Onkel und Vertrauter des Königs Afrāsiyāb und Vater einer der beiden Frauen von Siyāvoš; ein Mann mit guten Charaktereigenschaften, edel und klug.

Qağqārbāšī eine Stadt in Turan.

Qahtān-Wüste Name einer Wüste im legendären Jemen.

Qandahār Stadt im heutigen Afghanistan.

Qannūǧ eine Stadt auf dem Weg vom Iran nach Indien.

Qāren iranischer Edler und Heerführer Manūčehrs; einer der Söhne des Schmieds Kāve.

Qobād → *Kay Qobād*

Raxš Rostams Pferd. Ein entsprechend seinem Reiter sehr großes und starkes Tier; war für Rostam oft so etwas wie ein Freund. Es wurde oft »der strahlende Raxš« genannt (im persischen Original ein Wortspiel mit *Raxš* und *roxšān* ›leuchtend, glänzend‹).

Rāy eine Stadt in der Nähe des heutigen Teheran, das damals noch nicht existierte. Die Lokalisierung des alten Rāy ist umstritten. Der Ort ist schon im *Avesta* als *Raga* genannt. Die Mutter Zarathustras soll aus diesem Ort stammen.

Rohhām iranischer Edler; Sohn des Gūdarz.

Rostam der berühmteste iranische Held; auch »Tahamtan«, »Pīltan«, »Raxš' Herr«, »Kronenverteiler«, »Held mit der schnellen Hand« u. a. genannt. Er ist Zāls Sohn, hat einen Halbbruder, Šagād, und zwei Söhne, Sohrāb und Farāmarz.

Rūdābe Zāls Frau und Rostams Mutter; Tochter des Königs Mehrāb von Kāvol.

Rū'īndez »die eherne Festung« des turanischen Königs Arǧāsp, die Esfandiyār mit Pašūtan und seinen Truppen unter großen Mühen für seinen königlichen Vater Goštāsp erobert hat. Sie stand wahrscheinlich dort, wo heute Buchara liegt.

Rūm Byzanz bzw. Konstantinopel (Hauptstadt des oströmischen Reiches). Die in der Türkei lebenden Griechen nennen sich heute noch *Romai.*

Salm ältester Sohn des Königs Ferīdūn.

Sām mit dem Vaternamen → *Narīmān* bzw. *Nayram*; Vater Zāls und Großvater Rostams. In der Mythologie ursprünglich ein Pahlavi-Held; Unterkönig und Heerführer unter König Manūčehr, Herr über Sīstān. Einer seiner Beinamen ist »der Ritter«.

Samangān Stadt und Königreich im Grenzgebiet Turans zu Sīstān.

Sandarak ein gelber Farbstoff, der aus dem Harz der Sandarak-Zypresse gewonnen wird. Das Wort wird oft in Vergleichen verwendet, z. B. um die Blässe eines Gesichtes zu beschreiben.

Saqlāb eine Landschaft, vielleicht im heutigen Kirgisien.

Sarūš der Engel, der Gott als Bote dient.

Sasaniden Name des letzten persischen Königshauses vor der arabischen Eroberung, Regierungszeit 224–651 n. Chr.

Send, Sind (Sindh) ein nicht mehr genau zu lokalisierendes Land östlich des alten Iran, das auch einen Teil des heutigen Pakistan umfasste.

Sepanǧāb, Sepīǧāb ein dem → *Turan* tributpflichtiges Land.

Siegel eines der wichtigsten Symbole königlicher Macht.

Sīmorg Riesenvogel. Im *Avesta* ein Gott, der für die Heilkunst zuständig war, kraft derer er auch Rūdābe und Rostam helfen kann. Bei Ferdausi ist dieser alte Gott aber zu einem Vogel geworden, dessen Handlungen Gott lenkt. In der vorliegenden Übersetzung wird er durchgehend als männlich bezeichnet, in anderen Bearbeitungen manchmal aber auch als weiblich dargestellt.

Sīndoxt Frau des Königs Mehrāb und Mutter von Rūdābe.

Sīstān ein Gebiet im Osten und Südosten des heutigen Iran. Es entspricht dem Zāvolestān (→ *Zāvol*), dem Stammland Sāms. Der Name entstand aus *Sagastān* (»Land der Saker«, einem Stamme der aus dem Norden zugewanderten Skythen) und wird auch → *Nīmrūz* genannt. Aus *Sagastān* bildet sich *Sagzī*, wie Rostam von

Feinden verächtlich genannt wird (unter Anspielung auf *sag* ›der Hund‹).

Siyāvoš Sohn des Königs Kā'ūs; von den Turanern brutal ermordet. Sein Tod gab den Anlass zu einer langen Reihe von Kriegen zwischen dem Iran und Turan. Im *Avesta* wird sein Name *Syāwaršan* geschrieben.

Sohrāb Rostams und Tahmines Sohn. Weil sich nach seiner Geburt sein Gesicht rötete, als er lächelte, gab ihm seine Mutter diesen Namen, der nach Justi (*Iranisches Namensbuch*; s. Literaturhinweise) »roten Glanz habend« (wie Rubin oder Wein) bedeutet.

Sūdābe Ehefrau von Kay Kā'ūs; Tochter des Königs von Hāmāvarān.

Šahd Name eines Flusses im Norden des Iran südlich des Ǧayhūn.

Šangol ein indischer König. Verbündeter Afrāsiyābs im Kampf gegen die Iraner.

Šagād unehelicher Halbbruder Rostams.

Šekan ein Land in Turan.

Šīde Sohn des turanischen Königs Afrāsiyāb.

Tahamtan Beiname Rostams (»mit großem Körper«).

Tahmīne Tochter des Königs von Samangān und Mutter Sohrābs.

Tarāz Ort in Turkistan; berühmt durch die Bögen, die dort gefertigt wurden. Mit diesen Bögen werden gerne die Augenbrauen schöner Mädchen verglichen. Die Mädchen aus Tarāz waren für ihre Schönheit bekannt.

Türkis der blaugrüne Edelstein der persischen Könige, auch die Farbe des Siegers. Nur der König und seine Unterkönige durften einen Thron und eine Krone haben, die mit Türkisen besetzt waren.

Tūr Sohn des Königs Ferīdūn. Nach ihm wurde das Land Turan benannt. Von ihm stammt u. a. auch Afrāsiyāb ab.

Turan Gebiet im Nordosten des Iran; Heimat der Erzfeinde der Iraner. Die Turaner werden im Iran seit dem 7. Jahrhundert oft mit den Türken gleichgesetzt und als solche bezeichnet, so auch von Ferdausi unter dem Eindruck türkischer Invasionen in islamischer Zeit. Entsprechend haben einige der turanischen Helden türkische Namen, da die zeitgenössischen türkischen Historiographen sie sehr früh als türkische Helden dargestellt haben. Diese Namen sind dann auch in die iranischen Afrāsiyāb-Legenden eingegangen.

Tūs Sohn des Königs Nūzar. Auch Name einer Stadt im Nordosten des Iran, nordwestlich von Mašhad. Ferdausi wurde in der Nähe von Tūs geboren.

Vahr ein Land in Turan.

Xallox Stadt im Nordosten des alten Iran, im heutigen Afghanistan (an der Grenze nach Turkistan), die für ihre schönen Mädchen berühmt war.

Xazrā-Schatz einer der über das Land verteilten Schätze der iranischen Könige.

Zahhāk ein iranischer König; Prototyp jeglicher Tyrannei und Fremdherrschaft. Nach der Eroberung des Iran durch die Araber wurde er in der Legende zum Araber, deshalb konnte auch seine Herrschaft nicht gut sein. Folglich musste man ihn absetzen, was schwierig war, da gekrönte Könige nicht angetastet werden durften und die Erbfolge eingehalten werden musste. Das Pahlavi-Wort *Azdahāg* bezeichnete ursprünglich einen im *Avesta* beschriebenen Drachen, ein dreiköpfiges Monster. Daraus entstand die arabisierte Form *Zahhak*. Dieser Drache wird in der Mythologie vermenschlicht: im *Schāhnāme* schildert Ferdausi den König Zahhāk, dem nach einem Pakt mit Ahreman zwei Schlangen aus den Schultern wachsen, die täglich mit dem Hirn junger Männer gefüttert werden müssen. Es gibt sehr viele Legenden um Azdahāg und Zahhāk.

Zāl Sohn Sāms, auch *Zāl Dastān* (»Listenreicher«) genannt. Über seine Verbindung zum Sīmorg beherrscht er noch den Zauber der alten Religion. Seine weißen Haare sind der Grund, warum er »alter Mann«, *Zāl Zar*, genannt wird, wobei die Worte *Zāl* und *Zar* miteinander verwandt sind und beide ›alt‹ bedeuten. Bei Ferdausi finden sich in Verbindung mit Zāl viele Anspielungen auf Nest und Vogel.

Zardhešt Zarathustra, der nach dem alten Glauben der Iraner das heilige Buch, das *Avesta*, und das heilige Feuer aus dem Paradies erhalten hat.

Zarīr Bruder des Königs Goštāsp und damit Esfandiyārs Onkel.

Zavāre Bruder Rostams.

Zāvol Eine Stadt im Osten des Iran im Grenzgebiet zu Afghanistan. Die Familie Sāms und Zāls herrschte über Zāvolestān als Unterkönige. Zur Partherzeit von den Sakern bewohnt, daher der heutige Name Sīstān für diese Landschaft.

Zendavesta die Auslegung des *Avesta*, des heiligen Buches der Zarathustrier.

Zur Aussprache

Bei der Transkription der arabischen bzw. persischen Schriftzeichen durch lateinische Buchstaben entstehen dadurch Schwierigkeiten, dass sich die Lautwerte der beiden Schriften nicht immer decken. In wissenschaftlichen Arbeiten werden zur genauen Bezeichnung dieser verschiedenen arabischen Laute diakritische Zeichen benutzt. Von diesen wurden in der vorliegenden Ausgabe nur einige verwendet, die meisten aber durch einfache Buchstaben wiedergegeben. So wurden z. B. ġ, ḥ, ṣ und x^v zur Vereinfachung durch g, h, s und x ersetzt, ẓ und ẕ durch z.

Die mit einem Hášek geschriebenen Konsonanten č, ǧ, š und ž werden wie tsch (dt. *klatschen*), dj (engl. *James*), stimmloses sch (dt. *Schein*) und stimmhaftes sch (dt. *Garage*) gesprochen. Das s ist stimmlos, wie im deutschen *Last*, das z ein stimmhaftes s, wie im deutschen *sehr*, und das x wird wie ch im deutschen *Dach* ausgesprochen.

Ein Strich über den Vokalen bedeutet, dass der betreffende Laut lang gesprochen wird. Grundsätzlich werden die persischen Wörter auf der letzten Silbe betont.

Literaturhinweise

Ausgaben und Übersetzungen

Bertel's, Ewgenij E. [u. a.]: Shāhnāme. 9 Bde. Moskau 1960–71.

Clinton, Jerome W.: The Tragedy of Sohráb and Rostám. Washington D. C. 1987.

Enderlein, Volkmar / Sundermann, Werner: *Schāhnāme* – Das persische Königsbuch. Miniaturen und Texte der Berliner Handschrift von 1605. Hanau 1988.

Heiduczek, Werner: Die schönsten Sagen aus Firdausis Königsbuch. Hanau 1982.

Kanus-Credé, Helmhart: Abu'l-Qasim Firdousi. Das Königsbuch. Bd. 1. Glückstadt 1967. [Nur Bd. 1 ersch. Fortgef. in: Iranistische Mitteilungen. 1974 ff.]

Khaleghi-Motlagh, Djalal: Abu'l-Qasem Ferdowsi. The Shāhnāme (The Book of Kings). Bd. 1–5. With an introduction by Ehsan Yarshater. New York 1988–97.

Levy, Reuben: The Epic of the Kings. Rev. by Amin Banani. Reprogr. Nachdr. London/Boston 1973.

Macan, Turner: Shāhnāme. 4 Bde. Kalkutta 1829.

Mohl, Jules: Le livre des rois. Pers./Frz. Nachdr. der Orig.-Ausg. Paris 1976.

Rückert, Friedrich: Firdosi's Königsbuch (*Schahname*). Berlin 1890–94.

Schack, Adolf F. Graf von: Heldensagen des Firdusi. Berlin 1853.

Vullers, Johann Augustus: Firdusii liber regum qui inscribitur Šāhnāme. 3 Bde. Leiden 1877–84. [In arab. Schrift, mit einer lat. Einl.]

Warner, Arthur / Warner, Edmond: The Shahnama. 9 Bde. London 1905–25. [Engl. Übers.]

Forschungsliteratur

The Cambridge History of Iran. Ed. I. Gershevitch. Cambridge 1985.

Christensen, Arthur: L'Iran sous les Sassanides. Kopenhagen 1944.

Encyclopaedia Iranica. Ed. Ehsan Yarshater. London/Boston/Henley 1985 ff.

The Encyclopaedia of Islam. Ed. Hamilton A. R. Gibb [u. a.]. London/Leiden 1965.

The Encyclopaedia of Religion. Ed. Mircea Eliade. New York 1987.

Ghirshman, Roman: Iran. Parther und Sasaniden. München 1964.

Humbach, Werner: The Gāthās of Zarathushtra and the Other Old Avestan Texts. Heidelberg 1991.

Justi, Ferdinand: Iranisches Namensbuch. Marburg 1895.

Khaleghi-Motlagh, Djalal: Babr-i-Bayān. Varieties of Invulnerability. In: Irān Nāmeh (Bethesda) VI,2 (1987) S. 200–227. – Ebd. VI.3 (1988) S. 382–416.

– Die Frauen im *Schāhnāme*. Freiburg i. Br. 1971.

Le Strange, Guy: The Lands of the Eastern Caliphate. Cambridge 1905.

MacKenzie, David N.: A Concise Pahlavi Dictionary. London 1986.

Monchi-Zadeh, Davoud: Topographisch-historische Studien zum iranischen Nationalepos. In: Abhandlungen für die Kunde des Morgenlandes XLI,2 (1975).

– Wörter aus Xūrāsān und ihre Herkunft. In: Acta Iranica XV,29. 3. Serie (1990).

Nöldeke, Theodor: Das iranische Nationalepos. In: Grundriss der iranischen Philologie. Hrsg. von Wilhelm Geiger. Bd. 1,2. Straßburg 1901. S. 149–211.

Rypka, Jan: History of Iranian Literature. Dordrecht 1968.

Schippmann, Klaus: Grundzüge der Geschichte des sasanidischen Reiches. Darmstadt 1990.

Tavadia, Jehangir C.: Die mittelpersische Sprache und Literatur der Zoroastrier. Leipzig 1956.

Widengren, Geo: Die Religionen Irans. Stuttgart 1965.

Wolff, Fritz: Glossar zu Firdosis *Schahname*. Berlin 1935.

Nachwort

Der Dichter und seine Zeit

Nach der Eroberung des Iran durch die Araber im 7. Jahrhundert n. Chr. und der darauf folgenden Islamisierung des Landes erfuhr Persien zusammen mit der arabischen Sprache eine starke Veränderung seines kulturellen Lebens. Doch das Bewusstsein der großen eigenen Vergangenheit und das Wissen um die Legenden und die Geschichte des Landes blieben im Iran in mündlicher und schriftlicher Überlieferung über Jahrhunderte hin erhalten. Im 10. Jahrhundert setzte erneut ein verstärktes Interesse an der vorislamischen Geschichte des Iran ein, was unter anderem auf den Wunsch der zu dieser Zeit herrschenden Samaniden zurückging, sich als Nachfolger der Sasaniden, der letzten vorislamischen persischen Herrscherdynastie, zu legitimieren.

Hierbei haben die *Dehqāne*, die Landwirte aus niederem Adel, eine wichtige Rolle gespielt, denn sie hatten ganz besonders die alten Traditionen aus sasanidischer Zeit bewahrt. Es waren Grundbesitzer aus ursprünglich parthischem Landadel, eine gesellschaftliche Schicht also, die für die Iraner wichtig war, da die Parther die Nachfolger Alexanders des Großen aus dem Iran vertreiben konnten und die *Dehqāne* auch unter den Arabern einen gewissen Einfluss behielten. Sie waren die Überlieferer der schon in der Sasanidenzeit schriftlich fixierten alten mündlichen Traditionen, der Heldendichtung, und wurden so auch zu Historikern, denn die persische Geschichtsschreibung nahm immer auch die Heldendichtung als Quelle.

Ein solcher *Dehqān* war auch Abū'l-Qāsem Manšūr, mit dem Dichternamen Ferdausi. Über ihn und sein Leben ist nur wenig überliefert. Er wurde etwa 940 n. Chr. geboren und starb wahrscheinlich im Jahre 1016, jedoch sind Geburts- und Todesjahr nicht völlig gesichert. Sein Leben hat er bei Tūs verbracht, einem kleinen Ort nordwestlich von Mašhad in Chorāsān, im Nordosten des heutigen Iran. Er war ursprünglich durch Landbesitz vermögend und nicht auf das Geld vom Hofe angewiesen, verarmte aber im Laufe seines Lebens.

Die Herrschaft der Samaniden zerbrach zu Ferdausis Lebzeiten. Ihre Zeit war eine kulturell sehr bedeutende Epoche der persischen Geschichte, denn durch sie wurde Neupersisch als Hofsprache eingeführt. Es folgte die Dynastie der Gaznaviden auf dem persischen Thron, die durch ehemalige türkische Sklaven im Dienste der Samaniden begründet wurde. Ihr bedeutendster Vertreter war Fürst Sultan Mahmūd, der von 998 bis 1030 regierte. Dieser gab um 1010 das Persische zeitweise als Korrespondenzsprache auf und führte das Arabische, die Sprache des Islam, wieder ein, unter anderem auch deshalb, weil er verstärkt die Gunst des Kalifen erlangen wollte. So lebte Ferdausi im späten 10. Jahrhundert in einer Zeit nicht nur des politischen Übergangs, sondern auch des sprachlichen Übergangs vom späten Mittelpersischen zum Neupersischen.

Sultan Mahmūd regierte in Gazna, einer Stadt im Norden des heutigen Afghanistan, das damals zum großen persischen Reich gehörte. Er war durch zwölf Raubzüge nach Indien sehr reich geworden und hatte einen großen Hofstaat um sich versammelt. Er holte auch *Dehqāne* an seinen Hof. Ferdausi aber blieb in seinem Dorf bei Tūs, wo er in jahrzehntelanger Arbeit das *Schāhnāme* dichtete: das Buch der persischen Könige. Nachdem sein Sohn im Alter von 37 Jahren gestorben war, lebte er zuletzt einsam und allein. Eine Tochter überlebte ihn.

Ferdausi war Schi'it und musste in der Opposition zu den sunnitischen Herren befürchten, als Ketzer verfolgt zu werden. Zudem waren Schi'iten in frühen Zeiten als persische Nationalisten gegen die herrschenden Araber und Türken eingestellt. Ferdausi schrieb Lobgedichte auf Mahmūd, um sich die Gunst des Herrschers zu erhalten, und widmete ihm auch sein Werk. Es gibt viele Legenden um dieses Verhältnis zwischen dem Dichter und seinem König. So heißt es, Mahmūd habe Ferdausi ursprünglich ein Goldstück für jeden seiner Verse im *Königsbuch* versprochen. Das Geld wollte Ferdausi für die Aussteuer seiner Tochter verwenden. Als dann der Dichter sein Werk vollendet hatte, soll er in ein öffentliches Bad gegangen sein, wo ihm Boten des Königs statt Gold- nur Silberstücke überreichten. Nach einer Fassung der Legende soll Ferdausi nun voller Zorn dem Bademeister und einem Bierverkäufer je die Hälfte des Geldes geschenkt und sich selbst Gerstensaft gekauft haben. Eine andere Fassung schildert, Ferdausi habe dem Bademeister die Hälfte des Geldes überlassen und sich für den Rest ein Glas Wein gekauft. Heinrich Heine schließlich erzählt, der Dichter habe jedem der beiden Boten und auch dem Bademeister je ein Drittel der Summe geschenkt.

Eine andere Legende berichtet, dass Mahmūd später dem alten Dichter doch noch die Goldstücke habe bringen lassen, doch seien seine Boten genau zu der Zeit am östlichen Tor in Tūs eingetroffen, als man des Dichters Leichnam zur Beerdigung aus dem Westtor zum Friedhof trug. Das Geld soll die Tochter Ferdausis dazu verwendet haben, eine Karawanserai mit einem tiefen Brunnen am Weg von Tūs nach Nīšābūr bauen zu lassen. Unter anderen hat Heinrich Heine solche Legenden in seinem berühmten dreiteiligen Gedicht *Der Dichter Firdusi* verarbeitet, das er 1851 in Hamburg schrieb.

Ferdausi, der noch ganz in der feudalen Tradition des alten Persien lebte, hatte wegen seiner Darstellung der ruhmreichen Vergangenheit des Landes von Anfang an großen Einfluss auf das Geschichtsbewusstsein im Iran. Noch viel wichtiger war jedoch sein Einfluss auf die Sprache und die gesamte Kultur des Iran: Poesie, Volkserzählungen, Buchmalerei, iranische Namensentwicklung und viele weitere Bereiche des iranischen kulturellen Lebens sind ohne Ferdausis Einfluss nicht vorstellbar.

Das *Schāhnāme* – Vorgeschichte, Handschriften, Ausgaben, Übersetzungen

Heldendichtung hat in Persien eine lange Tradition. Schon in den sehr alten Yašt-Dichtungen des *Avesta*, deren Entstehungszeit kaum genau zu bestimmen ist, aber z. T. sicher bis in das 10. Jahrhundert v. Chr. zurückreichen dürfte, gibt es Hinweise auf große Heldentaten. Viele der im Rostam-Epos auftauchenden Eigennamen werden dort schon genannt, so dass die späteren Verfasser von Heldendichtung bei ihren zarathustrischen Lesern oder Hörern Kenntnisse voraussetzen konnten. Ein solcher Bericht über das Leben und Wirken eines Helden wurde in der Pahlavi-Dichtung auch »Tatenbuch« genannt.

Schon in später sasanidischer Zeit, also im 6. oder 7. Jahrhundert n. Chr., gab es eine erste offizielle Zusammenfassung der persischen Geschichte und Vorgeschichte bzw. der alten Mythologie, die als ein Teil der Vorgeschichte betrachtet wurde. Dieses Werk, das *Xadai-nāmag*, zu Deutsch *Königsbuch*, war ein Epos in der mittelpersischen Sprache Pahlavi, das nicht erhalten ist. Eine letzte Fassung des Werkes wurde gegen Ende der Sasanidenzeit, also vor der Eroberung des Iran durch die Araber, angefertigt und nach der arabischen Eroberung, wie viele andere

Pahlavi-Werke auch, im 8. Jahrhundert ins Arabische und später aus dem Arabischen zurück ins Persische übersetzt, nachdem das Original verloren gegangen war. Das Werk war eine Mischung aus Geschichte und Heldendichtung, die bei ›Neuauflagen‹ oft erweitert wurde. Über solche Übersetzungen von Pahlavi-Werken ins Arabische weiß man vor allem durch die erhaltenen Aufzeichnungen von Ebn el-Nadīm, einem Buchhändler, der zumindest die Titel solcher Übersetzungen überliefert hat.

Ferdausi hat vor allem das neupersische *Xodāināme* gekannt, eine Prosaübersetzung des alten Pahlavi-Werkes *Xadai-nāmag*. Das Werk war auf Veranlassung des Gouverneurs von Tūs, Abū Mansūr ʻAbdu'r-Razzāq, geschrieben worden, u. a. auch deshalb, um seine Abstammung von den Sasaniden nachzuweisen. Nur Zoroastrier konnten damals noch Pahlavi lesen. Deshalb wurden mehrere von ihnen in Ferdausis Heimatstadt Tūs geholt, um das *Xadai-nāmag* in neupersische Prosa umzuschreiben. Das *Xodāināme* war 957 beendet; zu diesem Zeitpunkt war Ferdausi etwa 17 Jahre alt. Doch wie so viele andere ist auch dieses Werk nicht erhalten geblieben, nur die Einleitung wurde überliefert.

Ein Zoroastrier, der aus Tūs kam, war Daqīqī. Er begann, die auf Anordnung von Abū Mansūr verfasste Prosaversion des *Königsbuches* im Auftrage von Nūh II., dem samanidischen Herrscher dieser Epoche, in Verse zu setzen, wobei den Beginn seiner Arbeit die Schilderung der Herrschaft von König Goštāsp und das Auftreten Zarathustras bildete. Der Dichter wurde aber etwa 978 in Buchara, wo er für den Samaniden-Hof arbeitete, von seinem Sklaven ermordet, nachdem er rund tausend Verse geschrieben hatte.

Ferdausi schreibt im *Schāhnāme*, Daqīqī sei ihm im Traum erschienen und habe ihn gebeten, das Werk fortzusetzen, seine tausend Verse zu übernehmen und das Werk dort fortzuführen, wo Daqīqī aufgehört hatte. Die Verse seines Vorgängers bezeichnet Ferdausi an dieser Stelle als zweitklassig. Er benutzt aber offensichtlich die gleichen Prosaquellen wie Daqīqī, dessen Fragment noch dem alten feudalen Geist entstammt, den auch Ferdausi für sein Riesenwerk übernimmt: Beide betonen das Charisma (*farr*) des alten iranischen Königtums. Diese Traditionen zeigen sich auch in den Kampfszenen, in denen statt großer Schlachten ganzer Armeen eher Zweikämpfe einzelner Helden geschildert werden. In jeder Situation dienen die Vasallen treu ihrem Herrn. Ferdausi war von der Prosafassung des *Xodāināme* sehr beeindruckt und muss sich in seiner Darstellung eng an diese Vorlagen gehalten haben; auf diese Tatsache weist er in seinem Werk verschiedentlich hin.

Der Dichter schrieb sein Werk, das an die 50000 Doppelverse umfasst, von etwa 980 bis ungefähr 1010, also in einem Zeitraum von rund 30 Jahren, und ist deshalb vor allem noch ein Werk der 2. Hälfte des 10. Jahrhunderts. Das Epos ist das bedeutendste literarische Bindeglied zwischen dem sasanidischen und dem islamischen Iran. Es überliefert altes Kulturgut und beeinflusst damit die ganze persische Kultur bis auf den heutigen Tag. Mit seiner Fülle an Informationen über Sitten, Kunst und Gebräuche ist das Werk auch eine kostbare geschichtliche Quelle, besonders für die Sasanidenzeit. Während die Europäer im *Schāhnāme* hauptsächlich das künstlerische Werk gesehen haben, war es für die Iraner vor allem eine Darstellung ihrer vorarabischen nationalen Geschichte.

Die Sprache Ferdausis ist entwicklungsgeschichtlich im Übergang vom späten Mittelpersisch zum Neupersischen anzusiedeln. Es ist deshalb wegen der etwas unsicheren Datierung besonders im Bereich der Entwicklung einzelner Vokale nicht mehr genau feststellbar, wie der Dichter bestimmte Laute und Wörter in dieser sprachlichen Übergangsphase ausgesprochen hat. Der Bestand an arabischen Wörtern ist im *Schāhnāme* im Vergleich zur späteren Entwicklung in der persischen Literatur noch sehr gering.

Unter den Ausgaben des Werkes, die in verschiedenen Ländern erschienen sind, müssen vor allem die Folgenden genannt werden:

1. Die Ausgabe durch Turner Macan. Sie ist keine kritische Ausgabe, hat aber viel zur *Schāhnāme*-Forschung beigetragen.

2. Die Ausgabe durch Jules Mohl, die auch keinen kritischen Apparat besitzt. Sie ist aber mit einer französischen Prosa-Übersetzung versehen, die der jeweiligen Seite in persischer Sprache gegenübergestellt ist.

3. Das Werk von Johann Augustus Vullers, dem Herausgeber des ersten persisch-lateinischen Wörterbuchs. Er hat versucht, aus der ersten und zweiten Ausgabe eine neue Ausgabe zu erstellen, doch blieb seine Arbeit unvollendet.

Fritz Wolff erstellte in etwa 20-jähriger Arbeit auf der Grundlage dieser drei Ausgaben ein Wörterbuch, das bis heute das wichtigste Hilfsmittel für wissenschaftliche Arbeiten am *Schāhnāme* ist.

Dazu kamen im 20. Jahrhundert zwei kritische Ausgaben:

1. Die Moskauer Ausgabe von Ewgenij E. Bertel's u. a. Die Ausgabe basiert aber nur auf vier Handschriften und enthält viele Mängel, weil die Handschriften willkürlich gewählt wurden.

2. Die Ausgabe durch Djalal Khaleghi-Motlagh, von der die ersten fünf Bände vorliegen. Sie wird erstellt auf Grund von 15 Handschriften, die nach der Untersuchung von insgesamt 45 Handschriften ausgewählt wurden. Sie enthält einen großen kritischen Apparat mit vielen Varianten.

Die von Ehsan Yarshater geschriebene englische Einleitung zum ersten Band der *Schāhnāme*-Ausgabe durch Khaleghi-Motlagh gibt Aufschluss über die noch vorhandenen Manuskripte dieser persischen Dichtung und über die Probleme der Edition der verschiedenen *Schāhnāme*-Ausgaben. Khaleghi-Motlagh folgt grundsätzlich dem ältesten Manuskript von Florenz aus dem Jahre 1217, von dem aber nur noch die erste Hälfte vorhanden ist. An Stellen, wo Änderungen oder Zusätze durch andere Manuskripte sinnvoll erscheinen, sind diese entsprechend berücksichtigt. Insgesamt sind über 1000 Handschriften des *Schāhnāme* erhalten. Zudem gibt es aus dem 13. Jahrhundert eine gute arabische Übersetzung von Bondāri, die ebenso eine Hilfe für die Forschung heute darstellt.

Im Laufe der letzten 150 Jahre hat es immer wieder Übersetzungen – vor allem von einzelnen Teilen – des *Schāhnāme* gegeben. Darunter sind zwei deutsche Übersetzungen hervorzuheben, da sie Teile des *Königsbuches* in gereimten Versen wiedergeben. Es sind dies die Arbeiten von Adolf Friedrich von Schack und von Friedrich Rückert. Von diesen beiden Werken ist die Übersetzung durch Schack recht poetisch, doch nicht sehr genau, während Rückert mehr um wörtliche Nachdichtung bemüht ist als Schack, aber sprachlich nicht so sehr befriedigt. Beide Werke sind heute eigentlich nicht mehr mit Gewinn zu lesen, da ihre Sprache veraltet und fremd erscheint und dadurch auch kein echter Eindruck von der Schönheit der Dichtung Ferdausis vermittelt wird. Die folgenden Kostproben mögen davon ein Beispiel geben. Es handelt sich um den Beginn des Kapitels *Zāl kommt zu Rūdābe* auf den Seiten 34f. der vorliegenden Prosaübersetzung.

Schack schreibt:

»Nacht waltete bereits am Himmelsbogen,
Des Schloßtors Schlüssel waren abgezogen,
Da trat die Sklavin hin zum Sohn des Sām
Und sprach: ›Komm! Lindre deinen Seelengram!‹
Der Jüngling eilte zu dem Schlosse still,
Wie's ziemt, wenn man zum Liebchen gehen will. –
Die Schöne harrte auf des Daches Gipfel;
Dem vollmondüberstrahlten Zedernwipfel
War sie, die Rosenwangige, vergleichbar;
Kaum wurde Zāl für ihren Blick erreichbar,
Da, nach ihm schauend, rief sie mit sanftem Ton
Ihm zu: ›Sei mir willkommen, Heldensohn!
[...]‹«

Rückert übersetzt dieselben Verse in ganz anderer Weise (Orthographie wurde behutsam modernisiert; J. E.):

»Als die Sonne verschwand, das Tor
Des Himmels sich schloß und den Schlüssel verlor,
Kam die Magd zum Sohne von Sām:
›Bereit ist alles, komm' ohne Gram!‹
Der Feldherr schritt zum Palast voller Zucht,
Wie ein Mann, der die Gattin sucht.
Auf den Altan die Liebliche trat,
Ein Baum, der den Vollmond im Gipfel hat.
Als von weitem der Sohn des Sām
Erschien, die Jungfrau wonnesam
Erschloß zwo Rubinen und gab den Klang:
›Willkommen, junger Held, ist dein Gang.
[...]‹«

Ein Vergleich mit der entsprechenden Textstelle in der hier vorgelegten Prosaübersetzung zeigt, welche Schwierigkeiten bei dem Versuch einer Nachdichtung in gereimten Versen entstehen, ganz abgesehen davon, dass das Metrum nicht dem des Originals entsprechen kann.

Zu erwähnen ist auch eine Übersetzung durch Helmhart Kanus-Credé, die auf einer einzigen, im Westen wenig bekannten Ausgabe basiert und die Versform ungereimt beibehält.

Der Zyklus der Rostam-Legenden wird jetzt mit der hier vorliegenden Übersetzung nach der neuen kritischen Ausgabe und mit der Beratung durch Djalal Khaleghi-Motlagh zum ersten Mal in Prosa nahezu vollständig auf Deutsch vorgestellt.

Unter den englischen Übersetzungen ist hervorzuheben die Arbeit von Arthur G. und Edmond Warner. Interessant ist auch das Buch von Reuben Levy. Eine sehr bemerkenswerte Nachdichtung des Kampfes Rostams mit seinem Sohn in englischen Versen, die vor allem auf der Moskauer Ausgabe beruht, veröffentlichte Jerome W. Clinton, der auch eine Übersicht über verschiedene englische Übersetzungen des *Schāhnāme* gibt.

In französischer Sprache ist besonders die oben schon genannte Übersetzung durch Jules Mohl berühmt geworden.

Die Rostam-Legenden

In dem monumentalen Werk Ferdausis spielt die Figur des Rostam und der um ihn gebildete Legendenkreis eine ganz wesentliche Rolle. Seine Taten durchziehen einen großen Teil des *Schāhnāme*. Im Gegensatz zu seinem Großvater Sām, über den in zoroastrischen Texten in Verbindung mit König Garšāsp berichtet wird, erscheinen Rostam, sein Vater Zāl und auch seine Söhne Sohrāb und Farāmarz nicht im *Avesta*. Die um diesen Personenkreis gebildeten Legenden, zu denen auch der aus dem *Avesta* bekannte Riesenvogel Sīmorg und Rostams Pferd Raxš gehören, sind wahrscheinlich ursprünglich eigenständig: Rostam und seine Vorfahren werden im *Schāhnāme* als Könige über Sīstān dargestellt, dem großen Reich der Saker im Südosten des alten Iran. Rostam ist bei Ferdausi ein Sagzī, ein Saker. Vielleicht stammt diese historisch nicht bekannte Gestalt aus parthischer Tradition und steht unter Umständen im Zusammenhang mit der etwa im 1. Jahrhundert n. Chr. erfolgten Gründung eines skythischen Königreichs im Osten des Iran. Die Wurzel des Namens *Rostam* stammt aus dem indoeuropäischen Sprachraum und bedeutet soviel wie ›groß, stark, tapfer‹ oder auch ›stark wie ein Fluss‹. Die weißen Haare Zāls, mit denen er ja schon auf die Welt kam, könnten in der Legendenbildung eine Erinnerung an blonde indoeuropäische Vorfahren sein. Selbst die Namen der Nicht-Iraner in Ferdausis Werk sind zumeist indoiranischer Herkunft, wie etwa der Name *Afrāsiyāb*.

Rostam ist der größte Held der persischen Mythologie, Sinnbild der Treue gegenüber dem König von Persien und dem Iran, und auch Verkörperung einer über das Maß großen und starken Persönlichkeit. Er ist von edler Natur und ein gläubiger Mensch. Zum tragischen Kampf mit Esfandiyār kommt es durch den Zwiespalt, in den er getrieben wird: ein unlösbarer Konflikt zwischen Stolz und Selbstwertgefühl einerseits und andererseits seiner Pflicht dem König gegenüber. Sein Tod – und mit ihm stirbt sein Pferd und lebenslanger Freund Raxš – bedeutet das Ende der mythisch-heroischen Periode der iranischen Geschichte. Noch heute kennen die meisten Iraner nicht nur seinen Namen, sondern wissen auch von seinen Heldentaten.

Rostam hat viele Beinamen, wie etwa »Elefantenleibiger« (pers. *pīltan*), *Tahamtan* (»der mit dem starken Körper«), *Sagzī* (»der Saker«), »Kronenverteiler« usw. Diese wurden in der vorliegenden Übersetzung oft übernommen, meistens aber zur Vereinfachung des Verständnisses durch

»Rostam« ersetzt. Auch andere Helden haben solche Beinamen, wie etwa Sām, dessen Name oft mit dem Zusatz »der Ritter« versehen ist.

Wie der griechische Odysseus ist Rostam der Listenreiche. So lässt er sich z. B., nachdem er in die tödliche Falle geraten ist, von Šaqād unter dem Vorwand, er müsse sich als tödlich verletzter Mann gegen die Angriffe beutesuchender Raubtiere verteidigen, Pfeil und Bogen geben, um damit dann aber seinen hasserfüllten Bruder zu erschießen. Und es gelingt ihm, bei seinem Kampf gegen Esfandiyār zu Beginn der Nacht seinen Gegner davon zu überzeugen, dass der Kampf wegen der Dunkelheit unterbrochen werden muss, wobei er ihm zusagt, er wolle sich, nachdem seine Wunden behandelt und verbunden wären, am nächsten Tage den Wünschen seines Gegners fügen. Besonders aber im Kampf mit Sohrāb zeigt sich seine Fähigkeit, mit List über Gegner zu triumphieren. Hier aber wird sie ihm selbst zum Verhängnis, wenn er dem Sohn sagt, der Sieger dürfe den Besiegten erst erschlagen, nachdem er ihn ein zweites Mal überwunden hat. Sein Sohn gibt nach, und Rostam bekommt die Möglichkeit, den von ihm nicht erkannten eigenen Sohn zu töten.

Dem Leser fällt auf, wie verschiedenartig die hier erzählten Geschichten um Rostam sowohl von der sprachlichen Kraft als auch vom Inhalt her gesehen sind: Sie bilden nicht einen in sich geschlossenen Zyklus, sondern sind zu verschiedenen Zeiten und Gelegenheiten entstanden und dann zusammengefasst worden. So kam es dazu, dass so verschiedenartige Geschehnisse wie etwa Rostams sehr abwechslungsreicher und äußerst plastisch geschilderter Kampf mit dem Dīv Akvān, die zarten Liebesgeschichten und sein Zweikampf mit Esfandiyār, in dem es um Fragen wie Ehre und Treue geht, in einem Legendenkreis vereint wurden.

In der vorliegenden Prosa-Übersetzung wurde auf größtmögliche Genauigkeit und Vollständigkeit sowie auf gute Lesbarkeit Wert gelegt, wobei der Versuch gemacht wurde, die Sprachebene des Originals möglichst genau zu treffen. Dazu wurden weitgehend Fremdwörter und Neubildungen im Deutschen vermieden, selbst wenn an einzelnen Stellen durch ihre Verwendung eine präzisere Übersetzung möglich gewesen wäre. So wurde z. B. statt »Bagage« das Wort »Tross« benutzt, weil es besser in die sprachliche Ebene der Vorlage passt.

In einigen der hier vorgestellten Episoden des Werkes spielt Rostam nur eine Nebenrolle, so dass, um die Darstellung nicht über die Maßen auszuweiten, stellenweise eine Zusammenfassung solcher Textstellen vorgenommen werden musste, in denen Rostam keine oder eine nur unwesentliche Rolle spielt. Die so zusammengefassten Passagen sind im Original oft von ganz erheblicher Länge; im Unterschied zur eigentlichen Übersetzung sind sie kursiv gedruckt und im Präsens dargestellt und damit leicht erkennbar. Unter ihnen befinden sich auch einige Kampfszenen und Schlachtschilderungen, von denen es naturgemäß in einem Heldenepos viele gibt. Hier musste ausgewählt werden, um das Besondere und auch die Variationsfähigkeit des Dichters zu zeigen.

Ein solches Werk kann dem heutigen Leser nicht ohne zusätzliche Informationen vorgelegt werden. Wie schon im Vorwort bemerkt, erläutern die Fußnoten einzelne schwer verständliche Textstellen, während das Glossar im Anhang bestimmte, mehrfach auftretende Namen und Begriffe erklären soll. Der Leser muss sich jedoch stets vor Augen halten, dass die Identifizierung vieler geographischer Angaben in den Rostam-Legenden umstritten und eine genaue Lokalisierung oft gar nicht möglich ist. So ist z. B. das im *Schāhnāme* mehrfach genannte Land Jemen, aus dem die

Schwiegertöchter des Ferīdūn kamen, nicht mit dem heutigen Jemen identisch, der erst unter Xosrau II. durch die Iraner erobert und damit auch für die eigene Geschichte interessant wurde, so dass man daraufhin eine schon alte Beziehung zu diesem arabischen Land erfand. Auch Ferdausis Māzandarān entspricht nicht der Landschaft gleichen Namens im heutigen Iran.

Reime und Verse

Der Dichter hat das *Schāhnāme* in Doppelversen geschrieben, die sich paarweise reimen und zwischen acht und elf Silben zählen. Das Werk ist in einer Versform gehalten, die *Masnavī* genannt wird und typisch für das persische Epos überhaupt ist. Diese Form ist ein Produkt der persischen Dichtkunst, in der arabischen Dichtung gibt es sie nicht. Der epische Stil war im Persischen schon vor Ferdausi voll entwickelt, z. B. durch Mas'ūdī und Daqīqī. So konnte Ferdausi also auf eine längere dichterische Tradition zurückgreifen.

Reim und auch Versmaß des *Schāhnāme* sind nur mit großen Schwierigkeiten ins Deutsche zu übertragen. Die Pahlavi-Dichtung, wie auch die ganze Volksdichtung im Iran, hatte schon das silbenzählende, alternierende Versmaß verwendet. Das quantitierende Metrum des *Schāhnāme*, genannt *Motaqareb*, stammt wahrscheinlich aus einer unter den Sasaniden entwickelten Form, die nach der islamischen Eroberung von arabischer Metrik beeinflusst worden ist. Die europäische Dichtung kennt dieses Metrum im Allgemeinen nicht, was das Verständnis für Europäer sehr erschwert. Besonders aus diesem Grunde ist es auch kaum in einer Übersetzung nachzuahmen. Am nächsten kommt ihm noch das aus dem Englischen z. B. durch Shakespeares

Werke bekannte *heroic couplet.* Auf jeden Fall aber steht mit diesem Metrum das *Schāhnāme* noch an den Anfängen der persischen Poesie.

Sprache und Stil

Die sprachliche Schönheit des *Schāhnāme* wird in bedeutendem Maße durch die vielen Bilder bestimmt, mit denen der Dichter seine Darstellung ausmalt. Darum wurde auch versucht, sie bei dieser Übersetzung möglichst zu erhalten und gegebenenfalls zu erklären. Diese sprachlichen Bilder formt Ferdausi in immer neuen Variationen, wobei er sie vor allem der Tier- und Pflanzenwelt entnimmt, einer Welt, die ihm als Landwirt vertraut und lieb war. Doch auch Sonnenaufgänge, die Gestirne und selbst der Staub – alles dient ihm als Stoff für seine von Bildern geprägte Sprache. Hinzu kommt, was man bei einem Heldenepos eigentlich nicht erwartet: Vielfach trifft man auf geradezu lyrische Stellen, die selbst in einer Übersetzung gerade durch ihre Schlichtheit beeindrucken.

Dabei benutzt er vor allem Vergleiche und Metaphern als Stilmittel, um anschaulich zu machen, was er beschreiben will. Die Mondschöne, so schnell, wie sich Feuer ausdehnt, schlank wie eine Zypresse, wütend wie ein brünstiger Elefant: die Liste solcher Vergleiche ist lang. Hierbei pflegt der persische Dichter gerne den mittelbaren Vergleich: Wenn er sagt, ein Mädchen sei schön wie eine Zypresse, so vergleicht er nicht ein Mädchen und eine Zypresse miteinander, sondern will sagen: Das Mädchen ist unter anderen Mädchen so schön, wie die Zypresse schön ist im Vergleich zu anderen Bäumen. Bei solchen Vergleichen brauchen nicht alle Elemente des verwendeten Bildes genau zu passen. Wenn ein schönes Mädchen Augen wie schwarze Narzissen hat – womit oft ein leicht verschlafener Blick gemeint ist –, also sehr schöne Augen, dann sieht der Dichter das Schwarz der schönen Augen auch in den Narzissen.

Ähnlich vielfältig sind die verwendeten Metaphern: »Moschus« steht für das schwarze Haar, das wie ein Diadem getragen wird; »blutige Tränen« sind besonders heftig und kommen vom Herzen; die Locken sind »Fangschnüre« und »Fangseile«, um den Geliebten einzufangen; ein »Mond« ist nicht nur das vornehm-blasse, runde Gesicht, sondern auch das schöne Mädchen selbst; und die »Zypresse« ist oft eine Metapher für die menschliche, vor allem weibliche Gestalt: schön, groß und schlank.

Die Übertreibung, die hyperbolische Ausdrucksweise, ist ein weiteres wichtiges Stilelement der Heldendichtung. Es ist schon im *Avesta* zu belegen und findet sich unter anderem auch in all den Schilderungen von Unwahrscheinlichem im *Schāhnāme* und in den oft phantasievollen Beschreibungen, zum Beispiel in dem sehr freien Umgang mit Zeit und Raum. Auch Märchenhaftes bietet die Handlung vielfach, etwa bei der Schilderung des Reichtums der Könige.

Dazu kommen Allegorien, Wortspiele und Alliterationen bzw. Stabreime: Verschiedentlich wird der Leser dieser Übersetzung, wenn nötig, auf diese wie auch auf andere sprachliche Besonderheiten hingewiesen. Zu den Eigenarten der Sprache Ferdausis gehören auch die so oft anzutreffenden Formulierungen wie »ein Held mit diesen Armen«, »diesem Nacken«, »diesen Schultern« oder ähnlich, womit der Dichter die ganze Kraft eines Recken beschreibt.

Manchmal werden bestimmte Wörter als Reimpaare benötigt, wie etwa »Zāvolestān« und »Kāvolestān«, was sich aber nur stellenweise in einer deutschen Übersetzung widerspiegeln kann. Manche Wörter sind eigentlich auch überflüssig und wurden nur wegen des Metrums eingefügt; auch sie erscheinen in dieser Übersetzung.

Inhaltliche Eigenarten

Das *Schāhnāme* ist vor allem ein Heldenepos, und der Bericht über die Taten der Helden ist zentrales Thema des Werkes. Für diese edlen Männer gibt es bei Ferdausi viele Bezeichnungen: neben »Held« finden sich »Recke«, »Heerführer«, »Pahlavan«, »Edler«, »Großer«, »Ritter«, »Fürst« u. a. Diese Recken werden im Epos gerne mit Tieren verglichen: Sie sind stark und mutig wie Löwen und Panther, sie können wild und wütend werden wie brünstige Elefanten und sind gefährlich und vom Kampfeswillen durchdrungen wie Krokodile oder Drachen.

Auch die Gegner sind Helden: Je stärker und mutiger sie sind, desto größer ist der Ruhm der Sieger. Selbst der Gegner hat gute Eigenschaften. Man hat immer große Achtung vor den Charakteren, selbst bei den Feinden. Das Gefühl für Fairness spielt eine wichtige Rolle: Es kommen immer auch die Gegner zu Wort. Die turanischen Helden sind genauso tüchtig wie die Perser, und selbst der Erzfeind der Iraner, der vielfach verteufelte Afrāsiyāb, hat bei Ferdausi auch gute und menschliche Züge.

Königliche Prinzen werden oft selber »König« genannt, denn auch sie besitzen schon das *farr*, das Charisma der königlichen Majestät. Und bei feierlichen Anlässen trägt nicht nur der König eine Krone, auch die Königssöhne und viele Fürsten sind zum Zeichen ihres Standes mit Kronen und Diademen geschmückt.

Lange Reden und viele Briefe sind wie die Schilderungen der Helden und ihrer Kämpfe ein wichtiger Bestandteil des *Schāhnāme*. Sie sind deshalb im Allgemeinen ungekürzt in die deutsche Prosaversion übernommen worden. Besonders in der Auseinandersetzung zwischen Rostam und Esfandiyār hat der Dichter lange Reden und Gegenreden der beiden Helden in das Geschehen eingefügt. Diese sind wesentlich für das Verständnis der Situation, in der sich die beiden befinden, und zeigen deutlich die langsame, aber unaufhaltsame Entwicklung des Konflikts, der schließlich zum Tode Esfandiyārs führt. Deshalb wurden sie ungekürzt wiedergegeben. Der Leser muss dabei bedenken, dass die epische Breite der Darstellung genauso wie das Märchenhafte und die Übertreibungen zur Kunst des orientalischen Erzählers gehört.

Ferdausis Schilderungen enthalten auch Widersprüchliches und Ungereimtheiten, die eine Übertragung ins Deutsche übernehmen muss. Dazu ist vieles inhaltlich romanhaft, und so manches wird von ihm über die alte Zeit auch falsch berichtet. Selbst im letzten Teil des *Schāhnāme*, in welchem Ferdausi die Sasaniden schildert, werden Geschichte und Legende vermischt, was typisch für das Denken der Iraner jener Zeit über ihre eigene Vergangenheit ist.

Einer Erklärung bedarf auch die Tatsache, dass Rostam vor dem Kampf mit seinem Sohn und auch noch während des Kampfes von seinem Gegner immer wie von Sohrāb spricht. Das heißt aber natürlich nicht, dass er glaubt, der Gegner sei sein Sohn. Es soll nur heißen: Er sieht und hört, der Gegner sei so stark, wie eigentlich nur sein Sohn es sein könnte. Während Sohrāb ihn direkt fragt: »Bist du Rostam?«, bleibt dieser verblendet in seiner Rolle als unbesiegbarer Rostam und wendet sich nicht den Gedanken seines Gegners zu. Beide aber geben sich nicht zu erkennen, sondern erwarten vom Gegner das erste Zeichen. Dabei hätten Rostam und auch sein Sohn auf Grund ihrer Vorkenntnisse und ihrer Beobachtungen wissen müssen, dass sie nur Vater und Sohn sein können, worüber auch Ferdausi keinen Zweifel zulässt. Im Übrigen ist es im *Schāhnāme* durchaus üblich, vor einem Kampf nach dem Namen des Gegners zu fragen, doch nicht immer gibt angesichts eines Zweikampfes jeder der beiden Streiter seine Identität preis.

In Ferdausis Werk treten mehrere sehr eindrucksvolle Frauengestalten auf, von denen einige auch in den Rostam-Legenden erscheinen. Eine unter ihnen, Gordāfrīd, kämpft wie eine Amazone mit Rostams Sohn Sohrāb und überlistet ihn sogar. Andere Frauen im *Schāhnāme* werden als Liebende geschildert, wie etwa Rūdābe und die berühmte Šīrīn, auch als treue Gefährtin im Leid, wie Manīže, oder als rasend Verliebte, wie Tahmīne, und auch als politisch versierte und umworbene Gegenspielerinnen von Königen, wie Gordiye, die Schwester von Bahrām Čūbīn. Doch auch als Intrigantinnen werden sie geschildert, wie z. B. Sūdabe, die böse Stiefmutter des Siyāvoš. Und auch Katāyūn muss genannt werden, die Tochter des Kaisers von Byzanz, Ehefrau von König Goštāsp und Esfandiyārs liebende Mutter. Alle werden sie von Ferdausi – wie auch die Männer in seinem Epos – stets mit erhabenen Attributen beschrieben: Sie entsprechen nicht nur dem Schönheitskatalog ihrer Zeit, sondern sind auch klug und geistreich und haben viele interessante Eigenschaften. Ferdausi hat dieses Frauenbild in seinen vorislamischen Quellen vorgefunden und es von dort übernommen. Mit den Liebesszenen aber, wie z. B. zwischen Zāl und Rūdābe, geht Ferdausis Schilderung sogar in die Romantik über.

Ferdausis Werk ist reich an schönen Einzelszenen, die zum Teil zu den Perlen der Weltliteratur gehören. Dazu zählen unter anderem einige der hier wiedergegebenen Szenen aus der Zāl-Rūdābe-Erzählung, wie etwa die Schilderung von Zāls erstem Besuch bei seiner geliebten Freundin und das Verhalten der Dienerinnen Rūdābes als geschickte Kupplerinnen. Auch Rostams Pferd Raxš und dessen Empfindungen werden von Ferdausi mehrfach sehr liebevoll und lebendig dargestellt, vor allem bei den *Sieben Abenteuern*. Eine andere Szene, die allerdings nicht zu den Rostam-Legenden gehört, ist die ergreifende Klage des Sängers Bārbad über das Elend des vom eigenen Sohn eingekerkerten und mit dem Tode bedrohten Königs Xosrau Parvīz: Am Ende seines Liedes schwört er, seine Instrumente zu verbrennen, um nie wieder vor den neuen Herrschern spielen zu müssen. Und er verbrennt nicht nur seine geliebten Instrumente, sondern schneidet sich auch noch die vier Finger ab, mit denen er gespielt hatte.

Dem Leser fällt auf, dass sich bestimmte Szenen im Kern wiederholen. So werden etwa Zāl und Rūdābe genauso wie Bīžan und Manīže durch die Dienerinnen des Mädchens zusammengebracht, und Esfandiyār muss genauso wie Rostam einen schweren Weg von sieben Stationen gehen. Auch die genau abgewogenen Reden und Gegenreden zwischen Rostam und Esfandiyār vor deren Zweikampf gehören hierher. Diese doppelte Schilderung bestimmter Szenen ist auch in anderen Teilen des *Schāhnāme* zu finden und wahrscheinlich auf eine doppelte Tradition derselben Handlungen zurückzuführen, die Ferdausi so übernahm, wie er sie in seinen Quellen gefunden hat.

Das ganze Werk durchziehen philosophische Betrachtungen über das Leben und den Tod, über Gott, das Schicksal und die Gestirne. Besonders am Schluss einer Handlung werden solche Reflexionen gerne eingeschoben. Hierbei sind die Vergänglichkeit alles Irdischen und die Wechselhaftigkeit und Unberechenbarkeit des Schicksals beliebte Themen Ferdausis: alle müssen sterben, ob groß oder klein, arm oder reich. Allerdings gibt es für den Dichter keine Einflussnahme der Gestirne auf das menschliche Schicksal, denn für ihn sind wir allein in Gottes Hand. Dies gilt ausdrücklich auch für alle Tiere, vom gewaltigen Drachen bis hin zur Ameise. Die große Gläubigkeit Ferdausis wird überall sichtbar. Für die alten Astrologen und Sterndeuter in seinem Werk aber steuern die Gestirne das Geschick, und Prophezeiungen spielen eine große Rolle.

Der Zarathustrismus und die Religion der Schamanen

Der Zarathustrismus, auch als Zoroastrismus bekannt, ist eine der ältesten Religionen der Welt, von Zarathustra begründet. Es war die Religion der iranisch sprechenden Bevölkerung des alten Iran bis zur Zeit der arabischen Eroberung. Heute gibt es Zarathustrier im Iran noch z. B. in Kermān und Yazd, wo sie toleriert werden, vor allem aber in Indien.

Es ist unbekannt, wann der Religionsschöpfer gelebt hat. Die Schätzungen liegen bei den meisten neueren Forschungen zwischen dem 10. und dem 14. Jahrhundert v. Chr., während andere eine Zeit um 600 v. Chr. annehmen. Um sein Leben knüpfen sich viele Legenden, aber genauere Informationen darüber gibt es nicht.

Das *Avesta*, das heilige Buch der Zoroastrier, besteht aus mehreren Teilen, die z. T. sehr alt sind und aus vorzoroastrischer Zeit stammen. Ihr Inhalt wurde über viele Jahrhunderte nur mündlich weitergegeben und erst später aufgeschrieben. Die bis heute überlieferten Teile sind nur in einer Fassung erhalten, die aus dem 13. oder 14. Jahrhundert stammt. Viele der alten dort überlieferten Mythen stammen aus alter indoiranischer Zeit, und manche davon finden sich im *Schāhnāme* wieder. Wie schon oben erwähnt, stammt der Rostam-Zyklus aber aus einem anderen Legendenkreis, nämlich aus dem Sīstān.

In der zoroastrischen Theologie wurde die Welt ursprünglich von Ahura Mazda in einer »idealen« Form und danach in der jetzigen Form erschaffen. Im *Avesta* wird berichtet über Ahura Mazda (Ohrmazd, Ōrmozd), den Schöpfer der Welt und aller Lebewesen, den Schöpfer von Himmel und Erde, Tag und Nacht, Licht und Dunkelheit, sowie über dessen Widersacher Angra Mainyu (Ahreman), den bösen Geist, der die Welt der Wahrheit in einem dauernden Kampf zerstören will. Zarathustras Lehre ist monotheistisch, mit einem dualistischen Prinzip, um den Ursprung des Bösen zu erklären. Dieser Dualismus hat eine ethische Basis, dargestellt durch zwei sich entgegenstehende zoroastrische Geister: Spenta Mainyu (der Gutes tuende Geist) und Angra Mainyu (der feindliche Geist). Ihre jeweilige Natur liegt in der Wahl, die sie getroffen haben zwischen *Wahrheit* und *Lüge*, zwischen guten und bösen Gedanken (bzw. Worten oder auch Taten). Sie sind Prototypen für das, was jeder Mensch für sich entscheiden muss: Das Schicksal des Menschen folgt seiner moralischen Entscheidung und ist nicht etwa vorherbestimmt. Die durch Zarathustra geschaffene Religion betont also sehr stark den Wert des Menschen und seine Würde. Durch die besondere Betonung des Ethischen ist sie aber auch z. T. recht abstrakt.

Das Feuer ist nach dem zarathustrischen Glauben als höchstes der Elemente ein Sohn Ahura Mazdas. Darum spielt es eine große Rolle bei den Zarathustriern, u. a. in besonderen Ritualen, in denen es verehrt wird. Im Übrigen werden die vier Elemente in einer bestimmten Reihenfolge gewichtet, und zwar als Feuer, Wind, Wasser, Erde. Diese sind miteinander unvereinbar und mischen sich nicht. Von ihnen ist verschiedentlich im *Schāhnāme* die Rede. Die Mobads, von denen auch bei Ferdausi die Rede ist, sind die Priester der Zarathustrier.

Zarathustras monotheistische Botschaft wurde nach seinem Tode durch seine Jünger und Priester verändert, wobei verschiedene Ideen und Gestalten aus den heidnischen Vorstellungen der vorzoroastrischen Iraner aufgenommen wurden. So erschien z. B. Mithra wieder, dessen Kult in sehr veränderter Form bei römischen Legionären bis in das besetzte Germanien hinein nachgewiesen werden kann.

Von den alten vorzoroastrischen Fabelwesen spielen Dīve und Parīs besonders in den Rostam-Szenen im

Schāhnāme eine große Rolle. Die *daēvas* waren ursprünglich wohl ganz allgemein *Götter*. Später machte man aus ihnen die Nachkommen von *Lüge*: Sie wurden böse, weil sie für sich die falsche Entscheidung trafen. Als *Dīve* erscheinen sie in vielen persischen Dichtungen. Die *pairikās*, die auch aus dem *Avesta* überliefert sind, stellen ursprünglich eine Art von gefährlichen weiblichen Wesen dar, die nicht nur in der Gestalt schöner Frauen und Mädchen die Männer verführen, sondern auch der Natur schaden. Sie fallen nach zoroastrischer Vorstellung als Meteore vom Himmel. Nach dem Tode Zarathustras wurden sie wie die *daēvas* als dämonische Produkte von Angra Mainyu angesehen. In den Rostam-Szenen im *Schāhnāme* erscheinen sie verschiedentlich als *Parīs*, die bei Ferdausi – wie überhaupt im Neupersischen – als schöne Feen geschildert werden, so dass der Ausdruck »feengesichtig« ein Attribut schöner Mädchen wird. Rostam muss sich verschiedentlich gefährlicher Fabelwesen erwehren und auch gegen sie kämpfen.

Unter den Dämonen, die Angra Mainyu behilflich sind, ist auch Aži Dahāka, ein dreiköpfiges Ungeheuer mit drei Mäulern und sechs Augen, dessen Name und Überlieferung im Pahlavi als *Dahāg* in der Liste der mythischen Herrscher vor Ferīdūn erscheint und im *Schāhnāme* in der Figur von Zahhāk wieder auftaucht: Es handelt sich letztlich um einen Drachen, der zu den vielen Drachenmythen gehört, die es auch in anderen indoeuropäischen Völkern gibt, wie etwa in der Nibelungen-Sage oder im altenglischen Beowulf-Lied. Nach der Darstellung im *Avesta* hat Ferīdūn den Zahhāk lebend am Berge Demavand angekettet, wo er bis zum letzten Tag seiner Strafe bleiben wird, um dann über die Menschen herzufallen. Ferīdūn erschlägt ihn nicht, weil man befürchtete, aus seinem Leib würden Unmengen von giftigen Lebewesen herausströmen und die Welt überfluten, entsprechend dem giftigen Drachenblut, das bei der Tötung eines Drachen aus dessen Leib fließt. Schließlich aber wird er vom mythischen König Garšāsp getötet. Im *Schāhnāme* treten mehrfach Drachen auf, die auch in veränderter Gestalt erscheinen, z. B. als Löwen oder Wölfe oder auch als Mischwesen, die aus verschiedenen Tieren zusammengesetzt sind.

Bei Ferdausi ist Zahhāk ursprünglich ein Königssohn und edler Pahlavan arabischer Herkunft, der sich durch Iblīs verführen lässt, also durch den Teufel, dem hier Ahreman entspricht: Mit seiner Zustimmung tötet Iblīs den alten König, Zahhāks Vater, und gewinnt damit Gewalt über den neuen König Zahhāk, dem nach einiger Zeit zu beiden Seiten des Kopfes Schlangen aus den Schultern wachsen, in Erinnerung an den dreiköpfigen Drachen des *Avesta*. Diese Schlangen müssen mit frischem Menschenhirn gefüttert werden, was schließlich zum Aufstand gegen seine lange tyrannische Herrschaft führt: Zahhāk wird durch eine vom legendären Schmied Kāve angeführte Revolte entthront und von Ferīdūn, der aus dem Geschlecht des mythischen Königs Ǧamšīd stammt, am Demavand angekettet.

Um die Revolte gegen den tyrannischen Zahhāk anzuführen, band der Schmied Kāve seine Schürze an eine Stange, und dieses Feldzeichen wurde in der Legende zum Ursprung der Fahne der Kayaniden, die erst mit dem endgültigen Sieg der Araber über das iranische Heer, über den Ferdausi am Ende des *Königsbuches* berichtet, verloren ging: Auch hier verbinden sich Legende und Geschichte.

Mit Goštāsp und besonders durch Esfandiyār kommt der neue Glaube Zarathustras in den Iran, von dem im *Schāhnāme* beim Kampf Esfandiyārs mit Rostam viel die Rede ist. Letztlich spiegelt sich im Rostam-Epos der Kampf der Zoroastrier gegen die Schamanen, die Anhänger der alten vorzoroastrischen Religion, wider. Die Regierungszeit von Goštāsp ist also die Epoche, in der Zarathustra erscheint, und andererseits auch die Periode, in die Rostams Tod fällt. Der Sīmorg missbilligt Rostams Kampf gegen Esfandiyār, denn dieser ist ein Sohn des rechtmäßigen Königs Goštāsp, dem Beschützer Zarathustras. Doch wegen der alten Schamanen-Beziehung hilft der Sīmorg seinem Schützling Rostam noch einmal gegen Esfandiyār. Rostam ist durch seine Mutter Rūdābe ein Nachkomme Zahhāks. Der Sīmorg erscheint bereits im *Avesta* als ein Vogel, dessen Federn heilende Kräfte haben. Ursprünglich war dieser Sīmorg wohl ein alter arischer Gott, pers. *šaman*, eine Art Medizinmann. Bei Ferdausi tritt er dreimal als Beschützer von Zāl und Rostam auf: Er rettet den von seinem Vater ausgesetzten Zāl, hilft bei Rostams Geburt und unterstützt Rostam gegen Esfandiyār. Der Sīmorg ist also einer der Götter aus vorzoroastrischer Zeit, die später, wie auch der schon genannte Mithra, rehabilitiert wurden und z. T. im *Schāhnāme* eine Rolle spielen.

Die Frage der Legitimität des Königtums, die Vorstellung vom Charisma des Königs, die unter anderem in der Esfandiyār-Episode eine wichtige Rolle spielt, geht auf den Anfang der persischen Mythologie zurück: Bereits der erste König des Iran, Gayomars, begründete die Tradition von der unantastbaren Würde der Könige, dem *Khvarenah*, von dem bei Ferdausi als *farr* verschiedentlich die Rede ist. *Khvarenah* ist ein avestisches Wort für »Glanz«, das oft mit dem Begriff des Charismas des Königtums und des königlichen Glücks verbunden wird. Es kann den Geist erhellen und das Auge der Seele für den geistigen Blick öffnen. Es verbindet auch die Begriffe »Glück« und »Ruhm« für den König, der dieses Charisma besitzt. Vor allem für die Kayaniden ist *farr* wesentlich, um den königlichen Auftrag zu legitimieren: Es kann durch einen schlechten König verloren gehen, wie es z. B. dem König Ǧamšīd widerfährt, den sein Charisma in Form eines Falken verlässt. Dem zukünftigen König Ardašīr hingegen folgt es in Form eines Widders. Noch der Sīmorg äußert Rostam gegenüber seine stärksten Bedenken dagegen, dass dieser mit Esfandiyār kämpfen will, denn Esfandiyār ist Sohn des rechtmäßigen Herrschers und beansprucht den Thron des Iran für sich. Rostam kann ihn nur mit der Zauberkraft des Sīmorg besiegen und töten, und Rostam selbst hat dabei unter anderem aus diesen Gründen Gewissensbisse und Zweifel an der Rechtmäßigkeit seines Handelns.

Geschichte und Legende

Die Auseinandersetzung zwischen dem Iran und Turan, die einen großen Teil der Darstellungen im *Schāhnāme* bis in die Zeit Kay Xosraus einnimmt, geht zurück auf ein zentrales Ereignis der Mythologie: die Ermordung des Īrağ durch seine Brüder Salm und Tūr aus Neid und Eifersucht. Deren Vater Ferīdūn hatte sein Reich unter den Söhnen aufgeteilt. Salm bekam den Westen des Landes und Tūr den Osten bis China, einschließlich der Gebiete der Turkvölker. Der jüngste Sohn aber, Īrağ, erhielt das Herzstück des Reiches, den Iran selbst. Von diesem Tūr aber leitet sich der Name des Landes Turan ab, und der lang andauernde Kampf der Turaner gegen den Iran im *Schāhnāme* ist ein Spiegelbild des Neides Tūrs auf seinen Bruder Īrağ.

Da zu Zeiten Ferdausis niemand in Persien Genaues über Achaemeniden und Arsakiden (Parther) wusste, gilt die historische Zuordnung der im *Schāhnāme* genannten und beschriebenen Könige nur zum Teil als gesichert. Im Iran hatte sich als erste namhafte dynastische Gruppe nach der Zerschlagung des assyrischen Reiches und der Zerstörung von Niniveh durch die Meder im Jahre 612 v. Chr. die Dynastie der Achaemeniden durchgesetzt, die von 550 bis 330

v. Chr. herrschten. Unter ihnen waren sehr bedeutende Könige, wie Kyros II. und Darius I., die beide den Beinamen »der Große« erhalten haben, denn durch sie wurde Persien zu einem riesigen Reich. Der letzte König dieser Dynastie, Darius III., unterlag Alexander dem Großen und wurde 330 v. Chr. getötet. Nach Alexander herrschten über den Iran hellenistische Könige, die Seleukiden, bis sie um 240 v. Chr. von den iranischen Parthern verdrängt wurden, deren Dynastie der Arsakiden bis 224 n. Chr., also fast 500 Jahre lang herrschte. Auf sie folgten die Sasaniden, die bis zur arabischen Eroberung 642 den Iran beherrschten.

Für die Rostam-Legende im *Schāhnāme* sind eher die ersten fünfzehn der alten mythologischen Könige interessant, die schon das *Avesta* nennt und deren Reihenfolge dort mit der Reihenfolge im *Schāhnāme* übereinstimmt. Die Zusammenstellung dieser Reihenfolge geschah wahrscheinlich zu Zeiten Šāpūrs I. (242–271) unter dem berühmten Hohepriester Kardīr, um die Rechtmäßigkeit der dynastischen Ansprüche der Sasaniden zu belegen. Dabei handelt es sich um: Gayomars – Hūšang – Tahmūras – Ǧamšīd – Zahhāk – Ferīdūn – Manūčehr – Nūzar – Zav Tahmāsp – Garšāsp – Kay Qobād – Kay Kā'ūs – Kay Xosrau – Lohrāsp – Goštāsp.

Von Kay Qobād bis Goštāsp werden diese legendären Könige der mythischen Urzeit des Iran »die Kayaniden« genannt, die historisch als solche nicht fassbar sind. Allerdings erlauben Ähnlichkeiten zwischen Ferdausis Geschichte von Kay Xosrau und der Kyros-Legende den Schluss, dass vielleicht Kay Xosrau und Kyros der Große identisch sind.